《港口危险货物安全管理规定》
所称危险货物目录
（2022年版）

交通运输部天津水运工程科学研究院
天津东方泰瑞科技有限公司   主编

人民交通出版社股份有限公司
北京

内 容 提 要

交通运输部天津水运工程科学研究院、天津东方泰瑞科技有限公司根据《港口危险货物安全管理规定》(2017年9月4日交通运输部发布,根据2019年11月28日《交通运输部关于修改〈港口危险货物安全管理规定〉的决定》修正)第八十七条的规定,对所涉及的关于危险货物相关目录进行了梳理总结,形成本目录供行业参考使用。

本目录适用于在中华人民共和国境内,新建、改建、扩建储存、装卸危险货物的港口建设项目和进行危险货物港口作业。危险货物港口作业包括在港区内装卸、过驳、仓储危险货物等行为。

图书在版编目(CIP)数据

《港口危险货物安全管理规定》所称危险货物目录：2022年版 / 交通运输部天津水运工程科学研究院,天津东方泰瑞科技有限公司主编. — 北京：人民交通出版社股份有限公司, 2022.10
ISBN 978-7-114-18247-1

Ⅰ. ①港… Ⅱ. ①交… ②天… Ⅲ. ①港口—危险品—目录 Ⅳ. ①U691-63

中国版本图书馆CIP数据核字(2022)第183316号

《Gangkou Weixian Huowu Anquan Guanli Guiding》Suocheng Weixian Huowu Mulu

书　　名：	《港口危险货物安全管理规定》所称危险货物目录(2022年版)
著 作 者：	交通运输部天津水运工程科学研究院 天津东方泰瑞科技有限公司
责任编辑：	黎小东
责任校对：	孙国靖　宋佳时
责任印制：	刘高彤
出版发行：	人民交通出版社股份有限公司
地　　址：	(100011)北京市朝阳区安定门外外馆斜街3号
网　　址：	http://www.ccpcl.com.cn
销售电话：	(010)59757973
总 经 销：	人民交通出版社股份有限公司发行部
经　　销：	各地新华书店
印　　刷：	北京市密东印刷有限公司
开　　本：	880×1230　1/16
印　　张：	31.5
字　　数：	688千
版　　次：	2022年10月　第1版
印　　次：	2022年10月　第1次印刷
书　　号：	ISBN 978-7-114-18247-1
定　　价：	200.00元

(有印刷、装订质量问题的图书,由本公司负责调换)

《〈港口危险货物安全管理规定〉所称危险货物目录》
（2022年版）
编写人员

主　　编：詹水芬

副 主 编：蒋文新　王绪亭　徐静晗

顾　　问：朱建华

参编人员：黄　晨　庄　荣　李　岩　李俊峰　肖竹韵　张爱利
　　　　　卢琳琳　陈　亮　高华梅　冯　悦　蒋治强　白　玉
　　　　　陈　琳　邓　迪　刘先锋　张　奇　何　志　赵　震
　　　　　王冠妍　赵雅琦　薛荣荣　王骁一　李　瑞　于　辰
　　　　　张　晨　苏立宪　赵　红　韩　璐　李立新　徐　明
　　　　　韩桂芬　袁洪涛　胡艳华　贾鹏宇　张泽方　王雨堃
　　　　　辛婧华　王明超　靳　航　吕建宇　潘　猛　刘金生
　　　　　刘俊波　崔雪萍　张　茹　李思辰　殷　昊　曹　煜
　　　　　张世杰

前　言

港口危险货物具有品种多、数量大、风险高的特点，一直是港口安全管理工作的重点。近年来，港口行业相继颁布多项关于加强危险货物安全管理的法规和文件。《港口危险货物安全管理规定》（2017年9月4日交通运输部发布，根据2019年11月28日《交通运输部关于修改〈港口危险货物安全管理规定〉的决定》修正）自2017年10月15日起施行，针对危险货物范围进行了明确规定。

《港口危险货物安全管理规定》（以下简称《规定》）所称危险货物，是指具有爆炸、易燃、毒害、腐蚀、放射性等危险特性，在港口作业过程中容易造成人身伤亡、财产毁损或者环境污染而需要特别防护的物质、材料或者物品，同时《规定》第八十七条规定了涉及的危险货物范围。

为便于《规定》实施，交通运输部天津水运工程科学研究院和天津东方泰瑞科技有限公司将《规定》第八十七条所涉及的危险货物相关目录进行了梳理，编制形成了《〈港口危险货物安全管理规定〉所称危险货物目录》，供行业参考使用。

自目录第一版出版至今，各国际公约和规则均进行了不同程度修订，我国的《国家危险废物名录》（2021年版）也于2020年修订公布。编写组根据上述变化对目录进行了修订更新，以保持与当前最新法规和国际规则的一致性。同时，交通运输部天津水运工程科学研究院和天津东方泰瑞科技有限公司将持续关注相关目录变化情况，并进行定期更新。

交通运输部天津水运工程科学研究院
天津东方泰瑞科技有限公司
2022年7月

关于《港口危险货物安全管理规定》涉及的港口危险货物目录的说明

《港口危险货物安全管理规定》第八十七条明确了危险货物的定义和范围,具体条款及条款说明(用楷体字表示)如下:

第八十七条 本规定所称危险货物,是指具有爆炸、易燃、毒害、腐蚀、放射性等危险特性,在港口作业过程中容易造成人身伤亡、财产毁损或者环境污染而需要特别防护的物质、材料或者物品,包括:

(一)《国际海运危险货物规则》(IMDG code)第3部分危险货物一览表中列明的包装危险货物,以及未列明但经评估具有安全危险的其他包装货物;

该部分目录出自《国际海运危险货物规则》(IMDG code 2020)第3部分危险货物一览表。本规则中的危险货物系指《国际海运危险货物规则》所包含的物质、材料和物品。

本目录明确了此类别危险货物的联合国编号、正确运输中文名称、类别、副危险、包装类和特殊规定。

(二)《国际海运固体散装货物规则》(IMSBC code)附录一B组中含有联合国危险货物编号的固体散装货物,以及经评估具有安全危险的其他固体散装货物;

该部分目录共有29种危险货物,出自《国际海运固体散装货物规则》(IMSBC code 2019)附录1固体散装货物明细表中的B组固体散装货物。固体散装货物系指除液体或气体外的,直接装入船舶货物处所而不用中间包装的由颗粒或较大块状物质组成的基本均匀的混合物。B组包括那些运输时会使船舶产生危险局面的具有化学危险的货物。

本目录明确了此类别危险货物的UN编号、品名、类别、副危险、组别。

(三)《经1978年议定书修订的1973年国际防止船舶造成污染公约》(MARPOL73/78公约)附则Ⅰ附录1中列明的散装油类;

该部分目录共有44种危险货物,出自《经1978年议定书修订的1973年国际防止船舶造成污染公约》(MARPOL73/78公约2021)附则Ⅰ附录1油类名单。油类系指包括原油、燃料油、油泥、油渣和炼制品在内的任何形式的石油(本公约附则Ⅱ所规定的石油化学品除外),在不限于上述规定原则的情况下,包括本附则附录Ⅰ中所列的物质。

本目录明确了此类别危险货物的分类、名称。

(四)《国际散装危险化学品船舶构造和设备规则》(IBC code)第17章中列明的散装液体化学品,以及未列明但经评估具有安全危险的其他散装液体化学品,港口储存环节仅包含上述中具有安全危害性的散装液体化学品;

该部分目录共有800种散装液体化学品,具有安全危害性的散装液体化学品共651种,出自《国际散装危险化学品船舶构造和设备规则》(IBC code 2021)第17章最低要求一览表。

本目录明确了此类别危险货物的货品名称、污染类别、危害性。

(五)《国际散装液化气体船舶构造和设备规则》(IGC code)第19章列明的散装液化气体,以及未列明但经评估具有安全危险的其他散装液化气体;

该部分目录共有35种危险货物,出自《国际散装液化气体船舶构造和设备规则》(IGC code 2017)第19章最低要求一览表。

本目录明确了此类别危险货物的品名、UN编号、类别、副危险。

(六)我国加入或者缔结的国际条约、国家标准规定的其他危险货物;

《国家危险废物名录》(2021年版)已于2020年11月5日经生态环境部部务会议审议通过公布,自2021年1月1日起施行。该部分目录共计467种危险废物,附录部分豁免的危险废物共计32个种类。

(七)《危险化学品目录》中列明的危险化学品。

该部分目录共有2828种危险货物,出自《危险化学品目录》(2015版)。危险化学品是指具有毒害、腐蚀、爆炸、燃烧、助燃等性质,对人体、设施、环境具有危害的剧毒化学品和其他化学品。剧毒化学品是指具有剧烈急性毒性危害的化学品,包括人工合成的化学品及其混合物和天然毒素,还包括具有急性毒性易造成公共安全危害的化学品。

本目录明确了此类别危险货物的品名、别名、CAS号,并对剧毒危险化学品进行了注明。

目 录

第一部分	包装危险货物,以及未列明但经评估具有安全危险的其他包装货物	1
第二部分	含有联合国危险货物编号的固体散装货物,以及经评估具有安全危险的其他固体散装货物	161
第三部分	散装油类	165
第四部分	散装液体化学品,以及未列明但经评估具有安全危险的其他散装液体化学品,港口储存环节仅包含上述中具有安全危害性的散装液体化学品	169
第五部分	散装液化气体,以及未列明但经评估具有安全危险的其他散装液化气体	195
第六部分	我国加入或者缔结的国际条约、国家标准规定的其他危险货物	199
第七部分	《危险化学品目录》中列明的危险化学品	233
附件1	《港口危险货物安全管理规定》	339
附件2	《港口危险货物安全管理规定》解读	353
附件3	关于《关于修改〈港口经营管理规定〉的决定》等13件部令的解读（节选）	355
附件4	《国际海运危险货物规则》目录索引	356

第一部分

包装危险货物，以及未列明但经评估具有安全危险的其他包装货物

依据《国际海运危险货物规则》(2020版 IMDG code)第3部分危险货物一览表,具体品名见下表。表中相关名词解释如下:

正确运输中文名称:本栏目包含正确运输中文名称(用宋体字表示),可能还会包含用楷体字在正确运输中文名称后显示的补充说明。正确运输中文名称在同一分类的异构体存在时可用"类"表示。正确运输中文名称下的无水物质也可能包括水合物。除非在危险货物一览表的条目中另有说明,否则正确运输中文名称中的"溶液"系指一种或多种已命名的危险货物溶解在不受本规则约束的液体中。本栏目涉及的闪点,其数据是基于闭杯闪点(c.c.)测试方法获得。

类别或小类:本栏目包含类别。对于第1类,根据第2部分第2.1章描述的分类体系,也包括对该物质或物品指定的小类和配装类。

符合本规则规定的物质(包括混合物和溶液)和物品,按照它们所呈现的危险性或最主要的危险性,被划分到1~9类中的一类。部分类别又进一步细分成小类,这些类别和小类如下:

第1类:爆炸品

第1.1小类:具有整体爆炸危险的物质和物品

第1.2小类:具有抛射危险但无整体爆炸危险的物质和物品

第1.3小类:具有燃烧危险和较小爆炸或较小抛射危险或同时具有此两种危险,但无整体爆炸危险的物质和物品

第1.4小类:无重大危险的物质和物品

第1.5小类:具有整体爆炸危险的很不敏感物质

第1.6小类:无整体爆炸危险的极度不敏感物质

第2类:气体

第2.1类:易燃气体

第2.2类:非易燃、无毒气体

第2.3类:有毒气体

第3类:易燃液体

第4类:易燃固体;易自燃物质;遇水放出易燃气体的物质

第4.1类:易燃固体、自反应物质、固体退敏爆炸品和聚合性物质

第4.2类:易自燃物质

第4.3类:遇水放出易燃气体的物质

第5类:氧化性物质和有机过氧化物

第5.1类:氧化性物质

第5.2类:有机过氧化物

第6类:有毒和感染性物质

第6.1类:有毒物质

第6.2类:感染性物质

第 7 类:放射性材料

第 8 类:腐蚀性物质

第 9 类:杂类危险物质和物品

注:各类别、分类的排列序号不代表其危险程度的顺序。

副危险: 本栏目包含适用于根据第 2 部分描述的分类体系确定的任一副危险性的类别。本栏也按下述方式将危险货物认定为海洋污染物。P——海洋污染物:基于以前标准并已判定的已知海洋污染物清单,该清单并非详尽无遗。本栏中无符号 P 或显示为"-"不代表可以免除 2.10.3 的要求。

就包装而言,除第 1 类、第 2 类、第 5.2 类、第 6.2 类、第 7 类和第 4.1 类自反应物质以外的其他所有物质,按其所呈现的危险性程度分为三个包装类:

包装类Ⅰ: 具有高度危险性的物质。

包装类Ⅱ: 具有中度危险性的物质。

包装类Ⅲ: 具有低度危险性的物质。

特殊规定: 本栏目包含的编号系指在第 3.3 章中表示的该物质或物品的特殊规定。特殊规定如果没有用明显措词表明不同的情况,则适用于该所指物质或物品所允许的所有包装类。只适用于海运方式的特殊规定编号从 900 开始。

注:当特殊规定不再需要时将予以删除,但特殊规定编号不能再次使用,以防导致编号混淆。基于这个原因,有些编号是空的。

联合国编号	正确运输中文名称	类别	副危险	包装类	特殊规定
0004	苦味酸铵,干的或湿的,按质量计,含水小于 10%	1.1D	-	-	-
0005	武器弹药筒,带有爆炸装药	1.1F	-	-	-
0006	武器弹药筒,带有爆炸装药	1.1E	-	-	-
0007	武器弹药筒,带有爆炸装药	1.2F	-	-	-
0009	燃烧弹药,带或不带起爆装置、发射剂或推进剂	1.2G	-	-	-
0010	燃烧弹药,带或不带起爆装置、发射剂或推进剂	1.3G	-	-	-
0012	武器弹药筒,带惰性弹头或轻武器弹药筒	1.4S	-	-	364
0014	武器弹药筒,无弹头或轻武器弹药筒,无弹头或工具用弹药筒,无弹头	1.4S	-	-	364
0015	发烟弹药(烟幕弹),带或不带起爆装置、发射剂或推进剂	1.2G	见 SP204	-	204
0016	发烟弹药(烟幕弹),带或不带起爆装置、发射剂或推进剂	1.3G	见 SP204	-	204

续上表

联合国编号	正确运输中文名称	类别	副危险	包装类	特殊规定
0018	催泪弹药(催泪弹),带起爆装置、发射剂或推进剂	1.2G	6.1/8	—	—
0019	催泪弹药(催泪弹),带起爆装置、发射剂或推进剂	1.3G	6.1/8	—	—
0020	毒性弹药(毒性弹),带起爆装置、发射剂或推进剂	1.2K	6.1	—	274
0021	毒性弹药(毒性弹),带起爆装置、发射剂或推进剂	1.3K	6.1	—	274
0027	黑火药(火药),颗粒状或粗粉状	1.1D	—	—	—
0028	黑火药(火药),压缩的或丸状黑火药(火药)	1.1D	—	—	—
0029	非电引爆雷管,爆破用	1.1B	—	—	—
0030	电引爆雷管,爆破用	1.1B	—	—	399
0033	炸弹,带有爆炸装药	1.1F	—	—	—
0034	炸弹,带有爆炸装药	1.1D	—	—	—
0035	炸弹,带有爆炸装药	1.2D	—	—	—
0037	摄影闪光弹	1.1F	—	—	—
0038	摄影闪光弹	1.1D	—	—	—
0039	摄影闪光弹	1.2G	—	—	—
0042	助爆管,不带雷管	1.1D	—	—	—
0043	起爆装置,爆炸性	1.1D	—	—	—
0044	起爆器,帽状	1.4S	—	—	—
0048	爆破炸药	1.1D	—	—	—
0049	闪光弹药筒	1.1G	—	—	—
0050	闪光弹药筒	1.3G	—	—	—
0054	信号弹药筒	1.3G	—	—	—
0055	空弹药筒壳,带起爆器	1.4S	—	—	364
0056	深水炸弹	1.1D	—	—	—
0059	聚能装药,不带雷管	1.1D	—	—	—
0060	补助性爆炸装药	1.1D	—	—	—
0065	导爆索,柔性	1.1D	—	—	—
0066	点火索	1.4G	—	—	—
0070	爆炸性电缆切割器	1.4S	—	—	—
0072	环三亚甲基三硝胺(黑索金)(旋风炸药)(RDX),湿的,按质量计,含水不小于15%	1.1D	—	—	266

续上表

联合国编号	正确运输中文名称	类别	副危险	包装类	特殊规定
0073	弹药用雷管(军用雷管)	1.1B	-	-	-
0074	二硝基重氮苯酚,湿的,按质量计,含水或水和酒精的混合物不小于40%	1.1A	-	-	266
0075	二甘醇二硝酸酯,减敏的,按质量计,含不挥发、不溶于水的减敏剂不小于25%	1.1D	-	-	266
0076	二硝基苯酚,干的或湿的,按质量计,含水小于15%	1.1D	6.1 P	-	-
0077	二硝基苯酚盐,碱金属,干的或湿的,按质量计,含水小于15%	1.3C	6.1 P	-	-
0078	二硝基间苯二酚,干的或湿的,按质量计,含水小于15%	1.1D	-	-	-
0079	六硝基苯二胺(二苦胺)(六硝炸药)	1.1D	-	-	-
0081	爆破炸药,A型	1.1D	-	-	-
0082	爆破炸药,B型	1.1D	-	-	-
0083	爆破炸药,C型	1.1D	-	-	267
0084	爆破炸药,D型	1.1D	-	-	-
0092	地面照明弹	1.3G	-	-	-
0093	空投照明弹	1.3G	-	-	-
0094	闪光粉	1.1G	-	-	-
0099	爆炸式压裂装置,油井用,不带雷管	1.1D	-	-	-
0101	导火索,非起爆的	1.3G	-	-	-
0102	导爆索(引信),包金属的	1.2D	-	-	-
0103	点火索,管状,包金属的	1.4G	-	-	-
0104	导爆索(引信),弱效应,包金属的	1.4D	-	-	-
0105	安全导火索	1.4S	-	-	-
0106	起爆引信	1.1B	-	-	-
0107	起爆引信	1.2B	-	-	-
0110	手榴弹或枪榴弹,练习用	1.4S	-	-	-
0113	脒基·亚硝氨基胺基肼,湿的,按质量计,含水不小于30%	1.1A	-	-	266
0114	脒基·亚硝胺基脒基四氮烯(四氮烯),湿的,按质量计,含水或水和酒精的混合物不小于30%	1.1A	-	-	266
0118	黑克索利特炸药(黑梯炸药),干的或湿的,按质量计,含水小于15%	1.1D	-	-	-

续上表

联合国编号	正确运输中文名称	类别	副危险	包装类	特殊规定
0121	点火器	1.1G	-	-	-
0124	装药的喷射式钻孔枪,油井用,不带雷管	1.1D	-	-	-
0129	叠氮化铅,湿的,按质量计,含水或水和酒精的混合物不小于20%	1.1A	-	-	266
0130	收敛酸铅(三硝基间苯二酚铅),湿的,按质量计,含水或水和酒精的混合物不小于20%	1.1A	-	-	266
0131	点火器,导火索用	1.4S	-	-	-
0132	芳香族硝基衍生物的爆燃金属盐,未另列明的	1.3C	-	-	-
0133	甘露糖醇六硝酸酯(硝化甘露醇),湿的,按质量计,含水或水和酒精的混合物不小于40%	1.1D	-	-	266
0135	雷酸汞,湿的,按质量计,含水或水和酒精的混合物不小于20%	1.1A	-	-	266
0136	地(水)雷,带有爆炸装药	1.1F	-	-	-
0137	地(水)雷,带有爆炸装药	1.1D	-	-	-
0138	地(水)雷,带有爆炸装药	1.2D	-	-	-
0143	硝化甘油,退敏的,按质量计,含不挥发、不溶于水的减敏剂不小于40%	1.1D	见SP271	-	266 271 272
0144	硝化甘油酒精溶液,含硝化甘油大于1%但不大于10%	1.1D	-	-	358
0146	硝化淀粉,干的或湿的,按质量计,含水小于20%	1.1D	-	-	-
0147	硝基脲	1.1D	-	-	-
0150	季戊四醇四硝酸酯(泰安炸药,季戊炸药,PETN),湿的,按质量计,含水不小于25%,或季戊四醇四硝酸酯(泰安炸药,季戊炸药,PETN)退敏的,按质量计,含减敏剂不小于15%	1.1D	-	-	266
0151	太梯(喷妥)炸药,干的或湿的,按质量计,含水小于15%	1.1D	-	-	-
0153	三硝基苯胺(苦基胺)	1.1D	-	-	-

续上表

联合国编号	正确运输中文名称	类别	副危险	包装类	特殊规定
0154	三硝基苯酚(苦味酸),干的或湿的,按质量计,含水小于30%	1.1D	-	-	-
0155	三硝基氯苯(苦基氯)	1.1D	-	-	-
0159	块状火药(糊状火药),湿的,按质量计,含水不小于25%	1.3C	-	-	266
0160	火药,无烟的(无烟火药)	1.1C	-	-	-
0161	火药,无烟的(无烟火药)	1.3C	-	-	-
0167	射弹,带有爆炸装药	1.1F	-	-	-
0168	射弹,带有爆炸装药	1.1D	-	-	-
0169	射弹,带有爆炸装药	1.2D	-	-	-
0171	照明弹药,带或不带起爆装置、发射剂或推进剂	1.2G	-	-	-
0173	爆炸式脱离装置	1.4S	-	-	-
0174	爆炸式铆钉	1.4S	-	-	-
0180	火箭,带有爆炸装药	1.1F	-	-	-
0181	火箭,带有爆炸装药	1.1E	-	-	-
0182	火箭,带有爆炸装药	1.2E	-	-	-
0183	火箭,带惰性弹头	1.3C	-	-	-
0186	火箭发动机	1.3C	-	-	-
0190	爆炸性物质样品,起爆药除外	1	-	-	16 274
0191	信号装置,手持的	1.4G	-	-	-
0192	信号器,铁路轨道用,爆炸性的	1.1G	-	-	-
0193	信号器,铁路轨道用,爆炸性的	1.4S	-	-	-
0194	信号器,遇险呼救用,船舶的	1.1G	-	-	-
0195	信号器,遇险呼救用,船舶的	1.3G	-	-	-
0196	信号器,发烟的	1.1G	-	-	-
0197	信号器,发烟的	1.4G	-	-	-
0204	声测装置,爆炸性的	1.2F	-	-	-
0207	四硝基苯胺	1.1D	-	-	-
0208	三硝基苯基甲硝胺(特屈儿炸药)	1.1D	-	-	-
0209	三硝基甲苯(TNT),干的或湿的,按质量计,含水小于30%	1.1D	-	-	-
0212	弹药曳光剂	1.3G	-	-	-
0213	三硝基苯甲醚	1.1D	-	-	-

续上表

联合国编号	正确运输中文名称	类别	副危险	包装类	特殊规定
0214	三硝基苯,干的或湿的,按质量计,含水小于30%	1.1D	—	—	—
0215	三硝基苯甲酸,干的或湿的,按质量计,含水小于30%	1.1D	—	—	—
0216	三硝基间甲苯酚	1.1D	—	—	—
0217	三硝基萘	1.1D	—	—	—
0218	三硝基苯乙醚	1.1D	—	—	—
0219	三硝基间苯二酚(收敛酸),干的或湿的,按质量计,含水或水和酒精的混合物小于20%	1.1D	—	—	—
0220	硝酸脲,干的或湿的,按质量计,含水小于20%	1.1D	—	—	—
0221	鱼雷弹头,带有爆炸装药	1.1D	—	—	—
0222	硝酸铵	1.1D	—	—	370
0224	叠氮化钡,干的或湿的,按质量计,含水小于50%	1.1A	6.1	—	—
0225	助爆管,带雷管	1.1B	—	—	—
0226	环四亚甲基四硝胺(奥克托金炸药)(HMX),湿的,按质量计,含水不小于15%	1.1D	—	—	266
0234	二硝基邻甲酚钠,干的或湿的,按质量计,含水小于15%	1.3C	6.1 P	—	—
0235	苦氨酸钠,干的或湿的,按质量计,含水小于20%	1.3C	—	—	—
0236	苦氨酸锆,干的或湿的,按质量计,含水小于20%	1.3C	—	—	—
0237	聚能装药,柔性,线型	1.4D	—	—	—
0238	火箭,抛绳用	1.2G	—	—	—
0240	火箭,抛绳用	1.3G	—	—	—
0241	爆破炸药,E型	1.1D	—	—	—
0242	火炮推进剂	1.3C	—	—	—
0243	白磷燃烧弹药,带起爆装置、发射剂或推进剂	1.2H	—	—	—
0244	白磷燃烧弹药,带起爆装置、发射剂或推进剂	1.3H	—	—	—

《港口危险货物安全管理规定》所称危险货物目录(2022年版)

续上表

联合国编号	正确运输中文名称	类别	副危险	包装类	特殊规定
0245	白磷发烟弹药(白磷烟幕弹),带起爆装置、发射剂或推进剂	1.2H	-	-	-
0246	白磷发烟弹药(白磷烟幕弹),带起爆装置、发射剂或推进剂	1.3H	-	-	-
0247	燃烧弹药,液态或胶质,带起爆装置、发射剂或推进剂	1.3J	-	-	-
0248	水激活装置,带起爆装置、发射剂或推进剂	1.2L	4.3	-	274
0249	水激活装置,带起爆装置、发射剂或推进剂	1.3L	4.3	-	274
0250	火箭发动机,带有双组分液体燃料,带或不带发射剂	1.3L	-	-	-
0254	照明弹药,带或不带起爆装置、发射剂或推进剂	1.3G	-	-	-
0255	电引爆雷管,爆破用	1.4B	-	-	399
0257	起爆引信	1.4B	-	-	-
0266	奥克托利特炸药(奥可托尔炸药),干的或湿的,按质量计,含水小于15%	1.1D	-	-	-
0267	非电引爆雷管,爆破用	1.4B	-	-	-
0268	助爆管,带雷管	1.2B	-	-	-
0271	推进剂	1.1C	-	-	-
0272	推进剂	1.3C	-	-	-
0275	弹药筒,动力装置用	1.3C	-	-	-
0276	弹药筒,动力装置用	1.4C	-	-	-
0277	弹药筒,油井用	1.3C	-	-	-
0278	弹药筒,油井用	1.4C	-	-	-
0279	火炮推进剂	1.1C	-	-	-
0280	火箭发动机	1.1C	-	-	-
0281	火箭发动机	1.2C	-	-	-
0282	硝基胍(橄苦岩),干的或湿的,按质量计,含水小于20%	1.1D	-	-	-
0283	助爆管,不带雷管	1.2D	-	-	-
0284	手榴弹或枪榴弹,带有爆炸装药	1.1D	-	-	-
0285	手榴弹或枪榴弹,带有爆炸装药	1.2D	-	-	-

续上表

联合国编号	正确运输中文名称	类别	副危险	包装类	特殊规定
0286	火箭弹头,带有爆炸装药	1.1D	-	-	-
0287	火箭弹头,带有爆炸装药	1.2D	-	-	-
0288	聚能装药,柔性,线型	1.1D	-	-	-
0289	导爆索,柔性	1.4D	-	-	-
0290	导爆索(引信),包金属的	1.1D	-	-	-
0291	炸弹,带有爆炸装药	1.2F	-	-	-
0292	手榴弹或枪榴弹,带有爆炸装药	1.1F	-	-	-
0293	手榴弹或枪榴弹,带有爆炸装药	1.2F	-	-	-
0294	地(水)雷,带有爆炸装药	1.2F	-	-	-
0295	火箭,带有爆炸装药	1.2F	-	-	-
0296	声测装置,爆炸性的	1.1F	-	-	-
0297	照明弹药,带或不带起爆装置、发射剂或推进剂	1.4G	-	-	-
0299	摄影闪光弹	1.3G	-	-	-
0300	燃烧弹药,带或不带起爆装置、发射剂或推进剂	1.4G	-	-	-
0301	催泪弹药(催泪弹),带起爆装置、发射剂或推进剂	1.4G	6.1/8	-	-
0303	发烟弹药(烟幕弹),带或不带起爆装置、发射剂或推进剂	1.4G	见SP204	-	204
0305	闪光粉	1.3G	-	-	-
0306	弹药曳光剂	1.4G	-	-	-
0312	信号弹药筒	1.4G	-	-	-
0313	信号器,发烟的	1.2G	-	-	-
0314	点火器	1.2G	-	-	-
0315	点火器	1.3G	-	-	-
0316	点火引信	1.3G	-	-	-
0317	点火引信	1.4G	-	-	-
0318	手榴弹或枪榴弹,练习用	1.3G	-	-	-
0319	起爆器,管状	1.3G	-	-	-
0320	起爆器,管状	1.4G	-	-	-
0321	武器弹药筒,带有爆炸装药	1.2E	-	-	-
0322	火箭发动机带有双组分液体燃料,带或不带发射剂	1.2L	-	-	-

续上表

联合国编号	正确运输中文名称	类别	副危险	包装类	特殊规定
0323	弹药筒,动力装置用	1.4S	—	—	347
0324	射弹,带有爆炸装药	1.2F	—	—	—
0325	点火器	1.4G	—	—	—
0326	武器弹药筒,无弹头	1.1C	—	—	—
0327	武器弹药筒,无弹头或轻武器弹药筒,无弹头	1.3C	—	—	—
0328	武器弹药筒,带惰性弹头	1.2C	—	—	—
0329	鱼雷,带有爆炸装药	1.1E	—	—	—
0330	鱼雷,带有爆炸装药	1.1F	—	—	—
0331	爆破炸药,B型	1.5D	—	—	—
0332	爆破炸药,E型	1.5D	—	—	—
0333	烟花	1.1G	—	—	—
0334	烟花	1.2G	—	—	—
0335	烟花	1.3G	—	—	—
0336	烟花	1.4G	—	—	—
0337	烟花	1.4S	—	—	—
0338	武器弹药筒,无弹头或轻武器弹药筒,无弹头	1.4C	—	—	—
0339	武器弹药筒,带惰性弹头或轻武器弹药筒	1.4C	—	—	—
0340	硝化纤维素(硝化棉),干的或湿的,按质量计,含水或酒精小于25%	1.1D	—	—	393
0341	硝化纤维素(硝化棉),非改性的或增塑的,按质量计,含增塑剂小于18%	1.1D	—	—	393
0342	硝化纤维素(硝化棉),湿的,按质量计,含酒精不小于25%	1.3C	—	—	105 393
0343	硝化纤维素(硝化棉),增塑的,按质量计,含增塑剂不小于18%	1.3C	—	—	105 393
0344	射弹,带有爆炸装药	1.4D	—	—	—
0345	射弹,惰性的,带曳光剂	1.4S	—	—	—
0346	射弹,带起爆装置或发射剂	1.2D	—	—	—
0347	射弹,带起爆装置或发射剂	1.4D	—	—	—
0348	武器弹药筒,带有爆炸装药	1.4F	—	—	—
0349	爆炸性物品,未另列明的	1.4S	—	—	178 274 347

续上表

联合国编号	正确运输中文名称	类别	副危险	包装类	特殊规定
0350	爆炸性物品,未另列明的	1.4B	-	-	178
					274
0351	爆炸性物品,未另列明的	1.4C	-	-	178
					274
0352	爆炸性物品,未另列明的	1.4D	-	-	178
					274
0353	爆炸性物品,未另列明的	1.4G	-	-	178
					274
0354	爆炸性物品,未另列明的	1.1L	见SP943	-	178
					274
0355	爆炸性物品,未另列明的	1.2L	见SP943	-	178
					274
0356	爆炸性物品,未另列明的	1.3L	见SP943	-	178
					274
0357	爆炸性物质,未另列明的	1.1L	-	-	178
					274
0358	爆炸性物质,未另列明的	1.2L	-	-	178
					274
0359	爆炸性物质,未另列明的	1.3L	-	-	178
					274
0360	非电引爆雷管组件,爆破用	1.1B	-	-	-
0361	非电引爆雷管组件,爆破用	1.4B	-	-	-
0362	练习用弹药	1.4G	-	-	-
0363	测试用弹药(试验用弹药)	1.4G	-	-	-
0364	弹药用雷管(军用雷管)	1.2B	-	-	-
0365	弹药用雷管(军用雷管)	1.4B	-	-	-
0366	弹药用雷管(军用雷管)	1.4S	-	-	347
0367	起爆引信	1.4S	-	-	347
0368	点火引信	1.4S	-	-	-
0369	火箭弹头,带有爆炸装药	1.1F	-	-	-
0370	火箭弹头,带起爆装置或发射剂	1.4D	-	-	-
0371	火箭弹头,带起爆装置或发射剂	1.4F	-	-	-
0372	手榴弹或枪榴弹,练习用	1.2G	-	-	-
0373	信号装置,手持的	1.4S	-	-	-

续上表

联合国编号	正确运输中文名称	类别	副危险	包装类	特殊规定
0374	声测装置,爆炸性的	1.1D	-	-	-
0375	声测装置,爆炸性的	1.2D	-	-	-
0376	起爆器,管状	1.4S	-	-	-
0377	起爆器,帽状	1.1B	-	-	-
0378	起爆器,帽状	1.4B	-	-	-
0379	空弹药筒壳,带起爆器	1.4C	-	-	-
0380	引火物品	1.2L	-	-	-
0381	弹药筒,动力装置用	1.2C	-	-	-
0382	爆药导火装置系列元件,未另列明的	1.2B	-	-	178 274
0383	爆药导火装置系列元件,未另列明的	1.4B	-	-	178 274
0384	爆药导火装置系列元件,未另列明的	1.4S	-	-	178 274 347
0385	5-硝基苯丙三唑	1.1D	-	-	-
0386	三硝基苯磺酸	1.1D	-	-	-
0387	三硝基芴酮	1.1D	-	-	-
0388	三硝基甲苯(TNT)和三硝基苯的混合物或三硝基甲苯(TNT)和六硝基芪的混合物	1.1D	-	-	-
0389	含三硝基苯和六硝基芪的三硝基甲苯(TNT)混合物	1.1D	-	-	-
0390	特里托钠尔炸药(梯铝炸药)	1.1D	-	-	-
0391	环三亚甲基三硝胺(黑索金)(旋风炸药)(RDX)和环四亚甲基四硝胺(奥克托金)(HMX)的混合物,湿的,按质量计,含水不小于15%或环三亚甲基三硝胺(黑索金)(旋风炸药)(RDX)和环四亚甲基四硝胺(奥克托金)(HMX)的混合物,退敏的,按质量计,含减敏剂不小于10%	1.1D	-	-	266
0392	六硝基芪	1.1D	-	-	-
0393	黑沙托纳炸药	1.1D	-	-	-
0394	三硝基间苯二酚(收敛酸),湿的,按质量计,含水或水和酒精的混合物不小于20%	1.1D	-	-	-
0395	火箭发动机,液体燃料	1.2J	-	-	-

续上表

联合国编号	正确运输中文名称	类别	副危险	包装类	特殊规定
0396	火箭发动机,液体燃料	1.3J	-	-	-
0397	火箭,液体燃料,带有爆炸装药	1.1J	-	-	-
0398	火箭,液体燃料,带有爆炸装药	1.2J	-	-	-
0399	炸弹,装有易燃液体,带有爆炸装药	1.1J	-	-	-
0400	炸弹,装有易燃液体,带有爆炸装药	1.2J	-	-	-
0401	二苦硫,干的或湿的,按质量计,含水小于10%	1.1D	-	-	-
0402	高氯酸铵	1.1D	-	-	152
0403	空投照明弹	1.4G	-	-	-
0404	空投照明弹	1.4S	-	-	-
0405	信号弹药筒	1.4S	-	-	-
0406	二亚硝基苯	1.3C	-	-	-
0407	四唑-1-乙酸	1.4C	-	-	-
0408	起爆引信,带有保险装置	1.1D	-	-	-
0409	起爆引信,带有保险装置	1.2D	-	-	-
0410	起爆引信,带有保险装置	1.4D	-	-	-
0411	季戊四醇四硝酸酯(泰安炸药,季戊炸药),按质量计,含蜡不小于7%	1.1D	-	-	131
0412	武器弹药筒,带有爆炸装药	1.4E	-	-	-
0413	武器弹药筒,无弹头	1.2C	-	-	-
0414	火炮推进剂	1.2C	-	-	-
0415	推进剂	1.2C	-	-	-
0417	武器弹药筒,带惰性弹头或轻武器弹药筒	1.3C	-	-	-
0418	地面照明弹	1.1G	-	-	-
0419	地面照明弹	1.2G	-	-	-
0420	空投照明弹	1.1G	-	-	-
0421	空投照明弹	1.2G	-	-	-
0424	射弹,惰性的,带曳光剂	1.3G	-	-	-
0425	射弹,惰性的,带曳光剂	1.4G	-	-	-
0426	射弹,带起爆装置或发射剂	1.2F	-	-	-
0427	射弹,带起爆装置或发射剂	1.4F	-	-	-
0428	烟火制品,用于产生技术效果	1.1G	-	-	-
0429	烟火制品,用于产生技术效果	1.2G	-	-	-
0430	烟火制品,用于产生技术效果	1.3G	-	-	-

续上表

联合国编号	正确运输中文名称	类别	副危险	包装类	特殊规定
0431	烟火制品,用于产生技术效果	1.4G	-	-	-
0432	烟火制品,用于产生技术效果	1.4S	-	-	-
0433	块状火药(糊状火药),湿的,按质量计,含酒精不小于17%	1.1C	-	-	266
0434	射弹,带起爆装置或发射剂	1.2G	-	-	-
0435	射弹,带起爆装置或发射剂	1.4G	-	-	-
0436	火箭,带发射剂	1.2C	-	-	-
0437	火箭,带发射剂	1.3C	-	-	-
0438	火箭,带发射剂	1.4C	-	-	-
0439	聚能装药,不带雷管	1.2D	-	-	-
0440	聚能装药,不带雷管	1.4D	-	-	-
0441	聚能装药,不带雷管	1.4S	-	-	347
0442	商业爆炸装药,不带雷管	1.1D	-	-	-
0443	商业爆炸装药,不带雷管	1.2D	-	-	-
0444	商业爆炸装药,不带雷管	1.4D	-	-	-
0445	商业爆炸装药,不带雷管	1.4S	-	-	347
0446	可燃空药筒,不带起爆器	1.4C	-	-	-
0447	可燃空药筒,不带起爆器	1.3C	-	-	-
0448	5-巯基四唑-1-乙酸	1.4C	-	-	-
0449	鱼雷,液体燃料,带或不带爆炸装药	1.1J	-	-	-
0450	鱼雷,液体燃料,带惰性弹头	1.3J	-	-	-
0451	鱼雷,带有爆炸装药	1.1D	-	-	-
0452	手榴弹或枪榴弹,练习用	1.4G	-	-	-
0453	火箭,抛绳用	1.4G	-	-	-
0454	点火器	1.4S	-	-	-
0455	非电引爆雷管,爆破用	1.4S	-	-	347
0456	电引爆雷管,爆破用	1.4S	-	-	347 399
0457	塑料胶粘炸药	1.1D	-	-	-
0458	塑料胶粘炸药	1.2D	-	-	-
0459	塑料胶粘炸药	1.4D	-	-	-
0460	塑料胶粘炸药	1.4S	-	-	347
0461	爆药导火装置系列元件,未另列明的	1.1B	-	-	178 274

续上表

联合国编号	正确运输中文名称	类别	副危险	包装类	特殊规定
0462	爆炸性物品,未另列明的	1.1C	-	-	178 / 274
0463	爆炸性物品,未另列明的	1.1D	-	-	178 / 274
0464	爆炸性物品,未另列明的	1.1E	-	-	178 / 274
0465	爆炸性物品,未另列明的	1.1F	-	-	178 / 274
0466	爆炸性物品,未另列明的	1.2C	-	-	178 / 274
0467	爆炸性物品,未另列明的	1.2D	-	-	178 / 274
0468	爆炸性物品,未另列明的	1.2E	-	-	178 / 274
0469	爆炸性物品,未另列明的	1.2F	-	-	178 / 274
0470	爆炸性物品,未另列明的	1.3C	-	-	178 / 274
0471	爆炸性物品,未另列明的	1.4E	-	-	178 / 274
0472	爆炸性物品,未另列明的	1.4F	-	-	178 / 274
0473	爆炸性物质,未另列明的	1.1A	-	-	178 / 274
0474	爆炸性物质,未另列明的	1.1C	-	-	178 / 274
0475	爆炸性物质,未另列明的	1.1D	-	-	178 / 274
0476	爆炸性物质,未另列明的	1.1G	-	-	178 / 274
0477	爆炸性物质,未另列明的	1.3C	-	-	178 / 274
0478	爆炸性物质,未另列明的	1.3G	-	-	178 / 274

续上表

联合国编号	正确运输中文名称	类别	副危险	包装类	特殊规定
0479	爆炸性物质,未另列明的	1.4C	-	-	178
					274
0480	爆炸性物质,未另列明的	1.4D	-	-	178
					274
0481	爆炸性物质,未另列明的	1.4S	-	-	178
					274
					347
0482	爆炸性物质,不敏感的,未另列明的	1.5D	-	-	178
					274
0483	环三亚甲基三硝胺(黑索金)(旋风炸药)(RDX),退敏的	1.1D	-	-	-
0484	环四亚甲基四硝胺(奥克托金)(HMX),退敏的	1.1D	-	-	-
0485	爆炸性物质,未另列明的	1.4G	-	-	178
					274
0486	爆炸性物品,极不敏感的(物品,EEI)	1.6N	-	-	-
0487	信号器,发烟的	1.3G	-	-	-
0488	练习用弹药	1.3G	-	-	-
0489	二硝基甘脲(DINGU)	1.1D	-	-	-
0490	硝基三唑酮(NTO)	1.1D	-	-	-
0491	推进剂	1.4C	-	-	-
0492	信号器,铁路轨道用,爆炸性的	1.3G	-	-	-
0493	信号器,铁路轨道用,爆炸性的	1.4G	-	-	-
0494	装药的喷射式钻孔枪,油井用,不带雷管	1.4D	-	-	-
0495	推进剂,液体的	1.3C	-	-	224
0496	奥克托钠炸药(奥梯铝炸药)	1.1D	-	-	-
0497	推进剂,液体的	1.1C	-	-	224
0498	推进剂,固体的	1.1C	-	-	-
0499	推进剂,固体的	1.3C	-	-	-
0500	非电引爆雷管组件,爆破用	1.4S	-	-	347
0501	推进剂,固体的	1.4C	-	-	-
0502	火箭,带惰性弹头	1.2C	-	-	-
0503	安全装置,烟火的	1.4G	-	-	235
					289

续上表

联合国编号	正确运输中文名称	类别	副危险	包装类	特殊规定
0504	1H-四唑	1.1D	-	-	-
0505	信号器,遇险呼救用,船舶的	1.4G	-	-	-
0506	信号器,遇险呼救用,船舶的	1.4S	-	-	-
0507	信号器,发烟的	1.4S	-	-	-
0508	1-羟基苯并三唑,无水的,干的或湿的,按质量计,含水小于20%	1.3C	-	-	-
0509	火药,无烟的	1.4C	-	-	-
0510	火箭发动机	1.4C	-	-	-
0511	可编程引爆雷管,爆破用	1.1B	-	-	399
0512	可编程引爆雷管,爆破用	1.4B	-	-	399
0513	可编程引爆雷管,爆破用	1.4S	-	-	399
1001	乙炔,溶解的	2.1	-	-	-
1002	空气,压缩的	2.2	-	-	392
1003	空气,冷冻液体	2.2	5.1	-	-
1005	氨,无水的	2.3	8 P	-	23 379
1006	氩,压缩的	2.2	-	-	378 392
1008	三氟化硼	2.3	8	-	373
1009	溴三氟甲烷(制冷气体,R13B1)	2.2	-	-	-
1010	丁二烯类,稳定的或丁二烯与烃的混合物,稳定的,含丁二烯大于40%	2.1	-	-	386
1011	丁烷	2.1	-	-	392
1012	丁烯	2.1	-	-	-
1013	二氧化碳	2.2	-	-	378 392
1016	一氧化碳,压缩的	2.3	2.1	-	974
1017	氯气	2.3	5.1/8 P	-	-
1018	氯二氟甲烷(制冷气体,R22)	2.2	-	-	-
1020	氯五氟乙烷(制冷气体,R115)	2.2	-	-	-
1021	1-氯-1,2,2,2-四氟乙烷(制冷气体,R124)	2.2	-	-	-
1022	氯三氟甲烷(制冷气体,R13)	2.2	-	-	-
1023	煤气,压缩的	2.3	2.1	-	-

续上表

联合国编号	正确运输中文名称	类别	副危险	包装类	特殊规定
1026	氰	2.3	2.1	–	–
1027	环丙烷	2.1	–	–	–
1028	二氯二氟甲烷(制冷气体,R12)	2.2	–	–	–
1029	二氯一氟甲烷(制冷气体,R21)	2.2	–	–	–
1030	1,1-二氟乙烷(制冷气体,R152a)	2.1	–	–	–
1032	二甲胺,无水的	2.1	–	–	–
1033	二甲醚	2.1	–	–	–
1035	乙烷	2.1	–	–	–
1036	乙胺	2.1	–	–	912
1037	乙基氯	2.1	–	–	–
1038	乙烯,冷冻液体	2.1	–	–	–
1039	甲基乙基醚	2.1	–	–	–
1040	环氧乙烷,或含有氮的环氧乙烷,在50℃时最高总压力为1MPa(10bar)	2.3	2.1	–	342
1041	环氧乙烷和二氧化碳的混合物,含有环氧乙烷大于9%,但不大于87%	2.1	–	–	–
1043	含氨肥料溶液,含有游离氨	2.2	–	–	–
1044	灭火器,含有压缩或液化气体	2.2	–	–	225
1045	氟,压缩的	2.3	5.1/8	–	–
1046	氦,压缩的	2.2	–	–	378
					392
					974
1048	溴化氢,无水的	2.3	8	–	–
1049	氢气,压缩的	2.1	–	–	392
					974
1050	氯化氢,无水的	2.3	8	–	–
1051	氰化氢,稳定的,含水小于3%	6.1	3	I	386
			P		
1052	氟化氢,无水的	8	6.1	I	–
1053	硫化氢	2.3	2.1	–	–
1055	异丁烯	2.1	–	–	–
1056	氪,压缩的	2.2	–	–	378
					392
1057	打火机或打火机充气筒,含有易燃气体	2.1	–	–	201

续上表

联合国编号	正确运输中文名称	类别	副危险	包装类	特殊规定
1058	液化气体,非易燃的,充有氮气、二氧化碳或空气	2.2	-	-	392
1060	甲基乙炔和丙二烯混合物,稳定的	2.1	-	-	386
1061	甲胺,无水的	2.1	-	-	-
1062	甲基溴,含三氯硝基甲烷不大于2.0%	2.3	-	-	23
1063	甲基氯(制冷气体,R40)	2.1	-	-	-
1064	甲硫醇	2.3	2.1 / P	-	-
1065	氖,压缩的	2.2	-	-	378 / 392
1066	氮气,压缩的	2.2	-	-	378 / 392
1067	四氧化二氮(二氧化氮)	2.3	5.1/8	-	-
1069	氯化亚硝酰	2.3	8	-	-
1070	一氧化二氮	2.2	5.1	-	-
1071	油气,压缩的	2.3	2.1	-	-
1072	氧气,压缩的	2.2	5.1	-	355
1073	氧气,冷冻液体	2.2	5.1	-	-
1075	石油气,液化的	2.1	-	-	392
1076	光气	2.3	8	-	-
1077	丙烯	2.1	-	-	-
1078	制冷气体,未另列明的	2.2	-	-	274
1079	二氧化硫	2.3	8	-	-
1080	六氟化硫	2.2	-	-	392
1081	四氟乙烯,稳定的	2.1	-	-	386
1082	三氟氯乙烯,稳定的(制冷气体 R1113)	2.3	2.1	-	386
1083	三甲胺,无水的	2.1	-	-	-
1085	乙烯基溴,稳定的	2.1	-	-	386
1086	乙烯基氯,稳定的	2.1	-	-	386
1087	乙烯基甲基醚,稳定的	2.1	-	-	386
1088	乙缩醛	3	-	Ⅱ	-
1089	乙醛	3	-	Ⅰ	-
1090	丙酮	3	-	Ⅱ	-
1091	丙酮油	3	-	Ⅱ	-

续上表

联合国编号	正确运输中文名称	类别	副危险	包装类	特殊规定
1092	丙烯醛,稳定的	6.1	3	Ⅰ	354
			P		386
1093	丙烯腈,稳定的	3	6.1	Ⅰ	386
1098	烯丙醇	6.1	3	Ⅰ	354
			P		
1099	烯丙基溴	3	6.1	Ⅰ	-
			P		
1100	烯丙基氯	3	6.1	Ⅰ	-
1104	乙酸戊酯类	3	-	Ⅲ	-
1105	戊醇类	3	-	Ⅱ	-
1105	戊醇类	3	-	Ⅲ	223
1106	戊胺	3	8	Ⅱ	-
1106	戊胺	3	8	Ⅲ	223
1107	戊基氯	3	-	Ⅱ	-
1108	1-戊烯(正戊烯)	3	-	Ⅰ	-
1109	甲酸戊酯类	3	-	Ⅲ	-
1110	甲基戊基(甲)酮	3	-	Ⅲ	-
1111	戊硫醇	3	-	Ⅱ	-
1112	硝酸戊酯	3	-	Ⅲ	-
1113	亚硝酸戊酯	3	-	Ⅱ	-
1114	苯	3	-	Ⅱ	-
1120	丁醇类	3	-	Ⅱ	-
1120	丁醇类	3	-	Ⅲ	223
1123	乙酸丁酯类	3	-	Ⅱ	-
1123	乙酸丁酯类	3	-	Ⅲ	223
1125	正丁胺	3	8	Ⅱ	-
1126	1-溴丁烷	3	-	Ⅱ	-
1127	氯丁烷类	3	-	Ⅱ	-
1128	甲酸正丁酯	3	-	Ⅱ	-
1129	丁醛	3	-	Ⅱ	-
1130	樟脑油	3	-	Ⅲ	-
1131	二硫化碳	3	6.1	Ⅰ	-
1133	胶粘剂,含有易燃液体	3	-	Ⅰ	-
1133	胶粘剂,含有易燃液体	3	-	Ⅱ	-

续上表

联合国编号	正确运输中文名称	类别	副危险	包装类	特殊规定
1133	胶粘剂,含有易燃液体	3	-	Ⅲ	223
					955
1134	氯苯	3	-	Ⅲ	-
1135	氯乙醇	6.1	3	Ⅰ	354
1136	煤焦油馏出物,易燃的	3	-	Ⅱ	-
1136	煤焦油馏出物,易燃的	3	-	Ⅲ	223
					955
1139	涂料溶液(包括工业上使用或其他用途的表面处理涂料或油漆,例如车辆的底漆、桶或圆桶的里面漆)	3	-	Ⅰ	-
1139	涂料溶液(包括工业上使用或其他用途的表面处理涂料或油漆,例如车辆的底漆、桶或圆桶的里面漆)	3	-	Ⅱ	-
1139	涂料溶液(包括工业上使用或其他用途的表面处理涂料或油漆,例如车辆的底漆、桶或圆桶的里面漆)	3	-	Ⅲ	955
1143	巴豆醛或巴豆醛,稳定的	6.1	3	Ⅰ	324
			P		354
					386
1144	巴豆炔	3	-	Ⅰ	-
1145	环己烷	3	-	Ⅱ	-
1146	环戊烷	3	-	Ⅱ	-
1147	十氢化萘	3	-	Ⅲ	-
1148	双丙酮醇	3	-	Ⅱ	-
1148	双丙酮醇	3	-	Ⅲ	223
1149	二丁醚类	3	-	Ⅲ	-
1150	1,2-二氯乙烯	3	-	Ⅱ	-
1152	二氯戊烷类	3	-	Ⅲ	-
1153	乙二醇二乙醚	3	-	Ⅱ	-
1153	乙二醇二乙醚	3	-	Ⅲ	223
1154	二乙胺	3	8	Ⅱ	-
1155	二乙醚(乙醚)	3	-	Ⅰ	-
1156	二乙酮	3	-	Ⅱ	-
1157	二异丁基(甲)酮	3	-	Ⅲ	-
1158	二异丙胺	3	8	Ⅱ	-

续上表

联合国编号	正确运输中文名称	类别	副危险	包装类	特殊规定
1159	二异丙基醚	3	-	Ⅱ	-
1160	二甲胺,水溶液	3	8	Ⅱ	-
1161	碳酸二甲酯	3	-	Ⅱ	-
1162	二甲基二氯硅烷	3	8	Ⅱ	-
1163	二甲肼,不对称	6.1	3/8	Ⅰ	354
			P		
1164	二甲硫	3	-	Ⅱ	-
1165	二噁烷	3	-	Ⅱ	-
1166	二氧戊环	3	-	Ⅱ	-
1167	二乙烯基醚,稳定的	3	-	Ⅰ	386
1169	萃取香料,液体的	3	-	Ⅱ	-
1169	萃取香料,液体的	3	-	Ⅲ	223
					955
1170	乙醇或乙醇溶液	3	-	Ⅱ	144
1170	乙醇或乙醇溶液	3	-	Ⅲ	144
					223
1171	乙二醇一乙醚	3	-	Ⅲ	-
1172	乙酸乙二醇一乙醚酯	3	-	Ⅲ	-
1173	乙酸乙酯	3	-	Ⅱ	-
1175	乙苯	3	-	Ⅱ	-
1176	硼酸乙酯	3	-	Ⅱ	-
1177	乙酸-2-乙基丁酯	3	-	Ⅲ	-
1178	2-乙基丁醛	3	-	Ⅱ	-
1179	乙基丁基醚	3	-	Ⅱ	-
1180	丁酸乙酯	3	-	Ⅲ	-
1181	氯乙酸乙酯	6.1	3	Ⅱ	-
1182	氯甲酸乙酯	6.1	3/8	Ⅰ	354
1183	乙基二氯硅烷	4.3	3/8	Ⅰ	-
1184	二氯化乙烯	3	6.1	Ⅱ	-
1185	乙撑亚胺,稳定的	6.1	3	Ⅰ	354
					386
1188	乙二醇一甲醚	3	-	Ⅲ	-
1189	乙酸乙二醇一甲醚酯	3	-	Ⅲ	-
1190	甲酸乙酯	3	-	Ⅱ	-

续上表

联合国编号	正确运输中文名称	类别	副危险	包装类	特殊规定
1191	辛醛类	3	-	Ⅲ	-
1192	乳酸乙酯	3	-	Ⅲ	-
1193	乙基甲基(甲)酮(甲乙酮)	3	-	Ⅱ	-
1194	亚硝酸乙酯溶液	3	6.1	Ⅰ	900
1195	丙酸乙酯	3	-	Ⅱ	-
1196	乙基三氯硅烷	3	8	Ⅱ	-
1197	萃取调味品,液体的	3	-	Ⅱ	-
1197	萃取调味品,液体的	3	-	Ⅲ	223 955
1198	甲醛溶液,易燃的	3	8	Ⅲ	-
1199	糠醛	6.1	3	Ⅱ	-
1201	杂醇油	3	-	Ⅱ	-
1201	杂醇油	3	-	Ⅲ	223 955
1202	瓦斯油或柴油或燃料油,轻的	3	-	Ⅲ	-
1203	车用汽油或汽油	3	-	Ⅱ	243
1204	硝化甘油酒精溶液,含硝化甘油不大于1%	3	-	Ⅱ	-
1206	庚烷类	3	- / P	Ⅱ	-
1207	己醛	3	-	Ⅲ	-
1208	己烷类	3	- / P	Ⅱ	-
1210	印刷油墨,易燃的 或印刷油墨相关材料(包括印刷油墨稀释剂或调稀剂),易燃的	3	-	Ⅰ	163 367
1210	印刷油墨,易燃的 或印刷油墨相关材料(包括印刷油墨稀释剂或调稀剂),易燃的	3	-	Ⅱ	163 367
1210	印刷油墨,易燃的 或印刷油墨相关材料(包括印刷油墨稀释剂或调稀剂),易燃的	3	-	Ⅲ	163 223 367 955
1212	异丁醇	3	-	Ⅲ	-
1213	乙酸异丁醇	3	-	Ⅱ	-
1214	异丁胺	3	8	Ⅱ	-

《港口危险货物安全管理规定》所称危险货物目录(2022年版)

续上表

联合国编号	正确运输中文名称	类别	副危险	包装类	特殊规定
1216	异辛烯类	3	-	Ⅱ	-
1218	异戊二烯,稳定的	3	- P	Ⅰ	386
1219	异丙醇	3	-	Ⅱ	-
1220	乙酸异丙酯	3	-	Ⅱ	-
1221	异丙胺	3	8	Ⅰ	-
1222	硝酸异丙酯	3	-	Ⅱ	26
1223	煤油	3	-	Ⅲ	-
1224	酮类,液体的,未另列明的	3	-	Ⅱ	274
1224	酮类,液体的,未另列明的	3	-	Ⅲ	223 274
1228	硫醇类,液体的,易燃的,有毒的,未另列明的或硫醇类混合物,液体的,易燃的,有毒的,未另列明的	3	6.1	Ⅱ	274
1228	硫醇类,液体的,易燃的,有毒的,未另列明的或硫醇类混合物,液体的,易燃的,有毒的,未另列明的	3	6.1	Ⅲ	223 274
1229	异亚丙基丙酮(莱基化氧)	3	-	Ⅲ	-
1230	甲醇	3	6.1	Ⅱ	279
1231	乙酸甲酯	3	-	Ⅱ	-
1233	乙酸甲基戊酯	3	-	Ⅲ	-
1234	甲醛缩二甲醇	3	-	Ⅱ	-
1235	甲胺,水溶液	3	8	Ⅱ	-
1237	丁酸甲酯	3	-	Ⅱ	-
1238	氯甲酸甲酯	6.1	3/8	Ⅰ	354
1239	甲基氯甲基醚	6.1	3	Ⅰ	354
1242	甲基二氯硅烷	4.3	3/8	Ⅰ	-
1243	甲酸甲酯	3	-	Ⅰ	-
1244	甲基肼	6.1	3/8	Ⅰ	354
1245	甲基异丁基(甲)酮	3	-	Ⅱ	-
1246	甲基异丙烯基(甲)酮,稳定的	3	-	Ⅱ	386
1247	甲基丙烯酸甲酯,单体,稳定的	3	-	Ⅱ	386
1248	丙酸甲酯	3	-	Ⅱ	-
1249	甲基丙基(甲)酮	3	-	Ⅱ	-

续上表

联合国编号	正确运输中文名称	类别	副危险	包装类	特殊规定
1250	甲基三氯硅烷	3	8	II	-
1251	甲基乙烯基甲酮,稳定的	6.1	3/8	I	354
					386
1259	羰基镍	6.1	3	I	-
			P		
1261	硝基甲烷	3	-	II	26
1262	辛烷类	3	-	II	-
			P		
1263	涂料(包括油漆、真漆、瓷漆、着色剂、紫胶、清漆、虫胶清漆、液体填料和液体真漆基料)或涂料相关材料(包括涂料稀释剂或调稀剂)	3	-	I	163
					367
1263	涂料(包括油漆、真漆、瓷漆、着色剂、紫胶、清漆、虫胶清漆、液体填料和液体真漆基料)或漆料相关材料(包括涂料稀释剂或调稀剂)	3	-	II	163
					367
1263	涂料(包括油漆、真漆、瓷漆、着色剂、紫胶、清漆、虫胶清漆、液体填料和液体真漆基料)或漆料相关材料(包括涂料稀释剂或调稀剂)	3	-	III	163
					223
					367
					955
1264	仲乙醛(三聚乙醛)	3	-	III	-
1265	戊烷类,液体的	3	-	I	-
1265	戊烷类,液体的	3	-	II	-
1266	香料制品,含有易燃溶剂	3	-	II	163
1266	香料制品,含有易燃溶剂	3	-	III	163
					223
					904
					955
1267	石油原油	3	-	I	357
1267	石油原油	3	-	II	357
1267	石油原油	3	-	III	223
					357
1268	石油馏出物,未另列明的或石油产品,未另列明的	3	-	I	-

续上表

联合国编号	正确运输中文名称	类别	副危险	包装类	特殊规定
1268	石油馏出物,未另列明的或石油产品,未另列明的	3	–	Ⅱ	–
1268	石油馏出物,未另列明的或石油产品,未另列明的	3	–	Ⅲ	223
					955
1272	松油	3	– P	Ⅲ	–
1274	正丙醇	3	–	Ⅱ	–
1274	正丙醇	3	–	Ⅲ	223
1275	丙醛	3	–	Ⅱ	–
1276	乙酸正丙酯	3	–	Ⅱ	–
1277	丙胺	3	8	Ⅱ	–
1278	1-氯丙烷	3	–	Ⅱ	–
1279	1,2-二氯丙烷	3	–	Ⅱ	–
1280	环氧丙烷	3	–	Ⅰ	–
1281	甲酸丙酯类	3	–	Ⅱ	–
1282	吡啶	3	–	Ⅱ	–
1286	松香油	3	–	Ⅱ	–
1286	松香油	3	–	Ⅲ	223
1287	橡胶溶液	3	–	Ⅱ	–
1287	橡胶溶液	3	–	Ⅲ	223
					955
1288	页岩油	3	–	Ⅱ	–
1288	页岩油	3	–	Ⅲ	223
1289	甲醇钠的酒精溶液	3	8	Ⅱ	–
1289	甲醇钠的酒精溶液	3	8	Ⅲ	223
1292	硅酸四乙酯	3	–	Ⅲ	–
1293	酊剂,医药用	3	–	Ⅱ	–
1293	酊剂,医药用	3	–	Ⅲ	904
					955
1294	甲苯	3	–	Ⅱ	–
1295	三氯硅烷	4.3	3/8	Ⅰ	–
1296	三乙胺	3	8	Ⅱ	–
1297	三甲胺,水溶液,按质量计,含三甲胺不大于50%	3	8	Ⅰ	–

续上表

联合国编号	正确运输中文名称	类别	副危险	包装类	特殊规定
1297	三甲胺,水溶液,按质量计,含三甲胺不大于50%	3	8	Ⅱ	-
1297	三甲胺,水溶液,按质量计,含三甲胺不大于50%	3	8	Ⅲ	223
1298	三甲基氯硅烷	3	8	Ⅱ	-
1299	松节油	3	- P	Ⅲ	-
1300	松节油代用品	3	-	Ⅱ	-
1300	松节油代用品	3	-	Ⅲ	223
1301	乙酸乙烯酯,稳定的	3	-	Ⅱ	386
1302	乙烯基乙基醚,稳定的	3	-	Ⅰ	386
1303	乙烯叉二氯,稳定的	3	- P	Ⅰ	386
1304	乙烯基异丁基醚,稳定的	3	-	Ⅱ	386
1305	乙烯基三氯硅烷	3	8	Ⅱ	-
1306	木材防腐剂,液体的	3	-	Ⅱ	-
1306	木材防腐剂,液体的	3	-	Ⅲ	223 955
1307	二甲苯类	3	-	Ⅱ	-
1307	二甲苯类	3	-	Ⅲ	223
1308	金属锆,悬浮在易燃液体中	3	-	Ⅰ	-
1308	金属锆,悬浮在易燃液体中	3	-	Ⅱ	-
1308	金属锆,悬浮在易燃液体中	3	-	Ⅲ	223
1309	铝粉,经涂层的	4.1	-	Ⅱ	-
1309	铝粉,经涂层的	4.1	-	Ⅲ	223
1310	苦味酸铵,湿的,按质量计,含水不小于10%	4.1	-	Ⅰ	28
1312	2-茨醇(冰片,龙脑)	4.1	-	Ⅲ	-
1313	树脂酸钙	4.1	-	Ⅲ	-
1314	树脂酸钙,熔凝的	4.1	-	Ⅲ	-
1318	树脂酸钴,沉淀的	4.1	-	Ⅲ	-
1320	二硝基苯酚,湿的,按质量计,含水不小于15%	4.1	6.1 P	Ⅰ	28
1321	二硝基苯酚盐类,湿的,按质量计,含水不小于15%	4.1	6.1 P	Ⅰ	28

续上表

联合国编号	正确运输中文名称	类别	副危险	包装类	特殊规定
1322	二硝基间苯二酚,湿的,按质量计,含水不小于15%	4.1	-	I	28
1323	铁铈齐	4.1	-	II	249
1324	胶片,以硝化纤维素为基料,涂有明胶的,碎胶片除外	4.1	-	III	-
1325	易燃固体,有机的,未另列明的	4.1	-	II	274
1325	易燃固体,有机的,未另列明的	4.1	-	III	223 274
1326	铪粉,湿的,含水不小于25%(所含过量的水必须看得出来):(a)机械方式生产的,粒径小于53μm;或(b)化学方式生产,粒径小于840μm	4.1	-	II	916
1327	干草	4.1	-	-	29 281 954 973
1328	环六亚甲基四胺	4.1	-	III	-
1330	树脂酸锰	4.1	-	III	-
1331	火柴,"随处划燃的"	4.1	-	III	293
1332	聚乙醛	4.1	-	III	-
1333	铈,板、锭或棒状	4.1	-	II	-
1334	萘,粗制的或萘,精制的	4.1	- P	III	948 967
1336	硝基胍(橄苦岩),湿的,按质量计,含水不小于20%	4.1	-	I	28
1337	硝化淀粉,湿的,按质量计,含水不小于20%	4.1	-	I	28
1338	磷,无定形的	4.1	-	III	-
1339	七硫化四磷,不含黄磷或白磷	4.1	-	II	-
1340	五硫化二磷,不含黄磷或白磷	4.3	4.1	II	-
1341	三硫化四磷,不含黄磷或白磷	4.1	-	II	-
1343	三硫化二磷,不含黄磷或白磷	4.1	-	II	-
1344	三硝基苯酚(苦味酸),湿的,按质量计,含水不小于30%	4.1	-	I	28

续上表

联合国编号	正确运输中文名称	类别	副危险	包装类	特殊规定
1345	橡胶,粉状或颗粒状,不大于840μm,橡胶含量大于45%,或劣质橡胶,粉状或颗粒状,不大于840μm,橡胶含量大于45%	4.1	-	Ⅱ	223 917
1346	硅粉,无定形的	4.1	-	Ⅲ	32
1347	苦味酸银,湿的,按质量计,含水不小于30%	4.1	-	Ⅰ	28 900
1348	二硝基邻甲酚钠,湿的,按质量计,含水不小于15%	4.1	6.1 P	Ⅰ	28
1349	苦氨酸钠,湿的,按质量计,含水不小于20%	4.1	-	Ⅰ	28
1350	硫	4.1	-	Ⅲ	242 967
1352	钛粉,湿的,含水不小于25%(所含过量的水必须看得出来):(a)机械方法生产的粒径小于53μm;或(b)化学方法生产的,粒径小于840μm	4.1	-	Ⅱ	28 916
1353	纤维或纤维织品,浸过轻度硝化的硝化纤维素,未另列明的	4.1	-	Ⅲ	-
1354	三硝基苯,湿的,按质量计,含水不小于30%	4.1	-	Ⅰ	28
1355	三硝基苯甲酸,湿的,按质量计,含水不小于30%	4.1	-	Ⅰ	28
1356	三硝基苯甲酸,湿的,按质量计,含水不小于30%	4.1	-	Ⅰ	28
1357	硝酸脲,湿的,按质量计,含水不小于20%	4.1	-	Ⅰ	28 227
1358	锆粉,湿的,含水不小于25%(所含过量的水必须看得出来):(a)机械方法生产的粒径小于53μm;或(b)化学方法生产的,粒径小于840μm	4.1	-	Ⅱ	916
1360	二磷化三钙	4.3	6.1	Ⅰ	-
1361	炭,来源于动物或植物	4.2	-	Ⅱ	925
1361	炭,来源于动物或植物	4.2	-	Ⅲ	223 925

《港口危险货物安全管理规定》所称危险货物目录(2022 年版)

续上表

联合国编号	正确运输中文名称	类别	副危险	包装类	特殊规定
1362	炭,活性的	4.2	-	Ⅲ	223
					925
1363	干椰子肉	4.2	-	Ⅲ	29
					926
					973
1364	废棉,含油的	4.2	-	Ⅲ	29
					973
1365	棉花,湿的	4.2	-	Ⅲ	29
					973
1369	对亚硝基二甲基苯胺	4.2	-	Ⅱ	927
1372	动物纤维或植物纤维,焦的、湿的或潮的	4.2	-	Ⅲ	123
1373	动物或植物或合成的纤维或纤维制品,未另列明的,含油的	4.2	-	Ⅲ	-
1374	鱼粉,未稳定的或鱼渣,未稳定的,高度危险的,水分含量不限,按质量计,脂肪含量应大于12%;经抗氧剂处理的鱼粉或鱼渣,按质量计,脂肪含量应大于15%	4.2	-	Ⅱ	300
					928
1374	鱼粉,未稳定的或鱼渣,未稳定的,未经抗氧剂处理的,按质量计,水分含量大于5%,但不大于12%;按质量计,脂肪含量不大于12%	4.2	-	Ⅲ	29
					300
					907
					928
1376	氧化铁,废的或海绵状铁,废的,从提纯煤气中取得	4.2	-	Ⅲ	223
1378	金属催化剂,湿的,含有可见的过量液体	4.2	-	Ⅱ	274
1379	纸,经不饱和油处理的,未干透的(包括复写纸)	4.2	-	Ⅲ	-
1380	戊硼烷	4.2	6.1	Ⅰ	-
1381	磷,白色的或黄色的,干的或浸在水中或溶液中	4.2	6.1	Ⅰ	-
			P		
1382	硫化钾,无水的或硫化钾,含结晶水小于30%	4.2	-	Ⅱ	-
1383	引火金属,未另列明的或引火合金,未另列明的	4.2	-	Ⅰ	274
1384	连二亚硫酸钠(低亚硫酸钠)	4.2	-	Ⅱ	

续上表

联合国编号	正确运输中文名称	类别	副危险	包装类	特殊规定
1385	硫化钠,无水的 或硫化钠,含结晶水小于30%	4.2	-	Ⅱ	-
1386	种子饼,含植物油的,(a)经机械压榨的种子,含油量在10%以上或油和水分含量合计大于20%	4.2	-	Ⅲ	29 929 973
1386	种子饼,含植物油的,(b)经溶剂萃取和压榨的种子,含油量不大于10%;当水分含量高于10%时,油和水分含量合计不大于20%	4.2	-	Ⅲ	29 929 973
1387	废羊毛,湿的	4.2	-	Ⅲ	123
1389	碱金属汞齐,液体的	4.3	-	Ⅰ	182
1390	氨基碱金属	4.3	-	Ⅱ	182
1391	碱金属分散体或碱土金属分散体	4.3	-	Ⅰ	182 183
1392	碱土金属汞齐,液体的	4.3	-	Ⅰ	183
1393	碱土金属合金,未另列明的	4.3	-	Ⅱ	183
1394	碳化铝	4.3	-	Ⅱ	-
1395	硅铁铝粉	4.3	6.1	Ⅱ	932
1396	铝粉,未经涂层的	4.3	-	Ⅱ	-
1396	铝粉,未经涂层的	4.3	-	Ⅲ	223
1397	磷化铝	4.3	6.1	Ⅰ	-
1398	硅铝粉,未经涂层的	4.3	-	Ⅲ	37 223 932
1400	钡	4.3	-	Ⅱ	-
1401	钙	4.3	-	Ⅱ	-
1402	碳化钙	4.3	-	Ⅰ	-
1402	碳化钙	4.3	-	Ⅱ	-
1403	氰氨化钙,含碳化钙大于0.1%	4.3	-	Ⅲ	38 934
1404	氢化钙	4.3	-	Ⅰ	-
1405	硅化钙	4.3	-	Ⅱ	932
1405	硅化钙	4.3	-	Ⅲ	223 932
1407	铯	4.3	-	Ⅰ	-

续上表

联合国编号	正确运输中文名称	类别	副危险	包装类	特殊规定
1408	硅铁,含硅不小于30%,但小于90%	4.3	6.1	Ⅲ	39 223 932
1409	金属氢化物,遇水反应的,未另列明的	4.3	-	Ⅰ	274
1409	金属氢化物,遇水反应的,未另列明的	4.3	-	Ⅱ	274
1410	氢化铝锂	4.3	-	Ⅰ	-
1411	氢化铝锂的醚溶液	4.3	3	Ⅰ	-
1413	硼氢化锂	4.3	-	Ⅰ	-
1414	氢化锂	4.3	-	Ⅰ	-
1415	锂	4.3	-	Ⅰ	-
1417	硅锂	4.3	-	Ⅱ	-
1418	镁粉或镁合金粉	4.3	4.2	Ⅰ	-
1418	镁粉或镁合金粉	4.3	4.2	Ⅱ	-
1418	镁粉或镁合金粉	4.3	4.2	Ⅲ	223
1419	磷化铝镁	4.3	6.1	Ⅰ	-
1420	钾金属合金类,液体的	4.3	-	Ⅰ	-
1421	碱金属合金,液体的,未另列明的	4.3	-	Ⅰ	182
1422	钾钠合金,液体的	4.3	-	Ⅰ	-
1423	铷	4.3	-	Ⅰ	-
1426	氢硼化钠	4.3	-	Ⅰ	-
1427	氢化钠	4.3	-	Ⅰ	-
1428	钠	4.3	-	Ⅰ	-
1431	甲醇钠	4.2	8	Ⅱ	-
1432	磷化钠	4.3	6.1	Ⅰ	-
1433	磷化锡	4.3	6.1	Ⅰ	-
1435	锌灰	4.3	-	Ⅲ	223 935
1436	锌粉或锌粉尘	4.3	4.2	Ⅰ	-
1436	锌粉或锌粉尘	4.3	4.2	Ⅱ	-
1436	锌粉或锌粉尘	4.3	4.2	Ⅲ	223
1437	氢化锆	4.1	-	Ⅱ	-
1438	硝酸铝	5.1	-	Ⅲ	-
1439	重铬酸铵	5.1	-	Ⅱ	-
1442	高氯酸铵	5.1	-	Ⅱ	152

续上表

联合国编号	正确运输中文名称	类别	副危险	包装类	特殊规定
1444	过硫酸铵	5.1	-	Ⅲ	-
1445	氯酸钡,固体的	5.1	6.1	Ⅱ	-
1446	硝酸钡	5.1	6.1	Ⅱ	-
1447	高氯酸钡,固体的	5.1	6.1	Ⅱ	-
1448	高锰酸钡	5.1	6.1	Ⅱ	-
1449	过氧化钡	5.1	6.1	Ⅱ	-
1450	溴酸盐类,无机的,未另列明的	5.1	-	Ⅱ	274 350
1451	硝酸铯	5.1	-	Ⅲ	-
1452	氯酸钙	5.1	-	Ⅱ	-
1453	亚氯酸钙	5.1	-	Ⅱ	-
1454	硝酸钙	5.1	-	Ⅲ	208 967
1455	高氯酸钙	5.1	-	Ⅱ	-
1456	高锰酸钙	5.1	-	Ⅱ	-
1457	过氧化钙	5.1	-	Ⅱ	-
1458	氯酸盐和硼酸盐的混合物	5.1	-	Ⅱ	-
1458	氯酸盐和硼酸盐的混合物	5.1	-	Ⅲ	223
1459	氯酸盐和氯化镁的混合物,固体的	5.1	-	Ⅱ	-
1459	氯酸盐和氯化镁的混合物,固体的	5.1	-	Ⅲ	223
1461	氯酸盐类,无机的,未另列明的	5.1	-	Ⅱ	274 351
1462	亚氯酸盐类,无机的,未另列明的	5.1	-	Ⅱ	274 352
1463	三氧化铬,无水的	5.1	6.1 8	Ⅱ	-
1465	硝酸钕镨	5.1	-	Ⅲ	-
1466	硝酸铁	5.1	-	Ⅲ	-
1467	硝酸胍	5.1	-	Ⅲ	-
1469	硝酸铅	5.1	6.1 P	Ⅱ	-
1470	高氯酸铅,固体的	5.1	6.1 P	Ⅱ	-
1471	次氯酸锂,干的或次氯酸锂混合物	5.1	-	Ⅱ	

续上表

联合国编号	正确运输中文名称	类别	副危险	包装类	特殊规定
1471	次氯酸锂,干的或次氯酸锂混合物	5.1	-	Ⅲ	223
1472	过氧化锂	5.1	-	Ⅱ	-
1473	溴酸镁	5.1	-	Ⅱ	-
1474	硝酸镁	5.1	-	Ⅲ	332 967
1475	高氯酸镁	5.1	-	Ⅱ	-
1476	过氧化镁	5.1	-	Ⅱ	-
1477	硝酸盐类,无机的,未另列明的	5.1	-	Ⅱ	-
1477	硝酸盐类,无机的,未另列明的	5.1	-	Ⅲ	223
1479	氧化性固体,未另列明的	5.1	-	Ⅰ	274 900
1479	氧化性固体,未另列明的	5.1	-	Ⅱ	274 900
1479	氧化性固体,未另列明的	5.1	-	Ⅲ	223 274 900
1481	高氯酸盐类,无机的,未另列明的	5.1	-	Ⅱ	-
1481	高氯酸盐类,无机的,未另列明的	5.1	-	Ⅲ	223
1482	高锰酸盐类,无机的,未另列明的	5.1	-	Ⅱ	274 353
1482	高锰酸盐类,无机的,未另列明的	5.1	-	Ⅲ	223 274 353
1483	过氧化物,无机的,未另列明的	5.1	-	Ⅱ	-
1483	过氧化物,无机的,未另列明的	5.1	-	Ⅲ	223
1484	溴酸钾	5.1	-	Ⅱ	-
1485	氯酸钾	5.1	-	Ⅱ	-
1486	硝酸钾	5.1	-	Ⅲ	964 967
1487	硝酸钾和亚硝酸钠的混合物	5.1	-	Ⅱ	-
1488	亚硝酸钾	5.1	-	Ⅱ	-
1489	高氯酸钾	5.1	-	Ⅱ	-
1490	高锰酸钾	5.1	-	Ⅱ	-
1491	过氧化钾	5.1	-	Ⅰ	-

续上表

联合国编号	正确运输中文名称	类别	副危险	包装类	特殊规定
1492	过硫酸钾	5.1	-	Ⅲ	-
1493	硝酸银	5.1	-	Ⅱ	-
1494	溴酸钠	5.1	-	Ⅱ	-
1495	氯酸钠	5.1	-	Ⅱ	-
1496	亚氯酸钠	5.1	-	Ⅱ	-
1498	硝酸钠	5.1	-	Ⅲ	964 967
1499	硝酸钠和硝酸钾的混合物	5.1	-	Ⅲ	964 967
1500	亚硝酸钠	5.1	6.1	Ⅲ	-
1502	高氯酸钠	5.1	-	Ⅱ	-
1503	高锰酸钠	5.1	-	Ⅱ	-
1504	过氧化钠	5.1	-	Ⅰ	-
1505	过硫酸钠	5.1	-	Ⅲ	-
1506	氯酸锶	5.1	-	Ⅱ	-
1507	硝酸锶	5.1	-	Ⅲ	-
1508	高氯酸锶	5.1	-	Ⅱ	-
1509	过氧化锶	5.1	-	Ⅱ	-
1510	四硝基甲烷	6.1	5.1	Ⅰ	354
1511	过氧化氢脲	5.1	8	Ⅲ	-
1512	亚硝酸铵锌	5.1	-	-	900
1513	氯酸锌	5.1	-	Ⅱ	-
1514	硝酸锌	5.1	-	Ⅱ	-
1515	高锰酸锌	5.1	-	Ⅱ	-
1516	过氧化锌	5.1	-	Ⅱ	-
1517	苦氨酸锆,湿的,按质量计,含水不小于20%	4.1	-	Ⅰ	28
1541	丙酮合氰化氢,稳定的	6.1	- P	Ⅰ	354
1544	生物碱类,固体的,未另列明的或生物碱盐类,固体的,未另列明的	6.1	-	Ⅰ	43 274
1544	生物碱类,固体的,未另列明的或生物碱盐类,固体的,未另列明的	6.1	-	Ⅱ	43 274

续上表

联合国编号	正确运输中文名称	类别	副危险	包装类	特殊规定
1544	生物碱类,固体的,未另列明的或生物碱盐类,固体的,未另列明的	6.1	-	Ⅲ	43 223 274
1545	异硫氰酸烯丙酯,稳定的	6.1	3	Ⅱ	386
1546	砷酸铵	6.1	-	Ⅱ	-
1547	苯胺	6.1	- P	Ⅱ	279
1548	盐酸苯胺	6.1	-	Ⅲ	-
1549	锑化合物,无机的,固体的,未另列明的	6.1	-	Ⅲ	45 274
1550	乳酸锑	6.1	-	Ⅲ	-
1551	酒石酸锑钾	6.1	-	Ⅲ	-
1553	砷酸,液体的	6.1	-	Ⅰ	-
1554	砷酸,固体的	6.1	-	Ⅱ	-
1555	三溴化砷	6.1	-	Ⅱ	-
1556	砷化合物,液体的,未另列明的,无机的,包括:砷酸盐类、未另列明的;亚砷酸盐类,未另列明的;硫化砷类,未另列明的	6.1	-	Ⅰ	43 274
1556	砷化合物,液体的,未另列明的,无机的,包括:砷酸盐类、未另列明的;亚砷酸盐类,未另列明的;硫化砷类,未另列明的	6.1	-	Ⅱ	43 274
1556	砷化合物,液体的,未另列明的,无机的,包括:砷酸盐类、未另列明的;亚砷酸盐类,未另列明的;硫化砷类,未另列明的	6.1	-	Ⅲ	43 223 274
1557	砷化合物,固体的,未另列明的,无机的,包括:砷酸盐类、未另列明的;亚砷酸盐类,未另列明的;硫化砷类,未另列明的	6.1	-	Ⅰ	43 274
1557	砷化合物,固体的,未另列明的,无机的,包括:砷酸盐类、未另列明的;亚砷酸盐类,未另列明的;硫化砷类,未另列明的	6.1	-	Ⅱ	43 274
1557	砷化合物,固体的,未另列明的,无机的,包括:砷酸盐类、未另列明的;亚砷酸盐类,未另列明的;硫化砷类,未另列明的	6.1	-	Ⅲ	43 223 274
1558	砷	6.1	-	Ⅱ	-

续上表

联合国编号	正确运输中文名称	类别	副危险	包装类	特殊规定
1559	五氧化二砷	6.1	-	Ⅱ	-
1560	三氯化砷	6.1	-	Ⅰ	-
1561	三氧化二砷	6.1	-	Ⅱ	-
1562	砷粉尘	6.1	-	Ⅱ	-
1564	钡化合物,未另列明的	6.1	-	Ⅱ	177 274
1564	钡化合物,未另列明的	6.1	-	Ⅲ	177 223 274
1565	氰化钡	6.1	- P	Ⅰ	-
1566	铍化合物,未另列明的	6.1	-	Ⅱ	274
1566	铍化合物,未另列明的	6.1	-	Ⅲ	223 274
1567	铍粉	6.1	4.1	Ⅱ	-
1569	溴丙酮	6.1	3 P	Ⅱ	-
1570	番木鳖碱(二甲氧基马钱子碱)	6.1	-	Ⅰ	43
1571	叠氮化钡,湿的,按质量计,含水不小于50%	4.1	6.1	Ⅰ	28
1572	卡可基酸	6.1	-	Ⅱ	-
1573	砷酸钙	6.1	- P	Ⅱ	-
1574	砷酸钙和亚砷酸钙的混合物,固体的	6.1	- P	Ⅱ	-
1575	氰化钙	6.1	- P	Ⅰ	-
1577	氯二硝基苯类,液体的	6.1	- P	Ⅱ	279
1578	氯硝基苯类,固体的	6.1	-	Ⅱ	279
1579	4-氯邻甲苯胺盐酸盐,固体的	6.1	-	Ⅲ	-
1580	三氯硝基甲烷(氯化苦)	6.1	- P	Ⅰ	354
1581	三氯硝基甲烷和甲基溴混合物,含三氯硝基甲烷大于2%	2.3	-	-	-

续上表

联合国编号	正确运输中文名称	类别	副危险	包装类	特殊规定
1582	三氯硝基甲烷和甲基氯混合物	2.3	-	-	-
1583	三氯硝基甲烷混合物,未另列明的	6.1	-	Ⅰ	43 274 315
1583	三氯硝基甲烷混合物,未另列明的	6.1	-	Ⅱ	43 274
1583	三氯硝基甲烷混合物,未另列明的	6.1	-	Ⅲ	43 223 274
1585	乙酰亚砷酸铜	6.1	- P	Ⅱ	-
1586	亚砷酸铜	6.1	- P	Ⅱ	-
1587	氰化铜	6.1	- P	Ⅱ	-
1588	氰化物,无机的,固体的,未另列明的	6.1	- P	Ⅰ	47 274
1588	氰化物,无机的,固体的,未另列明的	6.1	- P	Ⅱ	47 274
1588	氰化物,无机的,固体的,未另列明的	6.1	- P	Ⅲ	47 223 274
1589	氯化氰,稳定的	2.3	8 P	-	386
1590	二氯苯胺类,液体的	6.1	- P	Ⅱ	279
1591	邻二氯苯	6.1	-	Ⅲ	279
1593	二氯甲烷	6.1	-	Ⅲ	-
1594	硫酸二乙酯	6.1	-	Ⅱ	-
1595	硫酸二甲酯	6.1	8	Ⅰ	354
1596	二硝基苯胺类	6.1	-	Ⅱ	-
1597	二硝基苯类,液体的	6.1	-	Ⅱ	-
1597	二硝基苯类,液体的	6.1	-	Ⅲ	223
1598	二硝基邻甲酚	6.1	- P	Ⅱ	43

续上表

联合国编号	正确运输中文名称	类别	副危险	包装类	特殊规定
1599	二硝基苯酚溶液	6.1	- P	Ⅱ	-
1599	二硝基苯酚溶液	6.1	- P	Ⅲ	223
1600	二硝基甲苯类,熔融的	6.1	- P	Ⅱ	-
1601	消毒剂(或杀菌剂),固体的,有毒的,未另列明的	6.1	-	Ⅰ	274
1601	消毒剂(或杀菌剂),固体的,有毒的,未另列明的	6.1	-	Ⅱ	274
1601	消毒剂(或杀菌剂),固体的,有毒的,未另列明的	6.1	-	Ⅲ	223 274
1602	染料,液体的,有毒的,未另列明的 或染料中间体,液体的,有毒的,未另列明的	6.1	-	Ⅰ	274
1602	染料,液体的,有毒的,未另列明的 或染料中间体,液体的,有毒的,未另列明的	6.1	-	Ⅱ	274
1602	染料,液体的,有毒的,未另列明的 或染料中间体,液体的,有毒的,未另列明的	6.1	-	Ⅲ	223 274
1603	溴乙酸乙酯	6.1	3	Ⅱ	-
1604	乙二胺	8	3	Ⅱ	-
1605	二溴化乙烯	6.1	-	Ⅰ	354
1606	砷酸铁	6.1	- P	Ⅱ	-
1607	亚砷酸铁	6.1	- P	Ⅱ	-
1608	砷酸亚铁	6.1	- P	Ⅱ	-
1611	四磷酸六乙酯	6.1	- P	Ⅱ	-
1612	四磷酸六乙酯和压缩气体混合物	2.3	-	-	-
1613	氰氢酸,水溶液(氰化氢水溶液),含氰化氢不大于20%	6.1	- P	Ⅰ	900
1614	氰化氢,稳定的,含水小于3%,并被多孔惰性材料吸收	6.1	- P	Ⅰ	386

续上表

联合国编号	正确运输中文名称	类别	副危险	包装类	特殊规定
1616	乙酸铅	6.1	－ P	Ⅲ	－
1617	砷酸铅	6.1	－ P	Ⅱ	－
1618	亚砷酸铅	6.1	－ P	Ⅱ	－
1620	氰化铅	6.1	－ P	Ⅱ	－
1621	伦敦紫	6.1	－ P	Ⅱ	43
1622	砷酸镁	6.1	－ P	Ⅱ	－
1623	砷酸汞	6.1	－ P	Ⅱ	－
1624	氯化汞	6.1	－ P	Ⅱ	－
1625	硝酸汞	6.1	－ P	Ⅱ	－
1626	氰化汞钾	6.1	－ P	Ⅰ	－
1627	硝酸亚汞	6.1	－ P	Ⅱ	－
1629	乙酸汞	6.1	－ P	Ⅱ	－
1630	氯化汞铵	6.1	－ P	Ⅱ	－
1631	苯甲酸汞	6.1	－ P	Ⅱ	－
1634	溴化汞类	6.1	－ P	Ⅱ	－
1636	氰化汞	6.1	－ P	Ⅱ	－
1637	葡萄糖酸汞	6.1	－ P	Ⅱ	－

续上表

联合国编号	正确运输中文名称	类别	副危险	包装类	特殊规定
1638	碘化汞	6.1	- P	Ⅱ	-
1639	核酸汞	6.1	- P	Ⅱ	-
1640	油酸汞	6.1	- P	Ⅱ	-
1641	氧化汞	6.1	- P	Ⅱ	-
1642	氰氧化汞,退敏的	6.1	- P	Ⅱ	900
1643	碘化汞钾	6.1	- P	Ⅱ	-
1644	水杨酸汞	6.1	- P	Ⅱ	-
1645	硫酸汞	6.1	- P	Ⅱ	-
1646	硫氰酸汞	6.1	- P	Ⅱ	-
1647	溴甲烷和二溴化乙烯混合物,液体的	6.1	- P	Ⅰ	354
1648	乙腈	3	-	Ⅱ	-
1649	发动机燃料抗爆混合物	6.1	- P	Ⅰ	-
1650	β-奈胺,固体的	6.1	-	Ⅱ	-
1651	萘硫脲	6.1	-	Ⅱ	43
1652	萘脲	6.1	-	Ⅱ	-
1653	氰化镍	6.1	- P	Ⅱ	-
1654	烟碱(尼古丁)	6.1	-	Ⅱ	-
1655	烟碱化合物,固体的,未另列明的或烟碱制剂,固体的,未另列明的	6.1	-	Ⅰ	43 274
1655	烟碱化合物,固体的,未另列明的或烟碱制剂,固体的,未另列明的	6.1	-	Ⅱ	43 274
1655	烟碱化合物,固体的,未另列明的或烟碱制剂,固体的,未另列明的	6.1	-	Ⅲ	43 223 274

续上表

联合国编号	正确运输中文名称	类别	副危险	包装类	特殊规定
1656	烟碱盐酸盐,液体的或溶液	6.1	–	Ⅱ	43
1656	烟碱盐酸盐,液体的或溶液	6.1	–	Ⅲ	43 223
1657	水杨酸烟碱	6.1	–	Ⅱ	–
1658	硫酸烟碱溶液	6.1	–	Ⅱ	–
1658	硫酸烟碱溶液	6.1	–	Ⅲ	223
1659	酒石酸烟碱	6.1	–	Ⅱ	–
1660	一氧化氮,压缩的	2.3	5.1/8	–	–
1661	硝基苯胺类(邻-、间-、对-)	6.1	–	Ⅱ	279
1662	硝基苯	6.1	–	Ⅱ	279
1663	硝基苯酚类(邻-、间-、对-)	6.1	–	Ⅲ	279
1664	硝基甲苯类,液体的	6.1	–	Ⅱ	–
1665	硝基二甲苯类,液体的	6.1	–	Ⅱ	–
1669	五氯乙烷	6.1	– P	Ⅱ	–
1670	全氯甲硫醇	6.1	– P	Ⅰ	354
1671	苯酚,固体的	6.1	–	Ⅱ	279
1672	苯胼化二氯	6.1	–	Ⅰ	–
1673	苯二胺类(邻-、间-、对-)	6.1	–	Ⅲ	279
1674	乙酸苯汞	6.1	– P	Ⅱ	43
1677	砷酸钾	6.1	–	Ⅱ	–
1678	亚砷酸钾	6.1	–	Ⅱ	–
1679	氰亚铜酸钾	6.1	– P	Ⅱ	–
1680	氰化钾,固体的	6.1	– P	Ⅰ	–
1683	亚砷酸银	6.1	– P	Ⅱ	–
1684	氰化银	6.1	– P	Ⅱ	–
1685	砷酸钠	6.1	–	Ⅱ	–
1686	亚砷酸钠,水溶液	6.1	–	Ⅱ	43

续上表

联合国编号	正确运输中文名称	类别	副危险	包装类	特殊规定
1686	亚砷酸钠,水溶液	6.1	-	Ⅲ	43
					223
1687	叠氮化钠	6.1	-	Ⅱ	-
1688	二甲胂酸钠(卡可酸钠)	6.1	-	Ⅱ	-
1689	氰化钠,固体的	6.1	- P	Ⅰ	-
1690	氟化钠,固体的	6.1	-	Ⅲ	-
1691	亚砷酸锶	6.1	-	Ⅱ	-
1692	马钱子碱或马钱子碱盐类	6.1	- P	Ⅰ	43
1693	催泪性毒气物质,液体的,未另列明的	6.1	-	Ⅰ	274
1693	催泪性毒气物质,液体的,未另列明的	6.1	-	Ⅱ	274
1694	溴苄基氰类,液体的	6.1	-	Ⅰ	138
1695	氯丙酮,稳定的	6.1	3/8 P	Ⅰ	354
1697	氯乙酰苯,固体的	6.1	-	Ⅱ	-
1698	二苯胺氯胂	6.1	- P	Ⅰ	-
1699	二苯氯胂,液体的	6.1	- P	Ⅰ	-
1700	催泪性毒气筒	6.1	4.1	-	-
1701	甲苄基溴,液体的	6.1	-	Ⅱ	-
1702	1,1,2,2-四氯乙烷	6.1	- P	Ⅱ	-
1704	二硫代焦磷酸四乙酯	6.1	- P	Ⅱ	43
1707	铊化合物,未另列明的	6.1	- P	Ⅱ	43
					274
1708	甲苯胺类,液体的	6.1	- P	Ⅱ	279
1709	2,4-甲苯二胺,固体的	6.1	-	Ⅲ	-
1710	三氯乙烯	6.1	-	Ⅲ	-
1711	二甲基苯胺类,液体的	6.1	-	Ⅱ	-
1712	砷酸锌、亚砷酸锌或砷酸锌和亚砷酸锌的混合物	6.1	-	Ⅱ	-

续上表

联合国编号	正确运输中文名称	类别	副危险	包装类	特殊规定
1713	氰化锌	6.1	- P	Ⅰ	-
1714	磷化锌	4.3	6.1	Ⅰ	-
1715	乙酸酐	8	3	Ⅱ	-
1716	乙酰溴	8	-	Ⅱ	-
1717	乙酰氯	3	8	Ⅱ	-
1718	酸式磷酸丁酯	8	-	Ⅲ	-
1719	苛性碱液体,未另列明的	8	-	Ⅱ	274
1719	苛性碱液体,未另列明的	8	-	Ⅲ	223 274
1722	氯甲酸烯丙酯	6.1	3/8	Ⅰ	-
1723	烯丙基碘	3	8	Ⅱ	-
1724	烯丙基三氯硅烷,稳定的	8	3	Ⅱ	386
1725	溴化铝,无水的	8	-	Ⅱ	937
1726	氯化铝,无水的	8	-	Ⅱ	937
1727	二氟化氢铵,固体的	8	-	Ⅱ	-
1728	戊基三氯硅烷	8	-	Ⅱ	-
1729	茴香酰氯	8	-	Ⅱ	-
1730	五氯化锑,液体的	8	-	Ⅱ	-
1731	五氯化锑溶液	8	-	Ⅱ	-
1731	五氯化锑溶液	8	-	Ⅲ	223
1732	五氟化锑	8	6.1	Ⅱ	-
1733	三氯化锑	8	-	Ⅱ	-
1736	苯甲酰氯	8	-	Ⅱ	-
1737	苄基溴	6.1	8	Ⅱ	-
1738	苄基氯	6.1	8	Ⅱ	-
1739	氯酸甲苄酯	8	- P	Ⅰ	-
1740	二氟氢化物类,固体的,未另列明的	8	-	Ⅱ	-
1740	二氟氢化物类,固体的,未另列明的	8	-	Ⅲ	223
1741	三氯化硼	2.3	8	-	-
1742	三氟化硼乙酸络合物,液体的	8	-	Ⅱ	-
1743	三氟化硼丙酸络合物,液体的	8	-	Ⅱ	-
1744	溴或溴溶液	8	6.1	Ⅰ	-

续上表

联合国编号	正确运输中文名称	类别	副危险	包装类	特殊规定
1745	五氟化溴	5.1	6.1/8	I	—
1746	三氟化溴	5.1	6.1/8	I	—
1747	丁基三氯硅烷	8	3	II	—
1748	次氯酸钙,干的或次氯酸钙混合物,干的,含有效氯大于39%(有效氧8.8%)	5.1	— P	II	314
1748	次氯酸钙,干的或次氯酸钙混合物,干的,含有效氯大于39%(有效氧8.8%)	5.1	— P	III	316
1749	三氟化氯	2.3	5.1/8	—	—
1750	氯乙酸溶液	6.1	8	II	—
1751	氯乙酸,固体的	6.1	8	II	—
1752	氯乙酰氯	6.1	8	I	354
1753	氯苯基三氯硅烷	8	— P	II	—
1754	氯磺酸(含或不含三氧化硫)	8	—	I	—
1755	铬酸溶液	8	—	II	—
1755	铬酸溶液	8	—	III	223
1756	氟化铬,固体的	8	—	II	—
1757	氟化铬溶液	8	—	II	—
1757	氟化铬溶液	8	—	III	223
1758	氯氧化铬	8	—	I	—
1759	腐蚀性固体,未另列明的	8	—	I	274
1759	腐蚀性固体,未另列明的	8	—	II	274
1759	腐蚀性固体,未另列明的	8	—	III	223 274
1760	腐蚀性液体,未另列明的	8	—	I	274
1760	腐蚀性液体,未另列明的	8	—	II	274
1760	腐蚀性液体,未另列明的	8	—	III	223 274
1761	铜乙二胺溶液	8	6.1 P	II	—
1761	铜乙二胺溶液	8	6.1 P	III	223
1762	环己烯基三氯硅烷	8	—	II	—
1763	环己基三氯硅烷	8	—	II	—

联合国编号	正确运输中文名称	类别	副危险	包装类	特殊规定
1764	二氯乙酸	8	-	Ⅱ	-
1765	二氯乙酰氯	8	-	Ⅱ	-
1766	二氯苯基三氯硅烷	8	- P	Ⅱ	-
1767	二乙基二氯硅烷	8	3	Ⅱ	-
1768	二氟磷酸,无水的	8	-	Ⅱ	-
1769	二苯基二氯硅烷	8	-	Ⅱ	-
1770	二苯甲基溴	8	-	Ⅱ	-
1771	十二烷基三氯硅烷	8	-	Ⅱ	-
1773	氯化铁,无水的	8	-	Ⅲ	-
1774	灭火器起动剂,腐蚀性液体	8	-	Ⅱ	-
1775	氟硼酸	8	-	Ⅱ	-
1776	氟磷酸,无水的	8	-	Ⅱ	-
1777	氟磺酸	8	-	Ⅰ	-
1778	氟硅酸	8	-	Ⅱ	-
1779	甲酸,按质量计,含酸大于85%	8	3	Ⅱ	-
1780	反丁烯二酰氯	8	-	Ⅱ	-
1781	十六烷基三氯硅烷	8	-	Ⅱ	-
1782	六氟磷酸	8	-	Ⅱ	-
1783	六亚甲基二胺溶液	8	-	Ⅱ	-
1783	六亚甲基二胺溶液	8	-	Ⅲ	223
1784	己基三氯硅烷	8	-	Ⅱ	-
1786	氢氟酸和硫酸混合物	8	6.1	Ⅰ	-
1787	氢碘酸	8	-	Ⅱ	-
1787	氢碘酸	8	-	Ⅲ	223
1788	氢溴酸	8	-	Ⅱ	-
1788	氢溴酸	8	-	Ⅲ	223
1789	氢氯酸	8	-	Ⅱ	-
1789	氢氯酸	8	-	Ⅲ	223
1790	氢氟酸,含氟化氢大于60%	8	6.1	Ⅰ	-
1790	氢氟酸,含氟化氢不大于60%	8	6.1	Ⅱ	-
1791	次氯酸盐溶液	8	- P	Ⅱ	274 900
1791	次氯酸盐溶液	8	- P	Ⅲ	223 274 900

续上表

联合国编号	正确运输中文名称	类别	副危险	包装类	特殊规定
1792	一氯化碘,固体	8	-	Ⅱ	-
1793	酸式磷酸异丙酯	8	-	Ⅲ	-
1794	硫酸铅,含游离酸大于3%	8	-	Ⅱ	-
1796	硝化酸混合物,含硝酸大于50%	8	5.1	Ⅰ	-
1796	硝化酸混合物,含硝酸不大于50%	8	-	Ⅱ	-
1798	王水	8	-	Ⅰ	-
1799	壬基三氯硅烷	8	-	Ⅱ	-
1800	十八烷基三氯硅烷	8	-	Ⅱ	-
1801	辛基三氯硅烷	8	-	Ⅱ	-
1802	高氯酸,按质量计,含酸不大于50%	8	5.1	Ⅱ	-
1803	苯酚磺酸,液体的	8	-	Ⅱ	-
1804	苯基三氯硅烷	8	-	Ⅱ	-
1805	磷酸溶液	8	-	Ⅲ	223
1806	五氯化磷	8	-	Ⅱ	-
1807	五氧化二磷	8	-	Ⅱ	-
1808	三溴化磷	8	-	Ⅱ	-
1809	三氯化磷	6.1	8	Ⅰ	354
1810	三氯氧化磷	6.1	8	Ⅰ	354
1811	二氟化氢钾,固体的	8	6.1	Ⅱ	-
1812	氟化钾,固体的	6.1	-	Ⅲ	-
1813	氢氧化钾,固体的	8	-	Ⅱ	-
1814	氢氧化钾溶液	8	-	Ⅱ	-
1814	氢氧化钾溶液	8	-	Ⅲ	223
1815	丙酰氯	3	8	Ⅱ	-
1816	丙基三氯硅烷	8	3	Ⅱ	-
1817	焦硫酰氯	8	-	Ⅱ	-
1818	四氯化硅	8	-	Ⅱ	-
1819	铝酸钠溶液	8	-	Ⅱ	-
1819	铝酸钠溶液	8	-	Ⅲ	223
1823	氢氧化钠,固体的	8	-	Ⅱ	-
1824	氢氧化钠溶液	8	-	Ⅱ	-
1824	氢氧化钠溶液	8	-	Ⅲ	223
1825	氧化钠	8	-	Ⅱ	-
1826	硝化酸混合物,用过的,含硝酸大于50%	8	5.1	Ⅰ	113

续上表

联合国编号	正确运输中文名称	类别	副危险	包装类	特殊规定
1826	硝化酸混合物,用过的,含硝酸不大于50%	8	-	Ⅱ	113
1827	四氯化锡,无水的	8	-	Ⅱ	-
1828	氯化硫类	8	-	Ⅰ	-
1829	三氧化硫,稳定的	8	-	Ⅰ	386
1830	硫酸,含酸大于51%	8	-	Ⅱ	-
1831	硫酸,发烟的	8	6.1	Ⅰ	-
1832	硫酸,用过的	8	-	Ⅱ	113
1833	亚硫酸	8	-	Ⅱ	-
1834	硫酰氯	6.1	8	Ⅰ	354
1835	氢氧化四甲铵溶液	8	-	Ⅱ	-
1835	氢氧化四甲铵溶液	8	-	Ⅲ	223
1836	亚硫酰(二)氯	8	-	Ⅰ	-
1837	硫代磷酰氯	8	-	Ⅱ	-
1838	四氯化钛	6.1	8	Ⅰ	354
1839	三氯乙酸,固体的	8	-	Ⅱ	-
1840	氯化锌溶液	8	- P	Ⅲ	223
1841	乙醛合氨	9	-	Ⅲ	-
1843	二硝基-邻-甲酚铵,固体的	6.1	- P	Ⅱ	-
1845	二氧化碳,固体的(干冰)	9	-	-	-
1846	四氯化碳	6.1	- P	Ⅱ	-
1847	硫化钾,水合的,含结晶水不小于30%	8	-	Ⅱ	-
1848	丙酸,按质量计,含酸不小于10%,但小于90%	8	-	Ⅲ	-
1849	硫化钠,水合的,含水不小于30%	8	-	Ⅱ	-
1851	医药,液体的,有毒的,未另列明的	6.1	-	Ⅱ	221
1851	医药,液体的,有毒的,未另列明的	6.1	-	Ⅲ	221 223
1854	钡合金,引火的	4.2	-	Ⅰ	-
1855	钙,引火的或钙合金,引火的	4.2	-	Ⅰ	-
1856	破布,粘渍油的	4.2	-	-	29 123 973

续上表

联合国编号	正确运输中文名称	类别	副危险	包装类	特殊规定
1857	废纺织品,湿的	4.2	-	Ⅲ	123
1858	六氟丙烯(制冷气体,R1216)	2.2	-	-	-
1859	四氟化硅	2.3	8	-	-
1860	乙烯基氟,稳定的	2.1	-	-	386
1862	丁烯酸乙酯	3	-	Ⅱ	-
1863	航空燃料,涡轮发动机用	3	-	Ⅰ	-
1863	航空燃料,涡轮发动机用	3	-	Ⅱ	-
1863	航空燃料,涡轮发动机用	3	-	Ⅲ	223
1865	硝酸正丙酯	3	-	Ⅱ	26
1866	树脂溶液,易燃的	3	-	Ⅰ	-
1866	树脂溶液,易燃的	3	-	Ⅱ	-
1866	树脂溶液,易燃的	3	-	Ⅲ	223 955
1868	癸硼烷	4.1	6.1	Ⅱ	-
1869	镁或镁合金,含镁大于50%,丸状,车削片或条状的	4.1	-	Ⅲ	59 920
1870	氢硼化钾	4.3	-	Ⅰ	-
1871	氢化钛	4.1	-	Ⅱ	-
1872	二氧化铅	5.1	-	Ⅲ	-
1873	高氯酸,按质量计,含酸大于50%,但不大于72%	5.1	8	Ⅰ	900
1884	氧化钡	6.1	-	Ⅲ	-
1885	联苯胺	6.1	-	Ⅱ	-
1886	二氯甲基苯	6.1	-	Ⅱ	-
1887	溴氯甲烷	6.1	-	Ⅲ	-
1888	氯仿(三氯甲烷)	6.1	-	Ⅲ	-
1889	溴化氰	6.1	8 P	Ⅰ	-
1891	乙基溴	6.1	-	Ⅱ	-
1892	乙基二氯胂	6.1	- P	Ⅰ	354
1894	氢氧化苯汞	6.1	- P	Ⅱ	-
1895	硝酸苯汞	6.1	- P	Ⅱ	-

续上表

联合国编号	正确运输中文名称	类别	副危险	包装类	特殊规定
1897	四氯乙烯	6.1	- P	Ⅲ	-
1898	乙酰碘	8	-	Ⅱ	-
1902	酸式磷酸二异辛酯	8	-	Ⅲ	-
1903	消毒剂(或杀菌剂),液体的,腐蚀性的,未另列明的	8	-	Ⅰ	274
1903	消毒剂(或杀菌剂),液体的,腐蚀性的,未另列明的	8	-	Ⅱ	274
1903	消毒剂(或杀菌剂),液体的,腐蚀性的,未另列明的	8	-	Ⅲ	223 274
1905	硒酸	8	-	Ⅰ	-
1906	淤渣硫酸	8	-	Ⅱ	-
1907	碱石灰,含氢氧化钠大于4%	8	-	Ⅲ	62
1908	亚氯酸盐溶液	8	-	Ⅱ	274 352
1908	亚氯酸盐溶液	8	-	Ⅲ	223 274 352
1910	氧化钙	8	-	-	960
1911	乙硼烷	2.3	2.1	-	-
1912	甲基氯和二氯甲烷混合物	2.1	-	-	228
1913	氖,冰冻液体	2.2	-	-	-
1914	丙酸丁酯类	3	-	Ⅲ	-
1915	环己酮	3	-	Ⅲ	-
1916	2,2′-二氯二乙醚	6.1	3	Ⅱ	-
1917	丙烯酸乙酯,稳定的	3	-	Ⅱ	386
1918	异丙基苯	3	-	Ⅲ	-
1919	丙烯酸甲酯,稳定的	3	-	Ⅱ	386
1920	壬烷类	3	- P	Ⅲ	-
1921	丙烯亚胺,稳定的	3	6.1	Ⅰ	386
1922	吡咯烷	3	8	Ⅱ	-
1923	连二亚硫酸钙(亚硫酸氢钙)	4.2	-	Ⅱ	-
1928	溴化甲基镁的乙醚溶液	4.3	3	Ⅰ	-
1929	连二亚硫酸钾(亚硫酸氢钾)	4.2	-	Ⅱ	-

联合国编号	正确运输中文名称	类别	副危险	包装类	特殊规定
1931	连二亚硫酸锌(亚硫酸氢锌)	9	-	Ⅲ	-
1932	锆,碎屑	4.2	-	Ⅲ	223
1935	氰化物溶液,未另列明的	6.1	- P	Ⅰ	274
1935	氰化物溶液,未另列明的	6.1	- P	Ⅱ	274
1935	氰化物溶液,未另列明的	6.1	- P	Ⅲ	223 274
1938	溴乙酸溶液	8	-	Ⅱ	-
1938	溴乙酸溶液	8	-	Ⅲ	223
1939	三溴氧化磷	8	-	Ⅱ	-
1940	巯基乙酸	8	-	Ⅱ	-
1941	二溴二氟甲烷	9	-	Ⅲ	-
1942	硝酸铵,含有不大于0.2%的可燃物质,包括以碳计算的任何有机物,但不包括任何其他添加物质	5.1	-	Ⅲ	900 952 967
1944	火柴,安全型的(纸板式,卡式或盒式的)	4.1	-	Ⅲ	293 294
1945	火柴,涂蜡的	4.1	-	Ⅲ	293 294
1950	气雾剂	2	- 见SP63	-	63 190 277 327 344 381 959
1951	氩,冷冻液体	2.2	-	-	-
1952	二氧化碳和环氧乙烷的混合物,含环氧乙烷不大于9%	2.2	-	-	392
1953	压缩气体,有毒的,易燃的,未另列明的	2.3	2.1	-	274
1954	压缩气体,易燃的,未另列明的	2.1	-	-	274 392
1955	压缩气体,有毒的,未另列明的	2.3	-	-	274

续上表

联合国编号	正确运输中文名称	类别	副危险	包装类	特殊规定
1956	压缩气体,未另列明的	2.2	-	-	274
					378
					392
1957	氘,压缩的	2.1	-	-	-
1958	1,2-二氯-1,1,2,2-四氟乙烷(制冷气体,R114)	2.2	-	-	-
1959	1,1-二氟乙烯(制冷气体,R1132a)	2.1	-	-	-
1961	乙烷,冷冻液体	2.1	-	-	-
1962	乙烯	2.1	-	-	-
1963	氦,冷冻液体	2.2	-	-	-
1964	烃类气体混合物,压缩的,未另列明的	2.1	-	-	274
1965	烃类气体混合物,液化的,未另列明的	2.1	-	-	274
					392
1966	氢气,冷冻液体	2.1	-	-	-
1967	气体杀虫剂,有毒的,未另列明的	2.3	-	-	274
1968	气体杀虫剂,未另列明的	2.2	-	-	274
1969	异丁烷	2.1	-	-	392
1970	氪,冷冻液体	2.2	-	-	-
1971	甲烷,压缩的或天然气,压缩的,甲烷含量高的	2.1	-	-	392
					974
1972	甲烷,冷冻液体或天然气,冷冻液体,甲烷含量高的	2.1	-	-	-
1973	氯二氟甲烷和氯五氟乙烷的混合物(制冷气体,R502),具有固定沸点,含氯二氟甲烷约49%	2.2	-	-	-
1974	氯二氟溴甲烷(制冷气体,R12B1)	2.2	-	-	-
1975	一氧化氮和四氧化二氮混合物(一氧化氮和二氧化氮混合物)	2.3	5.1/8	-	-
1976	八氟环丁烷(制冷气体,RC318)	2.2	-	-	-
1977	氮气,冷冻液体	2.2	-	-	345
					346
1978	丙烷	2.1	-	-	392
1982	四氟甲烷(制冷气体,R14)	2.2	-	-	-
1983	1-氯-2,2,2-三氟乙烷(制冷气体,R133a)	2.2	-	-	-

续上表

联合国编号	正确运输中文名称	类别	副危险	包装类	特殊规定
1984	三氟甲烷(制冷气体,R23)	2.2	-	-	-
1986	醇类,易燃的,有毒的,未另列明的	3	6.1	Ⅰ	274
1986	醇类,易燃的,有毒的,未另列明的	3	6.1	Ⅱ	274
1986	醇类,易燃的,有毒的,未另列明的	3	6.1	Ⅲ	223 274
1987	醇类,未另列明的	3	-	Ⅱ	274
1987	醇类,未另列明的	3	-	Ⅲ	223 274
1988	醛类,易燃的,有毒的,未另列明的	3	6.1	Ⅰ	274
1988	醛类,易燃的,有毒的,未另列明的	3	6.1	Ⅱ	274
1988	醛类,易燃的,有毒的,未另列明的	3	6.1	Ⅲ	223 274
1989	醛类,未另列明的	3	-	Ⅰ	274
1989	醛类,未另列明的	3	-	Ⅱ	274
1989	醛类,未另列明的	3	-	Ⅲ	223 274
1990	苯甲醛	9	-	Ⅲ	-
1991	氯丁二烯,稳定的	3	6.1	Ⅰ	386
1992	易燃液体,有毒的,未另列明的	3	6.1	Ⅰ	274
1992	易燃液体,有毒的,未另列明的	3	6.1	Ⅱ	274
1992	易燃液体,有毒的,未另列明的	3	6.1	Ⅲ	223 274
1993	易燃液体,未另列明的	3	-	Ⅰ	274
1993	易燃液体,未另列明的	3	-	Ⅱ	274
1993	易燃液体,未另列明的	3	-	Ⅲ	223 274 955
1994	五羰基铁	6.1	3	Ⅰ	354
1999	焦油类,液体的,包括筑路柏油和稀释沥青	3	-	Ⅱ	-
1999	焦油类,液体的,包括筑路柏油和稀释沥青	3	-	Ⅲ	955
2000	赛璐珞,块、棒、卷、片、管等,碎屑除外	4.1	-	Ⅲ	223 383
2001	环烷酸钴,粉状	4.1	-	Ⅲ	-

《港口危险货物安全管理规定》所称危险货物目录(2022年版)

续上表

联合国编号	正确运输中文名称	类别	副危险	包装类	特殊规定
2002	赛璐珞,碎屑的	4.2	-	Ⅲ	223
2004	二氨基镁,碎屑	4.2	-	Ⅱ	-
2006	塑料,以硝化纤维为基质的,自热的,未另列明的	4.2	-	Ⅲ	274
2008	锆粉,干的	4.2	-	Ⅰ	
2008	锆粉,干的	4.2	-	Ⅱ	
2008	锆粉,干的	4.2	-	Ⅲ	223
2009	锆,干的,精制的薄片、条或盘丝	4.2	-	Ⅲ	223
2010	氢化镁	4.3	-	Ⅰ	-
2011	磷化镁	4.3	6.1	Ⅰ	-
2012	磷化钾	4.3	6.1	Ⅰ	-
2013	磷化锶	4.3	6.1	Ⅰ	-
2014	过氧化氢水溶液,含过氧化氢不小于20%,但不大于60%(必要时加稳定剂)	5.1	8	Ⅱ	
2015	过氧化氢,稳定的,或过氧化氢水溶液,稳定的,含过氧化氢大于60%	5.1	8	Ⅰ	
2016	毒性弹药,非爆炸性的,不带起爆装置或发射剂,无引信的	6.1	-	-	
2017	催泪弹药,非爆炸性的,不带起爆装置或发射剂,无引信的	6.1	8	-	
2018	氯苯胺类,固体的	6.1	-	Ⅱ	-
2019	氯苯胺类,液体的	6.1	-	Ⅱ	-
2020	氯苯酚类,固体的	6.1	-	Ⅲ	205
2021	氯苯酚类,液体的	6.1	-	Ⅲ	
2022	甲苯基酸	6.1	8	Ⅱ	-
2023	表氯醇	6.1	3 P	Ⅱ	279
2024	汞化合物,液体的,未另列明的	6.1	- P	Ⅰ	43 66 274
2024	汞化合物,液体的,未另列明的	6.1	- P	Ⅱ	43 66 274

续上表

联合国编号	正确运输中文名称	类别	副危险	包装类	特殊规定
2024	汞化合物,液体的,未另列明的	6.1	- P	Ⅲ	43 66 223 274
2025	汞化合物,固体的,未另列明的	6.1	- P	Ⅰ	43 66 274
2025	汞化合物,固体的,未另列明的	6.1	- P	Ⅱ	43 66 274
2025	汞化合物,固体的,未另列明的	6.1	- P	Ⅲ	43 66 223 274
2026	苯汞化合物,未另列明的	6.1	- P	Ⅰ	43 274
2026	苯汞化合物,未另列明的	6.1	- P	Ⅱ	43 274
2026	苯汞化合物,未另列明的	6.1	- P	Ⅲ	43 223 274
2027	亚砷酸钠,固体的	6.1	-	Ⅱ	43
2028	烟雾弹,非爆炸性的,含腐蚀性液体,无引爆装置	8	-	Ⅱ	-
2029	肼,无水的	8	3/6.1	Ⅰ	-
2030	肼,水溶液,按质量计,含肼量大于37%	8	6.1	Ⅰ	-
2030	肼,水溶液,按质量计,含肼量大于37%	8	6.1	Ⅱ	-
2030	肼,水溶液,按质量计,含肼量大于37%	8	6.1	Ⅲ	-
2031	硝酸,含硝酸大于70%,发红烟的除外	8	5.1	Ⅰ	-
2031	硝酸,含硝酸大于65%,但不大于70%,发红烟的除外	8	5.1	Ⅱ	-
2031	硝酸,含硝酸小于65%,发红烟的除外	8	-	Ⅱ	-
2032	硝酸,发红烟的	8	5.1/6.1	Ⅰ	-
2033	氧化钾	8	-	Ⅱ	-

续上表

联合国编号	正确运输中文名称	类别	副危险	包装类	特殊规定
2034	氢气和甲烷混合物,压缩的	2.1	–	–	–
2035	1,1,1-三氟乙烷(制冷气体,R143a)	2.1	–	–	–
2036	氙	2.2	–	–	378
					392
2037	容器,小型的,装有气体的(气筒),不带释放装置,不能再充气的	2	–	–	191
					277
					303
					327
					344
					959
2038	二硝基甲苯类,液体的	6.1	– P	Ⅱ	–
2044	2,2-二甲基丙烷	2.1	–	–	–
2045	异丁醛	3	–	Ⅱ	–
2046	伞花烃类	3	– P	Ⅲ	–
2047	二氯丙烯类	3	–	Ⅱ	–
2047	二氯丙烯类	3	–	Ⅲ	223
2048	二聚环戊二烯(双茂)	3	–	Ⅲ	–
2049	二乙基苯类	3	–	Ⅲ	–
2050	二异丁烯类,异构化合物	3	–	Ⅱ	–
2051	2-二甲基氨基乙醇	8	3	Ⅱ	–
2052	二聚戊烯	3	– P	Ⅲ	–
2053	甲基异丁基甲醇	3	–	Ⅲ	–
2054	吗啉	8	3	Ⅰ	–
2055	苯乙烯单体,稳定的	3	–	Ⅲ	386
2056	四氢呋喃	3	–	Ⅱ	–
2057	三聚丙烯	3	– P	Ⅱ	–
2057	三聚丙烯	3	– P	Ⅲ	223
2058	戊醛类	3	–	Ⅱ	–
2059	硝化纤维素溶液,易燃的,按干重计,含氮不大于12.6%,且含硝化纤维素不大于55%	3	–	Ⅰ	198

续上表

联合国编号	正确运输中文名称	类别	副危险	包装类	特殊规定
2059	硝化纤维素溶液,易燃的,按干重计,含氮不大于12.6%,且含硝化纤维素不大于55%	3	–	Ⅱ	198
2059	硝化纤维素溶液,易燃的,按干重计,含氮不大于12.6%,且含硝化纤维素不大于55%	3	–	Ⅲ	198
					223
2067	硝酸铵基化肥	5.1	–	Ⅲ	306
					307
					900
					967
2071	硝酸铵基化肥	9	–	Ⅲ	193
2073	氨溶液,15℃时相对密度小于0.880,含氨大于35%,但不大于50%	2.2	– P	–	–
2074	丙烯酰胺,固体的	6.1	–	Ⅲ	–
2075	氯醛,无水的,稳定的	6.1	–	Ⅱ	–
2076	甲酚类,液体的	6.1	8	Ⅱ	–
2077	α-萘胺	6.1	–	Ⅲ	–
2078	甲苯二异氰酸酯	6.1	–	Ⅱ	279
2079	二亚乙基三胺	8	–	Ⅱ	–
2186	氯化氢,冷冻液体	2.3	8	–	900
2187	二氧化碳,冷冻液体	2.2	–	–	–
2188	胂	2.3	2.1	–	–
2189	二氯硅烷	2.3	2.1/8	–	–
2190	二氟化氧,压缩的	2.3	5.1/8	–	–
2191	硫酰氟	2.3	–	–	–
2192	锗烷	2.3	2.1	–	–
2193	六氟乙烷(制冷气体,R116)	2.2	–	–	–
2194	六氟化硒	2.3	8	–	–
2195	六氟化碲	2.3	8	–	–
2196	六氟化钨	2.3	8	–	–
2197	碘化氢,无水的	2.3	8	–	–
2198	五氟化磷	2.3	8	–	–
2199	磷化氢	2.3	2.1	–	–
2200	丙二烯,稳定的	2.1	–	–	386
2201	一氧化亚氮,冷冻液体	2.2	5.1	–	–
2202	硒化氢,无水的	2.3	2.1	–	–
2203	硅烷	2.1	–	–	–

续上表

联合国编号	正确运输中文名称	类别	副危险	包装类	特殊规定
2204	硫化碳酰	2.3	2.1	-	-
2205	己二腈	6.1	-	Ⅲ	-
2206	异氰酸酯类,有毒的,未另列明的或异氰酸酯溶液,有毒的,未另列明的	6.1	-	Ⅱ	274
2206	异氰酸酯类,有毒的,未另列明的或异氰酸酯溶液,有毒的,未另列明的	6.1	-	Ⅲ	223 274
2208	次氯酸钙混合物,干的,含有效氯大于10%,但不大于39%	5.1	- P	Ⅲ	314
2209	甲醛溶液,含甲醛不小于25%	8	-	Ⅲ	-
2210	代森锰或代森锰制品,含代森锰不小于60%	4.2	4.3 P	Ⅲ	273
2211	聚合物珠体,可发的,放出易燃蒸气	9	-	Ⅲ	382 965
2212	石棉,闪石(铁石棉、透闪石、阳起石、直闪石、青石棉)	9	-	Ⅱ	168 274
2213	仲甲醛	4.1	-	Ⅲ	223 967
2214	邻苯二甲酸酐,含马来酐大于0.05%	8	-	Ⅲ	169 939
2215	马来酐	8	-	Ⅲ	-
2215	马来酐,熔融的	8	-	Ⅲ	-
2216	鱼粉,稳定的,经抗氧剂处理的,按质量计,水分含量大于5%,但不大于12%;按质量计,脂肪含量不大于15%	9	-	Ⅲ	29 117 300 308 907 928 973
2217	种子饼,含油不大于1.5%,且水分含量不大于11%	4.2	-	Ⅲ	29 142 973
2218	丙烯酸,稳定的	8	3 P	Ⅱ	386
2219	烯丙基缩水甘油醚	3	-	Ⅲ	-
2222	茴香醚	3	-	Ⅲ	-

续上表

联合国编号	正确运输中文名称	类别	副危险	包装类	特殊规定
2224	苄腈	6.1	-	Ⅱ	-
2225	苯磺酰氯	8	-	Ⅲ	-
2226	三氯甲苯	8	-	Ⅱ	-
2227	甲基丙烯酸正丁酯,稳定的	3	-	Ⅲ	386
2232	2-氯乙醛	6.1	-	Ⅰ	354
2233	氯代茴香胺类	6.1	-	Ⅲ	-
2234	三氟甲基氯苯类	3	-	Ⅲ	-
2235	氯苯甲基氯,液体的	6.1	- P	Ⅲ	-
2236	异氰酸-3-氯-4-甲基苯酯,液体的	6.1	-	Ⅱ	-
2237	氯硝基苯胺类	6.1	- P	Ⅲ	-
2238	氯甲苯类	3	-	Ⅲ	-
2239	氯甲苯胺类,固体的	6.1	-	Ⅲ	-
2240	铬硫酸	8	-	Ⅰ	-
2241	环庚烷	3	- P	Ⅱ	-
2242	环庚烯	3	-	Ⅱ	-
2243	乙酸环己酯	3	-	Ⅲ	-
2244	环戊醇	3	-	Ⅲ	-
2245	环戊酮	3	-	Ⅲ	-
2246	环戊烯	3	-	Ⅱ	-
2247	正癸烷	3	-	Ⅲ	-
2248	二正丁胺	8	3	Ⅱ	-
2249	二氯二甲醚,对称的	6.1	3	Ⅰ	976
2250	异氰酸二氯苯酯类	6.1	-	Ⅱ	-
2251	二环[2,2,1]庚-2,5-二烯,稳定的(2,5-降冰片二烯,稳定的)	3	-	Ⅱ	386
2252	1,2-二甲氧基乙烷	3	-	Ⅱ	-
2253	N,N-二甲基苯胺	6.1	-	Ⅱ	-
2254	火柴,耐风的	4.1	-	Ⅲ	293
2256	环己烯	3	-	Ⅱ	-
2257	钾	4.3	-	Ⅰ	-
2258	1,2-二氨基丙烷	8	3	Ⅱ	-
2259	三亚乙基四胺	8	-	Ⅱ	-

《港口危险货物安全管理规定》所称危险货物目录(2022年版)

续上表

联合国编号	正确运输中文名称	类别	副危险	包装类	特殊规定
2260	三丙胺	3	8	Ⅲ	-
2261	二甲基苯酚类,固体的	6.1	-	Ⅱ	-
2262	二甲基氨基甲酰氯	8	-	Ⅱ	-
2263	二甲基环己烷类	3	-	Ⅱ	-
2264	N,N-二甲基环己胺	8	3	Ⅱ	-
2265	N,N-二甲基甲酰胺	3	-	Ⅲ	-
2266	N,N-二甲基丙胺	3	8	Ⅱ	-
2267	二甲基硫代磷酰氯	6.1	8	Ⅱ	-
2269	3,3′-亚氨基二丙胺	8	-	Ⅲ	-
2270	乙胺,水溶液,含乙胺不小于50%,但不大于70%	3	8	Ⅱ	-
2271	乙基戊基酮类(乙戊酮)	3	-	Ⅲ	-
2272	N-乙基苯胺	6.1	-	Ⅲ	-
2273	2-乙基苯胺	6.1	-	Ⅲ	-
2274	N-乙基-N-苄基苯胺	6.1	-	Ⅲ	-
2275	2-乙基丁醇	3	-	Ⅲ	-
2276	2-乙基己胺	3	8	Ⅲ	-
2277	甲基丙烯酸乙酯,稳定的	3	-	Ⅱ	386
2278	正庚烯	3	-	Ⅱ	-
2279	六氯丁二烯	6.1	- P	Ⅲ	-
2280	六亚甲基二胺,熔融的	8	-	Ⅲ	-
2280	六亚甲基二胺,固体的	8	-	Ⅲ	-
2281	1,6-己二异氰酸酯	6.1	-	Ⅱ	-
2282	己醇类	3	-	Ⅲ	-
2283	甲基丙烯酸异丁酯,稳定的	3	-	Ⅲ	386
2284	异丁腈	3	6.1	Ⅱ	-
2285	异氰酸三氟甲基苯酯类	6.1	3	Ⅱ	-
2286	五甲基庚烷	3	-	Ⅲ	-
2287	异庚烯类	3	-	Ⅲ	-
2288	异己烯类	3	-	Ⅱ	-
2289	异佛尔酮二胺	8	-	Ⅲ	-
2290	二异氰酸异佛尔酮酯	6.1	-	Ⅲ	-
2291	铅化合物,可溶的,未另列明的	6.1	- P	Ⅲ	199 274

联合国编号	正确运输中文名称	类别	副危险	包装类	特殊规定
2293	4-甲氧基-4-甲基-2-戊酮	3	-	Ⅲ	-
2294	N-甲基苯胺	6.1	- P	Ⅲ	-
2295	氯乙酸甲酯	6.1	3	Ⅰ	-
2296	甲基环己烷	3	- P	Ⅱ	-
2297	甲基环己酮	3	-	Ⅲ	-
2298	甲基环戊烷	3	-	Ⅱ	-
2299	二氯乙酸甲酯	6.1	-	Ⅲ	-
2300	2-甲基-5-乙基吡啶	6.1	-	Ⅲ	-
2301	2-甲基呋喃	3	-	Ⅱ	-
2302	5-甲基-2-己酮	3	-	Ⅲ	-
2303	异丙烯基苯	3	-	Ⅲ	-
2304	萘,熔融的	4.1	- P	Ⅲ	-
2305	硝基苯磺酸	8	-	Ⅱ	-
2306	硝基三氟甲苯类,液体的	6.1	- P	Ⅱ	-
2307	3-硝基-4-氯三氟甲苯	6.1	- P	Ⅱ	-
2308	亚硝基硫酸,液体的	8	-	Ⅱ	-
2309	辛二烯	3	-	Ⅱ	-
2310	2,4-戊二酮	3	6.1	Ⅲ	-
2311	氢基苯乙醚类	6.1	-	Ⅲ	279
2312	苯酚,熔融的	6.1	-	Ⅱ	-
2313	皮考吡类	3	-	Ⅲ	-
2315	多氯联苯类,液体的	9	- P	Ⅱ	305
2316	氰亚铜酸钠,固体的	6.1	- P	Ⅰ	-
2317	氰亚铜酸钠溶液	6.1	- P	Ⅰ	-
2318	氢硫化钠,含结晶水小于25%	4.2	-	Ⅱ	-
2319	萜烯烃类,未另列明的	3	-	Ⅲ	-

续上表

联合国编号	正确运输中文名称	类别	副危险	包装类	特殊规定
2320	四亚乙基五胺	8	-	Ⅲ	-
2321	三氯苯类,液体的	6.1	- P	Ⅲ	-
2322	三氯丁烯	6.1	- P	Ⅱ	-
2323	亚磷酸三乙酯	3	-	Ⅲ	-
2324	三聚异丁烯	3	-	Ⅲ	-
2325	1,3,5-三甲苯	3	- P	Ⅲ	-
2326	三甲基环己胺	8	-	Ⅲ	-
2327	三甲基六亚甲基二胺类	8	-	Ⅲ	-
2328	三甲基六亚甲基二异氰酸酯	6.1	-	Ⅲ	-
2329	亚磷酸三甲酯	3	-	Ⅲ	-
2330	十一烷	3	-	Ⅲ	-
2331	氯化锌,无水的	8	- P	Ⅲ	-
2332	乙醛肟	3	-	Ⅲ	-
2333	乙酸烯丙酯	3	6.1	Ⅱ	-
2334	烯丙胺	6.1	3	Ⅰ	354
2335	乙基烯丙基醚	3	6.1	Ⅱ	-
2336	甲酸烯丙酯	3	6.1	Ⅰ	-
2337	苯硫酚	6.1	3	Ⅰ	354
2338	三氟甲苯	3	-	Ⅱ	-
2339	2-溴丁烷	3	-	Ⅱ	-
2340	2-溴乙基乙醚	3	-	Ⅱ	-
2341	1-溴-3-甲基丁烷	3	-	Ⅲ	-
2342	溴甲基丙烷类	3	-	Ⅱ	-
2343	2-溴戊烷	3	-	Ⅱ	-
2344	溴丙烷类	3	-	Ⅱ	-
2344	溴丙烷类	3	-	Ⅲ	223
2345	3-溴丙炔	3	-	Ⅱ	905
2346	丁二酮	3	-	Ⅱ	-
2347	丁硫醇类	3	-	Ⅱ	-
2348	丙烯酸丁酯类,稳定的	3	-	Ⅲ	386

续上表

联合国编号	正确运输中文名称	类别	副危险	包装类	特殊规定
2350	甲基正丁基醚	3	-	Ⅱ	-
2351	亚硝酸丁酯类	3	-	Ⅱ	-
2351	亚硝酸丁酯类	3	-	Ⅲ	223
2352	丁基乙烯基醚,稳定的	3	-	Ⅱ	386
2353	丁酰氯	3	8	Ⅱ	-
2354	氯甲基乙基醚	3	6.1	Ⅱ	-
2356	2-氯丙烷	3	-	Ⅰ	-
2357	环己胺	8	3	Ⅱ	-
2358	环辛四烯	3	-	Ⅱ	-
2359	二烯丙基胺	3	6.1/8	Ⅱ	-
2360	二烯丙基醚	3	6.1	Ⅱ	-
2361	二异丁胺	3	8	Ⅲ	-
2362	1,1-二氯乙烷	3	-	Ⅱ	-
2363	乙硫醇	3	- P	Ⅰ	-
2364	正丙基苯	3	-	Ⅲ	-
2366	碳酸二乙酯	3	-	Ⅲ	-
2367	α-甲基戊醛	3	-	Ⅱ	-
2368	α-蒎烯	3	- P	Ⅲ	-
2370	1-己烯	3	-	Ⅱ	-
2371	异戊烯类	3	-	Ⅰ	-
2372	1,2-二(二甲基氨基)乙烷	3	-	Ⅱ	-
2373	二乙氧基甲烷	3	-	Ⅱ	-
2374	3,3-二乙氧基丙烯	3	-	Ⅱ	-
2375	二乙硫	3	-	Ⅱ	-
2376	2,3-二氢吡喃	3	-	Ⅱ	-
2377	1,1-二甲氧基乙烷	3	-	Ⅱ	-
2378	2-二甲氨基乙腈	3	6.1	Ⅱ	-
2379	1,3-二甲基丁胺	3	8	Ⅱ	-
2380	二甲基二乙氧基硅烷	3	-	Ⅱ	-
2381	二甲二硫	3	6.1 P	Ⅱ	-
2382	二甲基肼,对称的	6.1	3 P	Ⅰ	354

续上表

联合国编号	正确运输中文名称	类别	副危险	包装类	特殊规定
2383	二丙胺	3	8	Ⅱ	386
2384	二正丙醚	3	-	Ⅱ	-
2385	异丁酸乙酯	3	-	Ⅱ	-
2386	1-乙基哌啶	3	8	Ⅱ	-
2387	氟苯	3	-	Ⅱ	-
2388	氟代甲苯类	3	-	Ⅱ	-
2389	呋喃	3	-	Ⅰ	-
2390	2-碘丁烷	3	-	Ⅱ	-
2391	碘甲基丙烷类	3	-	Ⅱ	-
2392	碘丙烷类	3	-	Ⅲ	-
2393	甲酸异丁酯	3	-	Ⅱ	-
2394	丙酸异丁酯	3	-	Ⅲ	-
2395	异丁酰氯	3	8	Ⅱ	-
2396	甲基丙烯醛,稳定的	3	6.1	Ⅱ	386
2397	3-甲基-2-丁酮	3	-	Ⅱ	-
2398	甲基叔丁基醚	3	-	Ⅱ	-
2399	1-甲基哌啶	3	8	Ⅱ	-
2400	异戊酸甲酯	3	-	Ⅱ	-
2401	哌啶	8	3	Ⅰ	-
2402	丙硫醇类	3	-	Ⅱ	-
2403	乙酸异丙烯酯	3	-	Ⅱ	-
2404	丙腈	3	6.1	Ⅱ	-
2405	丁酸异丙酯	3	-	Ⅲ	-
2406	异丁酸异丙酯	3	-	Ⅱ	-
2407	氯甲酸异丙酯	6.1	3/8	Ⅰ	354
2409	丙酸异丙酯	3	-	Ⅱ	-
2410	1,2,3,6-四氢吡啶	3	-	Ⅱ	-
2411	丁腈	3	6.1	Ⅱ	-
2412	四氢噻吩	3	-	Ⅱ	-
2413	原钛酸四丙酯	3	-	Ⅲ	-
2414	噻吩	3	-	Ⅱ	-
2416	硼酸三甲酯	3	-	Ⅱ	-
2417	碳酰氟	2.3	8	-	-
2418	四氟化硫	2.3	8	-	-

续上表

联合国编号	正确运输中文名称	类别	副危险	包装类	特殊规定
2419	溴三氟乙烯	2.1	–	–	–
2420	六氟丙酮	2.3	8	–	–
2421	三氧化二氮	2.3	5.1/8	–	–
2422	八氟-2-丁烯(制冷气体,R1318)	2.2	–	–	–
2424	八氟丙烷(制冷气体,R218)	2.2	–	–	–
2426	硝酸铵,液体的(热浓溶液)	5.1	–	–	252　942
2427	氯酸钾,水溶液	5.1	–	Ⅱ	–
2427	氯酸钾,水溶液	5.1	–	Ⅲ	223
2428	氯酸钠,水溶液	5.1	–	Ⅱ	–
2428	氯酸钠,水溶液	5.1	–	Ⅲ	223
2429	氯酸钙,水溶液	5.1	–	Ⅱ	–
2429	氯酸钙,水溶液	5.1	–	Ⅲ	223
2430	烷基苯酚类,固体的,未另列明的(包括C_2至C_{12}的同系物)	8	–	Ⅰ	–
2430	烷基苯酚类,固体的,未另列明的(包括C_2至C_{12}的同系物)	8	–	Ⅱ	–
2430	烷基苯酚类,固体的,未另列明的(包括C_2至C_{12}的同系物)	8	–	Ⅲ	223
2431	茴香胺类	6.1	–	Ⅲ	–
2432	N,N-二乙基苯胺	6.1	–	Ⅲ	279
2433	氯硝基甲苯类,液体的	6.1	–　P	Ⅲ	–
2434	二苄基二氯硅烷	8	–	Ⅱ	–
2435	乙基苯基二氯硅烷	8	–	Ⅱ	–
2436	硫代乙酸	3	–	Ⅱ	–
2437	甲基苯基二氯硅烷	8	–	Ⅱ	–
2438	三甲基乙酰氯	6.1	3/8	Ⅰ	–
2439	二氟化氢钠	8	–	Ⅱ	–
2440	(四)氯化锡五水合物	8	–	Ⅲ	–
2441	三氯化钛,引火的或三氯化钛混合物,引火的	4.2	8	Ⅰ	–
2442	三氯乙酰氯	8	–	Ⅱ	–
2443	三氯氧化钒	8	–	Ⅱ	–

续上表

联合国编号	正确运输中文名称	类别	副危险	包装类	特殊规定
2444	四氯化钒	8	-	Ⅰ	-
2446	硝基甲酚类,固体的	6.1	-	Ⅲ	-
2447	白磷,熔融的	4.2	6.1 P	Ⅰ	-
2448	硫,熔融的	4.1	-	Ⅲ	-
2451	三氟化氮	2.2	5.1	-	-
2452	乙基乙炔,稳定的	2.1	-	-	386
2453	乙基氟(制冷气体,R161)	2.1	-	-	-
2454	甲基氟(制冷气体,R41)	2.1	-	-	-
2455	亚硝酸甲酯	2.2	-	-	900
2456	2-氯丙烯	3	-	Ⅰ	-
2457	2,3-二甲基丁烷	3	-	Ⅱ	-
2458	己二烯类	3	-	Ⅱ	-
2459	2-甲基-1-丁烯	3	-	Ⅰ	-
2460	2-甲基-2-丁烯	3	-	Ⅱ	-
2461	甲基戊二烯类	3	-	Ⅱ	-
2463	氢化铝	4.3	-	Ⅰ	-
2464	硝酸铍	5.1	6.1	Ⅱ	-
2465	二氯异氰尿酸,干的或二异氰尿酸盐类	5.1	-	Ⅱ	135
2466	超氧化钾	5.1	-	Ⅰ	-
2468	三氯异氰尿酸,干的	5.1	-	Ⅱ	-
2469	溴酸锌	5.1	-	Ⅲ	-
2470	苯基乙腈,液体的	6.1	-	Ⅲ	-
2471	四氧化锇	6.1	- P	Ⅰ	-
2473	氨基苯胂酸钠	6.1	-	Ⅲ	-
2474	硫光气	6.1	-	Ⅰ	279 354
2475	三氯化钒	8	-	Ⅲ	-
2477	异硫氰酸甲酯	6.1	3	Ⅰ	354
2478	异氰酸酯类,易燃的,有毒的,未另列明的或异氰酸酯溶液,易燃的,有毒的,未另列明的	3	6.1	Ⅱ	274
2478	异氰酸酯类,易燃的,有毒的,未另列明的或异氰酸酯溶液,易燃的,有毒的,未另列明的	3	6.1	Ⅲ	223 274

续上表

联合国编号	正确运输中文名称	类别	副危险	包装类	特殊规定
2480	异氰酸甲酯	6.1	3	Ⅰ	354
2481	异氰酸乙酯	6.1	3	Ⅰ	354
2482	异氰酸正丙酯	6.1	3	Ⅰ	354
2483	异氰酸异丙酯	6.1	3	Ⅰ	354
2484	异氰酸叔丁酯	6.1	3	Ⅰ	354
2485	异氰酸正丁酯	6.1	3	Ⅰ	354
2486	异氰酸异丁酯	6.1	3	Ⅰ	354
2487	异氰酸苯酯	6.1	3	Ⅰ	354
2488	异氰酸环己酯	6.1	3	Ⅰ	354
2490	二氯异丙醚	6.1	-	Ⅱ	-
2491	乙醇胺或乙醇胺溶液	8	-	Ⅲ	223
2493	六亚甲基亚胺	3	8	Ⅱ	-
2495	五氟化碘	5.1	6.1/8	Ⅰ	-
2496	丙酸酐	8	-	Ⅲ	-
2498	1,2,3,6-四氢化苯甲醛	3	-	Ⅲ	-
2501	三-(1-丫丙啶基)氧化膦溶液	6.1	-	Ⅱ	-
2501	三-(1-丫丙啶基)氧化膦溶液	6.1	-	Ⅲ	223
2502	正戊酰氯	8	3	Ⅱ	-
2503	四氯化锆	8	-	Ⅲ	-
2504	四溴乙烷	6.1	- P	Ⅲ	-
2505	氟化铵	6.1	-	Ⅲ	-
2506	硫酸氢铵	8	-	Ⅱ	-
2507	氯铂酸,固体的	8	-	Ⅲ	-
2508	五氯化钼	8	-	Ⅲ	-
2509	硫酸氢钾	8	-	Ⅱ	-
2511	2-氯丙酸	8	-	Ⅲ	223
2512	氨基苯酚类(邻-,间-,对-)	6.1	-	Ⅲ	279
2513	溴乙酰溴	8	-	Ⅱ	-
2514	溴苯	3	- P	Ⅲ	-
2515	溴仿	6.1	- P	Ⅲ	-
2516	四溴化碳	6.1	- P	Ⅲ	-

续上表

联合国编号	正确运输中文名称	类别	副危险	包装类	特殊规定
2517	1-氯-1,1-二氟乙烷(制冷气体,R142b)	2.1	-	-	-
2518	1,5,9-环十二碳三烯	6.1	- P	Ⅲ	
2520	环辛二烯类	3	-	Ⅲ	-
2521	双烯酮,稳定的	6.1	3	Ⅰ	354 386
2522	2-甲基丙烯酸二甲氨基乙酯,稳定的	6.1	-	Ⅱ	386
2524	原甲酸乙酯	3	-	Ⅲ	-
2525	草酸乙酯	6.1	-	Ⅲ	-
2526	糠胺	3	8	Ⅲ	-
2527	丙烯酸异丁酯,稳定的	3	-	Ⅲ	386
2528	异丁酸异丁酯	3	-	Ⅲ	-
2529	异丁酸	3	8	Ⅲ	-
2531	甲基丙烯酸,稳定的	8	-	Ⅱ	386
2533	三氯乙酸甲酯	6.1	-	Ⅲ	-
2534	甲基氯硅烷	2.3	2.1/8	-	-
2535	4-甲基吗啉(N-甲基吗啉)	3	8	Ⅱ	-
2536	甲基四氢呋喃	3	-	Ⅱ	-
2538	硝基萘	4.1	-	Ⅲ	-
2541	萜品油烯	3	-	Ⅲ	-
2542	三丁胺	6.1	-	Ⅱ	-
2545	铪粉,干的	4.2	-	Ⅰ	-
2545	铪粉,干的	4.2	-	Ⅱ	-
2545	铪粉,干的	4.2	-	Ⅲ	223
2546	钛粉,干的	4.2	-	Ⅰ	-
2546	钛粉,干的	4.2	-	Ⅱ	-
2546	钛粉,干的	4.2	-	Ⅲ	223
2547	超氧化钠	5.1	-	Ⅰ	-
2548	五氟化氯	2.3	5.1/8	-	-
2552	六氟丙酮水合物,液体的	6.1	-	Ⅱ	-
2554	甲基烯丙基氯	3	-	Ⅱ	-
2555	含水的硝化纤维素,按质量计,含水不小于25%	4.1	-	Ⅱ	28 394
2556	含乙醇的硝化纤维素,按质量计,含乙醇不小于25%,且按干重计,含氮不大于12.6%	4.1	-	Ⅱ	28 394

续上表

联合国编号	正确运输中文名称	类别	副危险	包装类	特殊规定
2557	硝化纤维素,按干重计,含氮不大于12.6%,含或不含增塑剂,含或不含颜料	4.1	-	Ⅱ	241
					394
2558	表溴醇	6.1	3	Ⅰ	-
			P		
2560	2-甲基-2-戊醇	3	-	Ⅲ	-
2561	3-甲基-1-丁烯	3	-	Ⅰ	-
2564	三氯乙酸溶液	8	-	Ⅱ	-
2564	三氯乙酸溶液	8	-	Ⅲ	223
2565	二环己胺	8	-	Ⅲ	-
2567	五氯苯酚钠	6.1	-	Ⅱ	-
			P		
2570	镉化合物	6.1	-	Ⅰ	274
2570	镉化合物	6.1	-	Ⅱ	274
2570	镉化合物	6.1	-	Ⅲ	223
					274
2571	烷基硫酸	8	-	Ⅱ	-
2572	苯肼	6.1	-	Ⅱ	-
2573	氯酸铊	5.1	6.1	Ⅱ	-
			P		
2574	磷酸三甲苯酯(含邻位异构体大于3%)	6.1	-	Ⅱ	-
			P		
2576	三溴氧化磷,熔融的	8	-	Ⅱ	-
2577	苯乙酰氯	8	-	Ⅱ	-
2578	三氧化二磷	8	-	Ⅲ	-
2579	哌嗪	8	-	Ⅲ	-
2580	溴化铝溶液	8	-	Ⅲ	223
2581	氯化铝溶液	8	-	Ⅲ	223
2582	氯化铁溶液	8	-	Ⅲ	223
2583	烷基磺酸,固体的或芳基磺酸,固体的,含游离硫酸大于5%	8	-	Ⅱ	-
2584	烷基磺酸,液体的或芳基磺酸,液体的,含游离硫酸大于5%	8	-	Ⅱ	-
2585	烷基磺酸,固体的或芳基磺酸,固体的,含游离硫酸不大于5%	8	-	Ⅲ	-

续上表

联合国编号	正确运输中文名称	类别	副危险	包装类	特殊规定
2586	烷基磺酸,液体的或芳基磺酸,液体的,含游离硫酸不大于5%	8	-	Ⅲ	-
2587	苯醌	6.1	-	Ⅱ	-
2588	农药,固体的,有毒的,未另列明的	6.1	-	Ⅰ	61
					274
2588	农药,固体的,有毒的,未另列明的	6.1	-	Ⅱ	61
					274
2588	农药,固体的,有毒的,未另列明的	6.1	-	Ⅲ	61
					223
					274
2589	氯乙酸乙烯酯	6.1	3	Ⅱ	-
2590	石棉,温石棉	9	-	Ⅲ	168
2591	氙,冷冻液体	2.2	-	-	-
2599	氯三氟甲烷和三氟甲烷共沸混合物(制冷气体,R503),含氯三氟甲烷约60%	2.2	-	-	-
2601	环丁烷	2.1	-	-	-
2602	二氯二氟甲烷和二氟乙烷共沸混合物(制冷气体,R500),含二氯二氟甲烷约74%	2.2	-	-	-
2603	环庚三烯	3	6.1	Ⅱ	-
2604	三氟化硼合二乙醚	8	3	Ⅰ	-
2605	异氰酸甲氧基甲酯	6.1	3	Ⅰ	354
2606	原硅酸甲酯	6.1	3	Ⅰ	354
2607	丙烯醛二聚物,稳定的	3	-	Ⅲ	386
2608	硝基丙烷类	3	-	Ⅲ	-
2609	硼酸三烯丙酯	6.1	-	Ⅲ	-
2610	三烯丙基胺	3	8	Ⅲ	-
2611	丙氯醇	6.1	3	Ⅱ	-
2612	甲基丙基醚	3	-	Ⅱ	-
2614	甲代烯丙基醇	3	-	Ⅲ	-
2615	乙基丙基醚	3	-	Ⅱ	-
2616	硼酸三异丙酯	3	-	Ⅱ	-
2616	硼酸三异丙酯	3	-	Ⅲ	223
2617	甲基环己醇类,易燃的	3	-	Ⅲ	-
2618	乙烯基甲苯类,稳定的	3	-	Ⅲ	386

续上表

联合国编号	正确运输中文名称	类别	副危险	包装类	特殊规定
2619	苄基二甲胺	8	3	Ⅱ	—
2620	丁酸戊酯类	3	—	Ⅲ	—
2621	乙酰甲基甲醇	3	—	Ⅲ	—
2622	缩水甘油醛	3	6.1	Ⅱ	—
2623	点火剂,固体的,含有易燃液体的	4.1	—	Ⅲ	—
2624	硅化镁	4.3	—	Ⅱ	—
2626	氯酸水溶液,含氯酸不大于10%	5.1	—	Ⅱ	900
2627	亚硝酸盐类,无机的,未另列明的	5.1	—	Ⅱ	274 900
2628	氟乙酸钾	6.1	—	Ⅰ	—
2629	氟乙酸钠	6.1	—	Ⅰ	—
2630	硒酸盐类或亚硒酸盐类	6.1	—	Ⅰ	274
2642	氟乙酸	6.1	—	Ⅰ	—
2643	溴乙酸甲酯	6.1	—	Ⅱ	—
2644	甲基碘	6.1	—	Ⅰ	354
2645	苯甲酰甲基溴	6.1	—	Ⅱ	—
2646	六氯环戊二烯	6.1	—	Ⅰ	354
2647	丙二腈	6.1	—	Ⅱ	—
2648	1,2-二溴-3-丁酮	6.1	—	Ⅱ	—
2649	1,3-二氯丙酮	6.1	—	Ⅱ	—
2650	1,1-二氯-1-硝基乙烷	6.1	—	Ⅱ	—
2651	4,4'-二氨基二苯基甲烷	6.1	— P	Ⅲ	—
2653	苄基碘	6.1	—	Ⅱ	—
2655	氟硅酸钾	6.1	—	Ⅲ	—
2656	喹啉	6.1	—	Ⅲ	—
2657	二硫化硒	6.1	—	Ⅱ	—
2659	氯乙酸钠	6.1	—	Ⅲ	—
2660	硝基甲苯胺类(MONO)	6.1	—	Ⅲ	—
2661	六氯丙酮	6.1	—	Ⅲ	—
2664	二溴甲烷	6.1	—	Ⅲ	—
2667	丁基甲苯类	6.1	—	Ⅲ	—
2668	氯乙腈	6.1	3	Ⅰ	354
2669	氯甲酚类溶液	6.1	—	Ⅱ	—

续上表

联合国编号	正确运输中文名称	类别	副危险	包装类	特殊规定
2669	氯甲酚类溶液	6.1	–	Ⅲ	223
2670	氰脲酰氯	8	–	Ⅱ	–
2671	氨基吡啶类(邻-,间-,对-)	6.1	–	Ⅱ	–
2672	氨溶液,15℃时的相对密度为0.880～0.957,含氨大于10%,但不大于35%	8	– P	Ⅲ	–
2673	2-氨基-4-氯苯酚	6.1	–	Ⅱ	–
2674	氟硅酸钠	6.1	–	Ⅲ	–
2676	锑化(三)氢	2.3	2.1	–	–
2677	氢氧化铷溶液	8	–	Ⅱ	–
2677	氢氧化铷溶液	8	–	Ⅲ	223
2678	氢氧化铷	8	–	Ⅱ	–
2679	氢氧化锂溶液	8	–	Ⅱ	–
2679	氢氧化锂溶液	8	–	Ⅲ	223
2680	氢氧化锂	8	–	Ⅱ	–
2681	氢氧化铯溶液	8	–	Ⅱ	–
2681	氢氧化铯溶液	8	–	Ⅲ	223
2682	氢氧化铯	8	–	Ⅱ	–
2683	硫化铵溶液	8	3/6.1	Ⅱ	–
2684	3-二乙氨基丙胺	3	8	Ⅲ	–
2685	N,N-二乙基乙撑二胺	8	3	Ⅱ	–
2686	2-二乙氨基乙醇	8	3	Ⅱ	–
2687	亚硝酸二环己铵	4.1	–	Ⅲ	–
2688	1-溴-3-氯丙烷	6.1	–	Ⅲ	–
2689	α-氯代丙三醇(3-氯-1,2-丙三醇)	6.1	–	Ⅲ	–
2690	N-正丁基咪唑	6.1	–	Ⅱ	–
2691	五溴化磷	8	–	Ⅱ	–
2692	三溴化硼	8	–	Ⅰ	–
2693	亚硫酸氢盐类,水溶液,未另列明的	8	–	Ⅲ	274
2698	四氢化邻苯二甲酸酐,含马来酐大于0.05%	8	–	Ⅲ	29 169 939 973
2699	三氟乙酸	8	–	Ⅰ	–
2705	1-戊醇	8	–	Ⅱ	–

续上表

联合国编号	正确运输中文名称	类别	副危险	包装类	特殊规定
2707	二甲基二恶烷类	3	-	Ⅱ	-
2707	二甲基二恶烷类	3	-	Ⅲ	223
2709	丁基苯类	3	- P	Ⅲ	-
2710	二丙基(甲)酮	3	-	Ⅲ	-
2713	吖啶	6.1	-	Ⅲ	-
2714	树脂酸锌	4.1	-	Ⅲ	-
2715	树脂酸铝	4.1	-	Ⅲ	-
2716	1,4-丁炔二醇	6.1	-	Ⅲ	-
2717	樟脑,合成的	4.1	-	Ⅲ	-
2719	溴酸钡	5.1	6.1	Ⅱ	-
2720	硝酸铬	5.1	-	Ⅲ	-
2721	氯酸铜	5.1	-	Ⅱ	-
2722	硝酸锂	5.1	-	Ⅲ	-
2723	氯酸镁	5.1	-	Ⅱ	-
2724	硝酸锰	5.1	-	Ⅲ	-
2725	硝酸镍	5.1	-	Ⅲ	-
2726	亚硝酸镍	5.1	-	Ⅲ	-
2727	硝酸铊	6.1	5.1 P	Ⅱ	-
2728	硝酸锆	5.1	-	Ⅲ	-
2729	六氯苯	6.1	-	Ⅲ	-
2730	硝酸茴香醚类,液体的	6.1	-	Ⅲ	279
2732	硝基溴苯类,液体的	6.1	-	Ⅲ	-
2733	胺类,易燃的,腐蚀的,未另列明的或聚胺类,易燃的,腐蚀的,未另列明的	3	8	Ⅰ	274
2733	胺类,易燃的,腐蚀的,未另列明的或聚胺类,易燃的,腐蚀的,未另列明的	3	8	Ⅱ	274
2733	胺类,易燃的,腐蚀的,未另列明的或聚胺类,易燃的,腐蚀的,未另列明的	3	8	Ⅲ	223 274
2734	胺类,液体的,腐蚀的,易燃的,未另列明的或聚胺类,液体的,腐蚀的,易燃的,未另列明的	8	3	Ⅰ	274
2734	胺类,液体的,腐蚀的,易燃的,未另列明的或聚胺类,液体的,腐蚀的,易燃的,未另列明的	8	3	Ⅱ	274

联合国编号	正确运输中文名称	类别	副危险	包装类	特殊规定
2735	胺类,液体的,腐蚀的,未另列明的或聚胺类,液体的,腐蚀的,未另列明的	8	-	Ⅰ	274
2735	胺类,液体的,腐蚀的,未另列明的或聚胺类,液体的,腐蚀的,未另列明的	8	-	Ⅱ	274
2735	胺类,液体的,腐蚀的,未另列明的或聚胺类,液体的,腐蚀的,未另列明的	8	-	Ⅲ	223
					274
2738	N-丁基苯胺	6.1	-	Ⅱ	-
2739	丁酸酐	8	-	Ⅲ	-
2740	氯甲酸正丙酯	6.1	3/8	Ⅰ	-
2741	次氯酸钡,含有效氯大于22%	5.1	6.1	Ⅱ	-
2742	氯甲酸酯类,有毒的,腐蚀的,易燃的,未另列明的	6.1	3/8	Ⅱ	274
2743	氯甲酸正丁酯	6.1	3/8	Ⅱ	-
2744	氯甲酸环丁酯	6.1	3/8	Ⅱ	-
2745	氯甲酸氯甲酯	6.1	8	Ⅱ	-
2746	氯甲酸苯酯	6.1	8	Ⅱ	-
2747	氯甲酸叔丁基环己酯	6.1	-	Ⅲ	-
2748	氯甲酸-2-乙基己酯	6.1	8	Ⅱ	-
2749	四甲基硅烷	3	-	Ⅰ	-
2750	1,3-二氯-2-丙醇	6.1	-	Ⅱ	-
2751	二乙基硫代磷酰氯	8	-	Ⅱ	-
2752	1,2-环氧-3-乙氧基丙烷	3	-	Ⅲ	-
2753	N-乙基苄基甲苯胺类,液体的	6.1	-	Ⅲ	-
2754	N-乙基甲苯胺类	6.1	-	Ⅱ	-
2757	氨基甲酸酯农药,固体的,有毒的	6.1	-	Ⅰ	61
					274
2757	氨基甲酸酯农药,固体的,有毒的	6.1	-	Ⅱ	61
					274
2757	氨基甲酸酯农药,固体的,有毒的	6.1	-	Ⅲ	61
					223
					274
2758	氨基甲酸酯农药,液体的,易燃的,有毒的,闪点小于23℃	3	6.1	Ⅰ	61
					274
2758	氨基甲酸酯农药,液体的,易燃的,有毒的,闪点小于23℃	3	6.1	Ⅱ	61
					274

续上表

联合国编号	正确运输中文名称	类别	副危险	包装类	特殊规定
2759	含砷农药,固体的,有毒的	6.1	-	I	61
					274
2759	含砷农药,固体的,有毒的	6.1	-	II	61
					274
2759	含砷农药,固体的,有毒的	6.1	-	III	61
					223
					274
2760	含砷农药,液体的,易燃的,有毒的,闪点小于23℃	3	6.1	I	61
					274
2760	含砷农药,液体的,易燃的,有毒的,闪点小于23℃	3	6.1	II	61
					274
2761	有机氯农药,固体的,有毒的	6.1	-	I	61
					274
2761	有机氯农药,固体的,有毒的	6.1	-	II	61
					274
2761	有机氯农药,固体的,有毒的	6.1	-	III	61
					223
					274
2762	有机氯农药,液体的,易燃的,有毒的,闪点小于23℃	3	6.1	I	61
					274
2762	有机氯农药,液体的,易燃的,有毒的,闪点小于23℃	3	6.1	II	61
					274
2763	三嗪农药,固体的,有毒的	6.1	-	I	61
					274
2763	三嗪农药,固体的,有毒的	6.1	-	II	61
					274
2763	三嗪农药,固体的,有毒的	6.1	-	III	61
					223
					274
2764	三嗪农药,液体的,易燃的,有毒的,闪点小于23℃	3	6.1	I	61
					274
2764	三嗪农药,液体的,易燃的,有毒的,闪点小于23℃	3	6.1	II	61
					274
2771	硫代氨基甲酸酯农药,固体的,有毒的	6.1	-	I	61
					274

续上表

联合国编号	正确运输中文名称	类别	副危险	包装类	特殊规定
2771	硫代氨基甲酸酯农药,固体的,有毒的	6.1	-	Ⅱ	61 274
2771	硫代氨基甲酸酯农药,固体的,有毒的	6.1	-	Ⅲ	61 223 274
2772	硫代氨基甲酸酯农药,液体的,易燃的,有毒的,闪点小于23℃	3	6.1	Ⅰ	61 274
2772	硫代氨基甲酸酯农药,液体的,易燃的,有毒的,闪点小于23℃	3	6.1	Ⅱ	61 274
2775	铜基农药,固体的,有毒的	6.1	-	Ⅰ	61 274
2775	铜基农药,固体的,有毒的	6.1	-	Ⅱ	61 274
2775	铜基农药,固体的,有毒的	6.1	-	Ⅲ	61 223 274
2776	铜基农药,液体的,易燃的,有毒的,闪点小于23℃	3	6.1	Ⅰ	61 274
2776	铜基农药,液体的,易燃的,有毒的,闪点小于23℃	3	6.1	Ⅱ	61 274
2777	汞基农药,固体的,有毒的	6.1	- P	Ⅰ	61 274
2777	汞基农药,固体的,有毒的	6.1	- P	Ⅱ	61 274
2777	汞基农药,固体的,有毒的	6.1	- P	Ⅲ	61 223 274
2778	汞基农药,液体的,易燃的,有毒的,闪点小于23℃	3	6.1 P	Ⅰ	61 274
2778	汞基农药,液体的,易燃的,有毒的,闪点小于23℃	3	6.1 P	Ⅱ	61 274
2779	取代硝基苯酚农药,固体的,有毒的	6.1	-	Ⅰ	61 274
2779	取代硝基苯酚农药,固体的,有毒的	6.1	-	Ⅱ	61 274

续上表

联合国编号	正确运输中文名称	类别	副危险	包装类	特殊规定
2779	取代硝基苯酚农药,固体的,有毒的	6.1	-	Ⅲ	61
					223
					274
2780	取代硝基苯酚农药,液体的,易燃的,有毒的,闪点小于23℃	3	6.1	Ⅰ	61
					274
2780	取代硝基苯酚农药,液体的,易燃的,有毒的,闪点小于23℃	3	6.1	Ⅱ	61
					274
2781	联吡啶农药,固体的,有毒的	6.1	-	Ⅰ	61
					274
2781	联吡啶农药,固体的,有毒的	6.1	-	Ⅱ	61
					274
2781	联吡啶农药,固体的,有毒的	6.1	-	Ⅲ	61
					223
					274
2782	联吡啶农药,液体的,易燃的,有毒的,闪点小于23℃	3	6.1	Ⅰ	61
					274
2782	联吡啶农药,液体的,易燃的,有毒的,闪点小于23℃	3	6.1	Ⅱ	61
					274
2783	有机磷农药,固体的,有毒的	6.1	-	Ⅰ	61
					274
2783	有机磷农药,固体的,有毒的	6.1	-	Ⅱ	61
					274
2783	有机磷农药,固体的,有毒的	6.1	-	Ⅲ	61
					223
					274
2784	有机磷农药,液体的,易燃的,有毒的,闪点小于23℃	3	6.1	Ⅰ	61
					274
2784	有机磷农药,液体的,易燃的,有毒的,闪点小于23℃	3	6.1	Ⅱ	61
					274
2785	4-硫杂戊醛	6.1	-	Ⅲ	-
2786	有机锡农药,固体的,有毒的	6.1	- P	Ⅰ	61 274
2786	有机锡农药,固体的,有毒的	6.1	- P	Ⅱ	61 274

联合国编号	正确运输中文名称	类别	副危险	包装类	特殊规定
2786	有机锡农药,固体的,有毒的	6.1	- P	Ⅲ	61 223 274
2787	有机锡农药,液体的,易燃的,有毒的,闪点小于23℃	3	6.1 P	Ⅰ	61 274
2787	有机锡农药,液体的,易燃的,有毒的,闪点小于23℃	3	6.1 P	Ⅱ	61 274
2788	有机锡化合物,液体的,未另列明的	6.1	- P	Ⅰ	43 274
2788	有机锡化合物,液体的,未另列明的	6.1	- P	Ⅱ	43 274
2788	有机锡化合物,液体的,未另列明的	6.1	- P	Ⅲ	43 223 274
2789	冰醋酸或乙酸溶液,按质量计,含酸大于80%	8	3	Ⅱ	-
2790	乙酸溶液,按质量计,含酸不小于50%,但不大于80%	8	-	Ⅱ	-
2790	乙酸溶液,按质量计,含酸大于10%,但小于50%	8	-	Ⅲ	-
2793	有色金属钻、刨、旋或切的屑,易自热的	4.2	-	Ⅲ	223 931
2794	蓄电池,湿的,装有酸液,储存电的	8	-	-	295
2795	蓄电池,湿的,装有碱液,储存电的	8	-	-	295
2796	硫酸,含酸不大于51%或电池液,酸性的	8	-	Ⅱ	-
2797	电池液,碱性的	8	-	Ⅱ	-
2798	苯基二氯化磷	8	-	Ⅱ	-
2799	苯基硫代磷酰二氯	8	-	Ⅱ	-
2800	蓄电池,湿的,不溢出的,储存电的	8	-	-	238
2801	染料,液体的,腐蚀性的,未另列明的或染料中间体,液体的,腐蚀性的,未另列明的	8	-	Ⅰ	274
2801	染料,液体的,腐蚀性的,未另列明的或染料中间体,液体的,腐蚀性的,未另列明的	8	-	Ⅱ	274
2801	染料,液体的,腐蚀性的,未另列明的或染料中间体,液体的,腐蚀性的,未另列明的	8	-	Ⅲ	223 274

续上表

联合国编号	正确运输中文名称	类别	副危险	包装类	特殊规定
2802	氯化铜	8	- P	Ⅲ	-
2803	镓	8	-	Ⅲ	-
2805	氢化锂,熔凝固态	4.3	-	Ⅱ	-
2806	氮化锂	4.3	-	Ⅰ	-
2807	磁化材料	9	-	-	960
2809	汞	8	6.1	Ⅲ	365
2810	有毒液体,有机的,未另列明的	6.1	-	Ⅰ	274 315
2810	有毒液体,有机的,未另列明的	6.1	-	Ⅱ	274
2810	有毒液体,有机的,未另列明的	6.1	-	Ⅲ	223 274
2811	有毒固体,有机的,未另列明的	6.1	-	Ⅰ	274
2811	有毒固体,有机的,未另列明的	6.1	-	Ⅱ	274
2811	有毒固体,有机的,未另列明的	6.1	-	Ⅲ	223 274
2812	铝酸钠,固体的	8	-	-	960
2813	遇水反应固体,未另列明的	4.3	-	Ⅰ	274
2813	遇水反应固体,未另列明的	4.3	-	Ⅱ	274
2813	遇水反应固体,未另列明的	4.3	-	Ⅲ	223 274
2814	感染性物质,对人感染	6.2	-	-	318 341
2815	N-氨基乙基哌嗪	8	6.1	Ⅲ	-
2817	二氟化氢铵溶液	8	6.1	Ⅱ	-
2817	二氟化氢铵溶液	8	6.1	Ⅲ	223
2818	多硫化铵溶液	8	6.1	Ⅱ	-
2818	多硫化铵溶液	8	6.1	Ⅲ	223
2819	酸式磷酸戊酯	8	-	Ⅲ	-
2820	丁酸	8	-	Ⅲ	-
2821	苯酚溶液	6.1	-	Ⅱ	-
2821	苯酚溶液	6.1	-	Ⅲ	223
2822	2-氯吡啶	6.1	-	Ⅱ	-
2823	丁烯酸,固体的	8	-	Ⅲ	-

续上表

联合国编号	正确运输中文名称	类别	副危险	包装类	特殊规定
2826	氯硫代甲酸乙酯	8	3 P	Ⅱ	-
2829	己酸	8	-	Ⅲ	-
2830	锂硅铁	4.3	-	Ⅱ	-
2831	1,1,1-三氯乙烷	6.1	-	Ⅲ	-
2834	亚磷酸	8	-	Ⅲ	-
2835	氢化铝钠	4.3	-	Ⅱ	-
2837	硫酸氢盐水溶液	8	-	Ⅱ	-
2837	硫酸氢盐水溶液	8	-	Ⅲ	223
2838	丁酸乙烯酯,稳定的	3	-	Ⅱ	386
2839	丁间醇醛(3-羟基丁醛)	6.1	-	Ⅱ	-
2840	丁醛肟	3	-	Ⅲ	-
2841	二正戊胺	3	6.1	Ⅲ	-
2842	硝基乙烷	3	-	Ⅲ	-
2844	钙锰硅合金	4.3	-	Ⅲ	-
2845	引火液体,有机的,未另列明的	4.2	-	Ⅰ	274
2846	引火固体,有机的,未另列明的	4.2	-	Ⅰ	274
2849	3-氯-1-丙醇	6.1	-	Ⅲ	-
2850	四聚丙烯	3	- P	Ⅲ	-
2851	三氟化硼合二水	8	-	Ⅱ	-
2852	二苦硫,湿的,按质量计,含水不小于10%	4.1	-	Ⅰ	28
2853	氟硅酸镁	6.1	-	Ⅲ	-
2854	氟硅酸铵	6.1	-	Ⅲ	-
2855	氟硅酸锌	6.1	-	Ⅲ	-
2856	氟硅酸盐(酯)类,未另列明的	6.1	-	Ⅲ	274
2857	制冷机,含有非易燃、无毒气体或氨类溶液(UN 2672)	2.2	-	-	119
2858	金属锆,干的,精制的薄片、条或盘丝(厚度小于254μm,但大于18μm)	4.1	-	Ⅲ	921
2859	偏钒酸铵	6.1	-	Ⅱ	-
2861	多钒酸铵	6.1	-	Ⅱ	-
2862	五氧化二钒,非熔凝状态的	6.1	-	Ⅲ	-
2863	钒酸铵钠	6.1	-	Ⅱ	-

续上表

联合国编号	正确运输中文名称	类别	副危险	包装类	特殊规定
2864	偏钒酸钾	6.1	-	Ⅱ	-
2865	硫酸肼	8	-	Ⅲ	-
2869	三氯化钛混合物	8	-	Ⅱ	-
2869	三氯化钛混合物	8	-	Ⅲ	223
2870	在装置中的氢硼化铝	4.2	4.3	Ⅰ	-
2870	氢硼化铝	4.2	4.3	Ⅰ	-
2871	锑粉	6.1	-	Ⅲ	-
2872	二溴氯丙烷类	6.1	-	Ⅱ	-
2872	二溴氯丙烷类	6.1	-	Ⅲ	223
2873	二正丁氨基乙醇	6.1	-	Ⅲ	-
2874	糠醇	6.1	-	Ⅲ	-
2875	六氯酚	6.1	-	Ⅲ	-
2876	间苯二酚	6.1	-	Ⅲ	-
2878	海绵颗粒状钛或海绵粉末状钛	4.1	-	Ⅲ	223
2879	二氯氧化硒	8	6.1	Ⅰ	-
2880	次氯酸钙,水合的或次氯酸钙,水合混合物,含水不小于5.5%,但不大于16%	5.1	- P	Ⅱ	314 322
2880	次氯酸钙,水合的或次氯酸钙,水合混合物,含水不小于5.5%,但不大于16%	5.1	- P	Ⅲ	223 314
2881	金属催化剂,干的	4.2	-	Ⅰ	274
2881	金属催化剂,干的	4.2	-	Ⅱ	274
2881	金属催化剂,干的	4.2	-	Ⅲ	223 274
2900	感染性物质,只对动物感染	6.2	-	-	318 341
2901	氯化溴	2.3	5.1/8	-	-
2902	农药,液体的,有毒的,未另列明的	6.1	-	Ⅰ	61 274
2902	农药,液体的,有毒的,未另列明的	6.1	-	Ⅱ	61 274
2902	农药,液体的,有毒的,未另列明的	6.1	-	Ⅲ	61 223 274
2903	农药,液体的,有毒的,易燃的,未另列明的,闪点不小于23℃	6.1	3	Ⅰ	61 274

续上表

联合国编号	正确运输中文名称	类别	副危险	包装类	特殊规定
2903	农药,液体的,有毒的,易燃的,未另列明的,闪点不小于23℃	6.1	3	Ⅱ	61
					274
2903	农药,液体的,有毒的,易燃的,未另列明的,闪点不小于23℃	6.1	3	Ⅲ	61
					223
					274
2904	氯苯酚盐类,液体的或苯酚盐类,液体的	8	—	Ⅲ	—
2905	氯苯酚盐类,固体的或苯酚盐类,固体的	8	—	Ⅲ	—
2907	异山梨醇二硝酸酯混合物,含有不小于60%的乳糖、甘露糖、淀粉或磷酸氢钙	4.1	—	Ⅱ	127
2908	放射性物质,例外包件—空包件	7	见SP290	—	290
2909	放射性物质,例外包件—由天然铀、贫化铀或天然钍制成的物品	7	见SP290	—	290
2910	放射性物质,例外包件—限量物质	7	见SP290	—	290
					368
2911	放射性物质,例外包件—仪器或物品	7	见SP290	—	290
2912	放射性物质,低比活度(LSA-Ⅰ),非裂变的或例外可裂变的	7	见SP172	—	172
					317
					325
2913	放射性物质,表面污染物体(SCO-Ⅰ或SCO-Ⅱ),非裂变或例外裂变的	7	见SP172	—	172
					317
					325
2915	放射性物质,A型包件,非特殊形式,非裂变或例外裂变的	7	见SP172	—	172
					317
					325
2916	放射性物质,B(U)型包件,非裂变或例外裂变的	7	见SP172	—	172
					317
					325
2917	放射性物质,B(M)型包件,非裂变或例外裂变的	7	见SP172	—	172
					317
					325
2919	放射性物质,按特殊安排运输,非裂变或例外裂变的	7	见SP172	—	172
					317
					325
2920	腐蚀性液体,易燃的,未另列明的	8	3	Ⅰ	274

续上表

联合国编号	正确运输中文名称	类别	副危险	包装类	特殊规定
2920	腐蚀性液体,易燃的,未另列明的	8	3	II	274
2921	腐蚀性固体,易燃的,未另列明的	8	4.1	I	274
2921	腐蚀性固体,易燃的,未另列明的	8	4.1	II	274
2922	腐蚀性液体,有毒的,未另列明的	8	6.1	I	274
2922	腐蚀性液体,有毒的,未另列明的	8	6.1	II	274
2922	腐蚀性液体,有毒的,未另列明的	8	6.1	III	223 274
2923	腐蚀性固体,有毒的,未另列明的	8	6.1	I	274
2923	腐蚀性固体,有毒的,未另列明的	8	6.1	II	274
2923	腐蚀性固体,有毒的,未另列明的	8	6.1	III	223 274
2924	易燃液体,腐蚀性的,未另列明的	3	8	I	274
2924	易燃液体,腐蚀性的,未另列明的	3	8	II	274
2924	易燃液体,腐蚀性的,未另列明的	3	8	III	223 274
2925	易燃固体,腐蚀性的,有机的,未另列明的	4.1	8	II	274
2925	易燃固体,腐蚀性的,有机的,未另列明的	4.1	8	III	223 274
2926	易燃固体,有毒的,有机的,未另列明的	4.1	6.1	II	274
2926	易燃固体,有毒的,有机的,未另列明的	4.1	6.1	III	223 274
2927	有毒液体,腐蚀性的,有机的,未另列明的	6.1	8	I	274 315
2927	有毒液体,腐蚀性的,有机的,未另列明的	6.1	8	II	274
2928	有毒固体,腐蚀性的,有机的,未另列明的	6.1	8	I	274
2928	有毒固体,腐蚀性的,有机的,未另列明的	6.1	8	II	274
2929	有毒液体,易燃的,有机的,未另列明的	6.1	3	I	274 315
2929	有毒液体,易燃的,有机的,未另列明的	6.1	3	II	274
2930	有毒固体,易燃的,有机的,未另列明的	6.1	4.1	I	274
2930	有毒固体,易燃的,有机的,未另列明的	6.1	4.1	II	274
2931	硫酸氧钒	6.1	—	II	—
2933	2-氯丙酸甲酯	3	—	III	—
2934	2-氯丙酸异丙酯	3	—	III	—

联合国编号	正确运输中文名称	类别	副危险	包装类	特殊规定
2935	2-氯丙酸乙酯	3	-	Ⅲ	-
2936	硫羟乳酸	6.1	-	Ⅱ	-
2937	α-甲基苄基醇,液体的	6.1	-	Ⅲ	-
2940	9-磷杂二环壬烷类(环辛二烯膦类)	4.2	-	Ⅱ	-
2941	氟苯胺类	6.1	-	Ⅲ	-
2942	2-三氟甲基苯胺	6.1	-	Ⅲ	-
2943	四氢化糠胺	3	-	Ⅲ	-
2945	N-甲基丁胺	3	8	Ⅱ	-
2946	2-氨基-5-二乙基氨基戊烷	6.1	-	Ⅲ	-
2947	氯乙酸异丙酯	3	-	Ⅲ	-
2948	3-三氟甲基苯胺	6.1	-	Ⅱ	-
2949	氢硫化钠,含结晶水不小于25%	8	-	Ⅱ	-
2950	镁粒,经涂层的,粒径不小于149μm	4.3	-	Ⅲ	920
2956	5-叔丁基-2,4,6-三硝基间二甲苯(二甲苯麝香)	4.1	-	Ⅲ	133
2965	三氟化硼合二甲醚	4.3	3/8	Ⅰ	-
2966	硫甘醇	6.1	-	Ⅱ	-
2967	氨基磺酸	8	-	Ⅲ	-
2968	代森锰,稳定的 或代森锰制品,稳定的,防自热的	4.3	- P	Ⅲ	223 946
2969	蓖麻籽、蓖麻片、蓖麻粉或蓖麻油渣	9	-	Ⅱ	141
2977	放射性物质,六氟化铀,可裂变的	7	6.1/8	-	-
2978	放射性物质,六氟化铀,非裂变或例外裂变的	7	6.1/8	-	317
2983	环氧乙烷(氧化乙烯)和氧化丙烯混合物,环氧乙烷(氧化乙烯)不大于30%	3	6.1	Ⅰ	-
2984	过氧化氢水溶液,含过氧化氢不小于8%,但小于20%(必要时加稳定剂)	5.1	-	Ⅲ	65
2985	氯硅烷类,易燃的,腐蚀的,未另列明的	3	8	Ⅱ	-
2986	氯硅烷类,腐蚀的,易燃的,未另列明的	8	3	Ⅱ	-
2987	氯硅烷类,腐蚀的,未另列明的	8	-	Ⅱ	-
2988	氯硅烷类,遇水反应,易燃的,腐蚀的,未另列明的	4.3	3/8	Ⅰ	-
2989	亚磷酸二氢铅(二盐基亚磷酸铅)	4.1	-	Ⅱ	922

续上表

联合国编号	正确运输中文名称	类别	副危险	包装类	特殊规定
2989	亚磷酸二氢铅(二盐基亚磷酸铅)	4.1	-	Ⅲ	922
2990	救生设备,自动膨胀式	9	-	-	296
2991	氨基甲酸酯农药,液体的,有毒的,易燃的,闪点不小于23℃	6.1	3	Ⅰ	61 274
2991	氨基甲酸酯农药,液体的,有毒的,易燃的,闪点不小于23℃	6.1	3	Ⅱ	61 274
2991	氨基甲酸酯农药,液体的,有毒的,易燃的,闪点不小于23℃	6.1	3	Ⅲ	61 223 274
2992	氨基甲酸酯农药,液体的,有毒的	6.1	-	Ⅰ	61 274
2992	氨基甲酸酯农药,液体的,有毒的	6.1	-	Ⅱ	61 274
2992	氨基甲酸酯农药,液体的,有毒的	6.1	-	Ⅲ	61 223 274
2993	含砷农药,液体的,有毒的,易燃的,闪点不小于23℃	6.1	3	Ⅰ	61 274
2993	含砷农药,液体的,有毒的,易燃的,闪点不小于23℃	6.1	3	Ⅱ	61 274
2993	含砷农药,液体的,有毒的,易燃的,闪点不小于23℃	6.1	3	Ⅲ	61 223 274
2994	含砷农药,液体的,有毒的	6.1	-	Ⅰ	61 274
2994	含砷农药,液体的,有毒的	6.1	-	Ⅱ	61 274
2994	含砷农药,液体的,有毒的	6.1	-	Ⅲ	61 223 274
2995	有机氯农药,液体的,有毒的,易燃的,闪点不小于23℃	6.1	3	Ⅰ	61 274
2995	有机氯农药,液体的,有毒的,易燃的,闪点不小于23℃	6.1	3	Ⅱ	61 274

续上表

联合国编号	正确运输中文名称	类别	副危险	包装类	特殊规定
2995	有机氯农药,液体的,有毒的,易燃的,闪点不小于23℃	6.1	3	Ⅲ	61 223 274
2996	有机氯农药,液体的,有毒的	6.1	-	Ⅰ	61 274
2996	有机氯农药,液体的,有毒的	6.1	-	Ⅱ	61 274
2996	有机氯农药,液体的,有毒的	6.1	-	Ⅲ	61 223 274
2997	三嗪农药,液体的,有毒的,易燃的,闪点不小于23℃	6.1	3	Ⅰ	61 274
2997	三嗪农药,液体的,有毒的,易燃的,闪点不小于23℃	6.1	3	Ⅱ	61 274
2997	三嗪农药,液体的,有毒的,易燃的,闪点不小于23℃	6.1	3	Ⅲ	61 223 274
2998	三嗪农药,液体的,有毒的	6.1	-	Ⅰ	61 274
2998	三嗪农药,液体的,有毒的	6.1	-	Ⅱ	61 274
2998	三嗪农药,液体的,有毒的	6.1	-	Ⅲ	61 223 274
3005	硫代氨基甲酸酯农药,液体的,有毒的,易燃的,闪点不小于23℃	6.1	3	Ⅰ	61 274
3005	硫代氨基甲酸酯农药,液体的,有毒的,易燃的,闪点不小于23℃	6.1	3	Ⅱ	61 274
3005	硫代氨基甲酸酯农药,液体的,有毒的,易燃的,闪点不小于23℃	6.1	3	Ⅲ	61 223 274
3006	硫代氨基甲酸酯农药,液体的,有毒的	6.1	-	Ⅰ	61 274
3006	硫代氨基甲酸酯农药,液体的,有毒的	6.1	-	Ⅱ	61 274

续上表

联合国编号	正确运输中文名称	类别	副危险	包装类	特殊规定
3006	硫代氨基甲酸酯农药,液体的,有毒的	6.1	-	Ⅲ	61 223 274
3009	铜基农药,液体的,有毒的,易燃的,闪点不小于23℃	6.1	3	Ⅰ	61 274
3009	铜基农药,液体的,有毒的,易燃的,闪点不小于23℃	6.1	3	Ⅱ	61 274
3009	铜基农药,液体的,有毒的,易燃的,闪点不小于23℃	6.1	3	Ⅲ	61 223 274
3010	铜基农药,液体的,有毒的	6.1	-	Ⅰ	61 274
3010	铜基农药,液体的,有毒的	6.1	-	Ⅱ	61 274
3010	铜基农药,液体的,有毒的	6.1	-	Ⅲ	61 223 274
3011	汞基农药,液体的,有毒的,易燃的,闪点不小于23℃	6.1	3 P	Ⅰ	61 274
3011	汞基农药,液体的,有毒的,易燃的,闪点不小于23℃	6.1	3 P	Ⅱ	61 274
3011	汞基农药,液体的,有毒的,易燃的,闪点不小于23℃	6.1	3 P	Ⅲ	61 223 274
3012	汞基农药,液体的,有毒的	6.1	- P	Ⅰ	61 274
3012	汞基农药,液体的,有毒的	6.1	- P	Ⅱ	61 274
3012	汞基农药,液体的,有毒的	6.1	- P	Ⅲ	61 223 274
3013	取代硝基苯酚农药,液体的,有毒的,易燃的,闪点不小于23℃	6.1	3	Ⅰ	61 274
3013	取代硝基苯酚农药,液体的,有毒的,易燃的,闪点不小于23℃	6.1	3	Ⅱ	61 274

续上表

联合国编号	正确运输中文名称	类别	副危险	包装类	特殊规定
3013	取代硝基苯酚农药,液体的,有毒的,易燃的,闪点不小于23℃	6.1	3	Ⅲ	61 223 274
3014	取代硝基苯酚农药,液体的,有毒的	6.1	-	Ⅰ	61 274
3014	取代硝基苯酚农药,液体的,有毒的	6.1	-	Ⅱ	61 274
3014	取代硝基苯酚农药,液体的,有毒的	6.1	-	Ⅲ	61 223 274
3015	联吡啶农药,液体的,有毒的,易燃的,闪点不小于23℃	6.1	3	Ⅰ	61 274
3015	联吡啶农药,液体的,有毒的,易燃的,闪点不小于23℃	6.1	3	Ⅱ	61 274
3015	联吡啶农药,液体的,有毒的,易燃的,闪点不小于23℃	6.1	3	Ⅲ	61 223 274
3016	联吡啶农药,液体的,有毒的	6.1	-	Ⅰ	61 274
3016	联吡啶农药,液体的,有毒的	6.1	-	Ⅱ	61 274
3016	联吡啶农药,液体的,有毒的	6.1	-	Ⅲ	61 223 274
3017	有机磷农药,液体的,有毒的,易燃的,闪点不小于23℃	6.1	3	Ⅰ	61 274
3017	有机磷农药,液体的,有毒的,易燃的,闪点不小于23℃	6.1	3	Ⅱ	61 274
3017	有机磷农药,液体的,有毒的,易燃的,闪点不小于23℃	6.1	3	Ⅲ	61 223 274
3018	有机磷农药,液体的,有毒的	6.1	-	Ⅰ	61 274
3018	有机磷农药,液体的,有毒的	6.1	-	Ⅱ	61 274

续上表

联合国编号	正确运输中文名称	类别	副危险	包装类	特殊规定
3018	有机磷农药,液体的,有毒的	6.1	-	Ⅲ	61 223 274
3019	有机锡农药,液体的,有毒的,易燃的,闪点不小于23℃	6.1	3 P	Ⅰ	61 274
3019	有机锡农药,液体的,有毒的,易燃的,闪点不小于23℃	6.1	3 P	Ⅱ	61 274
3019	有机锡农药,液体的,有毒的,易燃的,闪点不小于23℃	6.1	3 P	Ⅲ	61 223 274
3020	有机锡农药,液体的,有毒的	6.1	- P	Ⅰ	61 274
3020	有机锡农药,液体的,有毒的	6.1	- P	Ⅱ	61 274
3020	有机锡农药,液体的,有毒的	6.1	- P	Ⅲ	61 223 274
3021	农药,液体的,易燃的,有毒的,未另列明的,闪点小于23℃	3	6.1	Ⅰ	61 274
3021	农药,液体的,易燃的,有毒的,未另列明的,闪点小于23℃	3	6.1	Ⅱ	61 274
3022	1,2-环氧丁烷,稳定的	3	-	Ⅱ	386
3023	2-甲基-2-庚硫醇	6.1	3	Ⅰ	354
3024	香豆素衍生物农药,液体的,易燃的,有毒的,闪点小于23℃	3	6.1	Ⅰ	61 274
3024	香豆素衍生物农药,液体的,易燃的,有毒的,闪点小于23℃	3	6.1	Ⅱ	61 274
3025	香豆素衍生物农药,液体的,有毒的,易燃的,闪点不小于23℃	6.1	3	Ⅰ	61 274
3025	香豆素衍生物农药,液体的,有毒的,易燃的,闪点不小于23℃	6.1	3	Ⅱ	61 274
3025	香豆素衍生物农药,液体的,有毒的,易燃的,闪点不小于23℃	6.1	3	Ⅲ	61 223 274

续上表

联合国编号	正确运输中文名称	类别	副危险	包装类	特殊规定
3026	香豆素衍生物农药,液体的,有毒的	6.1	-	Ⅰ	61 274
3026	香豆素衍生物农药,液体的,有毒的	6.1	-	Ⅱ	61 274
3026	香豆素衍生物农药,液体的,有毒的	6.1	-	Ⅲ	61 223 274
3027	香豆素衍生物农药,固体的,有毒的	6.1	-	Ⅰ	61 274
3027	香豆素衍生物农药,固体的,有毒的	6.1	-	Ⅱ	61 274
3027	香豆素衍生物农药,固体的,有毒的	6.1	-	Ⅲ	61 223 274
3028	蓄电池,干的,含固体氢氧化钾,储存电的	8	-	Ⅲ	295 304
3048	磷化铝农药	6.1	-	Ⅰ	153 930
3054	环己硫醇	3	-	Ⅲ	-
3055	2-(2-氨基乙氧基)乙醇	8	-	Ⅲ	-
3056	正庚醛	3	-	Ⅲ	-
3057	三氟乙酰氯	2.3	8	-	-
3064	硝化甘油酒精溶液,含硝化甘油大于1%,但不大于5%	3	-	Ⅱ	359
3065	酒精饮料,按体积计,含酒精大于70%	3	-	Ⅱ	-
3065	酒精饮料,按体积计,含酒精大于24%,但不大于70%	3	-	Ⅲ	144 145 247
3066	涂料(包括油漆、真漆、瓷漆、着色漆、紫胶溶液、清漆、虫胶清漆、液体真漆基料)或涂料相关材料(包括涂料稀释剂或调稀剂)	8	-	Ⅱ	163 367
3066	涂料(包括油漆、真漆、瓷漆、着色漆、紫胶溶液、清漆、虫胶清漆、液体真漆基料)或涂料相关材料(包括涂料稀释剂或调稀剂)	8	-	Ⅲ	163 223 367

续上表

联合国编号	正确运输中文名称	类别	副危险	包装类	特殊规定
3070	环氧乙烷(氧化乙烯)和二氯二氟甲烷混合物,含环氧乙烷(氧化乙烯)不大于12.5%	2.2	-		392
3071	硫醇类,液体的,有毒的,易燃的,未另列明的或硫醇混合物,液体的,有毒的,易燃的,未另列明的	6.1	3	Ⅱ	274
3072	救生设备,非自动膨胀式,装备中含有危险物品	9	-	-	296
3073	乙烯基吡啶类,稳定的	6.1	3/8	Ⅱ	386
3077	对环境有害的物质,固体的,未另列明的	9	-	Ⅲ	274
					335
					966
					967
					969
3078	铈,切屑或粗粉状	4.3	-	Ⅱ	-
3079	甲基丙烯腈,稳定的	6.1	3	Ⅰ	354
					386
3080	异氰酸酯类,有毒的,易燃的,未另列明的或异氰酸酯溶液,有毒的,易燃的,未另列明的	6.1	3	Ⅱ	274
3082	对环境有害的物质,液体的,未另列明的	9	-	Ⅲ	274
					335
					969
3083	氟化高氯酰(高氯酰氟)	2.3	5.1	-	-
3084	腐蚀性固体,氧化性的,未另列明的	8	5.1	Ⅰ	274
3084	腐蚀性固体,氧化性的,未另列明的	8	5.1	Ⅱ	274
3085	氧化性固体,腐蚀性的,未另列明的	5.1	8	Ⅰ	274
3085	氧化性固体,腐蚀性的,未另列明的	5.1	8	Ⅱ	274
3085	氧化性固体,腐蚀性的,未另列明的	5.1	8	Ⅲ	223
					274
3086	有毒固体,氧化性的,未另列明的	6.1	5.1	Ⅰ	274
3086	有毒固体,氧化性的,未另列明的	6.1	5.1	Ⅱ	274
3087	氧化性固体,有毒的,未另列明的	5.1	6.1	Ⅰ	274
					900
3087	氧化性固体,有毒的,未另列明的	5.1	6.1	Ⅱ	274
					900

续上表

联合国编号	正确运输中文名称	类别	副危险	包装类	特殊规定
3087	氧化性固体,有毒的,未另列明的	5.1	6.1	Ⅲ	223
					274
					900
3088	自热固体,有机的,未另列明的	4.2	-	Ⅱ	274
3088	自热固体,有机的,未另列明的	4.2	-	Ⅲ	223
					274
3089	金属粉,易燃的,未另列明的	4.1	-	Ⅱ	-
3089	金属粉,易燃的,未另列明的	4.1	-	Ⅲ	223
3090	锂金属电池组(包含锂合金电池组)	9	-	-	188
					230
					310
					376
					377
					384
					387
3091	装在设备中的锂金属电池组或同设备包装在一起的锂金属电池组(包含锂合金电池组)	9	-	-	188
					230
					310
					360
					376
					377
					384
					387
					390
3092	1-甲氧基-2-丙醇	3	-	Ⅲ	-
3093	腐蚀性液体,氧化性,未另列明的	8	5.1	Ⅰ	274
3093	腐蚀性液体,氧化性,未另列明的	8	5.1	Ⅱ	274
3094	腐蚀性液体,遇水反应,未另列明的	8	4.3	Ⅰ	274
3094	腐蚀性液体,遇水反应,未另列明的	8	4.3	Ⅱ	274
3095	腐蚀性固体,自热的,未另列明的	8	4.2	Ⅰ	274
3095	腐蚀性固体,自热的,未另列明的	8	4.2	Ⅱ	274
3096	腐蚀性固体,遇水反应,未另列明的	8	4.3	Ⅰ	274
3096	腐蚀性固体,遇水反应,未另列明的	8	4.3	Ⅱ	274
3097	易燃固体,氧化性,未另列明的	4.1	5.1	Ⅱ	274
					976

续上表

联合国编号	正确运输中文名称	类别	副危险	包装类	特殊规定
3097	易燃固体,氧化性,未另列明的	4.1	5.1	Ⅲ	274
					976
3098	氧化性液体,腐蚀性,未另列明的	5.1	8	Ⅰ	274
3098	氧化性液体,腐蚀性,未另列明的	5.1	8	Ⅱ	274
3098	氧化性液体,腐蚀性,未另列明的	5.1	8	Ⅲ	223
					274
3099	氧化性液体,有毒的,未另列明的	5.1	6.1	Ⅰ	274
3099	氧化性液体,有毒的,未另列明的	5.1	6.1	Ⅱ	274
3099	氧化性液体,有毒的,未另列明的	5.1	6.1	Ⅲ	223
					274
3100	氧化性固体,自热的,未另列明的	5.1	4.2	Ⅰ	274
					976
3100	氧化性固体,自热的,未另列明的	5.1	4.2	Ⅱ	274
					976
3101	B型有机过氧化物,液体的	5.2	见SP181	-	122
					181
					195
					274
3102	B型有机过氧化物,固体的	5.2	见SP181	-	122
					181
					195
					274
3103	C型有机过氧化物,液体的	5.2	-	-	122
					195
					274
3104	C型有机过氧化物,固体的	5.2	-	-	122
					195
					274
3105	D型有机过氧化物,液体的	5.2	-	-	122
					274
3106	D型有机过氧化物,固体的	5.2	-	-	122
					274
3107	E型有机过氧化物,液体的	5.2	-	-	122
					274

续上表

联合国编号	正确运输中文名称	类别	副危险	包装类	特殊规定
3108	E型有机过氧化物,固体的	5.2	-	-	122
					274
3109	F型有机过氧化物,液体的	5.2	-	-	122
					274
3110	F型有机过氧化物,固体的	5.2	-	-	122
					274
3111	B型有机过氧化物,液体的,控温的	5.2	见SP181	-	122
					181
					195
					274
					923
3112	B型有机过氧化物,固体的,控温的	5.2	见SP181	-	122
					181
					195
					274
					923
3113	C型有机过氧化物,液体的,控温的	5.2	-	-	122
					195
					274
					923
3114	C型有机过氧化物,固体的,控温的	5.2	-	-	122
					195
					274
					923
3115	D型有机过氧化物,液体的,控温的	5.2	-	-	122
					274
					923
3116	D型有机过氧化物,固体的,控温的	5.2	-	-	122
					274
					923
3117	E型有机过氧化物,液体的,控温的	5.2	-	-	122
					274
					923
3118	E型有机过氧化物,固体的,控温的	5.2	-	-	122
					274
					923

续上表

联合国编号	正确运输中文名称	类别	副危险	包装类	特殊规定
3119	F型有机过氧化物,液体的,控温的	5.2	-	-	122
					274
					923
3120	F型有机过氧化物,固体的,控温的	5.2	-	-	122
					274
					923
3121	氧化性固体,遇水反应,未另列明的	5.1	4.3	I	274
					976
3121	氧化性固体,遇水反应,未另列明的	5.1	4.3	II	274
					976
3122	有毒液体,氧化性,未另列明的	6.1	5.1	I	274
					315
3122	有毒液体,氧化性,未另列明的	6.1	5.1	II	274
3123	有毒液体,遇水反应,未另列明的	6.1	4.3	I	274
					315
3123	有毒液体,遇水反应,未另列明的	6.1	4.3	II	274
3124	有毒固体,自然的,未另列明的	6.1	4.2	I	274
3124	有毒固体,自然的,未另列明的	6.1	4.2	II	274
3125	有毒固体,遇水反应,未另列明的	6.1	4.3	I	274
3125	有毒固体,遇水反应,未另列明的	6.1	4.3	II	274
3126	自热固体,腐蚀性,有机的,未另列明的	4.2	8	II	274
3126	自热固体,腐蚀性,有机的,未另列明的	4.2	8	III	223
					274
3127	自热固体,氧化性,未另列明的	4.2	5.1	II	274
					976
3127	自热固体,氧化性,未另列明的	4.2	5.1	III	223
					274
					976
3128	自热固体,有毒的,有机的,未另列明的	4.2	6.1	II	274
3128	自热固体,有毒的,有机的,未另列明的	4.2	6.1	III	223
					274
3129	遇水反应液体,腐蚀性,未另列明的	4.3	8	I	274
3129	遇水反应液体,腐蚀性,未另列明的	4.3	8	II	274
3129	遇水反应液体,腐蚀性,未另列明的	4.3	8	III	223
					274

续上表

联合国编号	正确运输中文名称	类别	副危险	包装类	特殊规定
3130	遇水反应液体,有毒的,未另列明的	4.3	6.1	Ⅰ	274
3130	遇水反应液体,有毒的,未另列明的	4.3	6.1	Ⅱ	274
3130	遇水反应液体,有毒的,未另列明的	4.3	6.1	Ⅲ	223
					274
3131	遇水反应固体,腐蚀性,未另列明的	4.3	8	Ⅰ	274
3131	遇水反应固体,腐蚀性,未另列明的	4.3	8	Ⅱ	274
3131	遇水反应固体,腐蚀性,未另列明的	4.3	8	Ⅲ	223
					274
3132	遇水反应固体,易燃的,未另列明的	4.3	4.1	Ⅰ	274
3132	遇水反应固体,易燃的,未另列明的	4.3	4.1	Ⅱ	274
3132	遇水反应固体,易燃的,未另列明的	4.3	4.1	Ⅲ	223
					274
3133	遇水反应固体,氧化的,未另列明的	4.3	5.1	Ⅱ	274
					976
3133	遇水反应固体,氧化的,未另列明的	4.3	5.1	Ⅲ	223
					274
					976
3134	遇水反应固体,有毒的,未另列明的	4.3	6.1	Ⅰ	274
3134	遇水反应固体,有毒的,未另列明的	4.3	6.1	Ⅱ	274
3134	遇水反应固体,有毒的,未另列明的	4.3	6.1	Ⅲ	223
					274
3135	遇水反应固体,自热的,未另列明的	4.3	4.2	Ⅰ	274
3135	遇水反应固体,自热的,未另列明的	4.3	4.2	Ⅱ	274
3135	遇水反应固体,自热的,未另列明的	4.3	4.2	Ⅲ	223
					274
3136	三氟甲烷,冷冻液体	2.2	-	-	-
3137	氧化性固体,易燃的,未另列明的	5.1	4.1	Ⅰ	274
					976
3138	乙烯、乙炔和丙烯混合物,冷冻液体,含乙烯至少71.5%,含乙炔不大于22.5%,含丙烯不大于6%	2.1	-	-	-
3139	氧化性液体,未另列明的	5.1	-	Ⅰ	274
3139	氧化性液体,未另列明的	5.1	-	Ⅱ	274
3139	氧化性液体,未另列明的	5.1	-	Ⅲ	223
					274

续上表

联合国编号	正确运输中文名称	类别	副危险	包装类	特殊规定
3140	生物碱类,液体的,未另列明的或生物碱盐类,液体的,未另列明的	6.1	-	Ⅰ	43
					274
3140	生物碱类,液体的,未另列明的或生物碱盐类,液体的,未另列明的	6.1	-	Ⅱ	43
					274
3140	生物碱类,液体的,未另列明的或生物碱盐类,液体的,未另列明的	6.1	-	Ⅲ	43
					223
					274
3141	锑化合物,无机的,液体的,未另列明的	6.1	-	Ⅲ	45
					274
3142	消毒剂(或杀菌剂),液体的,有毒的,未另列明的	6.1	-	Ⅰ	274
3142	消毒剂(或杀菌剂),液体的,有毒的,未另列明的	6.1	-	Ⅱ	274
3142	消毒剂(或杀菌剂),液体的,有毒的,未另列明的	6.1	-	Ⅲ	223
					274
3143	染料,固体的,有毒的,未另列明的或染料中间体,固体的,有毒的,未另列明的	6.1	-	Ⅰ	274
3143	染料,固体的,有毒的,未另列明的或染料中间体,固体的,有毒的,未另列明的	6.1	-	Ⅱ	274
3143	染料,固体的,有毒的,未另列明的或染料中间体,固体的,有毒的,未另列明的	6.1	-	Ⅲ	223
					274
3144	烟碱化合物,液体的,未另列明的或烟碱制剂,液体的,未另列明的	6.1	-	Ⅰ	43
					274
3144	烟碱化合物,液体的,未另列明的或烟碱制剂,液体的,未另列明的	6.1	-	Ⅱ	43
					274
3144	烟碱化合物,液体的,未另列明的或烟碱制剂,液体的,未另列明的	6.1	-	Ⅲ	43
					223
					274
3145	烷基苯酚类,液体的,未另列明的(包括C_2至C_{12}同系物)	8	-	Ⅰ	-
3145	烷基苯酚类,液体的,未另列明的(包括C_2至C_{12}同系物)	8	-	Ⅱ	-
3145	烷基苯酚类,液体的,未另列明的(包括C_2至C_{12}同系物)	8	-	Ⅲ	223

续上表

联合国编号	正确运输中文名称	类别	副危险	包装类	特殊规定
3146	有机锡化合物,固体的,未另列明的	6.1	-	Ⅰ	43
			P		274
3146	有机锡化合物,固体的,未另列明的	6.1	-	Ⅱ	43
			P		274
3146	有机锡化合物,固体的,未另列明的	6.1	-	Ⅲ	43
			P		223
					274
3147	染料,固体的,腐蚀的,未另列明的或染料中间体,固体的,腐蚀的,未另列明的	8	-	Ⅰ	274
3147	染料,固体的,腐蚀的,未另列明的或染料中间体,固体的,腐蚀的,未另列明的	8	-	Ⅱ	274
3147	染料,固体的,腐蚀的,未另列明的或染料中间体,固体的,腐蚀的,未另列明的	8	-	Ⅲ	223
					274
3148	遇水反应液体,未另列明的	4.3	-	Ⅰ	274
3148	遇水反应液体,未另列明的	4.3	-	Ⅱ	274
3148	遇水反应液体,未另列明的	4.3	-	Ⅲ	223
					274
3149	过氧化氢和过氧乙酸混合物,稳定的,含酸类、水及不大于5%的过氧乙酸	5.1	8	Ⅱ	196
3150	装置,小型的,以烃类气体为动力的或给小型装置补充烃类气体的充气罐,带有释放装置	2.1	-	-	-
3151	多卤联苯类,液体的或卤代甲基苯烷类,液体的或多卤三联苯类,液体的	9	-	Ⅱ	203
			P		305
3152	多卤联苯类,固体的或卤代甲基苯烷类,固体的或多卤三联苯类,固体的	9	-	Ⅱ	203
			P		305
					958
3153	全氟(甲基乙烯基醚)	2.1	-	-	-
3154	全氟(乙基乙烯基醚)	2.1	-	-	-
3155	五氯酚	6.1	-	Ⅱ	43
			P		
3156	压缩气体,氧化性,未另列明的	2.2	5.1	-	274
3157	液化气体,氧化性,未另列明的	2.2	5.1	-	274
3158	气体,冷冻液体,未另列明的	2.2	-	-	274

续上表

联合国编号	正确运输中文名称	类别	副危险	包装类	特殊规定
3159	1,1,1,2-四氟乙烷(制冷气体,R134a)	2.2	-	-	-
3160	液化气体,有毒的,易燃的,未另列明的	2.3	2.1	-	274
3161	液化气体,易燃的,未另列明的	2.1	-	-	274
3162	液化气体,有毒的,未另列明的	2.3	-	-	274
3163	液化气体,未另列明的	2.2	-	-	274 392
3164	气压或液压物品(含非易燃气体)	2.2	-	-	283 371
3165	飞行器液压动力装置燃料箱(装有无水肼和甲基肼的混合液)(M86燃料)	3	6.1/8	Ⅰ	-
3166	车辆,易燃气体驱动的或车辆,易燃液体驱动的或燃料电池车辆,易燃气体驱动的或燃料电池车辆,易燃液体驱动的	9	-	-	356 388 961 962
3167	气体样品,不加压的,易燃的,未另列明的,非冷冻液体	2.1	-	-	209
3168	气体样品,不加压的,有毒的,易燃的,未另列明的,非冷冻液体	2.3	2.1	-	209
3169	气体样品,不加压的,有毒的,未另列明的,非冷冻液体	2.3	-	-	209
3170	铝熔炼副产品或铝再熔副产品	4.3	-	Ⅱ	244
3170	铝熔炼副产品或铝再熔副产品	4.3	-	Ⅲ	223 244
3171	电池驱动的车辆或电池驱动的设备	9	-	-	388 961 962 971
3172	毒素,从生物源中提取的,液体的,未另列明的	6.1	-	Ⅰ	210 274
3172	毒素,从生物源中提取的,液体的,未另列明的	6.1	-	Ⅱ	210 274
3172	毒素,从生物源中提取的,液体的,未另列明的	6.1	-	Ⅲ	210 223 274

续上表

联合国编号	正确运输中文名称	类别	副危险	包装类	特殊规定
3174	二硫化钛	4.2	-	Ⅲ	-
3175	含易燃液体的固体,未另列明的	4.1	-	Ⅱ	216 274
3176	易燃固体,有机的,熔融的,未另列明的	4.1	-	Ⅱ	274
3176	易燃固体,有机的,熔融的,未另列明的	4.1	-	Ⅲ	223 274
3178	易燃固体,无机的,未另列明的	4.1	-	Ⅱ	274
3178	易燃固体,无机的,未另列明的	4.1	-	Ⅲ	223 274
3179	易燃固体,有毒的,无机的,未另列明的	4.1	6.1	Ⅱ	274
3179	易燃固体,有毒的,无机的,未另列明的	4.1	6.1	Ⅲ	223 274
3180	易燃固体,腐蚀性的,无机的,未另列明的	4.1	8	Ⅱ	274
3180	易燃固体,腐蚀性的,无机的,未另列明的	4.1	8	Ⅲ	223 274
3181	有机化合物的金属盐,易燃的,未另列明的	4.1	-	Ⅱ	274
3181	有机化合物的金属盐,易燃的,未另列明的	4.1	-	Ⅲ	223 274
3182	金属氢化物,易燃的,未另列明的	4.1	-	Ⅱ	274
3182	金属氢化物,易燃的,未另列明的	4.1	-	Ⅲ	223 274
3183	自热液体,有机的,未另列明的	4.2	-	Ⅱ	274
3183	自热液体,有机的,未另列明的	4.2	-	Ⅲ	223 274
3184	自热液体,有毒的,有机的,未另列明的	4.2	6.1	Ⅱ	274
3184	自热液体,有毒的,有机的,未另列明的	4.2	6.1	Ⅲ	223 274
3185	自热液体,腐蚀性的,有机的,未另列明的	4.2	8	Ⅱ	274
3185	自热液体,腐蚀性的,有机的,未另列明的	4.2	8	Ⅲ	223 274
3186	自热液体,无机的,未另列明的	4.2	-	Ⅱ	274
3186	自热液体,无机的,未另列明的	4.2	-	Ⅲ	223 274

续上表

联合国编号	正确运输中文名称	类别	副危险	包装类	特殊规定
3187	自热液体,有毒的,无机的,未另列明的	4.2	6.1	Ⅱ	274
3187	自热液体,有毒的,无机的,未另列明的	4.2	6.1	Ⅲ	223 274
3188	自热液体,腐蚀性的,无机的,未另列明的	4.2	8	Ⅱ	274
3188	自热液体,腐蚀性的,无机的,未另列明的	4.2	8	Ⅲ	223 274
3189	金属粉,自热的,未另列明的	4.2	-	Ⅱ	274
3189	金属粉,自热的,未另列明的	4.2	-	Ⅲ	223 274
3190	自热固体,无机的,未另列明的	4.2	-	Ⅱ	274
3190	自热固体,无机的,未另列明的	4.2	-	Ⅲ	223 274
3191	自热固体,无机的,有毒的,未另列明的	4.2	6.1	Ⅱ	274
3191	自热固体,有毒的,无机的,未另列明的	4.2	6.1	Ⅲ	223 274
3192	自热固体,腐蚀性的,无机的,未另列明的	4.2	8	Ⅱ	274
3192	自热固体,腐蚀性的,无机的,未另列明的	4.2	8	Ⅲ	274
3194	引火液体,无机的,未另列明的	4.2	-	Ⅰ	274
3200	引火固体,无机的,未另列明的	4.2	-	Ⅰ	274
3205	碱土金属醇化物,未另列明的	4.2	-	Ⅱ	183 274
3205	碱土金属醇化物,未另列明的	4.2	-	Ⅲ	183 223 274
3206	碱金属醇化物,自热的,腐蚀性的,未另列明的	4.2	8	Ⅱ	182 274
3206	碱金属醇化物,自热的,腐蚀性的,未另列明的	4.2	8	Ⅲ	182 223 274
3208	金属物质,遇水反应的,未另列明的	4.3	-	Ⅰ	274
3208	金属物质,遇水反应的,未另列明的	4.3	-	Ⅱ	274
3208	金属物质,遇水反应的,未另列明的	4.3	-	Ⅲ	223 274
3209	金属物质,遇水反应的,自热的,未另列明的	4.3	4.2	Ⅰ	274

续上表

联合国编号	正确运输中文名称	类别	副危险	包装类	特殊规定
3209	金属物质,遇水反应的,自热的,未另列明的	4.3	4.2	Ⅱ	274
3209	金属物质,遇水反应的,自热的,未另列明的	4.3	4.2	Ⅲ	223
					274
3210	氯酸盐类,无机的,水溶液,未另列明的	5.1	-	Ⅱ	274
					351
3210	氯酸盐类,无机的,水溶液,未另列明的	5.1	-	Ⅲ	223
					274
					351
3211	高氯酸盐类,无机的,水溶液,未另列明的	5.1	-	Ⅱ	-
3211	高氯酸盐类,无机的,水溶液,未另列明的	5.1	-	Ⅲ	223
3212	次氯酸盐类,无机的,未另列明的	5.1	-	Ⅱ	274
					349
					900
					903
3213	溴酸盐类,无机的,水溶液,未另列明的	5.1	-	Ⅱ	274
					350
3213	溴酸盐类,无机的,水溶液,未另列明的	5.1	-	Ⅲ	223
					274
					350
3214	高锰酸盐类,无机的,水溶液,未另列明的	5.1	-	Ⅱ	274
					353
3215	过硫酸盐类,无机的,未另列明的	5.1	-	Ⅲ	-
3216	过硫酸盐类,无机的,水溶液,未另列明的	5.1	-	Ⅲ	-
3218	硝酸盐类,无机的,水溶液,未另列明的	5.1	-	Ⅱ	270
3218	硝酸盐类,无机的,水溶液,未另列明的	5.1	-	Ⅲ	223
					270
3219	亚硝酸盐类,无机的,水溶液,未另列明的	5.1	-	Ⅱ	274
					900
3219	亚硝酸盐类,无机的,水溶液,未另列明的	5.1	-	Ⅲ	223
					274
					900
3220	五氟乙烷(制冷气体,R125)	2.2	-	-	-
3221	B型自反应液体	4.1	见SP181	-	181
					274

续上表

联合国编号	正确运输中文名称	类别	副危险	包装类	特殊规定
3222	B 型自反应固体	4.1	见 SP181	–	181
					274
3223	C 型自反应液体	4.1	–	–	274
3224	C 型自反应固体	4.1	–	–	274
3225	D 型自反应液体	4.1	–	–	274
3226	D 型自反应固体	4.1	–	–	274
3227	E 型自反应液体	4.1	–	–	274
3228	E 型自反应固体	4.1	–	–	274
3229	F 型自反应液体	4.1	–	–	274
3230	F 型自反应固体	4.1	–	–	274
3231	B 型自反应液体,控温的	4.1	见 SP181	–	181
					194
					274
					923
3232	B 型自反应固体,控温的	4.1	见 SP181	–	181
					194
					274
					923
3233	C 型自反应液体,控温的	4.1	–	–	194
					274
					923
3234	C 型自反应固体,控温的	4.1	–	–	194
					274
					923
3235	D 型自反应液体,控温的	4.1	–	–	194
					274
					923
3236	D 型自反应固体,控温的	4.1	–	–	194
					274
					923
3237	E 型自反应液体,控温的	4.1	–	–	194
					274
					923
3238	E 型自反应固体,控温的	4.1	–	–	194
					274
					923

续上表

联合国编号	正确运输中文名称	类别	副危险	包装类	特殊规定
3239	F型自反应液体,控温的	4.1	-	-	194 274 923
3240	F型自反应固体,控温的	4.1	-	-	194 274 923
3241	2-溴-2-硝基-1,3-丙二醇	4.1	-	Ⅲ	-
3242	偶氮(二)甲酰胺	4.1	-	Ⅱ	215
3243	含有毒液体的固体,未另列明的	6.1	-	Ⅱ	217 274
3244	含腐蚀性液体的固体,未另列明的	8	-	Ⅱ	218 274
3245	基因改变的微生物或基因改变的生物	9	-	-	219
3246	甲磺酰氯	6.1	8	Ⅰ	354
3247	过氧硼酸钠,无水的	5.1	-	Ⅱ	-
3248	医药,液体的,易燃的,有毒的,未另列明的	3	6.1	Ⅱ	220 221
3248	医药,液体的,易燃的,有毒的,未另列明的	3	6.1	Ⅲ	220 221 223
3249	医药,固体的,有毒的,未另列明的	6.1	-	Ⅱ	221
3249	医药,固体的,有毒的,未另列明的	6.1	-	Ⅲ	221 223
3250	氯乙酸,熔融的	6.1	8	Ⅱ	-
3251	异山梨醇-5-单硝酸酯	4.1	-	Ⅲ	226
3252	二氟甲烷(制冷气体,R32)	2.1	-	-	-
3253	三氧硅酸二钠	8	-	Ⅲ	-
3254	三丁基磷烷	4.2	-	Ⅰ	-
3255	次氯酸叔丁酯	4.2	8	Ⅰ	976
3256	加温液体,易燃的,未另列明的,闪点高于60℃,等于或高于其闪点	3	-	Ⅲ	274
3257	加温液体,未另列明的,等于或高于100℃并小于其闪点(包括熔融金属,熔融盐类等)	9	-	Ⅲ	232 274
3258	加温固体,未另列明的,等于或高于240℃	9	-	Ⅲ	232 274

续上表

联合国编号	正确运输中文名称	类别	副危险	包装类	特殊规定
3259	胺类,固体的,腐蚀的,未另列明的或聚胺类,固体的,腐蚀的,未另列明的	8	-	Ⅰ	274
3259	胺类,固体的,腐蚀的,未另列明的或聚胺类,固体的,腐蚀的,未另列明的	8	-	Ⅱ	274
3259	胺类,固体的,腐蚀的,未另列明的或聚胺类,固体的,腐蚀的,未另列明的	8	-	Ⅲ	223 274
3260	腐蚀性固体,酸性的,无机的,未另列明的	8	-	Ⅰ	274
3260	腐蚀性固体,酸性的,无机的,未另列明的	8	-	Ⅱ	274
3260	腐蚀性固体,酸性的,无机的,未另列明的	8	-	Ⅲ	223 274
3261	腐蚀性固体,酸性的,有机的,未另列明的	8	-	Ⅰ	274
3261	腐蚀性固体,酸性的,有机的,未另列明的	8	-	Ⅱ	274
3261	腐蚀性固体,酸性的,有机的,未另列明的	8	-	Ⅲ	223 274
3262	腐蚀性固体,碱性的,无机的,未另列明的	8	-	Ⅰ	274
3262	腐蚀性固体,碱性的,无机的,未另列明的	8	-	Ⅱ	274
3262	腐蚀性固体,碱性的,无机的,未另列明的	8	-	Ⅲ	223 274
3263	腐蚀性固体,碱性的,有机的,未另列明的	8	-	Ⅰ	274
3263	腐蚀性固体,碱性的,有机的,未另列明的	8	-	Ⅱ	274
3263	腐蚀性固体,碱性的,有机的,未另列明的	8	-	Ⅲ	223 274
3264	腐蚀性液体,酸性的,无机的,未另列明的	8	-	Ⅰ	274
3264	腐蚀性液体,酸性的,无机的,未另列明的	8	-	Ⅱ	274
3264	腐蚀性液体,酸性的,无机的,未另列明的	8	-	Ⅲ	223 274
3265	腐蚀性液体,酸性的,有机的,未另列明的	8	-	Ⅰ	274
3265	腐蚀性液体,酸性的,有机的,未另列明的	8	-	Ⅱ	274
3265	腐蚀性液体,酸性的,有机的,未另列明的	8	-	Ⅲ	223 274
3266	腐蚀性液体,碱性的,无机的,未另列明的	8	-	Ⅰ	274
3266	腐蚀性液体,碱性的,无机的,未另列明的	8	-	Ⅱ	274
3266	腐蚀性液体,碱性的,无机的,未另列明的	8	-	Ⅲ	223 274

续上表

联合国编号	正确运输中文名称	类别	副危险	包装类	特殊规定
3267	腐蚀性液体,碱性的,有机的,未另列明的	8	-	Ⅰ	274
3267	腐蚀性液体,碱性的,有机的,未另列明的	8	-	Ⅱ	274
3267	腐蚀性液体,碱性的,有机的,未另列明的	8	-	Ⅲ	223
					274
3268	安全装置,电激发的	9	-	-	280
					289
3269	聚酯树脂器材,液体基本材料	3	-	Ⅱ	236
					340
3269	聚酯树脂器材,液体基本材料	3	-	Ⅲ	236
					340
3270	硝化纤维素膜过滤器,按干重计,含氮不大于12.6%	4.1	-	Ⅱ	237
					286
3271	醚类,未另列明的	3	-	Ⅱ	274
3271	醚类,未另列明的	3	-	Ⅲ	223
					274
3272	酯类,未另列明的	3	-	Ⅱ	274
3272	酯类,未另列明的	3	-	Ⅲ	223
					274
3273	腈类,易燃的,有毒的,未另列明的	3	6.1	Ⅰ	274
3273	腈类,易燃的,有毒的,未另列明的	3	6.1	Ⅱ	274
3274	醇化物溶液,未另列明的,溶于乙醇中	3	8	Ⅱ	274
3275	腈类,有毒的,易燃的,未另列明的	6.1	3	Ⅰ	274
					315
3275	腈类,有毒的,易燃的,未另列明的	6.1	3	Ⅱ	274
3276	腈类,液体的,有毒的,未另列明的	6.1	-	Ⅰ	274
					315
3276	腈类,液体的,有毒的,未另列明的	6.1	-	Ⅱ	274
3276	腈类,液体的,有毒的,未另列明的	6.1	-	Ⅲ	223
					274
3277	氯甲酸酯类,有毒的,腐蚀的,未另列明的	6.1	8	Ⅱ	274
3278	有机磷化合物,液体的,有毒的,未另列明的	6.1	-	Ⅰ	43
					274
					315
3278	有机磷化合物,液体的,有毒的,未另列明的	6.1	-	Ⅱ	43
					274

续上表

联合国编号	正确运输中文名称	类别	副危险	包装类	特殊规定
3278	有机磷化合物,液体的,有毒的,未另列明的	6.1	-	Ⅲ	43
					223
					274
3279	有机磷化合物,有毒的,易燃的,未另列明的	6.1	3	Ⅰ	43
					274
					315
3279	有机磷化合物,有毒的,易燃的,未另列明的	6.1	3	Ⅱ	43
					274
3280	有机砷化合物,液体的,未另列明的	6.1	-	Ⅰ	274
					315
3280	有机砷化合物,液体的,未另列明的	6.1	-	Ⅱ	274
3280	有机砷化合物,液体的,未另列明的	6.1	-	Ⅲ	223
					274
3281	羰基金属,液体的,未另列明的	6.1	-	Ⅰ	274
					315
3281	羰基金属,液体的,未另列明的	6.1	-	Ⅱ	274
3281	羰基金属,液体的,未另列明的	6.1	-	Ⅲ	223
					274
3282	有机金属化合物,液体的,有毒的,未另列明的	6.1	-	Ⅰ	274
3282	有机金属化合物,液体的,有毒的,未另列明的	6.1	-	Ⅱ	274
3282	有机金属化合物,液体的,有毒的,未另列明的	6.1	-	Ⅲ	223
					274
3283	硒化合物,固体的,未另列明的	6.1	-	Ⅰ	274
3283	硒化合物,固体的,未另列明的	6.1	-	Ⅱ	274
3283	硒化合物,固体的,未另列明的	6.1	-	Ⅲ	223
					274
3284	碲化合物,未另列明的	6.1	-	Ⅰ	274
3284	碲化合物,未另列明的	6.1	-	Ⅱ	274
3284	碲化合物,未另列明的	6.1	-	Ⅲ	223
					274
3285	钒化合物,未另列明的	6.1	-	Ⅰ	274
3285	钒化合物,未另列明的	6.1	-	Ⅱ	274

续上表

联合国编号	正确运输中文名称	类别	副危险	包装类	特殊规定
3285	钒化合物,未另列明的	6.1	-	Ⅲ	223
					274
3286	易燃液体,有毒的,腐蚀性的,未另列明的	3	6.1/8	Ⅰ	274
3286	易燃液体,有毒的,腐蚀性的,未另列明的	3	6.1/8	Ⅱ	274
3287	有毒液体,无机的,未另列明的	6.1	-	Ⅰ	274
					315
3287	有毒液体,无机的,未另列明的	6.1	-	Ⅱ	274
3287	有毒液体,无机的,未另列明的	6.1	-	Ⅲ	223
					274
3288	有毒固体,无机的,未另列明的	6.1	-	Ⅰ	274
3288	有毒固体,无机的,未另列明的	6.1	-	Ⅱ	274
3288	有毒固体,无机的,未另列明的	6.1	-	Ⅲ	223
					274
3289	有毒液体,腐蚀性的,无机的,未另列明的	6.1	8	Ⅰ	274
					315
3289	有毒液体,腐蚀性的,无机的,未另列明的	6.1	8	Ⅱ	274
3290	有毒固体,腐蚀性的,无机的,未另列明的	6.1	8	Ⅰ	274
3290	有毒固体,腐蚀性的,无机的,未另列明的	6.1	8	Ⅱ	274
3291	诊疗废物,未具体说明的,未另列明的或(生物)医学废物,未另列明的或管制下的医疗废物,未另列明的	6.2	-	-	-
3292	蓄电池,含有钠或电池,含有钠	4.3	-	-	239
3293	肼,水溶液,按质量计,含肼不大于37%	6.1	-	Ⅲ	223
3294	氰化氢酒精溶液,含氰化氢不大于45%	6.1	3	Ⅰ	900
			P		
3295	烃类,液体的,未另列明的	3	-	Ⅰ	-
3295	烃类,液体的,未另列明的	3	-	Ⅱ	-
3295	烃类,液体的,未另列明的	3	-	Ⅲ	223
3296	七氟丙烷(制冷气体,R227)	2.2	-	-	-
3297	环氧乙烷(氧化乙烯)和氯四氟乙烷混合物,含环氧乙烷(氧化乙烯)不大于8.8%	2.2	-	-	392
3298	环氧乙烷(氧化乙烯)和五氟乙烷混合物,含环氧乙烷不大于7.9%	2.2	-	-	392
3299	环氧乙烷(氧化乙烯)和四氟乙烷混合物,含环氧乙烷不大于5.6%	2.2	-	-	392

续上表

联合国编号	正确运输中文名称	类别	副危险	包装类	特殊规定
3300	环氧乙烷(氧化乙烯)和二氧化碳混合物,含环氧乙烷(氧化乙烯)大于87%	2.3	2.1	-	-
3301	腐蚀性液体,自热的,未另列明的	8	4.2	Ⅰ	274
3301	腐蚀性液体,自热的,未另列明的	8	4.2	Ⅱ	274
3302	2-二甲氨基丙烯酸乙酯,稳定的	6.1	-	Ⅱ	386
3303	压缩气体,有毒的,氧化性的,未另列明的	2.3	5.1	-	274
3304	压缩气体,有毒的,腐蚀性的,未另列明的	2.3	8	-	274
3305	压缩气体,有毒的,易燃的,腐蚀性的,未另列明的	2.3	2.1/8	-	274
3306	压缩气体,有毒的,氧化性的,腐蚀性的,未另列明的	2.3	5.1/8	-	274
3307	液化气体,有毒的,氧化性的,未另列明的	2.3	5.1	-	274
3308	液化气体,有毒的,腐蚀性的,未另列明的	2.3	8	-	274
3309	液化气体,有毒的,易燃的,腐蚀性的,未另列明的	2.3	2.1/8	-	274
3310	液化气体,有毒的,腐蚀性的,未另列明的	2.3	5.1/8	-	274
3311	气体,冷冻液体,氧化性的,未另列明的	2.2	5.1	-	274
3312	气体,冷冻液体,易燃的,未另列明的	2.1	-	-	274
3313	有机颜料,自热的	4.2	-	Ⅱ	-
3313	有机颜料,自热的	4.2	-	Ⅲ	223
3314	塑料模料,呈柔软块团,薄片状或被挤压成丝状,放出易燃蒸气	9	-	Ⅲ	207 965
3315	化学样品,有毒的	6.1	-	Ⅰ	250
3316	化学品箱或急救箱	9	-	-	251 340
3317	2-氨基-4,6-二硝基苯酚,湿的,按质量计,含水不小于20%	4.1	-	Ⅰ	28
3318	氨溶液,15℃时相对密度小于0.880,含氨大于50%	2.3	8 P	-	23
3319	硝化甘油混合物,退敏的,固体的,未另列明的,按质量计,含硝化甘油大于2%,但不大于10%	4.1	-	Ⅱ	272 274
3320	硼氢化钠和氢氧化钠溶液,按质量计,含硼氢化钠不大于12%,含氢氧化钠不大于40%	8	-	Ⅱ	-

续上表

联合国编号	正确运输中文名称	类别	副危险	包装类	特殊规定
3320	硼氢化钠和氢氧化钠溶液,按质量计,含硼氢化钠不大于12%,含氢氧化钠不大于40%	8	-	Ⅲ	223
3321	放射性材料,低比活度(LSA-Ⅱ),非裂变或例外裂变的	7	见 SP172	-	172 317 325
3322	放射性材料,低比活度(LSA-Ⅲ),非裂变或例外裂变的	7	见 SP172	-	172 317 325
3323	放射性材料,C 型包件,非裂变或例外裂变的	7	见 SP172	-	172 317 325
3324	放射性材料,低比活度(LSA-Ⅱ),可裂变的	7	见 SP172	-	172 326
3325	放射性材料,低比活度(LSA-Ⅲ),可裂变的	7	见 SP172	-	172 326
3326	放射性材料,表面污染物(SCO-Ⅰ或SCO-Ⅱ),可裂变的	7	见 SP172	-	172 326
3327	放射性材料,A 型包件,非特殊形式	7	见 SP172	-	172 326
3328	放射性材料,B(U)型包件,可裂变的	7	见 SP172	-	172 326
3329	放射性材料,B(M)型包件,可裂变的	7	见 SP172	-	172 326
3330	放射性材料,C 型包件,可裂变的	7	见 SP172	-	172 326
3331	放射性材料,按照特殊安排运输的,可裂变的	7	见 SP172	-	172 326
3332	放射性材料,A 型包件,特殊形式,非裂变或例外裂变的	7	见 SP172	-	172 317
3333	放射性材料,A 型包件,特殊形式,可裂变的	7	见 SP172	-	172
3334	空运受管制的液体,未另列明的	9	-	-	960
3335	空运受管制的固体,未另列明的	9	-	-	960

续上表

联合国编号	正确运输中文名称	类别	副危险	包装类	特殊规定
3336	硫醇类,液体的,易燃的,未另列明的或硫醇混合物,液体的,易燃的,未另列明的	3	-	Ⅰ	274
3336	硫醇类,液体的,易燃的,未另列明的或硫醇混合物,液体的,易燃的,未另列明的	3	-	Ⅱ	274
3336	硫醇类,液体的,易燃的,未另列明的或硫醇混合物,液体的,易燃的,未另列明的	3	-	Ⅲ	223 274
3337	制冷气体,R404A	2.2	-	-	-
3338	制冷气体,R407A	2.2	-	-	-
3339	制冷气体,R407B	2.2	-	-	-
3340	制冷气体,R407C	2.2	-	-	-
3341	二氧化硫脲	4.2	-	Ⅱ	-
3341	二氧化硫脲	4.2	-	Ⅲ	223
3342	黄原酸盐类	4.2	-	Ⅱ	-
3342	黄原酸盐类	4.2	-	Ⅲ	223
3343	硝化甘油混合物,退敏的,液体的,易燃的,未另列明的,按质量计,含硝化甘油不大于30%	3	-	-	274 278
3344	季戊四醇四硝酸酯(泰安炸药,季戊炸药,PETN)混合物,退敏的,固体的,未另列明的,按质量计,含季戊四醇四硝酸酯大于10%,但不大于20%	4.1	-	Ⅱ	272 274
3345	苯氧基乙酸衍生物农药,固体的,有毒的	6.1	-	Ⅰ	61 274
3345	苯氧基乙酸衍生物农药,固体的,有毒的	6.1	-	Ⅱ	61 274
3345	苯氧基乙酸衍生物农药,固体的,有毒的	6.1	-	Ⅲ	61 223 274
3346	苯氧基乙酸衍生物农药,液体的,有毒的,易燃的,闪点小于23℃	3	6.1	Ⅰ	61 274
3346	苯氧基乙酸衍生物农药,液体的,有毒的,易燃的,闪点小于23℃	3	6.1	Ⅱ	61 274
3347	苯氧基乙酸衍生物农药,液体的,有毒的,易燃的,闪点不小于23℃	6.1	3	Ⅰ	61 274

续上表

联合国编号	正确运输中文名称	类别	副危险	包装类	特殊规定
3347	苯氧基乙酸衍生物农药,液体的,有毒的,易燃的,闪点不小于23℃	6.1	3	Ⅱ	61
					274
3347	苯氧基乙酸衍生物农药,液体的,有毒的,易燃的,闪点不小于23℃	6.1	3	Ⅲ	61
					223
					274
3348	苯氧基乙酸衍生物农药,液体的,有毒的	6.1	-	Ⅰ	61
					274
3348	苯氧基乙酸衍生物农药,液体的,有毒的	6.1	-	Ⅱ	61
					274
3348	苯氧基乙酸衍生物农药,液体的,有毒的	6.1	-	Ⅲ	61
					223
					274
3349	拟除虫菊酯农药,固体的,有毒的	6.1	-	Ⅰ	61
					274
3349	拟除虫菊酯农药,固体的,有毒的	6.1	-	Ⅱ	61
					274
3349	拟除虫菊酯农药,固体的,有毒的	6.1	-	Ⅲ	61
					223
					274
3350	拟除虫菊酯农药,液体的,易燃的,有毒的,闪点小于23℃	3	6.1	Ⅰ	61
					274
3350	拟除虫菊酯农药,液体的,易燃的,有毒的,闪点小于23℃	3	6.1	Ⅱ	61
					274
3351	拟除虫菊酯农药,液体的,有毒的,易燃的,闪点不小于23℃	6.1	3	Ⅰ	61
					274
3351	拟除虫菊酯农药,液体的,有毒的,易燃的,闪点不小于23℃	6.1	3	Ⅱ	61
					274
3351	拟除虫菊酯农药,液体的,有毒的,易燃的,闪点不小于23℃	6.1	3	Ⅲ	61
					223
					274
3352	拟除虫菊酯农药,液体的,有毒的	6.1	-	Ⅰ	61
					274
3352	拟除虫菊酯农药,液体的,有毒的	6.1	-	Ⅱ	61
					274

续上表

联合国编号	正确运输中文名称	类别	副危险	包装类	特殊规定
3352	拟除虫菊酯农药,液体的,有毒的	6.1	-	Ⅲ	61 223 274
3354	气体杀虫剂,易燃的,未另列明的	2.1	-	-	274
3355	气体杀虫剂,有毒的,易燃的,未另列明的	2.3	2.1	-	274
3356	化学氧气发生器	5.1	-	-	284
3357	硝化甘油混合物,退敏的,液体的,未另列明的,按质量计,含硝化甘油不大于30%	3	-	Ⅱ	274 288
3358	制冷机,含有易燃的、无毒的液化气体	2.1	-	-	291
3359	熏蒸的货物运输组件	9	-	-	302
3360	纤维,植物的,干的	4.1	-	-	29 123 299 973
3361	氯硅烷类,有毒的,腐蚀性的,未另列明的	6.1	8	Ⅱ	274
3362	氯硅烷类,有毒的,腐蚀性的,易燃的,未另列明的	6.1	3/8	Ⅱ	274
3363	物品中的危险货物或机器中的危险货物或仪器中的危险货物	9	-	-	301
3364	三硝基苯酚(苦味酸),湿的,按质量计,含水不小于10%	4.1	-	Ⅰ	28
3365	三硝基氯苯(苦基氯),湿的,按质量计,含水不小于10%	4.1	-	Ⅰ	28
3366	三硝基甲苯(TNT),湿的,按质量计,含水不小于10%	4.1	-	Ⅰ	28
3367	三硝基苯,湿的,按质量计,含水不小于10%	4.1	-	Ⅰ	28
3368	三硝基苯甲酸,湿的,按质量计,含水不小于10%	4.1	-	Ⅰ	28
3369	二硝基邻甲苯酚钠,湿的,按质量计,含水不小于10%	4.1	6.1 P	Ⅰ	28
3370	硝酸脲,湿的,按质量计,含水不小于10%	4.1	-	Ⅰ	28
3371	2-甲基丁醛	3	-	Ⅱ	-
3373	生物学物质,B类	6.2	-	-	319 341

续上表

联合国编号	正确运输中文名称	类别	副危险	包装类	特殊规定
3374	乙炔,无溶剂	2.1	-	-	-
3375	硝酸铵乳液或悬浮液或凝胶,爆破炸药中间体	5.1	-	Ⅱ	309
3376	4-硝基苯肼,按质量计,含水不小于30%	4.1	-	Ⅰ	28
3377	过硼酸钠一水合物	5.1	-	Ⅲ	967
3378	过氧碳酸钠水合物	5.1	-	Ⅱ	-
3378	过氧碳酸钠水合物	5.1	-	Ⅲ	967
3379	退敏爆炸品,液体的,未另列明的	3	-	Ⅰ	274 311
3380	退敏爆炸品,固体的,未另列明的	4.1	-	Ⅰ	274 311 394
3381	吸入毒性液体,未另列明的,LC_{50}小于或等于$200mL/m^3$,且饱和蒸气浓度大于或等于$500LC_{50}$	6.1	-	Ⅰ	274
3382	吸入毒性液体,未另列明的,LC_{50}小于或等于$1000mL/m^3$,且饱和蒸气浓度大于或等于$10LC_{50}$	6.1	-	Ⅰ	274
3383	吸入毒性液体,易燃,未另列明的,LC_{50}小于或等于$200mL/m^3$,且饱和蒸气浓度大于或等于$500LC_{50}$	6.1	3	Ⅰ	274
3384	吸入毒性液体,易燃,未另列明的,LC_{50}小于或等于$1000mL/m^3$,且饱和蒸气浓度大于或等于$10LC_{50}$	6.1	3	Ⅰ	274
3385	吸入毒性液体,遇水反应,未另列明的,LC_{50}小于或等于$200mL/m^3$,且饱和蒸气浓度大于或等于$500LC_{50}$	6.1	4.3	Ⅰ	274
3386	吸入毒性液体,遇水反应,未另列明的,LC_{50}小于或等于$1000mL/m^3$,且饱和蒸气浓度大于或等于$10LC_{50}$	6.1	4.3	Ⅰ	274
3387	吸入毒性液体,氧化性的,未另列明的,LC_{50}小于或等于$200mL/m^3$,且饱和蒸气浓度大于或等于$500LC_{50}$	6.1	5.1	Ⅰ	274
3388	吸入毒性液体,氧化性,未另列明的,LC_{50}小于或等于$1000mL/m^3$,且饱和蒸气浓度大于或等于$10LC_{50}$	6.1	5.1	Ⅰ	274

续上表

联合国编号	正确运输中文名称	类别	副危险	包装类	特殊规定
3389	吸入毒性液体,腐蚀性,未另列明的,LC_{50}小于或等于$200mL/m^3$,且饱和蒸气浓度大于或等于$500LC_{50}$	6.1	8	Ⅰ	274
3390	吸入毒性液体,腐蚀性,未另列明的,LC_{50}小于或等于$1000mL/m^3$,且饱和蒸气浓度大于或等于$10LC_{50}$	6.1	8	Ⅰ	274
3391	有机金属物质,固体的,引火的	4.2	-	Ⅰ	274
3392	有机金属物质,液体的,引火的	4.2	-	Ⅰ	274
3393	有机金属物质,固体的,引火的,遇水反应的	4.2	4.3	Ⅰ	274
3394	有机金属物质,遇水反应,液体的,引火的	4.2	4.3	Ⅰ	274
3395	有机金属物质,固体的,遇水反应	4.3	-	Ⅰ	274
3395	有机金属物质,固体的,遇水反应	4.3	-	Ⅱ	274
3395	有机金属物质,固体的,遇水反应	4.3	-	Ⅲ	223
					274
3396	有机金属物质,固体的,遇水反应,易燃的	4.3	4.1	Ⅰ	274
3396	有机金属物质,固体的,遇水反应,易燃的	4.3	4.1	Ⅱ	274
3396	有机金属物质,固体的,遇水反应,易燃的	4.3	4.1	Ⅲ	223
					274
3397	有机金属物质,固体的,遇水反应,自热性	4.3	4.2	Ⅰ	274
3397	有机金属物质,固体的,遇水反应,自热性	4.3	4.2	Ⅱ	274
3397	有机金属物质,固体的,遇水反应,自热性	4.3	4.2	Ⅲ	223
					274
3398	有机金属物质,液体的,遇水反应	4.3	-	Ⅰ	274
3398	有机金属物质,液体的,遇水反应	4.3	-	Ⅱ	274
3398	有机金属物质,液体的,遇水反应	4.3	-	Ⅲ	223
					274
3399	有机金属物质,遇水反应,易燃的	4.3	3	Ⅰ	274
3399	有机金属物质,遇水反应,易燃的	4.3	3	Ⅱ	274
3399	有机金属物质,遇水反应,易燃的	4.3	3	Ⅲ	223
					274
3400	有机金属物质,固体的,自热性的	4.2	-	Ⅱ	274
3400	有机金属物质,固体的,自热性的	4.2	-	Ⅲ	223
					274

续上表

联合国编号	正确运输中文名称	类别	副危险	包装类	特殊规定
3401	碱金属汞齐,固体的	4.3	-	Ⅰ	182
3402	碱土金属汞齐,固体的	4.3	-	Ⅰ	183
3403	钾金属合金类,固体的	4.3	-	Ⅰ	-
3404	钾钠合金,固体的	4.3	-	Ⅰ	-
3405	氯酸钡溶液	5.1	6.1	Ⅱ	-
3405	氯酸钡溶液	5.1	6.1	Ⅲ	223
3406	高氯酸钡溶液	5.1	6.1	Ⅱ	-
3406	高氯酸钡溶液	5.1	6.1	Ⅲ	223
3407	氯酸盐和氯化镁混合物溶液	5.1	-	Ⅱ	-
3407	氯酸盐和氯化镁混合物溶液	5.1	-	Ⅲ	223
3408	高氯酸铅溶液	5.1	6.1 P	Ⅱ	-
3408	高氯酸铅溶液	5.1	6.1 P	Ⅲ	223
3409	氯硝基苯类,液体的	6.1	-	Ⅱ	279
3410	4-氯邻甲苯胺盐酸盐溶液	6.1	-	Ⅲ	223
3411	β-萘胺溶液	6.1	-	Ⅱ	-
3411	β-萘胺溶液	6.1	-	Ⅲ	223
3412	甲酸,按质量计,含酸不小于10%,但不大于85%	8	-	Ⅱ	-
3412	甲酸,按质量计,含酸不小于5%,但小于10%	8	-	Ⅲ	-
3413	氰化钾溶液	6.1	- P	Ⅰ	-
3413	氰化钾溶液	6.1	- P	Ⅱ	-
3413	氰化钾溶液	6.1	- P	Ⅲ	223
3414	氰化钠溶液	6.1	- P	Ⅰ	-
3414	氰化钠溶液	6.1	- P	Ⅱ	-
3414	氰化钠溶液	6.1	- P	Ⅲ	223

续上表

联合国编号	正确运输中文名称	类别	副危险	包装类	特殊规定
3415	氟化钠溶液	6.1	-	Ⅲ	223
3416	氯乙酰苯,液体的	6.1	-	Ⅱ	-
3417	甲苄基溴,固体的	6.1	-	Ⅱ	-
3418	2,4-甲苯二胺溶液	6.1	-	Ⅲ	223
3419	三氟化硼和乙酸,固体的	8	-	Ⅱ	-
3420	三氟化硼合丙酸,固体的	8	-	Ⅱ	-
3421	二氟化氢钾溶液	8	6.1	Ⅱ	-
3421	二氟化氢钾溶液	8	6.1	Ⅲ	223
3422	氟化钾溶液	6.1	-	Ⅲ	223
3423	氢氧化四甲铵,固体的	8	-	Ⅱ	-
3424	二硝基邻甲酚铵溶液	6.1	- P	Ⅱ	-
3424	二硝基邻甲酚铵溶液	6.1	- P	Ⅲ	223
3425	溴乙酸,固体的	8	-	Ⅱ	-
3426	丙烯酰胺溶液	6.1	-	Ⅲ	223
3427	氯苯甲基氯类,固体的	6.1	- P	Ⅲ	-
3428	3-氯-4-甲基异氰酸苯酯,固体的	6.1	-	Ⅱ	-
3429	氯甲苯胺类,液体的	6.1	-	Ⅲ	-
3430	二甲苯酚类,液体的	6.1	-	Ⅱ	-
3431	硝基三氟甲苯,固体的	6.1	- P	Ⅱ	-
3432	多氯联苯类,固体的	9	- P	Ⅱ	305 958
3434	硝基甲(苯)酚类,液体的	6.1	-	Ⅲ	-
3436	水合六氟丙酮,固体的	6.1	-	Ⅱ	-
3437	氯甲酚类,固体的	6.1	-	Ⅱ	-
3438	α-甲基苄基醇,固体的	6.1	-	Ⅲ	-
3439	腈类,固体的,有毒的,未另列明的	6.1	-	Ⅰ	274
3439	腈类,固体的,有毒的,未另列明的	6.1	-	Ⅱ	274
3439	腈类,固体的,有毒的,未另列明的	6.1	-	Ⅲ	223 274
3440	硒化合物,液体的,未另列明的	6.1	-	Ⅰ	274

续上表

联合国编号	正确运输中文名称	类别	副危险	包装类	特殊规定
3440	硒化合物,液体的,未另列明的	6.1	-	Ⅱ	274
3440	硒化合物,液体的,未另列明的	6.1	-	Ⅲ	223
					274
3441	二硝基氯苯类,固体的	6.1	-	Ⅱ	279
			P		
3442	二氯苯胺类,固体的	6.1	-	Ⅱ	279
			P		
3443	二硝基苯类,固体的	6.1	-	Ⅱ	-
3444	烟碱盐酸盐,固体的	6.1	-	Ⅱ	43
3445	硫酸烟碱盐,固体的	6.1	-	Ⅱ	-
3446	硝基甲苯类,固体的	6.1	-	Ⅱ	-
3447	硝基二甲苯类,固体的	6.1	-	Ⅱ	-
3448	催泪性物质,固体的,未另列明的	6.1	-	Ⅰ	274
3448	催泪性物质,固体的,未另列明的	6.1	-	Ⅱ	274
3449	溴苄基氰,固体的	6.1	-	Ⅰ	138
3450	二苯氯胂,固体的	6.1	-	Ⅰ	-
			P		
3451	甲苯胺类,固体的	6.1	-	Ⅱ	279
			P		
3452	二甲基苯胺类,固体的	6.1	-	Ⅱ	-
3453	磷酸,固体的	8	-	Ⅲ	-
3454	二硝基甲苯类,固体的	6.1	-	Ⅱ	-
			P		
3455	甲酚类,固体的	6.1	8	Ⅱ	-
3456	亚硝基硫酸,固体的	8	-	Ⅱ	-
3457	氯硝基甲苯类,固体的	6.1	-	Ⅲ	-
			P		
3458	硝基茴香醚类,固体的	6.1	-	Ⅲ	279
3459	硝基溴苯类,固体的	6.1	-	Ⅲ	-
3460	N-乙基苄基甲苯胺类,固体的	6.1	-	Ⅲ	-
3462	毒素,从生物源中提取的,固体的,未另列明的	6.1	-	Ⅰ	210
					274
3462	毒素,从生物源中提取的,固体的,未另列明的	6.1	-	Ⅱ	210
					274

续上表

联合国编号	正确运输中文名称	类别	副危险	包装类	特殊规定
3462	毒素,从生物源中提取的,固体的,未另列明的	6.1	-	Ⅲ	210
					223
					274
3463	丙酸,按质量计,含酸不小于90%	8	3	Ⅱ	-
3464	有机磷化合物,固体的,有毒的,未另列明的	6.1	-	Ⅰ	43
					274
3464	有机磷化合物,固体的,有毒的,未另列明的	6.1	-	Ⅱ	43
					274
3464	有机磷化合物,固体的,有毒的,未另列明的	6.1	-	Ⅲ	43
					223
					274
3465	有机砷化合物,固体的,未另列明的	6.1	-	Ⅰ	274
3465	有机砷化合物,固体的,未另列明的	6.1	-	Ⅱ	274
3465	有机砷化合物,固体的,未另列明的	6.1	-	Ⅲ	223
					274
3466	羰基金属,固体的,未另列明的	6.1	-	Ⅰ	274
3466	羰基金属,固体的,未另列明的	6.1	-	Ⅱ	274
3466	羰基金属,固体的,未另列明的	6.1	-	Ⅲ	223
					274
3467	有机金属化合物,固体的,有毒的,未另列明的	6.1	-	Ⅰ	274
3467	有机金属化合物,固体的,有毒的,未另列明的	6.1	-	Ⅱ	274
3467	有机金属化合物,固体的,有毒的,未另列明的	6.1	-	Ⅲ	223
					274
3468	金属贮氢系统中的氢或包含在设备中或安装在设备中的金属贮氢系统中的氢	2.1	-	-	321
					356
3469	涂料,易燃的,腐蚀的(包括油漆、真漆、瓷漆、着色漆、紫胶溶液、清漆、虫胶清漆和液体真漆基料)或涂料相关材料,易燃的,腐蚀的(包括涂料稀释剂和调稀剂)	3	8	Ⅰ	163
					367
3469	涂料,易燃的,腐蚀的(包括油漆、真漆、瓷漆、着色漆、紫胶溶液、清漆、虫胶清漆和液体真漆基料)或涂料相关材料,易燃的,腐蚀的(包括涂料稀释剂和调稀剂)	3	8	Ⅱ	163
					367

《港口危险货物安全管理规定》所称危险货物目录(2022年版)

续上表

联合国编号	正确运输中文名称	类别	副危险	包装类	特殊规定
3469	涂料,易燃的,腐蚀的(包括油漆、真漆、瓷漆、着色漆、紫胶溶液、清漆、虫胶清漆和液体真漆基料)或涂料相关材料,易燃的,腐蚀的(包括涂料稀释剂和调稀剂)	3	8	Ⅲ	163 223 367
3470	涂料,腐蚀的,易燃的(包括油漆、真漆、瓷漆、着色漆、紫胶溶液、清漆、虫胶清漆和液体真漆基料)或涂料相关材料,腐蚀的,易燃的(包括涂料稀释剂和调稀剂)	8	3	Ⅱ	163 367
3471	二氟化氢溶液,未另列明的	8	6.1	Ⅱ	-
3471	二氟化氢溶液,未另列明的	8	6.1	Ⅲ	223
3472	丁烯酸,液体的	8	-	Ⅲ	-
3473	燃料电池筒或装在设备中的燃料电池筒或同设备包装在一起的燃料电池筒,含有易燃液体	3	-	-	328
3474	1-羟基苯并三唑一水合物	4.1	-	Ⅰ	-
3475	乙醇和汽油混合物,含乙醇10%以上	3	-	Ⅱ	333
3476	燃料电筒或装在设备中的燃料电池筒或同设备包装在一起的燃料电池筒,含有遇水反应物质	4.3	-	-	328 334
3477	燃料电池筒或装在设备中的燃料电池筒同设备包装在一起的燃料电池筒,含有腐蚀性物质	8	-	-	328 334
3478	燃料电池筒或装在设备中的燃料电池筒或同设备包装在一起的燃料电池筒,含有液化的易燃气体	2.1	-	-	328 338
3479	燃料电池筒或装在设备中的燃料电池筒或同设备包装在一起的燃料电池筒,在金属氢化物内含有氢	2.1	-	-	328 339
3480	锂离子电池组(包括锂离子聚合物电池组)	9	-	-	188 230 310 348 376 377 384 387

续上表

联合国编号	正确运输中文名称	类别	副危险	包装类	特殊规定
3481	装在设备中的锂离子电池组或同设备包装在一起的锂离子电池组(包括锂离子聚合物电池组)	9	-	-	188
					230
					310
					348
					360
					376
					377
					384
					387
					390
3482	碱金属分散体,易燃的或碱土金属分散体,易燃的	4.3	3	I	182
					183
3483	汽油抗震混合物,易燃的	6.1	3	I	-
				P	
3484	肼水合溶液,易燃的,按质量计,含肼大于37%	8	3	I	-
			6.1		
3485	次氯酸钙,干的,腐蚀性的或次氯酸钙混合物,干的,腐蚀性的,含有效氯大于39%(有效氧8.8%)	5.1	8	II	314
			P		
3486	次氯酸钙混合物,干的,腐蚀性的,含有效氯大于10%,但不大于39%	5.1	8	III	314
			P		
3487	次氯酸钙,水合的,腐蚀性的或次氯酸钙,水合混合物,腐蚀性的,含水不小于5.5%,但不大于16%	5.1	8	II	314
			P		322
3487	次氯酸钙,水合的,腐蚀性的或次氯酸钙,水合混合物,腐蚀性的,含水不小于5.5%,但不大于16%	5.1	8	III	223
			P		314
3488	吸入性有毒液体,易燃的,腐蚀性的,未另列明的,LC_{50}小于或等于$200mL/m^3$,且饱和蒸气浓度大于或等于$500\ LC_{50}$	6.1	3	I	274
			8		
3489	吸入性有毒液体,易燃的,腐蚀性的,未另列明的,LC_{50}小于或等于$1000mL/m^3$,且饱和蒸气浓度大于或等于$10\ LC_{50}$	6.1	3	I	274
			8		
3490	吸入性有毒液体,与水反应,易燃的,未另列明的,LC_{50}小于或等于$200mL/m^3$,且饱和蒸气浓度大于或等于$500\ LC_{50}$	6.1	4.3	I	274
			3		

续上表

联合国编号	正确运输中文名称	类别	副危险	包装类	特殊规定
3491	吸入性有毒液体,与水反应,易燃的,未另列明的,LC_{50}小于或等于$1000mL/m^3$,且饱和蒸气浓度大于或等于10 LC_{50}	6.1	4.3 3	I	274
3494	高硫原油,易燃的,有毒的	3	6.1	I	343
3494	高硫原油,易燃的,有毒的	3	6.1	II	343
3494	高硫原油,易燃的,有毒的	3	6.1	III	343
3495	碘	8	6.1	III	279
3496	镍金属氢电池	9	-	-	117 963
3497	磷虾粉	4.2	-	II	300
3497	磷虾粉	4.2	-	III	223 300
3498	一氯化碘,液体的	8	-	II	-
3499	电容器,双层带电(储存电能的能力大于0.3Wh)	9	-	-	361
3500	加压化学品,未另列明的	2.2	-	-	274 362
3501	加压化学品,易燃的,未另列明的	2.1	-	-	274 362
3502	加压化学品,有毒的,未另列明的	2.2	6.1	-	274 362
3503	加压化学品,腐蚀性的,未另列明的	2.2	8	-	274 362
3504	加压化学品,易燃的,有毒的,未另列明的	2.1	6.1	-	274 362
3505	加压化学品,易燃的,腐蚀性的,未另列明的	2.1	8	-	274 362
3506	人造物品中包含的汞	8	6.1	-	366
3507	六氟化铀,放射性物质,例外包件,每个包装小于0.1kg,非裂变的或例外裂变的	6.1	7/8	I	317 369
3508	电容器,不对称的(储存电能的能力大于0.3Wh)	9	-	-	372
3509	废弃包装,空的,未清洁的	9	-	-	968
3510	吸附性气体,易燃的,未另列明的	2.1	-	-	274

续上表

联合国编号	正确运输中文名称	类别	副危险	包装类	特殊规定
3511	吸附性气体,未另列明的	2.2	-	-	274
3512	吸附性气体,有毒的,未另列明的	2.3	-	-	274
3513	吸附性气体,氧化性的,未另列明的	2.2	5.1	-	274
3514	吸附性气体,有毒的,易燃的,未另列明的	2.3	2.1	-	274
3515	吸附性气体,有毒的,氧化性的,未另列明的	2.3	5.1	-	274
3516	吸附性气体,有毒的,腐蚀性的,未另列明的	2.3	8	-	274 379
3517	吸附性气体,有毒的,易燃的,腐蚀性的,未另列明的	2.3	2.1 8	-	274
3518	吸附性气体,有毒的,氧化性的,腐蚀性的,未另列明的	2.3	5.1 8	-	274
3519	三氟化硼,吸附性的	2.3	8	-	-
3520	氯,吸附性的	2.3	5.1 8	-	-
3521	四氟化硅,吸附性的	2.3	8	-	-
3522	胂,吸附性的	2.3	2.1	-	-
3523	锗烷,吸附性的	2.3	2.1	-	-
3524	五氟化磷,吸附性的	2.3	8	-	-
3525	磷化氢,吸附性的	2.3	2.1	-	-
3526	硒化氢,吸附性的	2.3	2.1	-	-
3527	聚酯树脂箱,固体基准物	4.1	-	Ⅱ	236 340
3527	聚酯树脂箱,固体基准物	4.1	-	Ⅲ	236 340
3528	内燃发动机,易燃液体驱动或燃料电池发动机,易燃液体驱动或内燃机器,易燃液体驱动或燃料电池机器,易燃液体驱动	3	-	-	363 972
3529	内燃发动机,易燃气体驱动或燃料电池发动机,易燃气体驱动或内燃机器,易燃气体驱动或燃料电池机器,易燃气体驱动	2.1	-	-	356 363 972
3530	内燃发动机或内燃机器	9	- P	-	363 972
3531	聚合物质,固体的,稳定的,未另列明的	4.1	-	Ⅲ	274 386

联合国编号	正确运输中文名称	类别	副危险	包装类	特殊规定
3532	聚合物质,液体的,稳定的,未另列明的	4.1	-	Ⅲ	274
					386
3533	聚合物质,固体的,控温的,未另列明的	4.1	-	Ⅲ	274
					386
3534	聚合物质,液体的,控温的,未另列明的	4.1	-	Ⅲ	274
					386
3535	有毒固体,易燃的,无机的,未另列明的	6.1	4.1	Ⅰ	274
3535	有毒固体,易燃的,无机的,未另列明的	6.1	4.1	Ⅱ	274
3536	安装在货物运输组件中的锂电池组,锂离子电池组或锂金属电池组	9	-		389
3537	含有易燃气体的物品,未另列明的	2.1	见 2.0.6.6	-	274
					391
3538	含有非易燃、无毒气体的物品,未另列明的	2.2	见 2.0.6.6	-	274
					391
3539	含有有毒气体的物品,未另列明的	2.3	见 2.0.6.6	-	274
					391
3540	含有易燃液体的物品,未另列明的	3	见 2.0.6.6	-	274
					391
3541	含有易燃固体的物品,未另列明的	4.1	见 2.0.6.6	-	274
					391
3542	含有易自燃物质的物品,未另列明的	4.2	见 2.0.6.6	-	274
					391
3543	含有遇水放出易燃气体的物质的物品,未另列明的	4.3	见 2.0.6.6	-	274
					391
3544	含有氧化性物质的物品,未另列明的	5.1	见 2.0.6.6	-	274
					391
3545	含有有机过氧化物的物品,未另列明的	5.2	见 2.0.6.6	-	274
					391
3546	含有有毒物质的物品,未另列明的	6.1	见 2.0.6.6	-	274
					391
3547	含有腐蚀性物质的物品,未另列明的	8	见 2.0.6.6	-	274
					391
3548	含有杂类危险货物的物品,未另列明的	9	见 2.0.6.6	-	274
					391

续上表

联合国编号	正确运输中文名称	类别	副危险	包装类	特殊规定
3549	A类医疗废弃物,对人感染的,固体的或A类医疗废弃物,仅对动物感染的,固体的	6.2	—	—	395 975

适用特定物质、材料或物品的特殊规定,引用到其他章节内容的,应按照《国际海运危险货物规则》(2016版IMDG code)对应章节的规定执行。

上表第6栏所列与危险货物相关的特殊规定含义和要求如下。如果特殊规定包含包装标记要求,须满足《国际海运危险货物规则》(2022版IMDG code)中5.2.1.2.1至.4的规定。如果所要求的标记是带引号的特殊词汇,如"待处置的锂电池",该标记的尺寸须至少12mm,除非特殊规定或本规则其他章节另行规定。

16 新的或现有的爆炸性物质或物品的样品为以下目的时可以在有关当局指导下运输:试验、分类、研究和开发、质量管理或作为商业样品。未浸湿或未退敏的爆炸物样品须装在有关当局所指定的小包装中而且质量限定在10kg以内。浸湿的或退敏的爆炸物样品须限制在25kg以内。

23 尽管这种物质有易燃的危险,但它仅仅在封闭区域内剧烈的火灾条件下才显现该易燃危险。

26 由于大量运输时存在潜在引爆性,因此这种物质不允许用可移动罐柜或容量超过450L的中型散装容器运输。

28 只有在运输过程中的任何时候,其包装能够保证稀释剂所占的百分比不低于规定的要求,这种物质可按第4.1类的规定运输(见2.4.2.4)。

29 已标明类别(例如:"第4.2类")的包件,包括捆装,可免除其标志。

32 当该物质处于其他任何形式时,则不适用本规则的规定。

37 本规则的规定不适用于有涂层的该物质。

38 当这种物质含有不大于0.1%的碳化钙时,不适用本规则的规定。

39 当这种物质含有小于30%或不小于90%的硅时,不适用本规则的规定。

43 当作为农药运输时,这些物质须按相关农药条目以及农药的相关规定运输(见2.6.2.3和2.6.2.4)。

45 锑的硫化物和氧化物按总质量计含砷不超过0.5%时,不适用本规则的规定。

47 铁氰化物和亚铁氰化物不适用本规则的规定。

59 当这些物质含有不大于50%的镁时,不适用本规则的规定。

61 作为正确运输名称补充的技术名称须是ISO的通用名称或在世界卫生组织《农药危险性分类建议书和分类指南》中列出的其他名称或有效成分物质的名称(见3.1.2.8.1.1)。

62 当这些物质含有不大于4%的氢氧化钠时,不适用本规则的规定。

63 第2类的分类和副危险性取决于喷雾器内装物的性质。适用规定如下:

.1 内装物含不小于85%(按质量计)的易燃组分且化学燃烧热值不小于30kJ/g,

适用于第2.1类。

.2 内装物含不大于1%(按质量计)的易燃组分且化学燃烧热值小于20kJ/g,适用于第2.2类。

.3 否则,产品须按联合国《试验和标准手册》第Ⅲ部分第31节描述的试验进行分类,极其易燃和易燃的喷雾剂须划为第2.1类,非易燃的划为第2.2类。

.4 第2.3类物质不可以用作喷雾器内的推进剂。

.5 当喷雾器中除推进剂外的内装物被划为第6.1类包装类Ⅱ或Ⅲ或第8类包装类Ⅱ或Ⅲ时,则须具有第6.1类或第8类副危险。

.6 气雾剂的内装物符合有毒物质包装类Ⅰ或腐蚀性物质包装类Ⅰ时,禁止运输。

.7 除了托运的是限量内运输(见第3.4章),含喷雾剂的包件须贴主危险标志和副危险标志(如有)。

易燃组分系指按联合国《试验和标准手册》第Ⅲ部分31.1.3注释1~3定义的易燃液体、易燃固体或易燃气体和气体混合物,但不包括引火性、自热性或与水反应物质。化学燃烧热值须按照ASTM D240、ISO/FDIS 13943:1999(E/F)86.1~86.3或NFPA 30B方法之一确定。

65 过氧化氢的水溶液含小于8%的过氧化氢时,不适用本规则。

66 硫化汞不适用本规则。

105 满足UN 2556或UN 2557要求的硝化纤维素,可划入第4.1类。

113 化学性质不稳定的混合物禁止运输。

117 仅在海上运输时适用规定。

119 设计专门用于在内部舱室低温状态下保存食品或其他物品的,包括机器或其他设备的制冷机或制冷机组件,以及空调装置。如果制冷机或制冷机组件含有少于12kg的第2.2类的气体或少于12L的氨溶液(UN 2672)时,则不适用本规则的规定。

122 每种目前已经划定的有机过氧化物配制品的副危险性、控制温度、应急温度(如果有的话)和其通用条目编号见2.5.3.2.4、4.1.4.2包装导则IBC520和4.2.5.2.6可移动罐柜导则T23。

123 仅在空运或海运时受本规则约束。

127 只要具有同等减敏特性,有关当局可酌情使用其他惰性材料或惰性材料混合物。

131 减敏后物质的敏感性须明显低于干的季戊炸药。

133 如果包装内超过了限定量,该物质可能具有爆炸性。按照包装导则P409认可的包装意在于防止超过其限定量。原产国有关当局按4.1.3.7的规定批准使用包装导则P409以外的包装时,包件须贴有"爆炸品"副危险标志(见5.2.2.2.2的No.1图例),除非所使用的特殊包装经试验数据证明该包装的物质无爆炸性(见5.4.1.5.5.1),原产国有关当局允许免除其副危险标志。7.1.3.1、7.1.4.4和7.2.3.3的规定也须予以考虑。

135 除非满足其他类别的分类标准,不满足第5.1类分类标准的二氯异氰脲酸的二水合钠盐,不适用本规则。

138　对溴苄基氰不适用本规则的规定。

141　经过充分热处理,在运输过程中没有危险的产品不适用本规则的规定。

142　用溶剂提取过油的大豆粕,若含油不大于1.5%以及含水不大于11%的,且不含易燃溶剂时,如果托运人提供的证明说明所交付运输的物质满足这项要求,不适用本规则的规定。

144　酒精按体积含量不大于24%的水溶液不适用本规则的规定。

145　包装类Ⅲ的酒精饮料当用250L或更小的容器运输时不适用本规则的规定。

152　这些物质的分类因颗粒大小和包装而异,但尚未通过试验确定阈值。须按照2.1.3的要求进行适当分类。

153　只有通过试验证明该物质与水接触既不燃烧也没有自燃趋势,而且释放的气体混合物不易燃时,才适用本条目。

163　其名称明确列在危险货物一览表中的物质不得在本条目下运输。在本条目下运输的材料可以含有20%或更少的硝化纤维素,但这种硝化纤维素含有不大于12.6%的氮(干重)。

168　石棉通过固定或浸没于天然或人造粘合剂(如水泥、塑料、沥青、树脂或矿石),使之在运输过程中可吸入石棉纤维的逸出量不会达到危险程度,则不适用本规则。含有石棉且不满足本项规定的制品,如果其包装做到在运输过程中不会有危险量的可吸入石棉纤维逸出,则不适用本规则的规定。

169　固态邻苯二甲酸酐和四氢化邻苯二甲酸酐,其马来酸酐含量不大于0.05%时,则不适用本规则的规定。熔融状态下的邻苯二甲酸酐,如温度高于其闪点且马来酸酐含量不大于0.05%时须列入UN 3256。

172　具有副危险性的放射性材料须:

.1　按照第2部分提供的对最主要的副危险性的包装分类标准,把货物分为包装类Ⅰ、Ⅱ或Ⅲ(如适用);

.2　包装贴有与物质显示的每种副危险性一致的副危险性标志;相应的标牌须按照5.3.1的规定贴在货物运输组件上;

.3　就单证和包件标记而言,正确运输名称须辅以产生副危险的主要成分名称,并在括号中加以标注;

.4　危险货物运输单证须标明副危险的分类或小类,并且根据5.4.1.4.1.4和5.4.1.4.1.5指定包装类。

包装见4.1.9.1.5。

177　硫酸钡不适用本规则的规定。

178　本条目仅在危险货物一览表中无其他适用的条目存在时,并在原产国有关当局的批准下适用。

181　装有该物质的包件须贴有"爆炸品"副危险性标志(见5.2.2.2.2的No.1图例),除非原产国有关当局通过试验证实该包装中的物质不具有爆炸性(见5.4.1.5.5.1),

而批准这种包装免贴副危险性标志。7.2.3.3 的规定也须予以考虑。

182　碱金属族包括:锂、钠、钾、铷和铯。

183　碱土金属族包括:镁、钙、锶和钡。

188　交付运输的电池和电池组如满足下列条件不适用本规则的其他规定:

.1　对于锂金属或锂合金电池,锂含量不超过 1g,对于锂离子电池,额定电能不超过 20Wh;

.2　对于锂金属或锂合金电池组,锂含量总和不超过 2g,对于锂离子电池组,额定电能不超过 100Wh;适用本规定的锂离子电池须在容器外标明其额定电能。2009 年 1 月 1 日前生产的除外;

.3　每个电池或电池组的类型满足 2.9.4.1、2.9.4.5、2.9.4.6(如适用)和 2.9.4.7 的规定;

.4　除装在设备中外,电池和电池组须装在完全将其封闭的内包装内。电池或电池组须有防止发生短路的保护措施。这包括防止在同一包装内与可能导致短路的导电材料接触。内包装须装在符合 4.1.1.1、4.1.1.2 和 4.1.1.5 规定的坚实的外包装内;

.5　安装在设备中的电池和电池组须加以保护以避免损坏和短路,该设备须配备有效防止意外激活的装置。此要求不适用于特意在运输过程中工作且不会产生有危险的热释放的装置[无线电射频识别发射器(RFID)、手表、感应器等]。如果电池组安装于设备内,该设备须被包装在坚实的外包装内,该外包装由具有足够强度的材料制造并且设计与其容量和拟定用途相适应,除非含有这些电池的设备能够提供等效的保护;

.6　每个包件须按照 5.2.1.10 中插图所示标有合适的锂电池标记;

注 1:37-14 版《IMDG 规则》特殊规定 188 中有关标记的规定可以继续使用至 2018 年 12 月 31 日。

注 2:装有符合 ICAO《危险货物航空安全运输技术导则》1B 部分包装导则 965 或者 968 中第 4 部分第 11 章规定的锂电池组的包件,注明 5.2.1.10(锂电池组标记)和 5.2.2.2.2 中 No.9A 图例标志,可视为满足本特殊规定的要求。

此要求不适用于:

.1　包件内仅含有安装在设备中的纽扣电池电池组(包括电路板);和

.2　当托运货物中含有不超过两个包件,且每一包件内含有装在设备中的不超过四个电池或两个电池组。

当包件被置于集合包件中,锂电池标记须清晰可见或者在集合包件外部张贴,且集合包件需标记"OVERPACK"字样。"OVERPACK"字体的高度须至少为 12mm。

.7　除被安装在设备中的电池或电池组外,每个包件须能够承受任何方向 1.2m 的跌落试验而内装的电池或电池组不发生损坏,不发生内容物移动造成的电池与电池(电池组与电池组)相互接触及内容物泄漏;和

.8　除被安装在设备中或与设备包装在一起的电池或电池组外,包件毛重不得超过 30kg。本特殊规定中的"设备"是指锂电池或者锂电池组为其运行提供电力的设备。

本规则上述及其他处所使用的"锂含量"系指锂金属电池或锂合金电池中阳极中锂的质量。

对锂金属电池和锂离子电池采用单独的条目列出,是为了方便此类电池特定运输模式的运输和能够适用不同应急反应行动。

《试验和标准手册》第Ⅲ部分38.3.2.3定义的单一离子电池被认定为"电池",须按照本特殊规定"电池"的要求运输。

190　喷雾器须有意外释放保护装置。仅含无毒成分且容量不大于50mL的气雾剂不适用本规则的规定。

191　仅含无毒成分且容量不大于50mL的容器不适用本规则的规定。

193　本条目仅可用于硝酸铵基化肥,并须根据《试验和标准手册》第Ⅲ部分第39节中的程序进行分类。

194　每种目前已经划定的自反应物质的通用条目编号以及控制温度和应急温度(如果有)见2.4.2.3.2.3。

195　对于某些B型或C型有机过氧化物,须使用比包装方法OP5或OP6所允许的包装小的包装(见4.1.7和2.5.3.2.4)。

196　配制品如果在试验中既不在空化状态起爆也不爆燃,在封闭条件下加热没有影响且不显示任何爆炸力,则可以在该条目下运输。这种配制品必须是热稳定的(如:对于50kg的包件,SADT为60℃或更高)。配制品不满足这些标准时须按第5.2类的规定运输(见2.5.3.2.4)。

198　硝化纤维素溶液含有不大于20%的硝化纤维素时,可以视情况按照涂料、香料制品或印刷油墨运输,见UN 1210、UN 1263、UN 1266、UN 3066、UN 3469和UN 3470。

199　铅化合物,当按1:1000比例与0.07M盐酸混合并在23℃±2℃的温度下搅拌1h,溶解度为5%或更低时(见ISO 3711:1990"铬酸铅颜料和铬酸-钼酸铅颜料-规范和试验方法")被认为不可溶,则不适用本规则的规定。除非该物质满足其他危险类别的分类标准。

201　打火机或打火机充气罐须满足充灌所在国家的规定。它们须具有意外释放保护装置。在15℃时,气体的液化部分不得超过容器体积的85%。容器,包括其密封装置,须能够承受在55℃时两倍液化石油气压力的内部压力。机械阀和点火装置须安全密封、紧固或以其他方式关紧以防在运输过程中装置起动或内装物泄漏。打火机所装入的液化石油气不得超过10g。打火机充气罐所装入的液化石油气不得超过65g。

203　本条目不得用于UN 2315的多氯联苯。

204　按第8类的标准,含有腐蚀性发烟物质的物品须贴有"腐蚀品"副危险性标志(见5.2.2.2.2的No.8图例)。

含有满足第6.1类吸入毒性标准的烟火物质的物品须贴有"毒害品"副危险标志(见5.2.2.2.2的No.6.1图例),2016年12月31日前制造的可以不张贴"毒害品"副危险标志运输至2019年1月1日。

205　本条目不得用于UN 3155的五氯苯酚。

207　制模化合物可以由聚苯乙烯、聚(甲基丙烯酸甲酯)或其他聚合材料制成。

208　商品级硝酸钙化肥,当其主要成分是复盐(硝酸钙和硝酸铵),且含不超过

10%的硝酸铵和至少12%的结晶水时,不适用本规则。

209　当封闭系统关闭时,气体须与周围环境气压相等,且绝对压力不得超过105kPa。

210　从带有感染性物质的动物、植物或细菌中产生的毒素,或感染性物质内所含的毒素须划入第6.2类。

215　本条目仅适用于工业纯物质或从其中提炼的SADT高于75℃的配制品。所以,自反应物质的配制品不适用本规则(关于自反应物质见2.4.2.3.2.3)。同质混合物按质量含有不大于35%的偶氮二酰胺和不少于65%的惰性物质不适用本规则的规定,但符合其他类别分类标准的除外。

216　如果该物质在装载、包装或货物运输组件封闭时无明显的游离液体,不适用于本规则规定的固体和易燃液体的混合物可按本条目运输,而不必首先适用第4.1类的分类标准。当用作散货容器时,每个货物运输组件须是防渗漏的。如果包件或物品内没有游离液体,装有少于10mL被固体材料吸收的包装类Ⅱ或Ⅲ的易燃液体的密封包件或物品,不适用本规则的规定。

217　如果该物质在装载、包装或货物运输组件封闭时无明显的游离液体,不适用本规则的固体和有毒液体的混合物可按本条目运输,而不必首选适用第6.1类的分类标准。当用作散货容器时,每个货物运输组件须是防渗漏的。本条目不用于含有包装类Ⅰ液体的固体物质。

218　如果该物质在装载、包装或货物运输组件封闭时无明显的游离液体,不适用本规则的固体和腐蚀性液体的混合物可按本条目运输,而不必首选适用第8类的分类标准。当用作散货容器时,每个货物运输组件须是防渗漏的。本条目不用于含有包装类Ⅰ液体的固体物质。

219　按包装导则P904经过包装并进行标记的基因重组微生物(GMMOs)和基因重组生物(GMOs)不适用本规则中的任何其他规定。

如果基因重组微生物和基因重组生物符合第2.6章有毒物质或感染性物质的定义,并且满足第6.1类或第6.2类分类标准,须适用本规则有毒物质或感染性物质的运输规定。

220　溶液或混合物中的易燃液体成分的技术名称须在正确运输名称之后的括号内标明。

221　该条目所包括的物质不得为包装类Ⅰ。

223　如果在测试时物质所表现的化学或物理特性不满足第3栏中所列类别或任何其他类别已建立的定义标准,除了2.10.3适用的海洋污染物以外,则不适用本规则的规定。

224　除非能够通过试验证明物质在冷冻状态的敏感性比液体状态时小,否则这种物质在正常运输条件下须保持液态。物质在温度高于-15℃时不得凝固。

225　在该条目下的灭火器可包括已安装的驱动弹药筒(1.4C或1.4S类的动力装置用弹药筒),只要每只灭火器燃烧(驱动)药的总量不超过3.2g,可不必改变第2.2类的分类。灭火器须根据制造国的规定进行制造、测试、批准和标记。

注:"制造国的规定"系指制造国适用的或使用国适用的规定。本条目下的灭火器包括:

.1 人工操作的便携式灭火器;

.2 飞行器内安装的灭火器;

.3 人工操作的舟车式灭火器;

.4 舟车式或舟车平台式或类似(小型)拖车的运输组件上的灭火设备或装置;和

.5 灭火器包括一个不可滚动的压力筒和装置,并且在装卸时通过叉车或吊车操作。

注:含有上述灭火器中使用的或固定消防设施中使用的气体压力容器须符合第6.2章的要求,当这些压力容器单独运输时适用相关危险货物的所有要求。

226 含不少于30%不挥发、非易燃减敏剂的此类物质的配制品不适用本规则的规定。

227 当用水和无机惰性材料减敏时,硝酸脲(按质量计)可不大于75%,并且混合物在联合国《试验和标准手册》第Ⅰ部分中系列1类型(a)试验中不能被引爆。

228 不满足易燃气体(第2.1类)分类标准的混合物须按UN 3163运输。

230 锂电池和电池组如符合2.9.4的规定,可按本条目运输。

232 本条目仅适用于不符合其他类别分类标准的物质。用除罐柜以外的货物运输组件时,须按照原产国有关当局规定的标准进行运输。

235 本条目适用于含有第1类爆炸性物质和其他类别危险物质的物品。这些物品用于提高车辆、船舶或飞行器安全性,例如气囊充气器、气囊装置、座椅安全带预紧器和热机械装置。

236 聚酯树脂套装由两部分组成:基础材料(第3类或第4.1类,包装类Ⅱ或Ⅲ)和催化剂(有机过氧化物)。这种有机过氧化物须是D型、E型或F型,不需要温度控制。根据第3类或第4.1类分类标准,包装类须为Ⅱ或Ⅲ,适用于基础材料。第3.2章危险货物一览表第7a栏所示的限量适用此基础材料。

237 运输中使用的膜滤器包括隔离纸、涂层或衬垫材料等,须按联合国《试验和标准手册》第Ⅰ部分试验系列1(a)中任何一个试验证实不易于传播爆炸。

另外,有关当局可以依据《试验和标准手册》第Ⅲ部分33.2.1中燃烧速率试验测试结果,确定用于运输的这种形式的硝化纤维薄膜滤器不适用第4.1类易燃固体的规定。

238 .1 如果能够经受如下振动和压力差试验且无电池液泄漏,电池组可认为是非溢出的。

振动试验:把电池紧紧地夹在振动器平台上并且使其振幅为0.8mm(最大总偏移为1.6mm)做谐振运动。频率在10Hz和55Hz之间按1Hz/min交换。电池的每一固定位置(振动方向)其全部频率范围必须在95min±5min之间反复变换。每95min±5min内电池受到三个互相垂直方向的振动(包括注入孔和排气孔,如有的话,在倒转位置)进行相等时间试验。

压力差试验:振动试验后,当气压差至少为88kPa时,可将电池在24℃±4℃的情况下储存6小时。可将电池在三个互相垂直的位置上进行测试,每个位置至少6小时(包括注入孔和排气孔,如有的话,在倒转位置)。

当非溢出型电池组作为机械或电力设备运行的一个必要的完整的组成部分时,须将其紧固,放在设备上的电池槽里,并须采取保护措施以防电池破损或短路。

.2 在55℃时,电池组中的电解质不会从破损或开裂的电池壳内流出,也没有游离液体流出,而且在包装运输中,已采取措施防止短路,符合上述条件的非溢出电池组不必遵循本规则中的规定。

239 电池组或电池不得含有钠、硫或钠的化合物(如多硫化钠和四氯铝酸钠)以外的危险货物。除非得到有关当局批准并在其确定的条件下运输,电池组或电池不得在有液态钠元素存在的温度下运输。

电池须由密闭的金属外壳组成,这种金属外壳完全封装危险货物,其构造和密封能防止在正常运输条件下危险货物的泄漏。

电池组须由装于完全密封的金属外壳内的电池构成,其构造和封装能防止在正常运输条件下危险货物泄漏。

241 配制品的配制须保证在运输过程中使其保持均匀,不至于分离。硝化纤维素含量低的配制品如按照联合国《试验和标准手册》第Ⅰ部分的标准分别地进行1(a)、2(b)和2(c)的试验,对该物质在封闭条件下受热条件下的引爆、爆燃及爆炸的倾向进行测试,试验结果不显示危险特性,并依据联合国《试验和标准手册》第Ⅲ部分33.2.4中的试验 N.1(必要时可将物质挤压成碎片并筛成不超过1.25mm的颗粒)进行测试不显示为易燃固体,则不适用本规则。

242 硫磺制成特定形状(比如:颗粒,细粒,球片,块状或薄片)时不适用本规则的规定。

243 火花点火发动机(例如汽车发动机、固定发动机和其他发动机使用)使用的汽油、车用乙醇,无论挥发性如何,须划归在本条目。

244 本条目包括铝渣、铝浮渣、用过的阴极、用过的电解槽和铝盐渣等材料和物质。

装货前,这些副产物须被冷却至环境温度,除非他们已经被煅烧来去除水分。装有散货的货物运输组件在整个航程中须有足够的通风和防水保护。

247 按体积含酒精大于24%但不大于70%的酒精饮料,当作为制造加工的一部分运输时,适用时,可以用满足4.1.1一般规定的大于250L和不大于500L的木桶运输,并满足下列条件:

.1 在装之前木桶须检查和紧固;

.2 须留有充分的空间余量(不少于3%)用于液体的膨胀;

.3 木桶须桶孔向上运输;

.4 木桶须装在满足《国际集装箱安全公约》(CSC 1972)修正案要求的集装箱内运输,并须可靠地固定在专用支架上并采取适当的方式楔入以防止在运输过程中任何形式的移动;和

.5 在船舶积载时,集装箱须仅装在开敞货物处所或符合经修正的《1974年SOLAS公约》第Ⅱ-2/19条或如适用,符合经修正的《1974年SOLAS公约》第Ⅱ-2/54条在第

Ⅱ-2/1.2.1条表示的闪点为23℃c.c.及以下的易燃液体要求的封闭处所。

249　含铁量至少10%且经过防腐蚀稳定处理的铈铁不适用于本规则的规定。

250　本条目仅适用于与《关于禁止开发、生产、储存和使用的化学武器及其销毁公约》实施相关的分析所提取的化学样品。在本条目下的物质须根据禁用化学武器组织所指定的监管链和安全程序进行运输。

此类化学样品只能在有关当局或禁止化学武器组织的负责人批准且符合下列包装要求的情况下运输：

.1　该物质包装须符合国际民用航空组织的《空运危险货物安全技术指导》中包装导则623的包装规定；和

.2　在运输过程中，该物质须附带表明限量和包装规定的批准运输的文件副本。

251　本条目中化学品箱或急救箱是指用来盛装例如用于医疗、分析、测试或维修为目的少量不同种类的危险货物的箱、盒等。这种容器只能盛装满足以下条件的危险货物：

.1　可免除量不超过第3.2章危险货物一览表中7b栏规定的量，按照3.5.1.2和3.5.1.3中规定的内包装中货物的净重和每个包件中货物的净重；或

.2　第3.2章危险货物一览表中7a栏中规定的限量，每个内包装中货物的净含量不超过250mL或者250g。

各种组分之间不得发生危险反应(见4.1.1.6)，在箱中的总含量不得超过1L或1kg。

为使5.4.1.4.1中危险货物运输单证完整，单证中显示的包装类须是容器中所有物质中被分配的包装类中最严格的。装在船舶车辆上用于急救或操作目的的箱不适用本规则的规定。

化学品箱和急救箱的内包装含有的危险货物没有超过危险货物一览表第7a栏中列明的任何一种物质适用的限量时可以按照第3.4章的规定运输。

252　如硝酸铵在所有运输条件下始终保持在溶液中，且其浓度不超过80%，所含可燃物质不大于0.2%，则不适用本规则中的规定。

266　该物质如果含乙醇、水或减敏剂的量小于规定量，除非得到有关当局的特别批准，否则不得运输。

267　任何含有氯酸盐的C型爆破炸药，须与含有硝酸铵或其他铵盐的爆炸品隔离。

270　如果第5.1类无机固体硝酸盐水溶液，在运输途中的最低温度下，浓度不大于饱和浓度的80%，则该物质的水溶液即被认为不符合第5.1类的分类标准。

271　如果物质中的减敏剂含量按质量不小于90%，则可采用乳糖或葡萄糖或类似的物质作为减敏剂。根据联合国《试验和标准手册》第Ⅰ部分系列6(c)测试方法对至少三个准备运输的包件进行试验后，有关当局可根据试验结果将这些混合物划归第4.1类。按质量含减敏剂至少98%的混合物，不适用本规则的规定。按质量含减敏剂不小于90%的混合物，其包件不需要贴"有毒物质"副危险标志。

272　未经有关当局的批准，该物质不得在第4.1类的规定下运输(见UN 0143或

UN 0150,如适用)。

273 代森锰和经稳定的防止自热的代森锰制品,当能够通过试验证明 $1m^3$ 体积的该物质不会自燃,并且当样品保持在不低于75℃±2℃的温度下24小时,样品中心温度不超过200℃时,可不划为第4.2类。

274 运输单证和包件标记的正确运输名称须以技术名称作补充(见3.1.2.8.1)。

仅对 UN 3077 和 UN 3082,技术名称可是危险货物一览表第2栏中以大一个字号显示的名称,前提是该名称不包括"未另列明的",且没有指定 SP274。须使用最合适的描述该物质或混合物的名称,例如:

UN 3082,对环境有害的物质,液体的,未另列明的(涂料)

UN 3082,对环境有害的物质,液体的,未另列明的(香料制品)

277 对于含有有毒物质的气雾剂或容器,限量为 120mL。对于所有其他的气雾剂或容器,限量为 1000mL。

278 该物质只有经有关当局对拟运输的包件基于按照联合国《试验和标准手册》第Ⅰ部分系列2和系列6(c)的试验结果给予批准后,方可进行分类和运输(见2.1.3.1)。有关当局须依据第2.3章的标准指定包装类并按照用于试验系列6(c)的结果指定所使用的包装类型。

279 该物质是依据人类的经验而不是严格使用本规则所给出的分类标准划到这个类别或包装类的。

280 本条目适用于车辆、船舶、飞行器的安全装置,例如气囊充气器、气囊装置或座椅安全带预紧装置和热机械装置,其中含有第1类危险货物或其他类的危险货物。作为部件运输,如果这些物品提交运输时已按照《试验和标准手册》第Ⅰ部分系列6(c)进行了试验,结果显示该装置无爆炸性或装置外壳或压力容器无破碎和抛射危险或不会严重妨碍邻近区域进行消防或应急反应的热效应。本条目不适用于特殊规定296中描述的救生设备(UN 2990 和 UN 3072)。

281 用油浸湿、弄潮或沾染的干草、禾秆或碎稻草和稻壳禁止运输。未用油浸湿或沾染的适用本规则。

283 用于减震的含有气体的物品,包括撞击缓冲器或气压弹簧,如满足下列条件,则不适用本规则:

.1 气体容积不超过1.6L和充气压力不超过280bar❶时,每个物品的容积(L)和充气压力(bar)的乘积不超过80(比如0.5L气体容积和160bar充气压力,1L气体容积和80bar充气压力,1.6L气体容积和50bar充气压力,0.28L气体容积和280bar充气压力);

.2 每一个物品在20℃时,对于不超过0.5L气体容积的物品,最小的爆炸压力等于充气压力的4倍,对于大于0.5L气体容积,是充气压力的5倍;

.3 每一物品由破裂时无碎片的材料制成;

.4 每种物品按照有关当局批准的质量保证标准进行生产;和

---

❶ $1 bar = 10^5 Pa$,余同。

.5 设计类型已经有火焰试验证明物品中的压力由于火焰分解型密封装置或其他压力释放装置释放压力使这种物品没有碎片和产生喷射。

284 含氧化物质的化学氧气发生器,须满足下列条件:

.1 含有爆炸性装置的发生器,根据本规则 2.1.3 不属于第 1 类时,只能在本条目下运输;

.2 发生器在无包装条件下其易受损部位须能承受在坚固的、非弹性的、平坦的和水平表面上的 1.8m 跌落试验,而无内装物的漏失,也不造成启动;和

.3 当发生器配有启动装置时,须至少有两种主动方式防止意外启动。

286 本条目中的硝化纤维素膜过滤器,如果每片质量不超过 0.5g,且分别装在一个物品或密包件中时,则不适用本规则的规定。

288 除非有关当局依据联合国《试验和标准手册》第 I 部分系列 2 和 6(c)试验结果给予批准,否则这些物质不得进行分类和运输(见 2.1.3)。

289 安装在车辆、船舶、飞行器或在转向柱、车门镶板、车座等成品部件内的电启动的安全装置和烟火的安全装置不适用本规则。

290 当放射性材料符合第 2 部分中其他类别的定义和标准时,须按照下列规定进行分类:

.1 如果物质满足第 3.5 章的可免除量标准,包装须满足 3.5.2 的规定并满足 3.5.3 的检验要求。除 1.5.1.5 列出的不涉及任何其他类别的包件外,所有其他要求都适用于放射性材料。

.2 如果数量超过 3.5.1.2 规定的数值,须按照其最主要的副危险进行分类。危险货物运输单证须用联合国编号和适用于其他类别的正确运输名称对货物进行描述。在正确运输名称后面须按照第 3.2 章危险货物一览表第 2 栏用适用于放射性材料例外包件的名称作补充。危险货物须按照使用的联合国编号进行运输。举例如下:

UN 1993,易燃液体的,未另列明的(乙醇和甲苯混合物),放射性物质,例外包件—限量,第 3 类,包装类 II。

另外,还须适用 2.7.2.4.1 的规定。

.3 第 3.4 章有关限量内运输包装危险货物的规定不适用于按 .2 进行分类的物质。

.4 当物质满足免除所有其他类别危险货物的特殊规定时,须按照适用于第 7 类物质的联合国编号进行分类,并适用 1.5.1.5 规定的所有要求。

291 易燃液化气须装在制冷机组件中。这些组件须在设计和试验上至少承受制冷机工作压力的三倍压力。制冷机及其组件的设计和构造须能够盛装液化气体并在正常运输条件下防止保压部件发生爆裂或破裂。制冷机和制冷组件所盛装的液化气体如果少于 12kg,不适用本规则的规定。

293 适用于火柴的定义如下:

.1 耐风火柴是其头部由对摩擦敏感的点火成分和燃烧时很小的火焰或无火焰但温度很高的烟火成分构成的火柴;

.2 安全火柴是组合或粘贴在盒子、书或卡片上,须在特制表面上擦燃的火柴;

.3 随处划燃的火柴是在固体表面摩擦就能点燃的火柴；

.4 涂蜡的火柴是能在特制表面上又能在固体表面擦燃的火柴。

294 外包装净重不超过25kg的安全火柴和涂蜡火柴当按照包装导则P407进行包装时，不适用本规则中任何其他规定（标记除外）。

295 如果货盘标有适当的标记和标志，电池组不需要单独的标记和标志。

296 这些条目适用于救生设备例如救生筏、个人用浮具和自行膨胀滑落设备。UN 2990适用于自行膨胀救生设备，UN 3072适用于非自行膨胀救生设备。救生设备可含有：

.1 信号装置（第1类），包括烟雾和照明信号，其包装可防止意外激活；

.2 仅对UN 2990而言，设备可含自行膨胀装置所需的第1.4类、配装类S的动力装置弹药筒，且每个设备含有不超过3.2g的爆炸药；

.3 第2.2类压缩或液化气体；

.4 蓄电池（第8类）和锂电池（第9类）；

.5 含有少量危险货物（例如第3类、第4.1类、第5.2类、第8类或第9类）的急救箱或维修箱；

.6 随处划燃的火柴，其包装能防止意外激活。

装在坚固外容器中的救生器材，如满足以下条件，则不受本规则的约束：最大总重量不超过40kg，除第2.2类压缩气体或液化气体外不含其他危险品，压缩或液化气体装在容量不超过120mL的贮器内，无副危险性，安装的目的仅仅是为了启动救生器材。

299 交付托运的：

.1 棉花，干的，密度不低于360kg/m^3；

.2 亚麻，干的，密度不低于400kg/m^3；

.3 剑麻，干的，密度不低于360kg/m^3；和

.4 坦皮科纤维，干的，密度不低于360kg/m^3。

按照ISO标准8115：1986，当用封闭式货物运输组件装运时不适用本规则规定。

300 在装载温度超过35℃或超过环境温度5℃，以其中较高者为准，鱼粉、鱼渣或磷虾粉都不得运输。

301 本条目仅适用于含有残余危险货物或危险货物作为其不可分割一部分的如机器、设备或装置的物品。本条目不用于在危险货物一览表中已经列明正确运输名称的物品。在本条目下运输的物品须仅含有第3.4章规定（限量）允许运输的危险货物。在物品内的危险货物的量不得超过危险货物一览表第7a栏对所装每一项危险货物规定的数量。如果物品中含有不止一种危险货物，则每种危险货物都须密闭以防止它们在运输过程中相互间发生危险的反应（见4.1.1.6）。如须确保液体危险货物按照设定的方向，方向箭头按照5.2.1.7.1的规定须在至少两个对立的垂直面上显示。

302 不含其他危险货物的熏蒸货物运输组件仅需遵守5.5.2的规定。

303 按照第2.2章的规定，装有气体或气体混合物的容器须确定其类别和副危险性（如适用）。

304　本条目仅用于运输未激活的蓄电池,该蓄电池含干的氢氧化钾,在使用前需要向单个电极中添加适当数量的水以激活蓄电池。

305　浓度不大于50mg/kg的该物质不适用本规则的规定。

306　本条目只适用于按照系列试验2(见《试验和标准手册》第Ⅰ部分)进行试验证明太不敏感而不能分类为第1类的物质。

307　本条目仅可用于硝酸铵基化肥,并须根据《试验和标准手册》第Ⅲ部分第39节中的程序进行分类。

308　鱼粉稳定剂的使用须通过在生产时有效使用乙氧基喹啉、BHT(丁基羟基甲苯)或生育酚(还与迷迭香提取物混合使用)达到防止自热的目的。稳定剂的使用须在运输前十二个月以内。鱼渣或鱼粉在运输时须至少含有50ppm❶(mg/kg)乙氧基喹啉、100ppm(mg/kg)的BHT或250ppm(mg/kg)生育酚基抗氧化剂。

309　本条目适用于主要成分由硝酸铵与燃料混合物构成的未敏化乳胶、悬浮体或凝胶,拟用于在使用之前进一步加工生产成E型爆破炸药。

典型的乳胶成分如下:60%~85%的硝酸铵;5%~30%的水;2%~8%燃料;0.5%~4%乳化剂;0~10%可溶防燃剂和微量添加剂。其他无机硝酸盐可以替代部分硝酸铵。

典型的悬浮体和凝胶成分如下:60%~85%的硝酸铵,0~5%过氯酸钠或钾,0~17%硝酸环六亚甲基四胺或硝酸甲基胺,5%~30%水,2%~15%燃料,0.5%~4%增厚剂,0~10%可溶防燃剂和微量添加剂。其他无机硝酸盐可替代部分硝酸铵。

这些物质须满足《试验和标准手册》第Ⅰ部分第18节系列试验8中的硝酸铵乳胶、悬浮剂或凝胶,炸药中间物质(ANE)的分类标准,并经有关当局批准。

310　《试验和标准手册》第Ⅲ部分38.3的试验要求不适用于由不超过100个电池或电池组构成的操作样品的生产运行,也不适用于按照包装导则4.1.4.1的P910或4.1.4.3的LP905的要求进行包装的为进行试验而运输的预生产的电池或电池组原型(如适用)。

运输单证中须声明:"按照特殊规定310要求运输"。

损坏的或有缺陷的电池、电池组或设备中的电池和电池组须按照特殊规定376的要求运输。

电池、电池组或设备中的电池和电池组用于处理或回收时可以按照4.1.4.1中特殊规定377和包装导则P909的要求进行包装。

311　在本条目下的物质除非有关当局根据联合国《试验和标准手册》第Ⅰ部分相关试验的结果给予批准,否则不得运输,包装须保证稀释剂百分比浓度在运输期间的任何时候不低于有关当局批准的浓度。

314　.1　这些物质易于在升温时发热分解。加热或混有杂质(例如金属粉末:铁、锰、镁及其化合物)能引起分解。

---

❶　1ppm = 10^{-6},余同。

.2 在运输期间,这些物质避免阳光直射,并与所有热源隔离,放置在充分通风的区域。

315　本条目不适用于符合2.6.2.2.4.3中规定的包装类Ⅰ吸入毒性标准的第6.1类物质。

316　本条目仅适用于在运输时非易碎薄片形状的、干的次氯酸钙。

317　"例外裂变"仅适用于那些根据2.7.2.3.5免除的裂变材料和含有裂变材料的包件。

318　就单证可言,正确运输名称须用技术名称(见3.1.2.8)进行补充。技术名称不需在包件上表示。当运输的感染性物质未知时,但怀疑可能符合列入A类的标准,划为UN 2814或UN 2900,运输单据上的正确运输名称后以括号"可疑A类感染性物质"予以表示,但在外包装上不需要。

319　按照包装导则P650包装的物质和标记的包件不适用本规则任何其他规定。

321　储存系统须始终认为含有氢。

322　当以非易碎的片状形式运输时,指定为包装类Ⅲ。

324　当该物质浓度不超过99%时需进行稳定。

325　非裂变的或例外裂变的六氟化铀须分类为UN 2978。

326　可裂变的六氟化铀须分类为UN 2977。

327　以再加工和处理为目的按照5.4.1.4.3.3托运的废弃气雾剂和废弃气筒,可酌情按照UN 1950或UN 2037运输。假如这类废弃气雾剂具备防止压力和危险气体升高造成危险的措施,则不需要采取移动和气体意外释放的保护措施。废弃的气雾剂,除了泄漏的或严重变形的,须装在按包装导则P207和特殊规定PP87的包装中,或装在包装导则LP200和特殊包装规定L2的包装中。废弃气筒,除了泄漏的或严重变形的,须按包装导则P003和特殊包装规定PP17和PP96进行包装,或按照包装导则LP200和特殊包装规定L2进行包装。泄漏或严重变形的气雾剂和气筒须在救助包装或救助压力容器中运输,采取适当措施以确保无危险性压力形成。废弃气雾剂和废弃气筒不能在封闭的集装箱中运输。

装有第2.2类气体并已被刺穿的废弃气筒不适用本规则。

328　本条目适用于燃料电池筒,包括包含在设备内或与设备合装在一起的燃料电池。安装在燃料电池系统内或构成其整体一部分的燃料电池筒被认为是包含在设备之中。燃料电池筒系指储存燃料并通过阀门控制将燃料释放至燃料电池中的物品。燃料电池筒,包括安装在设备中的燃料电池筒,其设计和制造上须防止在正常运输条件下燃料发生泄漏。

使用液体作为燃料的燃料电池筒设计类型须通过100kPa(测量)的内压试验而不发生泄漏。

除符合特殊规定339的在金属氢化合物中储氢的燃料电池筒外,每个燃料电池筒设计类型须表明能够通过在最能破坏其包装系统方向上,向坚硬表面的1.2m跌落试验,且内容物无损失。

装在燃料电池系统内的锂金属电池组或锂离子电池组,须按照本条目和按相应的 UN 3091 装在设备中的锂金属电池组,或 UN 3481 装在设备中的锂离子电池组的规定运输。

332　硝酸镁六水合物不适用本规则的规定。

333　用在火花点火发动机(如汽车,固定发动机和其他发动机)的乙醇和汽油、车用汽油或汽油的混合物无论其挥发性如何均须划入此条目。

334　如果燃料电池筒装有两个独立的装置防止其在运输中与燃料意外混合,则可含有活化剂。

335　不适用本规则规定的固体和 UN 3082 对环境有害液体的混合物可按 UN 3077 分类和运输,但条件是该物质在装载、包装或货物运输组件封闭时无明显的游离液体出现。如果在装货时或在包装或运输组件封闭时有游离液体出现,则该混合物须被分类为 UN 3082。每个运输组件在作为散货包装时须是防渗漏的。装有少于 10mL 的 UN 3082 对环境有害液体的密封小包装或物品,且液体被固体材料吸收但在小包装或物品无游离液体,或少于 10g 的 UN 3077 对环境有害固体的密封小包装或物品,不适用本规则的规定。

338　设计盛装液化易燃气体,在本条目下运输的每个燃料电池,须:
.1　能够承受至少两倍于内装物 55℃ 时的平衡压力而不发生泄漏或爆裂;
.2　装载的可燃液化气体不超过 200mL,其蒸气压力在 55℃ 时不超过 1000kPa;和
.3　通过第 6.2 章 6.2.4.1 所述的热水浴试验。

339　在本条目下运输的在金属氢化合物中储氢的燃料电池筒的水容量须不大于 120mL。燃料电池筒内的压力在 55℃ 时须不超过 5MPa。设计类型须能承受在 55℃ 时两倍于燃料筒设计压力或在 55℃ 时大于燃料筒设计压力 200kPa 的压力(以较大者为准),不发生泄漏或爆裂。进行此项试验的压力是跌落试验和氢循环试验中所指的"最低壳爆裂压力"。燃料电池筒须按照生产商提供的程序充灌。生产商须对每个燃料电池筒提供以下信息:
.1　燃料电池筒首次充灌之前和再次充灌之前进行的检查程序;
.2　需了解的安全防范和潜在的危险;
.3　确定达到额定容量的方法;
.4　最小和最大压力范围;
.5　最小和最大温度范围;和
.6　首次充灌和再次充灌满足的任何其他要求,包括首次充灌和再次充灌使用的设备。

燃料电池筒的设计和制造须防止燃料在正常运输条件下发生泄漏。每个燃料筒的设计类型,包括作为燃料电池整体的燃料筒,须进行并通过以下试验:

跌落试验

在 1.8m 高度从以下四个不同方向向一个坚硬表面的跌落试验:
.1　垂直方向,在装有截止阀部件的一端;

.2 垂直方向,在装有截止阀部件相反的一端;

.3 水平方向,跌落至一个直径为38mm的钢制尖端体,钢尖位置向上;和

.4 45°角方向,在装有截止阀部件的一端。

燃料筒被充灌至额定充灌压力时,采用肥皂泡沫溶液对所有可能泄漏的位置进行测试确定无任何泄漏。燃料电池筒然后须进行静水加压直至破坏。所记录的爆裂压力须超过最低壳爆裂压力的85%。

火烧试验

用氢充灌至额定容量的燃料电池筒须进行火烧试验。燃料筒设计,可带有作为其整体一部分的通气装置,可认为已通过火烧试验,如果满足以下条件:

.1 内部压力通过通气装置排至零表压而燃料筒无破裂;或

.2 燃料筒在火中坚持至少20min而不破裂。

氢循环试验

本试验旨在于保证燃料电池筒在使用过程中不会超过其设计应力。

燃料电池筒的循环试验须从不超过5%额定容量至不小于95%额定容量并且再回到不超过5%额定氢容量。须使用额定充灌压力来进行充灌并且温度须被保持在操作温度的范围内。该循环须连续进行至少100次。

在循环试验后,燃料电池筒须进行充灌并且须对燃料电池筒的排水量进行测量。如果受试燃料电池筒的排水量不超过未受试的,充灌至95%额定容量并加压至其最低壳爆裂压力的75%的燃料电池筒的排水量,则认为通过循环试验。

产品泄漏试验

每个燃料电池筒须在15℃±5℃加压至额定充灌压力下进行泄漏试验。须使用肥皂泡沫溶液或其他等同方法对所有可能发生泄漏的位置确定无泄漏出现。

每个燃料电池筒须永久性地标记以下信息:

.1 以兆帕(MPa)表示的充灌压力;

.2 生产商的燃料电池筒系列编号或独特的识别编号;和

.3 基于最大使用寿命的失效日期(以四位数表示年,两位数表示月)。

340 如果在其内包装内含有不超过危险货物一览表第7b栏中对具体物质规定的可免除量的危险物质,化学品箱、急救箱和聚酯树脂组合可按照第3.5章运输。虽然在危险货物一览表中没有单独规定第5.2类物质的免除量,但可放在化学品箱、急救箱和聚酯树脂组合中,并被指定代码E2(见3.5.1.2)。

341 采用BK2散货容器散装运输感染性物质仅被允许运输1.2.1所定义的动物材料中的感染性物质(见4.3.2.4.1)。

342 对于仅用于杀菌装置的玻璃内容器(如安瓿或小容器),当单个内包装含有少于30mL的环氧乙烷(氧化乙烯),且每一外包装不超过300mL时,如果满足下述要求,无论在危险货物一览表的第7b栏中是否表示为E0,均可按照第3.5章的规定进行运输:

.1 填充后,将玻璃内容器置于热水池中一段时间,确保其内压达到55℃时环氧乙烷的蒸气压,而每个玻璃内容器没有泄漏。如果有任何的玻璃内容器在该试验下表现出

泄漏、扭曲或其他失效,均不得按照该特殊规定进行运输;

.2 除满足3.5.2规定的包装要求外,每一玻璃内容器须置于一密封塑料袋中。该塑料袋与环氧乙烷相容且在玻璃内容器发生破裂或泄漏时能够盛装其内装物;和

.3 每一玻璃内容器采取适当的防护以防止在包装破损时(如压碎)刺破塑料袋(如布套或内衬垫)。

343 本条目适用于含有硫化氢的原油,其所释放出的蒸气浓度足以达到吸入毒性的危险程度。包装类的划分根据其表现的危险程度,由易燃危险和吸入毒性危险来确定。

344 须满足6.2.4的规定。

345 装在最大容量为1L的,具有双层玻璃壁且内外壁间为真空的开口低温容器内的气体,如果每个容器放置在有合适的用于保护其免受损坏的衬垫材料或吸收材料的外包装中运输,则不适用本规则的规定。

346 开口低温容器如果满足包装导则P203的要求,且未盛装危险货物(能被多孔材料完全吸收的UN 1977氮气,冷冻液体外),则不适用本规则中的任何其他规定。

347 本条目仅适用于通过联合国《试验和标准手册》第Ⅰ部分试验系列6(d)测试,证明该物质运行中表现的任何危险效应均能被限定在包件内的情况。

348 2011年12月31日后生产的电池组须在外部标记额定电能。

349 次氯酸盐和铵盐的混合物禁止运输。UN 1791次氯酸盐溶液属于第8类物质。

350 溴酸铵及其水溶液、溴酸盐与铵盐的混合物禁止运输。

351 氯酸铵及其水溶液、氯酸盐与铵盐的混合物禁止运输。

352 次氯酸铵及其水溶液、次氯酸盐与铵盐的混合物禁止运输。

353 高锰酸铵及其水溶液、高锰酸盐与铵盐的混合物禁止运输。

354 该物质有吸入毒性。

355 本条目下运输的应急氧气瓶可能安装启动弹药筒(弹药筒,配装类为C或S的第1.4类的动力装置),如果每个气瓶含有的爆燃爆炸品(推进剂)的总量不超过3.2g,不会改变其第2.2类的分类结果。安装启动弹药筒的氧气瓶在提交运输时,须采取有效的措施防止意外启动。

356 安装在车辆、船舶、机器、发动机或飞行器上,或安装在完整部件中的,或准备装在车辆、船只、机器、发动机或飞行器上的金属贮氢系统,须事先得到有关当局的批准,方可接受运输。运输单证上须显示包件已经有关当局批准或随托运货物携带一份批准证书的副本。

357 含有硫化氢且其所释放出的蒸气浓度足以达到吸入毒性的危险程度的原油须指定为UN 3494含硫石油,易燃的,有毒的。

358 含硝化甘油大于1%但不大于5%的硝化甘油酒精溶液,如符合包装导则P300的所有要求可划为第3类,UN 3064。

359 含硝化甘油大于1%但不大于5%的硝化甘油酒精溶液,如不符合包装导则

P300 的所有要求须划为第 1 类，UN 0144。

360　仅以锂金属电池组或锂离子电池组为动力的车辆，须按 UN 3171，电池动力车辆的要求运输。安装在货物运输组件中的锂电池组，设计上仅用作向货物运输组件外部提供电力的，须划为 UN 3536 安装在货物运输组件中的锂电池组。

361　本条目适用于储电能力大于 0.3Wh 的双层电容器。储电能力为 0.3Wh 或以下的双层电容器不受本规则约束。储电能力是指以标称电压和电容量计算所得的电容器储存能量。所有适用于本条目的电容器，包括不符合任何危险货物类别或小类分类标准的含有一种电解质的电容器，都须符合以下标准：

.1　非安装在设备上的电容器，须在未充电的状态下运输。安装在设备上的电容器，或在未充电的状态下运输，或采取防止短路的保护措施；

.2　每个电容器都须采取以下保护措施，防止在运输过程中可能发生短路的危险：

.1　当电容器的储电能力小于或等于 10Wh 时，或当一个模块里的每个电容器的储电能力小于或等于 10Wh 时，电容器或模块须采取防止短路的保护措施，或以金属带连接两极；和

.2　当单独的电容器或一个模块里的每个电容器的储电能力大于 10Wh 时，电容器或模块须以金属带连接两极。

.3　含有危险品的电容器，在设计上须能够承受 95kPa 的压力差；

.4　电容器的设计和制造须能够安全地释放使用过程中可能形成的压力，通过一个排气孔或电容器外壳上的一个弱点。排气时释放出来的任何液体，须留在容器内或安装电容器的设备内；且

.5　在 2013 年 12 月 31 日之后制造的电容器须用 Wh 标注能量储存能力。

含有一种电解质但不符合危险货物分类标准的电容器，包括安装在设备上的电容器，不受本规则其他规定的约束。

含有一种电解质、符合危险货物分类标准的电容器，储电能力等于或小于 10Wh 者，如在不加包装的情况下，能够在坚硬表面上承受 1.2m 的跌落试验而无内装物损失，则不适用本规则的其他规定。

含有一种电解质、符合危险货物分类标准的电容器，没有安装在设备上，储电能力大于 10Wh，适用本规则的规定。

安装在设备上并含有一种电解质、符合危险货物分类标准的电容器，不适用本规则其他规定，条件是设备须包装在坚固的外容器中，外容器以适当材料制造，对容器的指定用途而言有足够的强度和适当的设计，可防止运输过程中电容器意外工作。带电容器的大型、牢靠设备，如装载电容器的设备已经为之提供了同等安全的保护，可在不加包装的情况下提交运输，或放在托盘上运输。

注：设计上保持一端电压的电容器（如不对称电容器），不在本条范围之内。

362　本条目适用于符合 2.2.1.1 以及 2.2.1.2.1 或 2.2.1.2.2 中气体定义、由推进剂加压的液体、糊状物或粉末。

注：喷雾器中加压喷洒的化学品，按 UN 1950 运输。

须适用以下规定：

.1 加压化学品的分类，须根据各种成分在不同状态下的危险特性：

——推进剂；

——液态；或

——固态。

如果这些成分中的一个成分（可以是一种纯净物质，也可以是混合物），需按易燃分类，则加压化学品按第2.1类划为易燃液体。易燃成分是指符合以下标准的易燃液体和液体混合物、易燃固体和固体混合物，或易燃气体和气体混合物：

.1 易燃液体是闪点不高于93℃的液体；

.2 易燃固体是符合本规则2.4.2.2标准的固体；

.3 易燃气体是符合本规则2.2.2.1标准的气体。

.2 第2.3类气体和有第5.1类副危险性的气体，不得在加压化学品中用作推进剂。

.3 如液体或固体成分的分类是第6.1类、包装类Ⅱ或Ⅲ，或第8类、包装类Ⅱ或Ⅲ的危险货物，加压化学品须划为第6.1类或第8类的一个次要危险，并给予相应的联合国编号。成分的分类是第6.1类、包装类Ⅰ，或第8类、包装类Ⅰ的液体或固体，不得在此正确运输名称下运输。

.4 此外，加压的化学品，成分符合以下性质者，不得使用此正确运输名称运输：第1类，爆炸品；第3类，液态退敏爆炸品；第4.1类，自反应物质和固态退敏爆炸品；第4.2类，易自燃的物质；第4.3类，遇水放出易燃气体的物质；第5.1类，氧化性物质；第5.2类，有机过氧化物；第6.2类，感染性物质；或第7类，放射性材料。

.5 在第3.2章的危险货物一览表第9或第11栏中规定有PP86或TP7的物质，要求排净蒸气空间的空气者，不得使用此类物质在本联合国编号下运输，而须在第3.2章危险货物一览表中其相应的联合国编号下运输。

363 只有在满足本特殊规定的情况下才能使用该条目。无须遵守除特殊规定972、第7章和危险货物一览表第16a和16b栏外的任何其他规定。

.1 除分类为UN 3166或UN 3363的发动机或机器，本条目适用于由分类为危险货物的燃料通过内燃系统或燃料电池（如内燃机，发动机，压缩机，涡轮机，加热器等）驱动的发动机或机器。

.2 不含有液体或气体燃料且不含有其他危险货物的发动机或机器不适用本规则。

注1：当液体燃料柜被排空且发动机或机器因缺少燃料而无法操作时，发动机或机器被认为是不含液体燃料。发动机或机器零件如燃油管，燃油过滤器和喷油器无须清洗，清空或驱气。此外，液体燃料柜无须清洗或驱气。

注2：当气体燃料柜中没有液体（对于液化气体）、燃料柜内正压不超过2bar、燃料截止阀或绝缘阀被关闭和紧固时，发动机或机器被认为是不含气体燃料。

.3 含满足第3类分类标准燃料的发动机和机器须分类为：UN 3528发动机，内燃机，易燃液体驱动或UN 3528发动机，燃料电池，易燃液体驱动或UN 3528机器，内燃机，易燃液体驱动或 UN 3528 机器,燃料电池,易燃液体驱动,选适用者。

.4 含满足第 2.1 类分类标准燃料发动机和机器须分类为:UN 3529 发动机,内燃机,易燃气体驱动或 UN 3529 发动机,燃料电池,易燃气体驱动或 UN 3529 机器,内燃机,易燃气体驱动或 UN 3529 机器,燃料电池,易燃气体驱动,选适用者。

由易燃气体和易燃液体共同驱动的发动机和机器须分类为 UN 3529 的相应条目。

.5 含满足 2.9.3 环境有害物质分类标准但不满足其他任何类别标准燃料的发动机和机器须分类为 UN 3530 发动机,内燃机或 UN 3530 机器,内燃机,选适用者。

.6 除本规则另有要求外,为满足其功能或安全操作要求可能含有除燃料外的其他危险货物(如电池、灭火器、压缩气瓶或安全装置)的发动机或机器无须遵守这些危险货物的任何其他要求。

.7 发动机或机器,包括其中危险货物的盛载方式,须符合有关当局的构造要求。

.8 任何阀门或开口(如,通风装置)在运输过程中须关闭。

.9 机器或设备,须朝向能防止危险货物意外泄漏的方向加以紧固,确保能够限制机器或设备在运输过程中发生任何移动致使改变方向或造成损坏。

.10 对于 UN 3528 和 UN 3530:

——发动机或机器含有大于 60L 液体燃料且容量不大于 450L 的情况下,须适用 5.2.2 的标志规定;

——发动机或机器含有大于 60L 液体燃料且容量大于 450L 但不大于 3000L,须按照 5.2.2 在两个对立的表面贴上标志;

——发动机或机器含有大于 60L 液体燃料且容量大于 3000L,须在两个对立的表面张贴标牌。标牌须与第 3.2 章危险货物一览表第 3 栏中的分类一致,并须符合 5.3.1.2.1 中的规定;

——除以上规定外,对 UN 3530,发动机或机器含有大于 60L 液体燃料且容量不大于 3000L,适用 5.2.1.6 的标记规定;发动机或机器含有大于 60L 液体燃料且容量大于 3000L,适用 5.3.2.3.2 的标记规定。

.11 对于 UN 3529:

——发动机或机器的燃料箱容量不大于 450L,须按照 5.2.2 的规定进行标记;

——发动机或机器的燃料箱容量大于 450L 但不大于 1000L,须按照 5.2.2 的规定在两个对立的表面张贴标记;

——发动机或机器的燃料箱容量大于 1000L,须在两个对立的表面张贴标牌。标牌须与第 3.2 章危险货物一览表第 3 栏中的分类一致,并须符合 5.3.1.2.1 中的规定。

.12 运输单证须含有下列额外的声明"按照特殊规定 363 的要求运输"。

.13 须满足 4.1.4.1 中包装导则 P005 的要求。

364 该物品只能根据第 3.4 章的规定运输,条件是有关当局确定,所提交运输的包件能够通过根据《试验和标准手册》第 Ⅰ 部分试验系列 6(d)所做的试验。

365 批量生产的含有汞的仪器和物品,见 UN 3506。

366 机器生产的含不超过 1kg 汞的仪器和物品,不适用本规则的规定。

367 填写运输单证和对包件进行标记时：

正确运输名称"涂料相关材料"可用于同一包件中包含"涂料"和"涂料相关材料"包件的托运；

正确运输名称"涂料相关材料,腐蚀的,易燃的"可用于同一包件中包含"涂料,腐蚀的,易燃的"和"涂料相关材料,腐蚀的,易燃的"包件的托运；

正确运输名称"涂料相关材料,易燃的,腐蚀的"可用于同一包件中包含"涂料,易燃的,腐蚀的"和"涂料相关材料,易燃的,腐蚀的"包件的托运；

正确运输名称"印刷油墨相关材料"可用于同一包件中包含"印刷油墨"和"印刷油墨相关材料"包件的托运。

368 非裂变的或例外裂变的六氟化铀物质须分类为 UN 3507 或 UN 2978。

369 根据 2.0.3.5 的规定,例外包件中具有毒性和腐蚀性的放射性材料分类为具有放射性和腐蚀性副危险的第 6.1 类。

只有满足 2.7.2.4.1.2、2.7.2.4.1.5、2.7.2.4.5.2 和 2.7.2.3.6 中例外裂变的条件,六氟化铀可分类到该条目。

适用运输第 6.1 类的规定外,具有腐蚀性副危险的物质还须适用 5.1.3.2、5.1.5.2.2、5.1.5.4.1.2、7.1.4.5.9、7.1.4.5.10、7.1.4.5.12 和 7.8.4.1 至 7.8.4.6 的规定。

无须显示第 7 类的标志。

370 本条目仅适用于符合下列标准之一的硝酸铵：

——硝酸铵,含大于 0.2% 的可燃物质(包括以碳计算的任何有机物),但不包括任何其他添加物；或

——硝酸铵,含不大于 0.2% 的可燃物质(包括以碳计算的任何有机物),但不包括任何其他添加物,并且当按照试验系列 2(见《试验和标准手册》第Ⅰ部分)测试时,所得结果为正值。另见 UN 1942。

本条目不得用于第 3.2 章危险货物一览表中已有正确运输名称的硝酸铵,包括燃油与硝酸铵的混合物(ANFO)或任何商品级的硝酸铵。

371 .1 本条目也适用于带释放装置小型压力容器的物品。这些物品须满足下列要求：

.1 15℃时,压力容器的水容量不超过 0.5L,工作压力不超过 25bar；

.2 压力容器的最低爆破压力须至少为 15℃时气体压力的四倍；

.3 每一物品的生产方式须防止在正常装卸、包装、运输和使用条件下的意外点燃或释放。这可以通过加装与激活器连接的锁定装置来实现；

.4 每一物品的生产方式须防止压力容器或其部件发生危险喷射；

.5 每个压力容器须用发生破裂时不会破碎的材料制成；

.6 物品的设计类型须进行防火测试。测试须当符合《试验和标准手册》16.6.1.2（g 项除外）,16.6.1.3.1 到 16.6.1.3.6,16.6.1.3.7(b) 和 16.6.1.3.8 中的规定；试验须证明该物品通过火焰破坏密封或其他压力释放装置释放压力时,压力容器不会破碎,且物品或物品碎片飞出不超过 10m；

.7 物品的设计类型须满足如下试验要求。在包件的中间用一种激发机制来触发一件物品,须不对包件外部产生有害影响,诸如包装破裂、金属碎片或容器冲出包件。

.2 制造商须提供设计类型、生产、测试及其结果的技术文档。制造商须通过相应程序以确保批量生产的物品质量良好,符合设计类型,并满足.1 的要求。制造商须在有关当局要求时提供这些信息。

372 本条目适用于储电能力大于 0.3Wh 的不对称电容器。储电能力等于或小于 0.3Wh 的电容器不适用本规则。

储电能力系指在电容器中储存的电量,用如下公式计算得出:

$$Wh = \frac{\frac{1}{2}C_N(U_R^2 - U_L^2)}{3600}$$

使用标称电容(C_N),额定电压(U_R)和额定下限电压(U_L)。

本条目下的所有不对称电容器须满足以下条件:

.1 电容器或模块须防短路;

.2 电容器的设计和制造须能通过排气孔或电容器外壳的薄弱点安全地释放使用过程中可能蓄积的压力。通过排气孔泄漏的任何液体须控制在包件内或电容器所安装的设备内;

.3 2015 年 12 月 31 日之后制造的电容器须用 Wh 标注储电能力;

.4 所含电解质满足任意类别或小类危险货物的分类标准电容器,其设计须能承受 95kPa 的压力差。

所含电解质不满足任意类别或小类危险货物分类标准的电容器,包括装配在一个模块中或者安装在设备中的此类电容器都不适用于本规则的其他规定。所含电解质满足任意类别或小类危险货物分类标准,储电能力等于或小于 20Wh,包括装配在模块中的电容器,当未包装的电容器能够承受 1.2m 的坚硬表面跌落试验且内容物无损失,不适用于本规则的其他规定。

未安装在设备中的电容器,其所含的电解液满足任意类别或小类危险货物分类标准,且储电能力大于 20Wh,适用于本规则。

所含电解质满足任意类别或小类危险货物分类标准,且安装在设备中的电容器,如果能证明设备包装在由合适材料制造的坚硬外包装中,包装的强度和设计足以满足其目标用途并防止电容器在运输过程中发生功能性故障,不适用本规则的其他规定。大型设备如能为其所含的电容器提供等效的保护,可采取无包装运输或在托盘上进行运输。

注:尽管有本特殊规定,包含第 8 类碱性电解液的镍-碳不对称电容器须按 UN 2795,蓄电池,湿的,装有碱液,储存电的进行运输。

373 如果满足以下条件,含非加压的三氟化硼气体的中子辐射探测器可在本条目下运输:

.1 每个辐射探测器,须满足下列条件:

.1 20℃时,每个探测器的绝对压力不得超过 105kPa;

.2 每个探测器中气体的量不超过13g；

.3 每个探测器须在登记过的质量保证程序下进行生产。

注：为此目的，可接受采用ISO 9001∶2008。

.4 每个中子辐射探测器须由钎焊金属和陶瓷原料组装焊接形成，这些探测器须通过设计类型认证测试，证明其最小爆破压力达到1800kPa；和

.5 每个探测器在充装前须经过$1×10^{-10}cm^3/s$的密封性标准测试。

.2 作为单一组件运输的辐射探测器须按照以下条件运输：

.1 探测器须包装在密封塑料内衬的中间包装内，具有吸附剂或吸附材料足以吸附或减弱全部气体内容物；

.2 探测器须包装在坚固的外包装中，完整的包件须能承受1.8m的跌落试验而不会从探测器中泄漏出气体内容物；和

.3 每一外包装中所有探测器的气体总量不超过52g。

.3 含有满足条件.1的探测器的完整的中子辐射探测系统须按以下条件运输：

.1 探测器须包装在一个坚固的密封外壳中；

.2 外壳须含有足够的吸附剂或吸附材料吸附或减弱全部的气体内容物；和

.3 完整的系统须包装在能承受1.8m跌落试验而不发生泄漏的坚固外包装中，除非系统的外壳能够提供等效的保护。

4.1.4.1中的包装导则P200不适用。

运输单证中须包括"按照特殊规定373进行运输"的表述。

含三氟化硼不超过1g的中子辐射探测器，包括焊料玻璃接头的中子辐射探测器，如果满足.1的要求且按照.2进行包装，不适用于本规则。包含这些探测器的辐射探测系统，如果按.3进行包装，不适用于本规则。

中子辐射探测器须按"积载类A"进行积载。

376 损坏或有缺陷的、不满足《试验和标准手册》中适用的类型测试标准的锂离子电池和电池组以及锂金属电池和电池组，须满足本特殊规定的要求。

就本特殊规定而言，所指电池或电池组包括但不限于：

——由于安全原因被认为是有缺陷的电池或电池组；

——泄漏的电池或电池组；

——在运输前无法判定的电池或电池组；或

——遭受物理或机械损害的电池或电池组。

注：在评估电池或电池组是否损坏或有缺陷时，须根据电池、电池组或产品制造商提供的安全标准，或由一位了解电池或电池组安全特性的技术专家进行评估或评价。评估或评价标准可包括但不限于以下：

.1 急性危险，如气体、火灾或电解液泄漏；

.2 电池或电池组的使用或误用；

.3 物理损坏迹象，如电池或电池组外壳变形，或外壳变色；

.4 外部和内部短路保护，如电压或绝缘措施；

.5 电池或电池安全装置的状况；或

.6 任何内部安全部件，如电池管理系统的损坏。

电池和电池组须根据 UN 3090、UN 3091、UN 3480 和 UN 3481 中的规定运输，特殊规定 230 和本特殊规定另有规定的情况除外。

电池和电池组须按照 4.1.4.1 中 P908 或 4.1.4.3 中 LP904 进行包装。

损坏的、有缺陷的、易快速分解、发生危险反应、产生火焰或过热、或存在有毒、腐蚀、易燃气体或蒸气释放危险的电池和电池组须根据 4.1.4.1 中包装导则 P911 或者 4.1.4.3 中包装导则 P906 进行包装和运输。替代的包装或者运输条件可由有关当局批准。

按照 5.2.1 的规定，包件除须标记正确运输名称外，还须标记"损坏的/有缺陷的"字样。

运输单证须包含"按照特殊规定 376 进行运输"。

如适用，有关当局批准文件的复印本须随船携带。

377 为处置和回收目的运输的锂离子和锂金属电池和电池组以及含有此类电池或电池组的设备，无论是否与非锂电池一同包装，均可按照 4.1.4.1 中包装导则 P909 来包装。

电池和电池组不需要满足 2.9.4 中的要求。

包件须标记"用于处置的锂电池组"或"用于回收的锂电池组"。

已确认损坏或有缺陷的电池组须按照特殊规定 376 进行运输。

运输单证须包含"按照特殊规定 377 进行运输"。

378 不满足第 6.2 章和 4.1.4.1 中 P200 要求的在不可重复充灌压力容器内含有该气体的辐射探测器，如果满足如下要求，可在该条目下运输：

.1 每一压力容器的工作压力不超过 50bar；

.2 容器容量不超过 12L；

.3 当装有安全阀时，容器最低破裂压力至少为工作压力的 3 倍；当不装安全阀时，容器最低破裂压力至少为工作压力的 4 倍；

.4 容器制造材料在破裂时不得变成碎片；

.5 每个探测器按照批准的质量保证程序制造；

注：为此目的，可使用 ISO 9001：2008。

.6 探测器在坚固外包装内运输。最终的包件须能承受 1.2m 的跌落试验而不出现探测器泄漏或外包装破裂。除非装置能提供探测器等效的保护，含探测器的装置须用坚固的外包装进行包装；和

.7 运输单证中须声明："按照特殊规定 378 进行运输"。

如果探测器满足上述 .1 至 .6 的要求，且探测器容器的容量不超过 50mL，辐射探测器，包括辐射探测系统中的探测器无须遵守本规则任何其他要求。

379 如果满足下述条件，吸附在固体上或含有氨分散系统的固体里或形成该系统一部分的容器里的无水氨无须遵守本规则的任何其他规定：

.1 吸附具有如下特性：

.1 20℃时容器内压力小于0.6bar；

.2 35℃时容器内压力小于1bar；

.3 85℃时容器内压力小于12bar。

.2 吸附材料不得具有第1类至第8类的危险特性；

.3 容器最大内装物不得超过10kg氨；和

.4 容器内含有的吸附氨须满足如下条件：

.1 容器须由ISO 11114-1：2012 + Amd 1：2017规定的与氨兼容的材料制成；

.2 容器及其关闭方式须为气密，且能包含产生的氨；

.3 每一容器须能承受85℃时产生的压力，且体积膨胀不超过0.1%；

.4 每一容器须装有安全装置以在压力超过15bar时无爆裂、爆炸或喷射条件下进行气体释放；和

.5 当压力释放阀失效时，每一容器须能承受20bar的压力而不泄漏。

当在氨分配器中运输时，容器须与分配器进行连接，且连接方式须确保具有与单个容器同等的强度。

本特殊规定提及的机械强度特性须采用原型容器和/或分配器充灌至额定容积进行测试，测试时通过升高温度，直至达到规定的压力。

测试结果须有书面报告，可追溯，并向相关当局通报。

381 按照《IMDG规则》(37-14修正案)中4.1.4.3包装导则LP02使用的符合包装类Ⅲ性能的大宗包装可使用至2022年12月31日。

382 聚合物珠体可由聚苯乙烯、聚甲基丙烯酸酯或其他聚合材料制成。当通过《试验和标准手册》第Ⅲ部分38.4.4试验U1可以证明没有易燃蒸气释放形成易燃气体时，可发的聚合物珠体无须分类为本条目。试验仅在需要对该物质进行分类免除时开展。

383 当单个乒乓球的质量不超过3g，单个包件中乒乓球总量不超过500g时，由赛璐珞制造的乒乓球不适用本规则。

384 标志为No.9A图例，见5.2.2.2.2。但对于货物运输组件的标牌，须符合No.9图例。

386 当采用温度控制进行稳定时，适用7.3.7的规定。当采用化学稳定剂进行稳定的，提供用于运输该物质的包装、IBC或罐柜的人员须确保稳定剂的水平足以防止包装、IBC或罐柜内的物质在50℃时发生聚合反应，如果采用可移动罐柜时应为45℃。如果化学稳定剂在运输途中可能出现低温条件下失效，须进行温度控制。在决定是否进行温度控制时，需要考虑的因素包括，但不限于，包装、IBC或罐柜的容量和几何结构、隔离材料的性能、提交运输物质的温度、航行周期、航程中可能遇到的典型环境温度（包括季节）、稳定剂的有效性和其他特性、规则提出的合适的操作控制措施（如远离热源，包括其他加温运输的物质）以及任何其他有关因素。

387 符合2.9.4.6的锂电池组包括一次性锂离子电池和可充电锂离子电池，应酌情分配给UN 3090或UN 3091。当以上电池组按照特殊规定SP188运输时，电池组中所有锂金属电池的锂含量须不超过1.5g，且电池组中所有锂离子电池的总容量须不超

过10Wh。

388　UN 3166适用于由燃烧易燃液体或易燃气体的内燃机或燃烧易燃液体或易燃气体的燃料电池驱动的车辆。

燃料电池发动机驱动的车辆须被划为UN 3166燃料电池车辆,易燃液体驱动的或UN 3166燃料电池车辆,易燃气体驱动的。这些条目包括了由燃料电池和包括湿电池组、钠电池组、锂金属电池组或锂离子电池组的内燃机驱动的混合动力电动车辆,在安装电池运输的情况下。

其他含有内燃机的车辆须被划为UN 3166车辆,易燃气体驱动的或者UN 3166车辆,易燃液体驱动的。这些条目包括了在安装电池运输的情况下,以内燃机和湿电池组、钠电池组、锂金属电池组或锂离子电池组共同提供动力的混合动力电动车辆。

如果车辆由易燃气体和易燃液体内燃机驱动,则须被划为UN 3166车辆,易燃气体驱动的。

UN 3171条目仅适用于由湿电池组、钠电池组、锂金属电池组或锂离子电池组驱动的车辆和在安装电池运输情况下的由湿电池组或钠电池组驱动的设备。

就此特殊规定而言,车辆是自推进式装置,用于运载一人或多人,或用于运载货物。这类车辆的例子有电动汽车、摩托车、轻骑、三轮或四轮车辆或摩托车、卡车、车头、自行车(由电机驱动的脚踏车)和其他此类车辆(如平衡车或没有座位的车辆)、轮椅、打草机、自推进农用和建筑用设备、船只和飞机。这里包含了在包件中运输的车辆。此情形下车辆的零件可以与它的主体框架分离来装进包件中。

这类设备的例子有剪草机、清洁机或船只模型或飞机模型。以锂金属电池组或锂离子电池组为动力的设备,应根据情况,按UN 3091,装在设备中的锂金属电池组,或UN 3091,同设备包装在一起的锂金属电池组,或UN 3481,装在设备中的锂离子电池组,或UN 3481,同设备包装在一起的锂离子电池组的规定交运。安装在货物运输组件内且仅设计为用于向货物运输组件外部提供电力的锂离子电池组或锂金属电池组,须划为UN 3536安装在货物运输组件中的锂电池组,锂离子电池组或锂金属电池组。

对于车辆操作或操作人员或旅客安全必需的危险货物,诸如电池、安全气囊、灭火器、压缩气罐、安全装置,和其他车辆的整体部件须紧固地安装于车辆上。此时,这些危险货物无须遵守本规则其他要求。

389　本条目仅适用于安装在货物运输组件中、设计上仅用于向该货物运输组件提供外部电源的锂离子电池组或者锂金属电池组。锂电池组须满足2.9.4.1到.7的规定,且有必要的系统来阻止电池组之间的过度充电和过度放电。

电池组须牢固地连接在货物运输组件的内部结构中(例如置于架子或柜子中),以防止货物运输组件在意外冲击、装载、运输中发生振动的情况下,电池组发生短路、意外操作或显著位移。货物运输组件安全正常操作中必需的危险货物(如灭火系统和空调系统)须妥善地系固或安装在货物运输单元中,此时,这些危险货物无须遵守本规则其他要求。货物运输组件安全正常操作中非必需的危险货物禁止在货物运输组件内运输。

货物运输组件中的电池组不需要遵守标记和标志的规定。货物运输组件须根据

5.3.2.1.2的规定标注 UN 号,且根据5.3.1.1.2的规定在两个对立面张贴标牌。

390 当包件内同时装有设备中含有的锂电池组和同设备包装在一起的锂电池组时,包件的标记和单证适用如下要求:

.1 包件应酌情标记"UN 3091 同设备包装在一起的锂金属电池组"或"UN 3481 同设备包装在一起的锂离子电池组"。如果包件内同时装有同设备包装在一起的和装在设备中的锂金属电池组和锂离子电池组,包件须按照两种类型电池组的要求进行标记。然而,安装在设备中的(包括电路板上的)纽扣电池组无须考虑。

.2 运输单证须酌情标注"UN 3091 同设备包装在一起的锂金属电池组"或"UN 3481同设备包装在一起的锂离子电池组"。如果包件内同时装有同设备包装在一起的和装在设备中的锂金属电池组和锂离子电池组,运输单证须同时标注"UN 3091 同设备包装在一起的锂金属电池组"和"UN 3481 同设备包装在一起的锂离子电池组"。

391 含有第2.3类、第4.2类、第4.3类、第5.1类、第5.2类或吸入毒性包装类Ⅰ的第6.1类物质的物品,或者含有一种以上的在2.0.3.4.2和2.0.3.4.4中列明危险性的物质的物品,其运输条件须由有关当局批准。

392 对于设计和批准安装在含有气体燃料的机动车辆中的气体燃料储存系统的运输,当运输、回收、修理、检查、维护或由产地向装配厂进行运输时,如果满足以下条件,则不适用本规则4.1.4.1和6.2的规定。

.1 如果适用的话,燃料储存系统须满足车辆燃料箱的标准。例如适用的标准和法规如下:

LPG 罐柜	
ECE 第67号法规第2版	统一规定:Ⅰ.推进系统中使用液化石油气的 M 类和 N 类车辆的专用设备的批准;Ⅱ.在安装此类设备时,对装有推进设备的液化石油气的专用设备的 M 类和 N 类车辆的批准
ECE 第115号法规	批准的统一规定:Ⅰ.推进系统中使用 LPG 的机动车辆中安装的专用的 LPG 改进系统;Ⅱ.推进系统中使用 CNG 的机动车辆中安装的专用的 CNG 改进系统
CNG 罐柜	
ECE 第110号法规	经批准统一规定:Ⅰ.推进系统中使用 CNG 或 LNG 的机动车辆中经批准的专用部件;Ⅱ.推进系统中使用 CNG 或 LNG 的车辆中经批准的专用设备的安装
ECE 第115号法规	(批准的统一规定:Ⅰ.推进系统中使用 LPG 的机动车辆中安装的专用的改进系统;Ⅱ.推进系统中使用 CNG 的机动车辆中安装的专用的 CNG 改进系统。)
ISO 11439:2013	气瓶 – 作为车辆燃料的存储天然气的车载高压容器
ISO 15500 系列标准	ISO 15500:公路车辆 – CNG 燃料部件 – 适用的很多部分
ANSI NGV 2	CNG 车辆燃油箱
CSA B51 第2部分:2014	锅炉、压力容器和压力管道规则 第二部分 机动车辆车载燃料用高压容器的要求

续上表

氢气压力罐柜	
全球技术法规(GTR) No.13	氢燃料电池全球技术法规(ECE/TRANS/180/Add.13)
ISO/TS 15869:2009	氢气和氢气混合物－陆地车辆燃料箱
(EC) No.79/2009法规	欧洲议会和理事会2009年1月14日关于氢动力汽车型中认可的No.79/2009,以及2007/46/EC修正指令
(EC) No.406/2010法规	欧盟2010年4月26日No.406/2010号法规以及欧洲议会和欧洲理事会No.79/2009号关于氢动力汽车型式批准的实施条例
ECE第134号法规	根据氢燃料车辆(HFCV)安全相关性能批准的车辆及其部件的统一规定
CSA B51第2部分:2014	锅炉、压力容器和压力管道规则 第二部分 机动车辆车载燃料用高压容器的要求

根据之前标准或规范设计建造的机动车气体燃料箱,且在新标准出台时已经投入使用的,可以继续运输;

.2 气体燃料存储系统须防泄漏,且不能出现任何可能影响安全的外部损坏迹象;

注1:相关标准参见ISO 11623:2015《气瓶－复合结构－定期检查和试验标准》(或者ISO 19078—2013《储气瓶－气瓶安装检测和天然气作燃料的机动车车上储存用高压储气瓶的再认定》)。

注2:如果气体燃料存储系统不是防泄漏的,或者出现溢出,或者显示出可能影响其安全性的损害(例如在安全相关召回的情况下),则它们须根据规则仅在救助压力容器中运输。

.3 如果气体燃料存储系统在管线中装有两个或以上的阀门,则在正常运输情况下阀门须关闭以保持气密。如果仅有一个阀门或者仅有一个阀门工作,则在正常运输情况下,仅压力释放装置允许开启,其他所有开口须关闭以保持气密;

.4 气体燃料存储系统在运输中须防止对压力释放装置造成堵塞,或对阀门和其他气体燃料储存系统加压部分的损坏,或在正常运输条件下气体的意外泄漏。气体燃料系统须牢固安装以防止松动、旋转或滚动;

.5 阀门须使用4.1.6.1.8.1至4.1.6.1.8.5中的一种保护措施;

.6 除气体燃料储存系统用于处理、回收、修理、检查或维护外,其内部盛装的燃料须不超过正常填充率或正常工作压力的20%;

.7 尽管第5.2章有相关规定,当在气体燃料存储系统被置于处理装置中时,标志和标记可在处理装置上粘贴;和

.8 尽管有5.4.1.5的规定,危险货物总量的信息可由以下信息取代:

.1 气体燃料存储系统的数量;和

.2 如果是液化气,每个燃料气体存储系统中气体的总净重量(kg)。如果是压缩气体,每个燃料气体存储系统中正常工作压力下的总容量(L)。

运输单证中信息的实例:

例1:"UN 1971 天然气,压缩的,2.1,1个总体积为50L的气体燃料存储系统,200bar"

例2:"UN 1965 烃类气体混合物,液化的,n.o.s,2.1,3个气体燃料存储系统,每个

系统的气体净重为 15kg"

393　硝酸纤维素须符合《试验和标准手册》附录 10 中的 Bergmann-Junk 试验或甲基紫试验的标准。无须应用 3(c)型试验。

394　硝酸纤维素须符合《试验和标准手册》附录 10 中的 Bergmann-Junk 试验或甲基紫试验的标准。

395　本条目仅适用于供处理而运输的 A 类固体医疗废弃物。

399　对于符合附录 B 中电引爆雷管定义且被划分到 UN 0511、UN 0512 和 UN 0513 的物品,在 2025 年 6 月 30 日前可继续使用电引爆雷管条目(UN 0030、UN 0255 和 UN 0456)。

900　下列物质禁止运输:

次氯酸铵

硝酸铵,易于自热并足以引发其分解

亚硝酸铵和无机亚硝酸铵盐的混合物

氯酸水溶液,浓度大于 10%

亚硝酸乙酯,纯的

氢氰酸水溶液(氰化氢水溶液),按质量含酸超过 20%

氯化氢,冷冻液体

氰化氢溶液,在醇中,含氰化氢超过 45%

氰氧化汞,纯的

亚硝酸甲酯

高氯酸,按质量含酸超过 72%

苦味酸银,干的或湿的按质量计含水少于 30%

亚硝酸锌铵

另见特殊规定 349、350、351、352 和 353。

903　含 10% 或更少有效氯的次氯酸盐混合物不适用本规则的规定。

904　除使用容积大于 250L 的容器和罐柜运输外,这些物质只要完全溶于水,不适用除海洋污染物规定外的本规则的其他规定。

905　仅可采用 80% 甲苯溶液装运。纯产品振动敏感,在局限区域内遇热分解,引起剧烈爆炸并有可能引爆。撞击可使之点燃。

907　托运货物附有的有关当局签发的证书须写明:

——含水量;

——脂肪含量;

——对 6 个月以上的陈化鱼粉抗氧剂处理的详细说明(仅适用 UN 2216);

——在船舶载运期间抗氧剂浓度见特殊规定 308(仅适用 UN 2216);

——托运货物的包装、袋数和总质量;

——鱼粉离厂时的温度;

——生产日期。

在装货前不需要风干/加工。UN 1374 的鱼粉在船舶载运前须最少已经经过风干28 天。

当采用集装箱装运鱼粉时,须尽量减少该集装箱内剩余的空气间隙。

912　本条目还包括浓度在 70% 以上的水溶液。

916　本规则的规定不适用于下列物质:

——机械加工的产品,其颗粒尺寸为 53 μm 或更大;或

——化学方法加工的产品,其颗粒尺寸为 840 μm 或更大。

917　橡胶含量低于 45% 或颗粒尺寸大于 840 μm 的废橡胶以及完全硬化的橡胶不适用本规则的规定。

920　棒,锭或棍状物质不适用本规则的规定。

921　厚度为 254 μm 或以上的干的锆不适用本规则。

922　本规则的规定不适用于如果有托运人提供证明,声明所提交运输的亚磷酸二氢铅已经经过稳定处理,不具有第 4.1 类物质特性的情况。

923　温度须定期检查。

925　本规则的规定不适用于:

——矿物来源的非活性炭黑;

——托运的碳如果已经通过联合国《试验和标准手册》(见 33.3.1.3.3)中自热的测试,并附有有关当局确认的实验室出具的证明,声明所装运的物质已由经培训人员进行正确取样和试验并通过了测试;和

——通过水蒸气活化制取的碳。

926　该物质在装运前须最好风干不少于一个月,除非有装货国有关当局认可的证明,声明其最大含水量为 5%。

927　本规则规定不适用于用 50% 以上的水浸湿的对亚硝基二甲基苯胺。

928　本规则的规定不适用:

——酸化了的及用大于 40% 的(按质量计)水浸湿的鱼粉,不考虑其他因素;

——所托运的鱼粉附有装运国认可的有关当局或其他认可的机关所签发的证书,证明产品在采用包件形式运输时,无自行发热的性质;或

——"白"鱼制成的,按质量计,含水量不大于 12%,脂肪含量不大于 5% 的鱼粉。

929　如按试验结果确信这种放宽是合理的,有关当局可允许:

——"种子饼,含有植物油(a)机械压榨的种子,含大于 10% 的油或大于 20% 的油水混合物"可按"种子饼,含植物油(b)经溶剂萃取和压榨的种子,含不大于 10% 的油以及水分含量大于 10%,油水混合物总量小于 20%"的条件下运输;和

——"种子饼,含植物油(b)经溶剂萃取和压榨的种子,含不大于 10% 的油以及水分含量大于 10%,油水混合物总量小于 20%"的可按 UN 2217 的种子饼的条件运输。

托运人须提供表示油和水含量的证明,并随船运转。

930　所有杀虫剂只能在本类规定下运输,如果托运人提供随船运转的证明,证明该物质当与水混合时不燃烧,也不表现自燃倾向,并且释放出来的气体混合物不易燃。否

则须适用第4.3类的规定。

931　在托运货物时,托运人的声明书上声明此物质无自行发热特性的,不适用本规则规定。

932　需要制造厂或托运人提供证明,说明该货物在装运前,已按其包装的大小,在覆盖下露天存放了至少3天。

934　在运输单据中需要表明碳化钙杂质的百分比范围。

935　对于遇湿不释放易燃气体的物质,托运人出具的证明说明所托运的物质遇湿时不会释放易燃气体的,不适用本规则的规定。

937　该物质固体水合物形式不适用本规则的规定。

939　托运人提供的证明说明含马来酸酐不超过0.05%的货物不适用本规则的规定。

942　装载时溶液的浓度和温度、所含可燃物和氯化物的百分比和游离酸含量须有证书证明。

943　水激活物品须贴有第4.3类副危险标志。

946　需要托运人提供不属于第4.2类的证明。

948　如果熔点是75℃或以上,这些物质才可以用货物运输组件散装运输。

952　如果有关当局批准,UN 1942物质可以用散装容器运输。

954　本规则的规定不适用经加压成捆、水分低于14%、并装在封闭式货物运输组件中的货物。且托运人提供证明声明,该产品不具有第4.1类、UN 1327的危险且水分低于14%。

955　如果是粘性物质并且其包装满足2.3.2.5的规定,则不适用第4.1章的包装规定、第5.2章标记与标志和第6.1章包件试验的规定。

958　本条目也包括的物品含有无明显游离液体的多氯联苯类、多卤联苯类或多卤三联苯类,如破布、废棉、衣服、锯屑。

959　按照特殊规定327运输的废弃喷雾剂或废弃气筒,只限国际间短途航线运输。只有经有关当局批准,方可在国际间长途航线运输。包装须进行标记和标志,货物运输组件须粘贴适当的第2类的小类和适用的副危险的标记和标牌。

960　不适用本规则的规定但可能适用其他危险货物运输方式的规则。

961　车辆如果满足以下任一条件,则不适用本规则:

.1　车辆积载于车辆处所、特种处所、滚装处所或滚装船的露天甲板或有关当局(船旗国)根据SOLAS 74,第Ⅱ-2/20条特别指定批准用于载运车辆的货物处所,且电池、发动机、燃料电池、压缩气瓶、蓄电池或燃料箱(如适用)没有泄漏迹象。当用货物运输组件运输时,该免除不适用于滚装船的集装箱货物处所。

同时,对于单独使用锂电池驱动的车辆和由内燃机和锂金属或锂离子电池共同驱动的混合动力车辆,锂电池要满足2.9.4的要求。如果车辆内使用的是预产原型电池或不超过100个电池的小批量试产电池,且车辆根据生产国或使用国的规定进行生产,电池无须满足2.9.4.1和2.9.4.7的要求。安装在车辆中的锂电池损坏或有缺陷时,须移除；

　　.2　车辆，由闪点在38℃及以上的易燃液体燃料驱动，燃料系统无任何泄漏，燃料箱中燃料含量在450L及以下且安装的电池已采取防短路措施；

　　.3　车辆，由闪点在38℃以下的易燃液体燃料驱动，燃料箱为空且安装的电池已采取防短路措施。当燃料箱被排空且车辆因缺少燃料而不能操作时可认为是不含易燃液体。发动机部件如燃料管路、燃料滤清器和燃料喷射器不需要进行清洗、排空或驱气，也可认为是空的。燃料箱不需要清洗或驱气；

　　.4　车辆，由易燃气体（液化或压缩的）驱动，燃料箱为空且箱内正压力不超过2bar，燃料截止阀或隔离阀已关闭并紧固，且安装的电池已采取防短路措施；

　　.5　车辆，单独以湿蓄电池或干蓄电池或钠电池驱动，且电池已采取防短路措施。

962　不满足特殊规定961的车辆须划归为第9类，并须满足如下要求：

　　.1　车辆的电池、发动机、燃料电池、压缩气瓶、蓄电池或燃料箱（如适用）不得有任何泄漏迹象；

　　.2　对于易燃液体驱动的车辆，燃料箱中的易燃液体不得超过其容量的四分之一，且在任何情况下不得超过250L，有关当局另行批准的除外；

　　.3　对于易燃气体驱动的车辆，燃料箱的燃料截止阀须牢固关闭；

　　.4　须防止所安装的电池在运输过程中损坏、短路和意外启动。锂电池组须满足2.9.4的规定。如果车辆内使用的是预产原型电池或不超过100个电池的小批量试产电池，且车辆根据生产国或使用国的规定进行生产，电池无须满足2.9.4.1和2.9.4.7的要求。当安装在车辆中的锂电池损坏或有缺陷时，电池须被移除并按照SP376运输，有关当局另行批准的除外。

本规则有关标记、标志、标牌和海洋污染物的规定不适用。

963　镍氢纽扣电池或安装或包含在设备中的镍氢电池或电池组不适用本规则的规定。

所有其他镍氢电池或电池组须牢固包装并防短路。如果单个货物运输组件中的总重量少于100kg，不适用本规则中的任何其他规定。如果总重量为100kg或更多，除了5.4.1、5.4.3和第3.2章危险货物一览表第16a栏和16b栏外，不适用本规则中的其他规定。

964　该物质当以非易碎的小球或颗粒状运输，且由有关当局认可的实验室经过培训的人员正确取样后通过联合国《试验和标准手册》（见34.4.1）中的氧化性物质试验，其运输不适用本规则的规定。

965　.1　当使用货物运输组件运输时，该组件须提供适当的空气交换（即：使用通风集装箱、开顶式集装箱或一个门打开的集装箱），以防止爆炸气体的形成。也可选择在控温下符合7.3.7.6规定的冷冻集装箱运输这些条目。当使用有通风装置的货物运输组件时，这些装置须是清洁和可操作的。当使用机械通风时，须是防爆的，以防止释放的易燃气体被点燃。

　　.2　上述.1的规定不适用下列情况：

.1 该物质的包装或IBCs是气密包件,并分别符合6.1或6.5的规定,达到液体危险货物包装类Ⅱ的要求;和

.2 该包装或IBCs标记的液压试验压,按照4.1.1.10.1要求,超过55℃充灌货物时包装或IBCs内的总表压的1.5倍。

.3 该物质在封闭货物运输组件运输时,须符合7.3.6.1的规定。

.4 货物运输组件须标记出不小于25mm高的"注意:可能含有易燃气体"的警示字样。该标记须贴在装货处的每一通道点,易于被进入和打开货物运输组件的人员看到,并须保留到满足下列规定:

.1 该货物运输组件已彻底通风移走任何浓度的危险气体或蒸气;

.2 立即清除该货物运输组件附近的点火源;和

.3 该货物已卸载。

966 帘布式散装容器(BK1)仅允许按4.3.3使用。

967 柔性散装容器(BK3)仅允许按4.3.4使用。

968 本条目不适用于海上运输。废弃包装须满足4.1.1.11的要求。

969 按照2.9.3进行分类的物质适用于海洋污染物的规定。按照UN 3077和UN 3082运输的物质且不满足2.9.3(见2.9.2.2)标准时不适用海洋污染物的规定。然而在规则中被认为是海洋污染物(见索引)却不再满足2.9.3标准的物质,适用于2.10.2.6的规定。

971 电池驱动的设备仅在电池无泄漏痕迹且防短路保护时可运输。此时,无须遵守本规则其他规定。

972 锂电池组须满足2.9.4的规定。如果安装在发动机或机器内的预产原型电池或不超过100个电池的小批量试产电池,无须满足2.9.4.1和2.9.4.7的要求。如果安装在发动机或机器内的锂电池损坏或有缺陷,须移除。

973 除了捆装之外,包件按照5.2.1还须显示所含物质正确运输名称和联合国编号。任何情况下,如果包件装载在一个货物运输组件并且其所含的货物仅有一个联合国编号时,该包件(包括捆装的)可免除类别标志。装有该包件(包括捆装的)货物运输组件按第5.3章规定须贴相关标志、标牌和标记。

974 这些物质可用IMO9型罐柜运输。

975 A类医疗废弃物,对人感染的,固体的或A类医疗废弃物,仅对动物感染,固体的仅允许短途国际运输。长途国际运输须经发货港、到货港和船旗国有关当局批准。

976 除非经发货港、到货港和船旗国有关当局批准,否则禁止运输该物质。

第二部分

含有联合国危险货物编号的固体散装货物,以及经评估具有安全危险的其他固体散装货物

依据《国际海运固体散装货物规则》(2019年综合文本)(IMSBC规则)附录1中的B组固体散装货物,具体品名见下表。表中相关名词解释如下:

B组:包括那些运输时会使船舶产生危险局面的具有化学危险的货物。

UN编号	品 名	类别	副危险	组别
1350	硫磺	4.1	-	B
1363	干椰子肉	4.2	-	B
1376	氧化铁,废的或海绵铁,废的	4.2	-	B
1386	种子饼,含植物油	4.2	-	B
1395	硅铁铝粉	4.3	6.1	B
1398	硅铝粉,未经涂层的	4.3	-	B
1408	硅铁	4.3	6.1	B
1435	锌灰	4.3	-	B
1438	硝酸铝	5.1	-	B
1446	硝酸钡	5.1	6.1	B
1454	硝酸钙	5.1	-	B
1469	硝酸铅	5.1	6.1	B
1474	硝酸镁	5.1	-	B
1486	硝酸钾	5.1	-	B
1498	硝酸钠	5.1	-	B
1499	硝酸钠和硝酸钾的混合物	5.1	-	B
1759	硫化金属精矿,腐蚀性的	8	-	A和B
1942	硝酸铵	5.1	-	B
2067	硝酸铵基化肥	5.1	-	B
2071	硝酸铵基化肥	9	-	B
2216	鱼粉(鱼渣),稳定的	9	-	B
2217	种子饼	4.2	-	B
2793	黑色金属钴、刨、旋或切屑	4.2	-	B
2912	放射性物质,低比活度(LSA-Ⅰ)非裂变的或例外裂变的	7	-	B
2912	砂,精矿,放射性物质,低比活度(LSA-Ⅰ)	7	-	A和B
2913	放射性物质,表面被污染物体(SCO-Ⅰ)非裂变的或例外裂变的	7	-	B
2969	蓖麻籽或蓖麻饼或蓖麻油渣或蓖麻片	9	-	B
3170	铝熔炼副产品或铝再熔副产品	4.3	-	B
3190	硫化金属精矿,自热性的	4.2	-	A和B

第三部分

散装油类

依据《经 1978 年议定书修订的 1973 年国际防止船舶造成污染公约》(2021 版 MARPOL73/78 公约)附则 Ⅰ 附录 1,具体品名如下:

沥青溶液:调和油料、屋顶用柏油、直馏渣油。

汽油调合料类:烷基化燃料、重整产品、聚合燃料。

油类:澄清油、原油、含有原油的混合物、柴油、4 号燃料油、5 号燃料油、6 号燃料油、残油燃料油、铺路沥青、变压器油、芳烃油类(不包括植物油)、润滑油和调合油料、矿物油、马达油、渗透润滑油、锭子油、透平油。

汽油类:天然汽油、车用汽油、航空汽油、直馏汽油、1 号燃料油(煤油)、1-D 燃料油、2 号燃料油、2-D 燃料油。

喷气燃料类:JP-1(煤油)喷气燃料、JP-3 喷气燃料、JP-4 喷气燃料、JP-5(煤油,重质)、燃气轮机燃料、煤油、矿物油溶剂。

馏分油:直馏油、闪蒸原料油。

轻柴油:裂化轻柴油。

石脑油:溶剂、石油、窄馏分油。

第四部分

散装液体化学品,以及未列明但经评估具有安全危险的其他散装液体化学品,港口储存环节仅包含上述中具有安全危害性的散装液体化学品

依据《国际散装危险化学品船舶构造和设备规则》(IBC code 2021)第17章,具体品名见下表。表中相关名词解释如下:

污染类别:字母 X、Y 或 Z 系表示 MARPOL 公约附则Ⅱ所确定的每种货品的污染类别。

危害性:S 系指本规则所包括的具有安全危害性的货品。

P 系指本规则所包括的具有污染危害性的货品。

S/P 系指本规则所包括的具有安全危害性又具有污染危害性的货品。

序号	货品名称	污染类别	危害性
1	乙酸	Z	S/P
2	乙酸酐	Z	S/P
3	乙草胺	X	P
4	丙酮氰醇	Y	S/P
5	乙腈	Z	S/P
6	乙腈(低纯度)	Y	S/P
7	从大豆油、玉米油及葵花籽油精炼的酸性油混合物	Y	S/P
8	丙烯酰胺(50%或以下)	Y	S/P
9	丙烯酸	Y	S/P
10	具有磷酸基团的丙烯酸/乙烯磺酸共聚物,钠盐溶液	Z	P
11	丙烯腈	Y	S/P
12	聚醚多元醇分散体中的丙烯腈-苯乙烯共聚物	Y	P
13	己二腈	Z	S/P
14	甲草胺(90%或以上)	X	S/P
15	聚(2.5-9)乙氧化醇(C9-C11)	Y	S/P
16	聚(3-6)乙氧化醇(C6-C17)	Y	S/P
17	聚(7-12)乙氧化醇(C6-C17)	Y	S/P
18	聚(7)乙氧化醇(C10-C18)	Y	S/P
19	聚(1-6)乙氧化醇(C12-C16)	Y	S/P
20	聚(20+)乙氧化醇(C12-C16)	Y	S/P
21	聚(7-19)乙氧化醇(C12-C16)	Y	S/P
22	醇类(C13+)	Y	P
23	醇类(C12+)伯,直链	Y	S/P
24	醇类(C8-C11),伯,直链和主要直链	Y	S/P
25	醇类(C12-C13),伯,直链和主要直链	Y	S/P
26	醇类(C14-C18),伯,直链和主要直链	Y	S/P
27	烷烃类(C6-C9)	X	S/P
28	异烷烃类和环烷烃类(C10-C11)	Y	S/P

续上表

序号	货品名称	污染类别	危害性
29	异烷烃类和环烷烃类(C12+)	Y	S/P
30	正烷烃类(C9-C11)	Y	S/P
31	正烷烃类(C10-C20)	Y	P
32	烷基聚醚(C9-C20)	Y	S/P
33	链烯酸硼酸化聚羟基酯	Y	S/P
34	烷基(C11+)胺	X	S/P
35	烯基(C16-C20)琥珀酸酐	Z	S/P
36	甲苯中的烷基丙烯酸酯-乙烯基吡啶共聚物	Y	S/P
37	烷芳基磷酸酯混合物(二苯甲苯基磷酸酯40%以上,邻位异构物0.02%以下)	X	S/P
38	烷基化(C4-C9)受阻酚	Y	S/P
39	烷基苯、烷基二氢茚、烷基茚混合物(各C12-C17)	Z	P
40	烷基苯蒸馏物	Y	S/P
41	烷基苯混合物(含有至少50%的甲苯)	Y	S/P
42	烷基苯混合物(含萘)	X	S/P
43	烷基(C3-C4)苯	Y	S/P
44	烷基(C5-C8)苯	X	S/P
45	烷基(C9+)苯	Y	S/P
46	烷基(C11-C17)苯磺酸	Y	S/P
47	烷基苯磺酸,钠盐溶液	Y	S/P
48	烷基/环(C4-C5)醇类	Y	S/P
49	烷基(C10-C15,富含C12)苯酚聚(4-12)硬脂酸	Y	S/P
50	烷基(C12+)二甲胺	X	S/P
51	烷基二硫代氨基甲酸酯(C19-C35)	Y	P
52	烷基二硫代噻二唑(C6-C24)	Y	P
53	烷基酯共聚物(C4-C20)	Y	P
54	烷基(C7-C9)硝酸酯	Y	S/P
55	烷基(C8-C10)/(C12-C14):(40%或以下/60%或以上)聚葡糖苷溶液(55%或以下)	Y	S/P
56	烷基(C8-C10)/(C12-C14)(60%或以上/40%或以下)聚葡糖苷溶液(55%或以下)	Y	S/P
57	烷基(C7-C11)苯酚聚(4-12)硬脂酸	Y	S/P
58	硫化烷基(C8-C40)苯酚	Z	S/P
59	芳烃溶剂中的烷基(C8-C9)苯胺	Y	S/P

续上表

序号	货 品 名 称	污染类别	危 害 性
60	烷基(C9－C15)苯基丙氧基化物	Z	S/P
61	烷基(C8－C10)聚葡糖苷溶液(65%或以下)	Y	S/P
62	烷基(C8－C10)/(C12－C14)(50%/50%)聚葡糖苷溶液(55%或以下)	Y	S/P
63	烷基(C12－C14)聚葡糖苷溶液(55%或以下)	Y	S/P
64	烷基(C12－C16)丙氧胺乙氧基化物	X	S/P
65	烷基(C10－C20,饱和及不饱和)亚磷酸酯	Y	P
66	酚的烷基磺酸酯	Y	P
67	烷基(C18＋)甲苯	Y	S/P
68	烷基(C18－C28)甲苯磺酸	Y	S/P
69	烷基(C18－C28)甲苯磺酸,钙盐,硼酸化的	Y	S/P
70	烷基(C18－C28)甲苯磺酸,钙盐,低酸	Y	S/P
71	烷基(C18－C28)甲苯磺酸,钙盐,高酸	Y	S/P
72	丙烯醇	Y	S/P
73	丙烯基氯	Y	S/P
74	氯化铝/盐酸溶液	Y	S/P
75	氢氧化铝、氢氧化钠、碳酸钠溶液(40%或以下)	Y	S/P
76	硫酸铝溶液	Y	S/P
77	2-(2-氨基乙氧基)乙醇	Z	S/P
78	氨乙基二乙醇胺/氨乙基乙醇胺溶液	Z	S/P
79	氨乙基乙醇胺	Z	S/P
80	N-氨乙基哌嗪	Z	S/P
81	2-氨基-2-甲基-1-丙醇	Z	S/P
82	氨水(28%或以下)	Y	S/P
83	氯化铵溶液(25%以下)(＊)	Z	S/P
84	磷酸氢铵溶液	Z	P
85	木质素磺酸铵溶液	Z	P
86	硝酸铵溶液(93%或以下)(＊)	Z	S/P
87	多磷酸铵溶液	Z	P
88	硫酸铵溶液	Z	P
89	硫化铵溶液(45%或以下)(＊)	Y	S/P
90	硫代硫酸铵溶液(60%或以下)	Z	S/P
91	乙酸戊酯(所有异构体)	Y	S/P
92	正戊醇	Z	S/P
93	戊醇,伯	Z	S/P

续上表

序号	货品名称	污染类别	危害性
94	仲戊醇	Z	S/P
95	叔戊醇	Z	S/P
96	叔戊基乙基醚	Z	P
97	叔戊基甲基醚	X	S/P
98	苯胺	Y	S/P
99	芳基聚烯烃(C11-C50)	Y	P
100	航空烃化汽油(C8链烷烃及异链烷烃沸点95~120℃)	X	S/P
101	长链(C11-C50)烷芳基磺酸钡	Y	S/P
102	苯和含苯10%或以上苯的混合物(i)	Y	S/P
103	苯磺酰氯	Y	S/P
104	苯三羟酸,三辛基酯	Y	S/P
105	乙酸苄酯	Y	S/P
106	苯甲醇	Y	S/P
107	苄基氯	Y	S/P
108	柴油/汽油和脂肪酸甲酯的生物燃料混合物(按体积>25%但<99%)	X	S/P
109	柴油/汽油和植物油的生物燃料混合物(按体积>25%但<99%)	X	S/P
110	汽油和酒精的生物燃料混合物(按体积>25%但<99%)	X	S/P
111	二(2-乙基己基)对苯二甲酸	Y	S/P
112	制动液混合物:聚(2-8)亚烃基(C2-C3)乙二醇/聚亚烃基(C2-C10)糖醇单烷基(C1-C4)乙醚及其硼酸盐	Z	P
113	溴氯甲烷	Z	P
114	丁烯低聚物	X	P
115	2-丁氧基乙醇(58%)/超支化聚酯酰胺(42%)(混合物)	Y	S/P
116	乙酸丁酯(所有异构体)	Y	P
117	丙烯酸丁酯(所有异构体)	Y	S/P
118	叔丁醇	Z	P
119	丁胺(所有异构体)	Y	S/P
120	丁苯(所有异构体)	X	S/P
121	邻苯二甲酸丁基苄酯	X	S/P
122	丁酸丁酯(所有异构体)	Y	S/P
123	丁基/癸基/十六烷基/二十烷基甲基丙烯酸酯混合物	Y	S/P
124	丁二醇	Z	S/P
125	1,2-环氧丁烷	Y	S/P
126	正丁醚	Y	S/P

续上表

序号	货品名称	污染类别	危害性
127	甲基丙烯酸丁酯	Z	S/P
128	丙酸正丁酯	Y	P
129	丁醛(所有异构体)	Y	S/P
130	丁酸	Y	S/P
131	γ-丁内酯	Y	S/P
132	烷芳基磺酸钙(C11-C50)	Z	S/P
133	烷基(C10-C28)水杨酸钙	Y	S/P
134	氢氧化钙浆	Y	S/P
135	次氯酸钙溶液(15%或以下)	Y	S/P
136	次氯酸钙溶液(15%以上)	X	S/P
137	木质素磺酸钙溶液	Z	P
138	长链烷基(C5-C10)苯酚钙	Y	P
139	长链烷基(C11-C40)苯酚钙	Y	S/P
140	长链烷基苯磺酸钙(C8-C40)	Y	S/P
141	长链烷基水杨酸钙(C13+)	Y	S/P
142	长链烷基(C18-C28)水杨酸钙	Y	S/P
143	硝酸钙/硝酸镁/氯化钾溶液	Z	S/P
144	硝酸钙溶液(50%或以下)	Z	S
145	亚麻油	Y	S/P
146	ε-己内酰胺(熔融或水溶液)	Z	S/P
147	酚油	Y	S/P
148	二硫化碳	Y	S/P
149	四氯化碳	Y	S/P
150	腰果壳油(未处理)	Y	S/P
151	蓖麻油	Y	S/P
152	甲酸铯溶液(*)	Y	S/P
153	十六烷基/二十烷基甲基丙烯酸酯混合物	Y	S/P
154	氯化石蜡(C10-C13)	X	S/P
155	氯化石蜡(C14-C17)(含50%或以上的氯,且少于1%的C13或短链)	X	S/P
156	氯乙酸(80%或以下)	Y	S/P
157	氯苯	Y	S/P
158	氯仿	Y	S/P
159	氯乙醇(粗制)	Y	S/P

续上表

序号	货品名称	污染类别	危害性
160	4-氯-2-甲基苯氧基乙酸,二甲铵盐溶液	Y	S/P
161	邻-氯硝基苯	Y	S/P
162	1-(4-氯苯基)-4,4-二甲基-戊-3-酮	Y	S/P
163	2-或3-氯丙酸	Z	S/P
164	氯磺酸	Y	S/P
165	间氯甲苯	Y	S/P
166	邻氯甲苯	Y	P
167	对氯甲苯	Y	P
168	氯甲苯(混合异构体)	Y	P
169	胆碱盐酸盐溶液	Z	P
170	柠檬酸(70%或以下)	Z	S/P
171	煤焦油	X	S/P
172	煤焦油石脑油溶剂	Y	S/P
173	煤焦油沥青(熔融的)(＊)	X	S/P
174	可可脂	Y	S/P
175	椰子油	Y	S/P
176	椰子油脂肪酸	Y	S/P
177	椰子油脂肪酸甲酯	Y	P
178	长链(C17＋)烷酸铜盐	Y	P
179	玉米油	Y	S/P
180	棉籽油	Y	S/P
181	杂酚油(煤焦油)	X	S/P
182	甲酚(所有异构体)	Y	S/P
183	甲酚/苯酚/二甲苯酚混合物	Y	S/P
184	甲酚酸,已脱酚	Y	S/P
185	甲酚酸,钠盐溶液	Y	S/P
186	巴豆醛	X	S/P
187	1,5,9-环十二碳三烯	X	S/P
188	环庚烷	X	S/P
189	环己烷	Y	S/P
190	环己烷-1,2-二羧酸,二异壬酯	Y	S/P
191	环己烷氧化产物,钠盐溶液	Z	P
192	环己醇	Y	P
193	环己酮	Z	S/P
194	环己酮,环己醇混合物	Y	S/P

续上表

序号	货品名称	污染类别	危害性
195	乙酸环己酯	Y	S/P
196	环己胺	Y	S/P
197	1,3-环戊二烯二聚体(熔融的)	Y	S/P
198	环戊烷	Y	P
199	环戊烯	Y	S/P
200	对-甲基异丙基苯	Y	S/P
201	十氢化萘	Y	S/P
202	癸酸	X	S/P
203	癸烯	X	P
204	丙烯酸癸酯	X	S/P
205	癸醇(所有异构体)	Y	P
206	癸醇/十二烷基醇/十四烷基醇混合物	Y	S/P
207	癸基氧化四氢噻吩二氧化物	X	S/P
208	二丙酮醇	Z	S/P
209	二烷基(C8-C9)二苯胺	Z	P
210	二烷基(C7-C13)邻苯二甲酸酯	X	S/P
211	二烷基(C9-C10)邻苯二甲酸酯	Y	S/P
212	二烷基硫代磷酸钠溶液	Y	S/P
213	2,6-二氨基己酸磷酸酯混合盐溶液	Z	S/P
214	二溴甲烷	Y	S/P
215	二丁胺	Y	S/P
216	二丁基磷酸氢酯	Y	S/P
217	2,6-二-叔-丁基苯酚	X	S/P
218	邻苯二甲酸二丁酯	X	S/P
219	对苯二甲酸二丁酯	Y	P
220	二氯苯(所有异构体)	X	S/P
221	3,4-二氯-1-丁烯	Y	S/P
222	1,1-二氯乙烷	Z	S/P
223	二氯乙醚	Y	S/P
224	1,6-二氯己烷	Y	P
225	2,2′-二氯异丙醚	Y	S/P
226	二氯甲烷	Y	S/P
227	2,4-二氯苯酚	Y	S/P
228	2,4-二氯苯氧乙酸,二乙醇胺盐溶液	Y	S/P

续上表

序号	货品名称	污染类别	危害性
229	2,4-二氯苯氧乙酸,二甲基胺盐溶液(70%或以下)	Y	S/P
230	2,4-二氯苯氧乙酸,三异丙醇胺盐溶液	Y	S/P
231	1,1-二氯丙烷	Y	S/P
232	1,2-二氯丙烷	Y	S/P
233	1,3-二氯丙烷	X	S/P
234	二氯丙烯/二氯丙烷混合物	X	S/P
235	2,2-二氯丙酸	Y	S/P
236	双环戊二烯,树脂级,81%~89%	Y	S/P
237	二乙醇胺	Y	S/P
238	二乙胺	Y	S/P
239	二乙胺基乙醇	Y	S/P
240	2,6-二乙基苯胺	Y	S/P
241	二乙苯	Y	S/P
242	二甘醇	Z	S/P
243	二甘醇二丁基醚	Z	S/P
244	二甘醇二乙基醚	Z	S/P
245	二甘醇邻苯二甲酸酯	Y	S/P
246	二亚乙基三胺	Y	S/P
247	二亚乙基三胺五乙酸,五钠盐溶液	Z	P
248	二乙醚(*)	Z	S/P
249	二-(2-乙基己基)乙二酸酯	Y	S/P
250	二-(2-乙基己基)磷酸	Y	S/P
251	邻苯二甲酸二乙酯	Y	S/P
252	硫酸二乙酯	Y	S/P
253	双酚A的二环氧甘油醚	X	S/P
254	双酚F的二环氧甘油醚	Y	S/P
255	二庚基邻苯二甲酸酯	Y	S/P
256	二-正-己基己二酸酯	X	S/P
257	二己基邻苯二甲酸酯	Y	S/P
258	二异丁胺	Y	S/P
259	二异丁烯	Y	P
260	二异丁基甲酮	Y	S/P
261	邻苯二甲酸二异丁酯	X	S/P
262	己二酸二异壬酯	Y	S/P

续上表

序号	货品名称	污染类别	危害性
263	邻苯二甲酸二异辛酯	Y	S/P
264	二异丙醇胺	Z	P
265	二异丙胺	Y	S/P
266	二异丙苯(所有异构体)	X	S/P
267	二异丙基萘	Y	S/P
268	N,N-二甲基乙酰胺	Z	S/P
269	N,N-二甲基乙酰胺溶液(40%或以下)	Z	S/P
270	二甲基己二酸酯	X	P
271	二甲胺溶液(45%或以下)	Y	S/P
272	二甲胺溶液(45%以上但不超过55%)	Y	S/P
273	二甲胺溶液(55%以上但不超过65%)	Y	S/P
274	N,N-二甲基环己胺	Y	S/P
275	二甲基二硫	Y	S/P
276	N,N-二甲基十二烷基胺	Y	S/P
277	二甲基乙醇胺	Y	S/P
278	二甲基甲酰胺	Y	S/P
279	戊二酸二甲酯	Y	S/P
280	亚磷酸氢二甲酯	Y	S/P
281	二甲基辛酸	Y	S/P
282	邻苯二甲酸二甲酯	Y	S/P
283	二甲基聚硅氧烷	Y	P
284	2,2-二甲基丙烷-1,3-二醇(熔融的或溶液)	Z	P
285	二甲基琥珀酸酯	Y	P
286	二硝基甲苯(熔融的)	X	S/P
287	邻苯二甲酸二壬酯	Y	S/P
288	邻苯二甲酸二辛酯	X	S/P
289	1,4-二噁烷	Y	S/P
290	二戊烯	Y	S/P
291	联苯	X	S/P
292	二苯胺(熔融的)	Y	S/P
293	二苯胺,与2,2,4-三甲基戊烯反应物质	Y	S/P
294	二苯胺,烷基化的	Y	S/P
295	联苯/二苯醚混合物	X	S/P
296	二苯醚	X	P

续上表

序号	货品名称	污染类别	危害性
297	二苯醚/二苯基二苯醚混合物	X	P
298	二苯甲烷二异氰酸酯	Y	S/P
299	二苯丙烷-表氯醇树脂	X	S/P
300	二正丙胺	Y	S/P
301	二丙基二醇	Z	P
302	二硫代氨基甲酸酯（C7－C35）	X	S/P
303	双十三烷基己二酸酯	Y	S/P
304	邻苯二甲酸(二)十三烷基酯	Y	S/P
305	邻苯二甲酸(二)十一烷基酯	Y	S/P
306	十二烷(所有异构体)	Y	S/P
307	叔-十二烷硫醇	Y	S/P
308	1-十二烯	Y	S/P
309	十二烯(所有异构体)	X	S/P
310	十二烷基醇	Y	S/P
311	正-十二烷基硫醇	X	S/P
312	十二烷胺/十四烷胺混合物	Y	S/P
313	十二烷基苯	Y	S/P
314	十二烷基联苯醚二磺酸酯溶液	X	S/P
315	硫化十二烷基羟基丙醇	X	P
316	十二烷基丙烯酸酯	Y	S/P
317	十二烷基/十八烷基甲基丙烯酸酯混合物	Y	S/P
318	十二烷基/十五烷基甲基丙烯酸酯混合物	Y	S/P
319	十二烷基苯酚	X	S/P
320	十二烷基二甲苯	Y	S/P
321	钻井盐水(含有氯化锌)	X	S/P
322	钻井盐水(含有溴化钙)	Z	S/P
323	表氯醇	Y	S/P
324	乙醇胺	Y	S/P
325	2-乙氧基乙酸乙酯	Y	S/P
326	乙氧基长链（C16＋)烷氧基烷基胺	Y	S/P
327	乙氧基动物脂胺(＞95％)	X	S/P
328	乙酸乙酯	Z	S/P
329	乙酰乙酸乙酯	Z	S/P
330	丙烯酸乙酯	Y	S/P

续上表

序号	货品名称	污染类别	危害性
331	乙胺(*)	Y	S/P
332	乙胺溶液(72%或以下)	Y	S/P
333	乙基戊基甲酮	Y	S/P
334	乙苯	Y	S/P
335	乙基叔丁基醚	Y	S/P
336	丁酸乙酯	Y	S/P
337	乙基环己烷	Y	S/P
338	N-乙基环己胺	Y	S/P
339	S-乙基二丙基硫代氨基甲酸酯	Y	S/P
340	碳酸乙烯酯	Z	S/P
341	氯乙醇	Y	S/P
342	亚乙基氰醇	Y	S/P
343	乙二胺	Y	S/P
344	乙二胺四乙酸,四钠盐溶液	Y	S/P
345	二溴乙烷	Y	S/P
346	二氯乙烷	Y	S/P
347	乙二醇	Z	S/P
348	乙二醇乙酸酯	Y	S/P
349	乙二醇丁醚乙酸酯	Y	S/P
350	乙二醇二乙酸酯	Y	S/P
351	乙二醇甲醚乙酸酯	Y	S/P
352	乙二醇单烷基醚	Y	S/P
353	乙二醇苯基醚	Z	S/P
354	乙二醇苯基醚/二乙二醇苯基醚混合物	Z	S/P
355	乙二醇(>75%)/烷基羧酸钠/硼砂混合物	Y	S/P
356	乙二醇(>85%)/烷基羧酸钠混合物	Z	S/P
357	环氧乙烷/环氧丙烷混合物,其中环氧乙烷按质量计含量不超过30%	Y	S/P
358	乙烯乙酸乙烯酯共聚物(乳剂)	Y	S/P
359	乙基-3-乙氧基丙酸酯	Y	P
360	2-乙基己酸	Y	S/P
361	丙烯酸2-乙基己酯	Y	S/P
362	2-乙基己胺	Y	S/P
363	2-乙基-2-(羟甲基)丙烷-1,3-二醇(C8－C10)酯	Y	P
364	亚乙基降冰片烯	Y	S/P

续上表

序号	货 品 名 称	污染类别	危 害 性
365	甲基丙烯酸乙酯	Y	S/P
366	N-乙基甲基丙烯胺	Y	S/P
367	丙酸乙酯	Y	S/P
368	2-乙基-3-丙基丙烯醛	Y	S/P
369	乙基甲苯	Y	P
370	脂肪酸(饱和的 C13 +)	Y	S/P
371	脂肪酸甲酯	Y	S/P
372	脂肪酸(C8 – C10)	Y	S/P
373	脂肪酸(12 +)	Y	S/P
374	脂肪酸(C16 +)	Y	P
375	脂肪酸,主要直链的(C6 – C18)2-乙基己基酯	Y	S/P
376	氯化铁溶液	Y	S/P
377	硝酸铁/硝酸溶液	Y	S/P
378	鱼油	Y	S/P
379	浓缩鱼饲料蛋白(含有4%或以下的甲酸)	Y	P
380	浓缩鱼蛋白(含有4%或以下的甲酸)	Z	P
381	氟硅酸(20% ~30%)水溶液	Y	S/P
382	甲醛溶液(45%或以下)	Y	S/P
383	甲酰胺	Y	S/P
384	甲酸(85%或以下)	Y	S/P
385	甲酸(超过85%)	Y	S/P
386	甲酸混合物(含超过18%丙酸和超过25%甲酸钠)	Z	S/P
387	糠醛	Y	S/P
388	糠醇	Y	S/P
389	山梨醇/甘油共混丙氧基酯(含少于10%的胺)	Z	S/P
390	山梨醇/甘油共混丙氧基酯(含10%或以上的胺)	Y	S/P
391	戊二醛溶液(50%或以下)	Y	S/P
392	甘油	Z	S
393	甘油单油酸酯	Y	S/P
394	甘油丙氧基酯	Z	S/P
395	甘油、丙氧基酯和乙氧基酯	Z	P
396	甘油/蔗糖共混丙氧基酯和乙氧基酯	Z	P
397	甘油三乙酸酯	Z	S/P
398	C10 三烷基乙酸缩水甘油酯	Y	S/P

续上表

序号	货品名称	污染类别	危害性
399	甘氨酸,钠盐溶液	Z	S/P
400	乙醇酸溶液(70%或以下)	Z	S/P
401	乙二醛溶液(40%或以下)	Y	S/P
402	二羟基乙酸溶液(50%或以下)	Y	S/P
403	草甘膦溶液(不含表面活性剂)	Y	S/P
404	葡萄籽油	Y	S/P
405	花生油	Y	P
406	庚烷(所有异构体)	X	P
407	正庚酸	Z	S/P
408	庚醇(所有异构体)(d)	Y	S/P
409	庚烯(所有异构体)	Y	P
410	乙酸庚酯	Y	S/P
411	1-十六烷基萘/1,4-二(十六烷基)萘混合物	Y	S/P
412	六亚甲基二胺(熔融的)	Y	S/P
413	六亚甲基二胺溶液(50%在水中)	Z	P
414	六亚甲基二胺溶液	Y	S/P
415	六亚甲基二异氰酸酯	Y	S/P
416	己二醇	Z	S/P
417	六亚甲基环己二胺	Y	S/P
418	乌洛托品溶液	Z	S
419	己烷(所有异构体)	Y	S/P
420	1,6-己二醇,塔顶蒸馏	Y	S/P
421	己酸	Y	S/P
422	己醇	Y	S/P
423	己烯(所有异构体)	Y	S/P
424	乙酸己酯	Y	S/P
425	己二醇	Z	S
426	碳氢蜡	X	S/P
427	盐酸(*)	Z	S/P
428	过氧化氢溶液(60%以上但不超过70%)	Y	S/P
429	过氧化氢溶液(8%以上但不超过60%)	Y	S/P
430	2-羟乙基丙烯酸酯	Y	S/P
431	正-(羟乙基)乙二胺三乙酸,三钠盐溶液	Y	S/P
432	2-羟基-4-(甲硫基)丁酸	Z	S/P

续上表

序号	货品名称	污染类别	危害性
433	雾冰草油	Y	P
434	异戊醇	Z	S/P
435	异丁醇	Z	S/P
436	甲酸异丁酯	Z	P
437	甲基丙烯酸异丁酯	Z	S/P
438	异佛尔酮	Y	S/P
439	异佛尔酮二胺	Y	S/P
440	异佛尔酮二异氰酸酯	Y	S/P
441	异戊二烯	Y	S/P
442	异丙醇胺	Y	S/P
443	乙酸异丙酯	Z	P
444	异丙胺	Y	S/P
445	异丙胺(70%或以下)溶液	Y	S/P
446	异丙基环己烷	Y	S/P
447	异丙醚	Y	S/P
448	麻风果油	Y	P
449	乳酸	Z	S/P
450	乳腈溶液(80%或以下)	Y	S/P
451	猪油	Y	S/P
452	乳胶,氨(1%或以下),抑制的	Y	S/P
453	乳胶:羧化苯乙烯丁二烯共聚物;苯乙烯-丁二烯橡胶	Z	S/P
454	十二烷酸	X	S/P
455	木质素磺酸,镁盐溶液	Z	P
456	木质素磺酸,钠盐溶液	Z	P
457	亚麻油	Y	S/P
458	液体化学品废物	X	S/P
459	长链烷芳基聚醚(C11－C20)	Y	S/P
460	长链烷芳基磺酸(C16－C60)	Y	S/P
461	长链烷基酚酯/硫化苯酚混合物	Y	S/P
462	长链烷基酚(C14－C18)	Y	S/P
463	长链烷基酚(C18－C30)	Y	S/P
464	L-赖氨酸溶液(60%或以下)	Z	P
465	氯化镁溶液	Z	P
466	氢氧化镁浆	Z	S

续上表

序号	货品名称	污染类别	危害性
467	长链烷芳基磺酸镁(C11-C50)	Y	S/P
468	长链烷基水杨酸镁(C11+)	Y	S/P
469	顺丁烯二酐	Y	S/P
470	马来酸酐-烯丙基磺酸钠共聚物溶液	Z	P
471	芒果核油	Y	P
472	巯基苯并噻唑,钠盐溶液	X	S/P
473	异亚丙基丙酮	Z	S/P
474	变位钠溶液	X	S/P
475	甲基丙烯酸	Y	S/P
476	甲基丙烯酸-烷氧基聚(氧化烯)甲基丙烯酯共聚物,钠盐水溶液(45%或以下)	Z	S/P
477	二氯乙烯中的甲基甲烯酸树脂	Y	S/P
478	甲基丙烯腈	Y	S/P
479	3-甲氧基-1-丁酮	Z	S/P
480	3-甲氧基乙酸丁酯	Y	S/P
481	N-(2-甲氧基-1-甲基乙基)-2-乙基-6-甲基乙酰氯苯胺	X	S/P
482	乙酸甲酯	Z	P
483	乙酰乙酸甲酯	Z	S/P
484	丙烯酸甲酯	Y	S/P
485	甲醇(*)	Y	S/P
486	甲胺溶液(42%或以下)	Y	S/P
487	乙酸甲基戊酯	Y	P
488	甲基戊基醇	Z	S/P
489	甲基戊基酮	Z	S/P
490	N-甲基苯胺	Y	S/P
491	α-甲基苯甲醇含苯乙酮(15%或以下)	Y	S/P
492	甲基丁烯醇	Y	S/P
493	甲基叔丁基醚	Z	P
494	甲基丁基酮	Y	S/P
495	甲基丁炔醇	Z	S/P
496	丁酸甲酯	Y	S/P
497	甲基环己烷	Y	S/P
498	甲基环戊二烯二聚物	Y	S/P
499	甲基环戊二烯基三羰基锰	X	S/P

续上表

序号	货品名称	污染类别	危害性
500	甲基二乙醇胺	Y	S/P
501	2-甲基-6-乙基苯胺	Y	S/P
502	甲基乙基酮	Z	S/P
503	2-甲基-5-乙基吡啶	Y	S/P
504	甲酸甲酯	Z	S/P
505	2-甲基戊二腈含2-乙基丁二腈(12%或以下)	Z	S/P
506	2-甲基-2-羟基-3-丁炔	Z	S/P
507	甲基异丁基酮	Z	S/P
508	甲基丙烯酸甲酯	Y	S/P
509	3-甲基-3-甲氧基丁醇	Z	S/P
510	甲基萘(熔融的)	X	S/P
511	N-甲氨基甲酸甲酯溶液(70%或以下)	Z	S
512	2-甲基-1,3-丙二醇	Z	P
513	2-甲基吡啶	Z	S/P
514	3-甲基吡啶	Z	S/P
515	4-甲基吡啶	Z	S/P
516	N-甲基-2-吡咯烷酮	Y	S/P
517	甲基丙酮	Z	S
518	水杨酸甲酯	Y	S/P
519	α-甲基苯乙烯	Y	S/P
520	3-(甲硫基)丙醛	Y	S/P
521	聚硫化钼长链烷基二硫脲复合体	Y	S/P
522	吗啉	Y	S/P
523	内燃机燃料抗爆化合物(含烷基铅)	X	S/P
524	月桂烯	X	S/P
525	萘(熔融的)	X	S/P
526	萘原油(熔融的)	Y	S/P
527	萘磺酸-甲醛共聚物,钠盐溶液	Z	S/P
528	新癸酸	Y	S/P
529	硝化酸(硫酸和硝酸混合物)	Y	S/P
530	硝酸(70%及以上)	Y	S/P
531	硝酸(70%以下)	Y	S/P
532	次氨基三乙酸,三钠盐溶液	Y	S/P
533	硝基苯	Y	S/P
534	硝基乙烷	Y	S/P

续上表

序号	货品名称	污染类别	危害性
535	硝基乙烷(80%)/硝基丙烷(20%)	Y	S/P
536	硝基乙烷,1-硝基丙烷(各15%或以上)混合物	Y	S/P
537	邻-硝基苯酚(熔融的)	Y	S/P
538	1-或2-硝基丙烷	Y	S/P
539	硝基丙烷(60%)/硝基乙烷(40%)混合物	Y	S/P
540	邻或对硝基甲苯	Y	S/P
541	壬烷(所有异构体)	X	S/P
542	壬酸(所有异构体)	Y	S/P
543	非食用工业级棕榈油	Y	S/P
544	壬烯(所有异构体)	Y	P
545	壬醇(所有异构体)	Y	S/P
546	壬基甲基丙烯酸酯单体	Y	S/P
547	壬基酚	X	S/P
548	壬基苯酚聚(4+)乙氧醚	Y	S/P
549	有毒液体,不易燃的,(1)未另列明的(商品名…,含有…)1型船,X类	X	P
550	有毒液体,易燃的,(2)未另列明的(商品名…,含有…)1型船,X类	X	P
551	有毒液体,不易燃的,(3)未另列明的(商品名…,含有…)2型船,X类	X	P
552	有毒液体,易燃的,(4)未另列明的(商品名…,含有…)2型船,X类	X	P
553	有毒液体,不易燃的,(5)未另列明的(商品名…,含有…)2型船,Y类	Y	P
554	有毒液体,易燃的,(6)未另列明的(商品名…,含有…)2型船,Y类	Y	P
555	有毒液体,不易燃的,(7)未另列明的(商品名…,含有…)3型船,Y类	Y	P
556	有毒液体,易燃的,(8)未另列明的(商品名…,含有…)3型船,Y类	Y	P
557	有毒液体,不易燃的,(9)未另列明的(商品名…,含有…)3型船,Z类	Z	P
558	有毒液体,易燃的,(10)未另列明的(商品名…,含有…)3型船,Z类	Z	P
559	八甲基环四硅氯烷	Y	P
560	辛烷(所有异构体)	X	P
561	辛酸(所有异构体)	Y	S/P
562	辛醇(所有异构体)	Y	S/P
563	辛烯(所有异构体)	Y	P
564	乙酸正辛酯	Y	S/P

续上表

序号	货品名称	污染类别	危害性
565	辛醛	Y	S/P
566	辛基癸基己二酸酯	Y	S/P
567	正-辛基硫醇	X	S/P
568	海洋污染散装液体,污染危害(o)	X	P
569	海洋污染散装液体,安全危害(o)	X	S/P
570	烯烃烷基酯共聚物(分子量2000+)	Y	P
571	烯烃混合物(C7-C9)富含C8,稳定的	X	P
572	烯烃混合物(C5-C7)	Y	S/P
573	烯烃混合物(C5-C15)	X	S/P
574	烯烃(C13+,所有异构体)	Y	P
575	α-烯烃混合物(C6-C18)	X	S/P
576	油酸	Y	S/P
577	发烟硫酸	Y	S/P
578	油酰胺	X	S/P
579	橄榄油	Y	S/P
580	氧化脂族烃混合物	Z	S/P
581	棕榈酸油	Y	S/P
582	棕榈脂肪酸馏出物	Y	S/P
583	棕榈仁酸油	Y	S/P
584	棕榈仁脂肪酸馏出物	Y	S/P
585	棕榈仁油	Y	S/P
586	棕榈仁油脂	Y	P
587	棕榈仁硬脂精	Y	P
588	棕榈中间馏分	Y	P
589	棕榈油	Y	P
590	棕榈油脂肪酸甲酯	Y	P
591	棕榈油精	Y	P
592	棕榈硬脂精	Y	P
593	石蜡,高精制的	Y	P
594	石蜡,半精制的	X	S/P
595	三聚乙醛	Z	S/P
596	三聚乙醛-氨反应产物	Y	S/P
597	五氯乙烷	Y	S/P
598	1,3-戊二烯	Y	S/P

续上表

序号	货品名称	污染类别	危害性
599	1,3-戊二烯(大于50%),环戊烯及其异构体混合物	Y	S/P
600	五亚乙基六甲胺	X	S/P
601	戊烷(所有异构体)	Y	P
602	戊酸	Y	S/P
603	正戊酸(64%)/2-甲基丁酸(36%)混合物	Y	S/P
604	戊烯(所有异构体)	Y	P
605	丙酸正戊酯	Y	S/P
606	四氯乙烯	Y	S/P
607	苯酚	Y	S/P
608	1-苯基-1-二甲苯基乙烷	Y	S/P
609	烷基(C12-C14)胺磷酸酯	Y	S/P
610	磷酸	Z	S/P
611	磷,黄的或白的(*)	X	S/P
612	邻苯二甲酸酐(熔融的)	Y	S/P
613	α-蒎烯	X	S/P
614	β-蒎烯	X	S/P
615	松油	X	S/P
616	哌嗪,68%溶液	Y	S/P
617	聚丙烯酸溶液(40%或以下)	Z	S/P
618	二甲苯中的聚烷(C18-C22)丙烯酸酯	Y	S/P
619	聚烯烃琥珀酰亚胺,硫氧化钼	Y	P
620	聚(2-8)亚烷基乙二醇单烷基(C1-C6)醚	Z	P
621	聚(2-8)亚烷基乙二醇单烷基(C1-C6)醚乙酸酯	Y	P
622	聚烷(C10-C20)甲基丙烯酸酯	Y	P
623	聚烷(C10-C18)甲基丙烯酸酯/乙烯-丙烯共聚物混合物	Y	P
624	聚氯化铝溶液	Z	S
625	聚丁烯	Y	P
626	聚丁烯琥珀酰亚胺	Y	P
627	聚(2+)环芳香族化合物	X	S/P
628	聚醚(分子量1350+)	Y	P
629	聚乙二醇	Z	P
630	聚乙二醇二甲醚	Z	S/P
631	聚(乙二醇)甲基丁烯基醚(分子量>1000)	Z	P
632	聚乙烯聚胺	Y	S/P

续上表

序号	货品名称	污染类别	危害性
633	聚乙烯聚胺(含50%以上的C5－C20石蜡)	Y	S/P
634	聚硫酸铁溶液	Y	S/P
635	聚(亚氨基乙烯)接枝-N-聚(氧化乙烯)溶液(90%或以下)	Z	S/P
636	聚异丁烯胺,在脂肪族(C10－C14)溶剂中	Y	S/P
637	(聚异丁烯)氨基产品,在脂肪烃中	Y	S/P
638	聚异丁烯酐加合物	Z	S/P
639	聚(4+)异丁烯(分子量>224)	X	P
640	聚异丁烯(分子量不超过224)	Y	P
641	聚甘油,钠盐溶液(含少于3%氢氧化钠)	Z	S
642	聚亚甲基聚苯异氰酸酯	Y	S/P
643	聚烯烃(分子量300+)	Y	P
644	聚烯烃酰胺烯烃胺(C17+)	Y	S/P
645	聚烯烃酰胺烯烃胺硼酸酯(C28－C250)	Y	P
646	聚烯烃酰胺烷胺多元醇	Y	P
647	聚烯烃胺(C28－C250)	Y	S/P
648	烷基(C2－C4)苯中的聚烯烃胺	Y	S/P
649	芳香族溶剂中的聚烯烃胺	Y	S/P
650	聚烯烃氨基酯盐(分子量2000+)	Y	S/P
651	聚烯烃酐	Y	S/P
652	聚烯烃酯(C28－C250)	Y	P
653	聚烯烃苯酚胺(C28－C250)	Y	S/P
654	聚烯烃硫化磷,钡衍生物(C28－C250)	Y	P
655	聚(20)氧乙烯脱水山梨(糖)醇单油酸	Y	P
656	聚(5+)丙烯	Y	P
657	聚丙二醇	Z	S/P
658	聚硅氧烷	Y	P
659	氯化钾溶液	Z	P
660	氢氧化钾溶液(*)	Y	S/P
661	甲酸钾溶液(*)	Z	S
662	油酸钾	Y	S/P
663	硫代硫酸钾(50%或以下)	Y	S/P
664	正丙醇胺	Y	S/P
665	2-丙烯-1-氨,N,N-二甲基-N-2-丙烯基,氯化,均聚物溶液	Y	P
666	β-丙内酯	Y	S/P

续上表

序号	货品名称	污染类别	危害性
667	丙醛	Y	S/P
668	丙酸	Y	S/P
669	丙酸酐	Y	S/P
670	丙腈	Y	S/P
671	正乙酸丙酯	Y	P
672	正丙醇	Y	S/P
673	正丙胺	Z	S/P
674	丙苯(所有异构体)	Y	P
675	碳酸丙烯	Z	S
676	丙二醇甲基醚乙酸酯	Z	P
677	丙二醇单烷基醚	Z	S/P
678	丙二醇苯基醚	Z	S/P
679	1,2-环氧丙烷	Y	S/P
680	四聚丙烯	X	S/P
681	三聚丙烯	Y	S/P
682	吡啶	Y	S/P
683	裂解汽油(含苯)	Y	S/P
684	菜籽油	Y	P
685	菜籽油(低芥酸含4%以下的游离脂肪酸)	Y	P
686	菜籽油脂肪酸甲醚	Y	S/P
687	树脂油,提炼的	Y	S/P
688	米糠油	Y	S/P
689	松香	Y	S/P
690	红花油	Y	S/P
691	牛油果油	Y	S/P
692	烷基(C14－C17)磺酸钠(60%~65%溶液)	Y	S/P
693	硅铝酸钠浆液	Z	P
694	苯甲酸钠	Z	S/P
695	硼氢化钠(15%或以下)/氢氧化钠溶液(*)	Y	S/P
696	溴化钠溶液(50%以下)(*)	Y	S/P
697	碳酸钠溶液(*)	Z	S/P
698	氯酸钠溶液(50%或以下)(*)	Z	S/P
699	重铬酸钠溶液(70%或以下)	Y	S/P
700	硫氢化钠(6%或以下)/碳酸钠(3%或以下)溶液	Z	S/P

续上表

序号	货品名称	污染类别	危害性
701	亚硫酸氢钠溶液(45%或以下)	Z	S/P
702	硫氢化钠/硫化铵溶液(*)	Y	S/P
703	硫氢化钠溶液(45%或以下)(*)	Z	S/P
704	氢氧化钠溶液(*)	Y	S/P
705	次氯酸钠溶液(15%或以下)	Y	S/P
706	甲醇中的丙烯酸钠(21%~30%)	Y	S/P
707	亚硝酸钠溶液	Y	S/P
708	石油磺酸钠	Y	S/P
709	聚(4+)丙烯酸钠溶液	Z	S/P
710	硅酸钠溶液	Y	S/P
711	硫酸钠溶液	Z	S
712	硫化钠溶液(15%或以下)	Y	S/P
713	亚硫酸钠溶液(25%或以下)	Y	S/P
714	硫氰酸钠溶液(56%或以下)	Y	S/P
715	大豆油	Y	S/P
716	大豆油脂肪酸甲酯	Y	P
717	苯乙烯单体	Y	S/P
718	硫烃(C3-C88)	Y	P
719	环丁砜	Y	S/P
720	硫(熔融的)(*)	Z	S
721	硫酸	Y	S/P
722	硫酸,废液	Y	S/P
723	硫化脂肪(C14-C20)	Z	S/P
724	硫化聚烯烃酰胺烯烃(C28-C250)胺	Z	P
725	葵花籽油	Y	S/P
726	妥尔油,粗的	Y	S/P
727	妥尔油,提炼的	Y	P
728	妥尔油脂肪酸(树脂酸20%以下)	Y	S/P
729	妥尔油沥青	Y	P
730	妥尔油皂,粗的	Y	S/P
731	动物脂	Y	P
732	动物脂肪酸	Y	P
733	四氯乙烷	Y	S/P
734	四甘醇	Z	P

续上表

序号	货品名称	污染类别	危害性
735	四亚乙基五胺	Y	S/P
736	四氢呋喃	Z	S
737	四氢化萘	Y	S/P
738	四甲苯(所有异构体)	X	S/P
739	二氧化钛泥浆	Z	P
740	甲苯	Y	S/P
741	甲苯二胺	Y	S/P
742	甲苯二异氰酸酯	Y	S/P
743	邻甲苯胺	Y	S/P
744	磷酸三丁酯	Y	S/P
745	1,2,3-三氯苯(熔融的)	X	S/P
746	1,2,4-三氯苯	X	S/P
747	1,1,1-三氯乙烷	Y	P
748	1,1,2-三氯乙烷	Y	S/P
749	三氯乙烯	Y	S/P
750	1,2,3-三氯丙烷	Y	S/P
751	1,1,2-三氯-1,2,2-三氟乙烷	Y	P
752	磷酸三甲苯酯(含有1%或以上正异构体)	Y	S/P
753	磷酸三甲苯酯(含有1%以下正异构体)	Y	S/P
754	十三烷	Y	S/P
755	十三酸	Y	S/P
756	十三烷基乙酸酯	Y	S/P
757	三乙醇胺	Z	S/P
758	三乙胺	Y	S/P
759	三乙基苯	X	S/P
760	三亚乙基四胺	Y	S/P
761	磷酸三乙酯	Z	S/P
762	亚磷酸三乙酯	Z	S/P
763	三异丙醇胺	Z	S/P
764	三异丙基磷酸苯酯	X	P
765	三甲基乙酸	Y	S/P
766	三甲胺溶液(30%或以下)	Z	S/P
767	三甲苯(所有异构体)	X	S/P
768	三羟甲基丙烷丙氧基化物	Z	S/P
769	2,2,4-三甲基-1,3-戊二醇二异丁酸酯	Y	S/P

续上表

序号	货品名称	污染类别	危害性
770	2,2,4-三甲基-1,3-戊二醇-1-异丁基酸酯	Y	S/P
771	1,3,5-三噁烷	Y	S/P
772	三聚丙二醇	Z	P
773	磷酸三二甲苯酯	X	S/P
774	桐油	Y	S/P
775	松节油	X	S/P
776	十一烷酸	Y	S/P
777	1-十一碳烯	X	S/P
778	十一醇	X	S/P
779	尿素/硝酸铵溶液	Y	S/P
780	尿素/磷酸铵溶液	Y	S/P
781	尿素溶液	Z	S/P
782	餐厨废油(m)	X	S/P
783	餐厨废油(甘油三酯,C16－C18,C18 非饱和的)(m)(n)	Y	S/P
784	戊醛(所有异构体)	Y	S/P
785	植物酸油(m)	Y	S/P
786	植物脂肪酸馏出物(m)	Y	P
787	植物油混合物,含有少于15%的游离脂肪酸(m)	Y	S/P
788	乙烯乙酸	Y	S/P
789	乙烯基乙醚	Z	S/P
790	二氯乙烯	Y	S/P
791	新癸酸乙烯酯	Y	S/P
792	乙烯基甲苯	Y	S/P
793	石油溶剂,低于(15%～20%)芳香烃	Y	S/P
794	含乙酸钠/草酸钠的木质素	Z	S/P
795	二甲苯	Y	P
796	二甲苯/乙基苯(10%或以上)混合物	Y	S/P
797	二甲苯酚	Y	S/P
798	烷芳基二硫代磷酸锌(C7－C16)	Y	P
799	烷基碳酰胺锌	Y	S/P
800	烷基二硫代磷酸锌(C3－C14)	Y	P

注:货品名称部分条目带有脚注,显示为在货品名称后插入字母或者符号。脚注的定义如下:
m:对 IBC 规则中植物油、动物脂肪和鱼油的说明。
n:确认该货品由甘油三酯、C16－C18 和 C18 不饱和的组成,须依照本条目适用的要求。除非必须使用更加通用的条目"餐厨废油(m)"。
＊:指参考 IBC 规则第21章(21.1.3),执行来自通常指定特性的偏差适用的载运要求。

第五部分

散装液化气体,以及未列明但经评估具有安全危险的其他散装液化气体

依据《国际散装液化气体船舶构造和设备规则》(2017版 IGC code)第19章,具体品名见下表。

品　　名	UN编号	类　别	副危险
乙醛	1089	3	—
氨,无水的	1005	2.3	8
丁二烯(所有异构体)	1010	2.1	—
丁烷(所有异构体)	1011	2.1	—
丁烷/丙烷混合物	1011/1978	2.1/2.1	—
丁烯(所有异构体)	1012	2.1	—
二氧化碳	—	—	—
氯	1017	2.3	5.1/8
二乙醚	1155	3	—
二甲基胺	1032	2.1	—
二甲醚	1033	2.1	—
乙烷	1961	2.1	—
氯乙烷	1037	2.1	—
乙烯	1038	2.1	—
环氧乙烯	1040	2.3	2.1
环氧乙烯/环氧丙烯混合物,但环氧乙烯含量按质量计不超过30%	2983	3	6.1
异戊二烯	1218	3	—
异丙胺	1221	3	8
甲烷(液化天然气)	1972	2.1	—
甲基乙炔和丙二烯混合物	1060	2.1	—
溴甲烷	1062	2.3	—
氯甲烷	1063	2.1	—
混合C4货物	—	—	—
乙胺	1036	2.1	—
氮	2040	—	—
戊烷(所有异构体)	1265	3	—
戊烯(所有异构体)	1265	3	—
丙烷	1978	2.1	—
丙烯	1077	2.1	—
环氧丙烯	1280	3	—
制冷气体	—	—	—

续上表

品　名	UN编号	类　别	副危险
二氧化硫	1079	2.3	8
氯乙烯	1086	2.1	-
乙烯基乙基醚	1302	3	-
二氯乙烯	1303	3	-

续上表

第六部分

我国加入或者缔结的国际条约、国家标准规定的其他危险货物

依据《国家危险废物名录》(2021年版),具体品名见下表。列入本名录附录《危险废物豁免管理清单》中的危险废物,在所列的豁免环节,且满足相应的豁免条件时,可以按照豁免内容的规定实行豁免管理。

1. 具有下列情形之一的固体废物(包括液态废物),列入本名录:

(1)具有毒性、腐蚀性、易燃性、反应性或者感染性一种或者几种危险特性的;

(2)不排除具有危险特性,可能对生态环境或者人体健康造成有害影响,需要按照危险废物进行管理的。

2. 危险废物与其他物质混合后的固体废物,以及危险废物利用处置后的固体废物的属性判定,按照国家规定的危险废物鉴别标准执行。

3. 表中相关名词解释如下:

(1)废物类别,是在《控制危险废物越境转移及其处置巴塞尔公约》划定的类别基础上,结合我国实际情况对危险废物进行的分类。

(2)行业来源,是指危险废物的产生行业。

(3)废物代码,是指危险废物的唯一代码,为8位数字。其中,第1~3位为危险废物产生行业代码[依据《国民经济行业分类》(GB/T 4754—2017)确定],第4~6位为危险废物顺序代码,第7~8位为危险废物类别代码。

(4)危险特性,是指对生态环境和人体健康具有有害影响的毒性(Toxicity,T)、腐蚀性(Corrosivity,C)、易燃性(Ignitability,I)、反应性(Reactivity,R)和感染性(Infectivity,In)。

国家危险废物名录

废物类别	行业来源	废物代码	危险废物	危险特性[①]
HW01 医疗废物[②]	卫生	841-001-01	感染性废物	In
		841-002-01	损伤性废物	In
		841-003-01	病理性废物	In
		841-004-01	化学性废物	T/C/I/R
		841-005-01	药物性废物	T
HW02 医药废物	化学药品 原料药制造	271-001-02	化学合成原料药生产过程中产生的蒸馏及反应残余物	T
		271-002-02	化学合成原料药生产过程中产生的废母液及反应基废物	T
		271-003-02	化学合成原料药生产过程中产生的废脱色过滤介质	T
		271-004-02	化学合成原料药生产过程中产生的废吸附剂	T
		271-005-02	化学合成原料药生产过程中的废弃产品及中间体	T
	化学药品 制剂制造	272-001-02	化学药品制剂生产过程中原料药提纯精制、再加工产生的蒸馏及反应残余物	T
		272-003-02	化学药品制剂生产过程中产生的废脱色过滤介质及吸附剂	T
		272-005-02	化学药品制剂生产过程中产生的废弃产品及原料药	T

续上表

废物类别	行业来源	废物代码	危 险 废 物	危险特性
HW02 医药废物	兽用药品制造	275-001-02	使用砷或有机砷化合物生产兽药过程中产生的废水处理污泥	T
		275-002-02	使用砷或有机砷化合物生产兽药过程中产生的蒸馏残余物	T
		275-003-02	使用砷或有机砷化合物生产兽药过程中产生的废脱色过滤介质及吸附剂	T
		275-004-02	其他兽药生产过程中产生的蒸馏及反应残余物	T
		275-005-02	其他兽药生产过程中产生的废脱色过滤介质及吸附剂	T
		275-006-02	兽药生产过程中产生的废母液、反应基和培养基废物	T
		275-008-02	兽药生产过程中产生的废弃产品及原料药	T
	生物药品制品制造	276-001-02	利用生物技术生产生物化学药品、基因工程药物过程中产生的蒸馏及反应残余物	T
		276-002-02	利用生物技术生产生物化学药品、基因工程药物（不包括利用生物技术合成氨基酸、维生素、他汀类降脂药物、降糖类药物）过程中产生的废母液、反应基和培养基废物	T
		276-003-02	利用生物技术生产生物化学药品、基因工程药物（不包括利用生物技术合成氨基酸、维生素、他汀类降脂药物、降糖类药物）过程中产生的废脱色过滤介质	T
		276-004-02	利用生物技术生产生物化学药品、基因工程药物过程中产生的废吸附剂	T
		276-005-02	利用生物技术生产生物化学药品、基因工程药物过程中产生的废弃产品、原料药和中间体	T
HW03 废药物、药品	非特定行业	900-002-03	销售及使用过程中产生的失效、变质、不合格、淘汰、伪劣的化学药品和生物制品（不包括列入《国家基本药物目录》中的维生素、矿物质类药，调节水、电解质及酸碱平衡药），以及《医疗用毒性药品管理办法》中所列的毒性中药	T
HW04 农药废物	农药制造	263-001-04	氯丹生产过程中六氯环戊二烯过滤产生的残余物，及氯化反应器真空汽提产生的废物	T
		263-002-04	乙拌磷生产过程中甲苯回收工艺产生的蒸馏残渣	T
		263-003-04	甲拌磷生产过程中二乙基二硫代磷酸过滤产生的残余物	T
		263-004-04	2,4,5-三氯苯氧乙酸生产过程中四氯苯蒸馏产生的重馏分及蒸馏残余物	T

续上表

废物类别	行业来源	废物代码	危 险 废 物	危险特性
HW04 农药废物	农药制造	263-005-04	2,4-二氯苯氧乙酸生产过程中苯酚氯化工段产生的含2,6-二氯苯酚精馏残渣	T
		263-006-04	乙烯基双二硫代氨基甲酸及其盐类生产过程中产生的过滤、蒸发和离心分离残余物及废水处理污泥,产品研磨和包装工序集(除)尘装置收集的粉尘和地面清扫废物	T
		263-007-04	溴甲烷生产过程中产生的废吸附剂、反应器产生的蒸馏残液和废水分离器产生的废物	T
		263-008-04	其他农药生产过程中产生的蒸馏及反应残余物(不包括赤霉酸发酵滤渣)	T
		263-009-04	农药生产过程中产生的废母液、反应罐及容器清洗废液	T
		263-010-04	农药生产过程中产生的废滤料及吸附剂	T
		263-011-04	农药生产过程中产生的废水处理污泥	T
		263-012-04	农药生产、配制过程中产生的过期原料和废弃产品	T
	非特定行业	900-003-04	销售及使用过程中产生的失效、变质、不合格、淘汰、伪劣的农药产品,以及废弃的与农药直接接触或含有农药残余物的包装物	T
HW05 木材防腐剂废物	木材加工	201-001-05	使用五氯酚进行木材防腐过程中产生的废水处理污泥,以及木材防腐处理过程中产生的沾染该防腐剂的废弃木材残片	T
		201-002-05	使用杂酚油进行木材防腐过程中产生的废水处理污泥,以及木材防腐处理过程中产生的沾染该防腐剂的废弃木材残片	T
		201-003-05	使用含砷、铬等无机防腐剂进行木材防腐过程中产生的废水处理污泥,以及木材防腐处理过程中产生的沾染该防腐剂的废弃木材残片	T
	专用化学产品制造	266-001-05	木材防腐化学品生产过程中产生的反应残余物、废过滤介质及吸附剂	T
		266-002-05	木材防腐化学品生产过程中产生的废水处理污泥	T
		266-003-05	木材防腐化学品生产、配制过程中产生的过期原料和废弃产品	T
	非特定行业	900-004-05	销售及使用过程中产生的失效、变质、不合格、淘汰、伪劣的木材防腐化学药品	T

续上表

废物类别	行业来源	废物代码	危 险 废 物	危险特性
HW06 废有机溶剂 与含有机 溶剂废物	非特定行业	900-401-06	工业生产中作为清洗剂、萃取剂、溶剂或反应介质使用后废弃的四氯化碳、二氯甲烷、1,1-二氯乙烷、1,2-二氯乙烷、1,1,1-三氯乙烷、1,1,2-三氯乙烷、三氯乙烯、四氯乙烯，以及在使用前混合的含有一种或多种上述卤化溶剂的混合/调和溶剂	T,I
		900-402-06	工业生产中作为清洗剂、萃取剂、溶剂或反应介质使用后废弃的有机溶剂，包括苯、苯乙烯、丁醇、丙酮、正己烷、甲苯、邻二甲苯、间二甲苯、对二甲苯、1,2,4-三甲苯、乙苯、乙醇、异丙醇、乙醚、丙醚、乙酸甲酯、乙酸乙酯、乙酸丁酯、丙酸丁酯、苯酚，以及在使用前混合的含有一种或多种上述溶剂的混合/调和溶剂	T,I,R
		900-404-06	工业生产中作为清洗剂、萃取剂、溶剂或反应介质使用后废弃的其他列入《危险化学品目录》的有机溶剂，以及在使用前混合的含有一种或多种上述溶剂的混合/调和溶剂	T,I,R
		900-405-06	900-401-06、900-402-06、900-404-06 中所列废有机溶剂再生处理过程中产生的废活性炭及其他过滤吸附介质	T,I,R
		900-407-06	900-401-06、900-402-06、900-404-06 中所列废有机溶剂分馏再生过程中产生的高沸物和釜底残渣	T,I,R
		900-409-06	900-401-06、900-402-06、900-404-06 中所列废有机溶剂再生处理过程中产生的废水处理浮渣和污泥（不包括废水生化处理污泥）	T
HW07 热处理 含氰废物	金属表面 处理及 热处理加工	336-001-07	使用氰化物进行金属热处理产生的淬火池残渣	T,R
		336-002-07	使用氰化物进行金属热处理产生的淬火废水处理污泥	T,R
		336-003-07	含氰热处理炉维修过程中产生的废内衬	T,R
		336-004-07	热处理渗碳炉产生的热处理渗碳氰渣	T,R
		336-005-07	金属热处理工艺盐浴槽（釜）清洗产生的含氰残渣和含氰废液	T,R
		336-049-07	氰化物热处理和退火作业过程中产生的残渣	T,R
HW08 废矿物油 与含矿物油 废物	石油开采	071-001-08	石油开采和联合站贮存产生的油泥和油脚	T,I
		071-002-08	以矿物油为连续相配制钻井泥浆用于石油开采所产生的钻井岩屑和废弃钻井泥浆	T
	天然气开采	072-001-08	以矿物油为连续相配制钻井泥浆用于天然气开采所产生的钻井岩屑和废弃钻井泥浆	T

续上表

废物类别	行业来源	废物代码	危险废物	危险特性
HW08 废矿物油 与含矿物油 废物	精炼石油 产品制造	251-001-08	清洗矿物油储存、输送设施过程中产生的油/水和烃/水混合物	T
		251-002-08	石油初炼过程中储存设施、油-水-固态物质分离器、积水槽、沟渠及其他输送管道、污水池、雨水收集管道产生的含油污泥	T,I
		251-003-08	石油炼制过程中含油废水隔油、气浮、沉淀等处理过程中产生的浮油、浮渣和污泥（不包括废水生化处理污泥）	T
		251-004-08	石油炼制过程中溶气浮选工艺产生的浮渣	T,I
		251-005-08	石油炼制过程中产生的溢出废油或乳剂	T,I
		251-006-08	石油炼制换热器管束清洗过程中产生的含油污泥	T
		251-010-08	石油炼制过程中澄清油浆槽底沉积物	T,I
		251-011-08	石油炼制过程中进油管路过滤或分离装置产生的残渣	T,I
		251-012-08	石油炼制过程中产生的废过滤介质	T
	电子元件 及专用 材料制造	398-001-08	锂电池隔膜生产过程中产生的废白油	T
	橡胶制品业	291-001-08	橡胶生产过程中产生的废溶剂油	T,I
	非特定行业	900-199-08	内燃机、汽车、轮船等集中拆解过程产生的废矿物油及油泥	T,I
		900-200-08	珩磨、研磨、打磨过程产生的废矿物油及油泥	T,I
		900-201-08	清洗金属零部件过程中产生的废弃煤油、柴油、汽油及其他由石油和煤炼制生产的溶剂油	T,I
		900-203-08	使用淬火油进行表面硬化处理产生的废矿物油	T
		900-204-08	使用轧制油、冷却剂及酸进行金属轧制产生的废矿物油	T
		900-205-08	镀锡及焊锡回收工艺产生的废矿物油	T
		900-209-08	金属、塑料的定型和物理机械表面处理过程中产生的废石蜡和润滑油	T,I
		900-210-08	含油废水处理中隔油、气浮、沉淀等处理过程中产生的浮油、浮渣和污泥（不包括废水生化处理污泥）	T,I
		900-213-08	废矿物油再生净化过程中产生的沉淀残渣、过滤残渣、废过滤吸附介质	T,I
		900-214-08	车辆、轮船及其他机械维修过程中产生的废发动机油、制动器油、自动变速器油、齿轮油等废润滑油	T,I
		900-215-08	废矿物油裂解再生过程中产生的裂解残渣	T,I

续上表

废物类别	行业来源	废物代码	危 险 废 物	危险特性
HW08 废矿物油 与含矿物油 废物	非特定行业	900-216-08	使用防锈油进行铸件表面防锈处理过程中产生的废防锈油	T,I
		900-217-08	使用工业齿轮油进行机械设备润滑过程中产生的废润滑油	T,I
		900-218-08	液压设备维护、更换和拆解过程中产生的废液压油	T,I
		900-219-08	冷冻压缩设备维护、更换和拆解过程中产生的废冷冻机油	T,I
		900-220-08	变压器维护、更换和拆解过程中产生的废变压器油	T,I
		900-221-08	废燃料油及燃料油储存过程中产生的油泥	T,I
		900-249-08	其他生产、销售、使用过程中产生的废矿物油及沾染矿物油的废弃包装物	T,I
HW09 油/水、烃/ 水混合物 或乳化液	非特定行业	900-005-09	水压机维护、更换和拆解过程中产生的油/水、烃/水混合物或乳化液	T
		900-006-09	使用切削油或切削液进行机械加工过程中产生的油/水、烃/水混合物或乳化液	T
		900-007-09	其他工艺过程中产生的油/水、烃/水混合物或乳化液	T
HW10 多氯(溴) 联苯类废物	非特定行业	900-008-10	含有多氯联苯(PCBs)、多氯三联苯(PCTs)和多溴联苯(PBBs)的废弃电容器、变压器	T
		900-009-10	含有 PCBs、PCTs 和 PBBs 的电力设备的清洗液	T
		900-010-10	含有 PCBs、PCTs 和 PBBs 的电力设备中废弃的介质油、绝缘油、冷却油及导热油	T
		900-011-10	含有或沾染 PCBs、PCTs 和 PBBs 的废弃包装物及容器	T
HW11 精(蒸)馏 残渣	精炼石油产品制造	251-013-11	石油精炼过程中产生的酸焦油和其他焦油	T
	煤炭加工	252-001-11	炼焦过程中蒸氨塔残渣和洗油再生残渣	T
		252-002-11	煤气净化过程氨水分离设施底部的焦油和焦油渣	T
		252-003-11	炼焦副产品回收过程中萘精制产生的残渣	T
		252-004-11	炼焦过程中焦油储存设施中的焦油渣	T
		252-005-11	煤焦油加工过程中焦油储存设施中的焦油渣	T
		252-007-11	炼焦及煤焦油加工过程中的废水池残渣	T
		252-009-11	轻油回收过程中的废水池残渣	T
		252-010-11	炼焦、煤焦油加工和苯精制过程中产生的废水处理污泥(不包括废水生化处理污泥)	T
		252-011-11	焦炭生产过程中硫铵工段煤气除酸净化产生的酸焦油	T

续上表

废物类别	行业来源	废物代码	危 险 废 物	危险特性
HW11 精(蒸)馏残渣	煤炭加工	252-012-11	焦化粗苯酸洗法精制过程产生的酸焦油及其他精制过程产生的蒸馏残渣	T
		252-013-11	焦炭生产过程中产生的脱硫废液	T
		252-016-11	煤沥青改质过程中产生的闪蒸油	T
		252-017-11	固定床气化技术生产化工合成原料气、燃料油合成原料气过程中粗煤气冷凝产生的焦油和焦油渣	T
	燃气生产和供应业	451-001-11	煤气生产行业煤气净化过程中产生的煤焦油渣	T
		451-002-11	煤气生产过程中产生的废水处理污泥(不包括废水生化处理污泥)	T
		451-003-11	煤气生产过程中煤气冷凝产生的煤焦油	T
	基础化学原料制造	261-007-11	乙烯法制乙醛生产过程中产生的蒸馏残渣	T
		261-008-11	乙烯法制乙醛生产过程中产生的蒸馏次要馏分	T
		261-009-11	苄基氯生产过程中苄基氯蒸馏产生的蒸馏残渣	T
		261-010-11	四氯化碳生产过程中产生的蒸馏残渣和重馏分	T
		261-011-11	表氯醇生产过程中精制塔产生的蒸馏残渣	T
		261-012-11	异丙苯生产过程中精馏塔产生的重馏分	T
		261-013-11	萘法生产邻苯二甲酸酐过程中产生的蒸馏残渣和轻馏分	T
		261-014-11	邻二甲苯法生产邻苯二甲酸酐过程中产生的蒸馏残渣和轻馏分	T
		261-015-11	苯硝化法生产硝基苯过程中产生的蒸馏残渣	T
		261-016-11	甲苯二异氰酸酯生产过程中产生的蒸馏残渣和离心分离残渣	T
		261-017-11	1,1,1-三氯乙烷生产过程中产生的蒸馏残渣	T
		261-018-11	三氯乙烯和四氯乙烯联合生产过程中产生的蒸馏残渣	T
		261-019-11	苯胺生产过程中产生的蒸馏残渣	T
		261-020-11	苯胺生产过程中苯胺萃取工序产生的蒸馏残渣	T
		261-021-11	二硝基甲苯加氢法生产甲苯二胺过程中干燥塔产生的反应残余物	T
		261-022-11	二硝基甲苯加氢法生产甲苯二胺过程中产品精制产生的轻馏分	T
		261-023-11	二硝基甲苯加氢法生产甲苯二胺过程中产品精制产生的废液	T
		261-024-11	二硝基甲苯加氢法生产甲苯二胺过程中产品精制产生的重馏分	T

续上表

废物类别	行业来源	废物代码	危险废物	危险特性
HW11 精(蒸)馏 残渣	基础化学 原料制造	261-025-11	甲苯二胺光气化法生产甲苯二异氰酸酯过程中溶剂回收塔产生的有机冷凝物	T
		261-026-11	氯苯、二氯苯生产过程中的蒸馏及分馏残渣	T
		261-027-11	使用羧酸肼生产1,1-二甲基肼过程中产品分离产生的残渣	T
		261-028-11	乙烯溴化法生产二溴乙烷过程中产品精制产生的蒸馏残渣	T
		261-029-11	α-氯甲苯、苯甲酰氯和含此类官能团的化学品生产过程中产生的蒸馏残渣	T
		261-030-11	四氯化碳生产过程中的重馏分	T
		261-031-11	二氯乙烯单体生产过程中蒸馏产生的重馏分	T
		261-032-11	氯乙烯单体生产过程中蒸馏产生的重馏分	T
		261-033-11	1,1,1-三氯乙烷生产过程中蒸汽汽提塔产生的残余物	T
		261-034-11	1,1,1-三氯乙烷生产过程中蒸馏产生的重馏分	T
		261-035-11	三氯乙烯和四氯乙烯联合生产过程中产生的重馏分	T
		261-100-11	苯和丙烯生产苯酚和丙酮过程中产生的重馏分	T
		261-101-11	苯泵式硝化生产硝基苯过程中产生的重馏分	T,R
		261-102-11	铁粉还原硝基苯生产苯胺过程中产生的重馏分	T
		261-103-11	以苯胺、乙酸酐或乙酰苯胺为原料生产对硝基苯胺过程中产生的重馏分	T
		261-104-11	对硝基氯苯胺氨解生产对硝基苯胺过程中产生的重馏分	T,R
		261-105-11	氨化法、还原法生产邻苯二胺过程中产生的重馏分	T
		261-106-11	苯和乙烯直接催化、乙苯和丙烯共氧化、乙苯催化脱氢生产苯乙烯过程中产生的重馏分	T
		261-107-11	二硝基甲苯还原催化生产甲苯二胺过程中产生的重馏分	T
		261-108-11	对苯二酚氧化生产二甲氧基苯胺过程中产生的重馏分	T
		261-109-11	萘磺化生产萘酚过程中产生的重馏分	T
		261-110-11	苯酚、三甲苯水解生产4,4'-二羟基二苯砜过程中产生的重馏分	T
		261-111-11	甲苯硝基化合物羰基化法、甲苯碳酸二甲酯法生产甲苯二异氰酸酯过程中产生的重馏分	T
		261-113-11	乙烯直接氯化生产二氯乙烷过程中产生的重馏分	T
		261-114-11	甲烷氯化生产甲烷氯化物过程中产生的重馏分	T

续上表

废物类别	行业来源	废物代码	危险废物	危险特性
HW11 精(蒸)馏残渣	基础化学原料制造	261-115-11	甲醇氯化生产甲烷氯化物过程中产生的釜底残液	T
		261-116-11	乙烯氯醇法、氧化法生产环氧乙烷过程中产生的重馏分	T
		261-117-11	乙炔气相合成、氧氯化生产氯乙烯过程中产生的重馏分	T
		261-118-11	乙烯直接氯化生产三氯乙烯、四氯乙烯过程中产生的重馏分	T
		261-119-11	乙烯氧氯化法生产三氯乙烯、四氯乙烯过程中产生的重馏分	T
		261-120-11	甲苯光气法生产苯甲酰氯产品精制过程中产生的重馏分	T
		261-121-11	甲苯苯甲酸法生产苯甲酰氯产品精制过程中产生的重馏分	T
		261-122-11	甲苯连续光氯化法、无光热氯化法生产氯化苄过程中产生的重馏分	T
		261-123-11	偏二氯乙烯氢氯化法生产1,1,1-三氯乙烷过程中产生的重馏分	T
		261-124-11	醋酸丙烯酯法生产环氧氯丙烷过程中产生的重馏分	T
		261-125-11	异戊烷(异戊烯)脱氢法生产异戊二烯过程中产生的重馏分	T
		261-126-11	化学合成法生产异戊二烯过程中产生的重馏分	T
		261-127-11	碳五馏分分离生产异戊二烯过程中产生的重馏分	T
		261-128-11	合成气加压催化生产甲醇过程中产生的重馏分	T
		261-129-11	水合法、发酵法生产乙醇过程中产生的重馏分	T
		261-130-11	环氧乙烷直接水合生产乙二醇过程中产生的重馏分	T
		261-131-11	乙醛缩合加氢生产丁二醇过程中产生的重馏分	T
		261-132-11	乙醛氧化生产醋酸蒸馏过程中产生的重馏分	T
		261-133-11	丁烷液相氧化生产醋酸过程中产生的重馏分	T
		261-134-11	电石乙炔法生产醋酸乙烯酯过程中产生的重馏分	T
		261-135-11	氢氰酸法生产原甲酸三甲酯过程中产生的重馏分	T
		261-136-11	β-苯胺乙醇法生产靛蓝过程中产生的重馏分	T
	石墨及其他非金属矿物制品制造	309-001-11	电解铝及其他有色金属电解精炼过程中预焙阳极、碳块及其他碳素制品制造过程烟气处理所产生的含焦油废物	T

续上表

废物类别	行业来源	废物代码	危险废物	危险特性
HW11 精(蒸)馏 残渣	环境治理业	772-001-11	废矿物油再生过程中产生的酸焦油	T
	非特定行业	900-013-11	其他化工生产过程(不包括以生物质为主要原料的加工过程)中精馏、蒸馏和热解工艺产生的高沸点釜底残余物	T
HW12 染料、 涂料废物	涂料、油墨、颜料及类似产品制造	264-002-12	铬黄和铬橙颜料生产过程中产生的废水处理污泥	T
		264-003-12	钼酸橙颜料生产过程中产生的废水处理污泥	T
		264-004-12	锌黄颜料生产过程中产生的废水处理污泥	T
		264-005-12	铬绿颜料生产过程中产生的废水处理污泥	T
		264-006-12	氧化铬绿颜料生产过程中产生的废水处理污泥	T
		264-007-12	氧化铬绿颜料生产过程中烘干产生的残渣	T
		264-008-12	铁蓝颜料生产过程中产生的废水处理污泥	T
		264-009-12	使用含铬、铅的稳定剂配制油墨过程中,设备清洗产生的洗涤废液和废水处理污泥	T
		264-010-12	油墨生产、配制过程中产生的废蚀刻液	T
		264-011-12	染料、颜料生产过程中产生的废母液、残渣、废吸附剂和中间体废物	T
		264-012-12	其他油墨、染料、颜料、油漆(不包括水性漆)生产过程中产生的废水处理污泥	T
		264-013-12	油漆、油墨生产、配制和使用过程中产生的含颜料、油墨的废有机溶剂	T
	非特定行业	900-250-12	使用有机溶剂、光漆进行光漆涂布、喷漆工艺过程中产生的废物	T,I
		900-251-12	使用油漆(不包括水性漆)、有机溶剂进行阻挡层涂敷过程中产生的废物	T,I
		900-252-12	使用油漆(不包括水性漆)、有机溶剂进行喷漆、上漆过程中产生的废物	T,I
		900-253-12	使用油墨和有机溶剂进行丝网印刷过程中产生的废物	T,I
		900-254-12	使用遮盖油、有机溶剂进行遮盖油的涂敷过程中产生的废物	T,I
		900-255-12	使用各种颜料进行着色过程中产生的废颜料	T
		900-256-12	使用酸、碱或有机溶剂清洗容器设备过程中剥离下的废油漆、废染料、废涂料	T,I,C
		900-299-12	生产、销售及使用过程中产生的失效、变质、不合格、淘汰、伪劣的油墨、染料、颜料、油漆(不包括水性漆)	T

续上表

废物类别	行业来源	废物代码	危 险 废 物	危险特性
HW13 有机树脂类 废物	合成材料 制造	265-101-13	树脂、合成乳胶、增塑剂、胶水/胶合剂合成过程产生的不合格产品(不包括热塑型树脂生产过程中聚合产物经脱除单体、低聚物、溶剂及其他助剂后产生的废料,以及热固型树脂固化后的固化体)	T
		265-102-13	树脂、合成乳胶、增塑剂、胶水/胶合剂生产过程中合成、酯化、缩合等工序产生的废母液	T
		265-103-13	树脂(不包括水性聚氨酯乳液、水性丙烯酸乳液、水性聚氨酯丙烯酸复合乳液)、合成乳胶、增塑剂、胶水/胶合剂生产过程中精馏、分离、精制等工序产生的釜底残液、废过滤介质和残渣	T
		265-104-13	树脂(不包括水性聚氨酯乳液、水性丙烯酸乳液、水性聚氨酯丙烯酸复合乳液)、合成乳胶、增塑剂、胶水/胶合剂合成过程中产生的废水处理污泥(不包括废水生化处理污泥)	T
	非特定行业	900-014-13	废弃的粘合剂和密封剂(不包括水基型和热熔型粘合剂和密封剂)	T
		900-015-13	湿法冶金、表面处理和制药行业重金属、抗生素提取、分离过程产生的废弃离子交换树脂,以及工业废水处理过程产生的废弃离子交换树脂	T
		900-016-13	使用酸、碱或有机溶剂清洗容器设备剥离下的树脂状、粘稠杂物	T
		900-451-13	废覆铜板、印刷线路板、电路板破碎分选回收金属后产生的废树脂粉	T
HW14 新化学 物质废物	非特定行业	900-017-14	研究、开发和教学活动中产生的对人类或环境影响不明的化学物质废物	T/C/I/R
HW15 爆炸性废物	炸药、火工 及焰火 产品制造	267-001-15	炸药生产和加工过程中产生的废水处理污泥	R,T
		267-002-15	含爆炸品废水处理过程中产生的废活性炭	R,T
		267-003-15	生产、配制和装填铅基起爆药剂过程中产生的废水处理污泥	R,T
		267-004-15	三硝基甲苯生产过程中产生的粉红水、红水,以及废水处理污泥	T,R
HW16 感光材料 废物	专用化学 产品制造	266-009-16	显(定)影剂、正负胶片、像纸、感光材料生产过程中产生的不合格产品和过期产品	T
		266-010-16	显(定)影剂、正负胶片、像纸、感光材料生产过程中产生的残渣和废水处理污泥	T

续上表

废物类别	行业来源	废物代码	危 险 废 物	危险特性
HW16 感光材料 废物	印刷	231-001-16	使用显影剂进行胶卷显影,使用定影剂进行胶卷定影,以及使用铁氰化钾、硫代硫酸盐进行影像减薄(漂白)产生的废显(定)影剂、胶片和废像纸	T
		231-002-16	使用显影剂进行印刷显影,抗蚀图形显影,以及凸版印刷产生的废显(定)影剂、胶片和废像纸	T
	电子元件及电子专用材料制造	398-001-16	使用显影剂、氢氧化物、偏亚硫酸氢盐、醋酸进行胶卷显影产生的废显(定)影剂、胶片和废像纸	T
	影视节目制作	873-001-16	电影厂产生的废显(定)影剂、胶片及废像纸	T
	摄影扩印服务	806-001-16	摄影扩印服务行业产生的废显(定)影剂、胶片和废像纸	T
	非特定行业	900-019-16	其他行业产生的废显(定)影剂、胶片和废像纸	T
HW17 表面处理 废物	金属表面处理及热处理加工	336-050-17	使用氯化亚锡进行敏化处理产生的废渣和废水处理污泥	T
		336-051-17	使用氯化锌、氯化铵进行敏化处理产生的废渣和废水处理污泥	T
		336-052-17	使用锌和电镀化学品进行镀锌产生的废槽液、槽渣和废水处理污泥	T
		336-053-17	使用镉和电镀化学品进行镀镉产生的废槽液、槽渣和废水处理污泥	T
		336-054-17	使用镍和电镀化学品进行镀镍产生的废槽液、槽渣和废水处理污泥	T
		336-055-17	使用镀镍液进行镀镍产生的废槽液、槽渣和废水处理污泥	T
		336-056-17	使用硝酸银、碱、甲醛进行敷金属法镀银产生的废槽液、槽渣和废水处理污泥	T
		336-057-17	使用金和电镀化学品进行镀金产生的废槽液、槽渣和废水处理污泥	T
		336-058-17	使用镀铜液进行化学镀铜产生的废槽液、槽渣和废水处理污泥	T
		336-059-17	使用钯和锡盐进行活化处理产生的废渣和废水处理污泥	T
		336-060-17	使用铬和电镀化学品进行镀黑铬产生的废槽液、槽渣和废水处理污泥	T

续上表

废物类别	行业来源	废物代码	危 险 废 物	危险特性
HW17 表面处理 废物	金属表面 处理 及热处理 加工	336-061-17	使用高锰酸钾进行钻孔除胶处理产生的废渣和废水处理污泥	T
		336-062-17	使用铜和电镀化学品进行镀铜产生的废槽液、槽渣和废水处理污泥	T
		336-063-17	其他电镀工艺产生的废槽液、槽渣和废水处理污泥	T
		336-064-17	金属或塑料表面酸(碱)洗、除油、除锈、洗涤、磷化、出光、化抛工艺产生的废腐蚀液、废洗涤液、废槽液、槽渣和废水处理污泥[不包括:铝、镁材(板)表面酸(碱)洗、粗化、硫酸阳极处理、磷酸化学抛光废水处理污泥,铝电解电容器用铝电极箔化学腐蚀、非硼酸系化成液化成废水处理污泥,铝材挤压加工模具碱洗(煲模)废水处理污泥,碳钢酸洗除锈废水处理污泥]	T/C
		336-066-17	镀层剥除过程中产生的废槽液、槽渣和废水处理污泥	T
		336-067-17	使用含重铬酸盐的胶体、有机溶剂、黏合剂进行漩流式抗蚀涂布产生的废渣和废水处理污泥	T
		336-068-17	使用铬化合物进行抗蚀层化学硬化产生的废渣和废水处理污泥	T
		336-069-17	使用铬酸镀铬产生的废槽液、槽渣和废水处理污泥	T
		336-100-17	使用铬酸进行阳极氧化产生的废槽液、槽渣和废水处理污泥	T
		336-101-17	使用铬酸进行塑料表面粗化产生的废槽液、槽渣和废水处理污泥	T
HW18 焚烧处置 残渣	环境治理业	772-002-18	生活垃圾焚烧飞灰	T
		772-003-18	危险废物焚烧、热解等处置过程产生的底渣、飞灰和废水处理污泥	T
		772-004-18	危险废物等离子体、高温熔融等处置过程产生的非玻璃态物质和飞灰	T
		772-005-18	固体废物焚烧处置过程中废气处理产生的废活性炭	T
HW19 含金属羰基 化合物废物	非特定行业	900-020-19	金属羰基化合物生产、使用过程中产生的含有羰基化合物成分的废物	T
HW20 含铍废物	基础化学 原料制造	261-040-20	铍及其化合物生产过程中产生的熔渣、集(除)尘装置收集的粉尘和废水处理污泥	T
HW21 含铬废物	毛皮鞣制 及制品加工	193-001-21	使用铬鞣剂进行铬鞣、复鞣工艺产生的废水处理污泥和残渣	T
		193-002-21	皮革、毛皮鞣制及切削过程产生的含铬废碎料	T

续上表

废物类别	行业来源	废物代码	危 险 废 物	危险特性
HW21 含铬废物	基础化学 原料制造	261-041-21	铬铁矿生产铬盐过程中产生的铬渣	T
		261-042-21	铬铁矿生产铬盐过程中产生的铝泥	T
		261-043-21	铬铁矿生产铬盐过程中产生的芒硝	T
		261-044-21	铬铁矿生产铬盐过程中产生的废水处理污泥	T
		261-137-21	铬铁矿生产铬盐过程中产生的其他废物	T
		261-138-21	以重铬酸钠和浓硫酸为原料生产铬酸酐过程中产生的含铬废液	T
	铁合金冶炼	314-001-21	铬铁硅合金生产过程中集(除)尘装置收集的粉尘	T
		314-002-21	铁铬合金生产过程中集(除)尘装置收集的粉尘	T
		314-003-21	铁铬合金生产过程中金属铬冶炼产生的铬浸出渣	T
	金属表面 处理及 热处理加工	336-100-21	使用铬酸进行阳极氧化产生的废槽液、槽渣和废水处理污泥	T
	电子元件 及电子专用 材料制造	398-002-21	使用铬酸进行钻孔除胶处理产生的废渣和废水处理污泥	T
HW22 含铜废物	玻璃制造	304-001-22	使用硫酸铜进行敷金属法镀铜产生的废槽液、槽渣和废水处理污泥	T
	电子元件 及电子专用 材料制造	398-004-22	线路板生产过程中产生的废蚀铜液	T
		398-005-22	使用酸进行铜氧化处理产生的废液和废水处理污泥	T
		398-051-22	铜板蚀刻过程中产生的废蚀刻液和废水处理污泥	T
HW23 含锌废物	金属表面 处理及 热处理加工	336-103-23	热镀锌过程中产生的废助镀熔(溶)剂和集(除)尘装置收集的粉尘	T
	电池制造	384-001-23	碱性锌锰电池、锌氧化银电池、锌空气电池生产过程中产生的废锌浆	T
	炼钢	312-001-23	废钢电炉炼钢过程中集(除)尘装置收集的粉尘和废水处理污泥	T
	非特定行业	900-021-23	使用氢氧化钠、锌粉进行贵金属沉淀过程中产生的废液和废水处理污泥	T
HW24 含砷废物	基础化学 原料制造	261-139-24	硫铁矿制酸过程中烟气净化产生的酸泥	T
HW25 含硒废物	基础化学 原料制造	261-045-25	硒及其化合物生产过程中产生的熔渣、集(除)尘装置收集的粉尘和废水处理污泥	T
HW26 含镉废物	电池制造	384-002-26	镍镉电池生产过程中产生的废渣和废水处理污泥	T

续上表

废物类别	行业来源	废物代码	危 险 废 物	危险特性
HW27 含锑废物	基础化学 原料制造	261-046-27	锑金属及粗氧化锑生产过程中产生的熔渣和集(除)尘装置收集的粉尘	T
		261-048-27	氧化锑生产过程中产生的熔渣	T
HW28 含碲废物	基础化学 原料制造	261-050-28	碲及其化合物生产过程中产生的熔渣、集(除)尘装置收集的粉尘和废水处理污泥	T
HW29 含汞废物	天然气开采	072-002-29	天然气除汞净化过程中产生的含汞废物	T
	常用有色 金属矿采选	091-003-29	汞矿采选过程中产生的尾砂和集(除)尘装置收集的粉尘	T
	贵金属冶炼	322-002-29	混汞法提金工艺产生的含汞粉尘、残渣	T
	印刷	231-007-29	使用显影剂、汞化合物进行影像加厚(物理沉淀)以及使用显影剂、氨氯化汞进行影像加厚(氧化)产生的废液和残渣	T
	基础化学 原料制造	261-051-29	水银电解槽法生产氯气过程中盐水精制产生的盐水提纯污泥	T
		261-052-29	水银电解槽法生产氯气过程中产生的废水处理污泥	T
		261-053-29	水银电解槽法生产氯气过程中产生的废活性炭	T
		261-054-29	卤素和卤素化学品生产过程中产生的含汞硫酸钡污泥	T
	合成材料 制造	265-001-29	氯乙烯生产过程中含汞废水处理产生的废活性炭	T,C
		265-002-29	氯乙烯生产过程中吸附汞产生的废活性炭	T,C
		265-003-29	电石乙炔法生产氯乙烯单体过程中产生的废酸	T,C
		265-004-29	电石乙炔法生产氯乙烯单体过程中产生的废水处理污泥	T
	常用有色 金属冶炼	321-030-29	汞再生过程中集(除)尘装置收集的粉尘,汞再生工艺产生的废水处理污泥	T
		321-033-29	铅锌冶炼烟气净化产生的酸泥	T
		321-103-29	铜、锌、铅冶炼过程中烟气氯化汞法脱汞工艺产生的废甘汞	T
	电池制造	384-003-29	含汞电池生产过程中产生的含汞废浆层纸、含汞废锌膏、含汞废活性炭和废水处理污泥	T
	照明器具 制造	387-001-29	电光源用固汞及含汞电光源生产过程中产生的废活性炭和废水处理污泥	T
	通用仪器 仪表制造	401-001-29	含汞温度计生产过程中产生的废渣	T

续上表

废物类别	行业来源	废物代码	危 险 废 物	危险特性
HW29 含汞废物	非特定行业	900-022-29	废弃的含汞催化剂	T
		900-023-29	生产、销售及使用过程中产生的废含汞荧光灯管及其他废含汞电光源,及废弃含汞电光源处理处置过程中产生的废荧光粉、废活性炭和废水处理污泥	T
		900-024-29	生产、销售及使用过程中产生的废含汞温度计、废含汞血压计、废含汞真空表、废含汞压力计、废氧化汞电池和废汞开关	T
		900-452-29	含汞废水处理过程中产生的废树脂、废活性炭和污泥	T
HW30 含铊废物	基础化学原料制造	261-055-30	铊及其化合物生产过程中产生的熔渣、集(除)尘装置收集的粉尘和废水处理污泥	T
HW31 含铅废物	玻璃制造	304-002-31	使用铅盐和铅氧化物进行显像管玻璃熔炼过程中产生的废渣	T
	电子元件及电子专用材料制造	398-052-31	线路板制造过程中电镀铅锡合金产生的废液	T
	电池制造	384-004-31	铅蓄电池生产过程中产生的废渣、集(除)尘装置收集的粉尘和废水处理污泥	T
	工艺美术及礼仪用品制造	243-001-31	使用铅箔进行烤钵试金法工艺产生的废烤钵	T
	非特定行业	900-052-31	废铅蓄电池及废铅蓄电池拆解过程中产生的废铅板、废铅膏和酸液	T,C
		900-025-31	使用硬脂酸铅进行抗黏涂层过程中产生的废物	T
HW32 无机氟化物废物	非特定行业	900-026-32	使用氢氟酸进行蚀刻产生的废蚀刻液	T,C
HW33 无机氰化物废物	贵金属矿采选	092-003-33	采用氰化物进行黄金选矿过程中产生的氰化尾渣和含氰废水处理污泥	T
	金属表面处理及热处理加工	336-104-33	使用氰化物进行浸洗过程中产生的废液	T,R
	非特定行业	900-027-33	使用氰化物进行表面硬化、碱性除油、电解除油产生的废物	T,R
		900-028-33	使用氰化物剥落金属镀层产生的废物	T,R
		900-029-33	使用氰化物和双氧水进行化学抛光产生的废物	T,R
HW34 废酸	精炼石油产品制造	251-014-34	石油炼制过程产生的废酸及酸泥	C,T

续上表

废物类别	行业来源	废物代码	危 险 废 物	危险特性
HW34 废酸	涂料、油墨、颜料及类似产品制造	264-013-34	硫酸法生产钛白粉(二氧化钛)过程中产生的废酸	C,T
	基础化学原料制造	261-057-34	硫酸和亚硫酸、盐酸、氢氟酸、磷酸和亚磷酸、硝酸和亚硝酸等的生产、配制过程中产生的废酸及酸渣	C,T
		261-058-34	卤素和卤素化学品生产过程中产生的废酸	C,T
	钢压延加工	313-001-34	钢的精加工过程中产生的废酸性洗液	C,T
	金属表面处理及热处理加工	336-105-34	青铜生产过程中浸酸工序产生的废酸液	C,T
	电子元件及电子专用材料制造	398-005-34	使用酸进行电解除油、酸蚀、活化前表面敏化、催化、浸亮产生的废酸液	C,T
		398-006-34	使用硝酸进行钻孔蚀胶处理产生的废酸液	C,T
		398-007-34	液晶显示板或集成电路板的生产过程中使用酸浸蚀剂进行氧化物浸蚀产生的废酸液	C,T
	非特定行业	900-300-34	使用酸进行清洗产生的废酸液	C,T
		900-301-34	使用硫酸进行酸性碳化产生的废酸液	C,T
		900-302-34	使用硫酸进行酸蚀产生的废酸液	C,T
		900-303-34	使用磷酸进行磷化产生的废酸液	C,T
		900-304-34	使用酸进行电解除油、金属表面敏化产生的废酸液	C,T
		900-305-34	使用硝酸剥落不合格镀层及挂架金属镀层产生的废酸液	C,T
		900-306-34	使用硝酸进行钝化产生的废酸液	C,T
		900-307-34	使用酸进行电解抛光处理产生的废酸液	C,T
		900-308-34	使用酸进行催化(化学镀)产生的废酸液	C,T
		900-349-34	生产、销售及使用过程中产生的失效、变质、不合格、淘汰、伪劣的强酸性擦洗粉、清洁剂、污迹去除剂以及其他强酸性废酸液和酸渣	C,T
HW35 废碱	精炼石油产品制造	251-015-35	石油炼制过程产生的废碱液和碱渣	C,T
	基础化学原料制造	261-059-35	氢氧化钙、氨水、氢氧化钠、氢氧化钾等的生产、配制中产生的废碱液、固态碱和碱渣	C
	毛皮鞣制及制品加工	193-003-35	使用氢氧化钙、硫化钠进行浸灰产生的废碱液	C,R
	纸浆制造	221-002-35	碱法制浆过程中蒸煮制浆产生的废碱液	C,T

续上表

废物类别	行业来源	废物代码	危 险 废 物	危险特性
HW35 废碱	非特定行业	900-350-35	使用氢氧化钠进行煮炼过程中产生的废碱液	C
		900-351-35	使用氢氧化钠进行丝光处理过程中产生的废碱液	C
		900-352-35	使用碱进行清洗产生的废碱液	C,T
		900-353-35	使用碱进行清洗除蜡、碱性除油、电解除油产生的废碱液	C,T
		900-354-35	使用碱进行电镀阻挡层或抗蚀层的脱除产生的废碱液	C,T
		900-355-35	使用碱进行氧化膜浸蚀产生的废碱液	C,T
		900-356-35	使用碱溶液进行碱性清洗、图形显影产生的废碱液	C,T
		900-399-35	生产、销售及使用过程中产生的失效、变质、不合格、淘汰、伪劣的强碱性擦洗粉、清洁剂、污迹去除剂以及其他强碱性废碱液、固态碱和碱渣	C,T
HW36 石棉废物	石棉及其他非金属矿采选	109-001-36	石棉矿选矿过程中产生的废渣	T
	基础化学原料制造	261-060-36	卤素和卤素化学品生产过程中电解装置拆换产生的含石棉废物	T
	石膏、水泥制品及类似制品制造	302-001-36	石棉建材生产过程中产生的石棉尘、废石棉	T
	耐火材料制品制造	308-001-36	石棉制品生产过程中产生的石棉尘、废石棉	T
	汽车零部件及配件制造	367-001-36	车辆制动器衬片生产过程中产生的石棉废物	T
	船舶及相关装置制造	373-002-36	拆船过程中产生的石棉废物	T
	非特定行业	900-030-36	其他生产过程中产生的石棉废物	T
		900-031-36	含有石棉的废绝缘材料、建筑废物	T
		900-032-36	含有隔膜、热绝缘体等石棉材料的设施保养拆换及车辆制动器衬片的更换产生的石棉废物	T
HW37 有机磷化合物废物	基础化学原料制造	261-061-37	除农药以外其他有机磷化合物生产、配制过程中产生的反应残余物	T
		261-062-37	除农药以外其他有机磷化合物生产、配制过程中产生的废过滤吸附介质	T
		261-063-37	除农药以外其他有机磷化合物生产过程中产生的废水处理污泥	T
	非特定行业	900-033-37	生产、销售及使用过程中产生的废弃磷酸酯抗燃油	T

续上表

废物类别	行业来源	废物代码	危 险 废 物	危险特性
HW38 有机氰化物 废物	基础化学 原料制造	261-064-38	丙烯腈生产过程中废水汽提器塔底的残余物	T,R
		261-065-38	丙烯腈生产过程中乙腈蒸馏塔底的残余物	T,R
		261-066-38	丙烯腈生产过程中乙腈精制塔底的残余物	T
		261-067-38	有机氰化物生产过程中产生的废母液和反应残余物	T
		261-068-38	有机氰化物生产过程中催化、精馏和过滤工序产生的废催化剂、釜底残余物和过滤介质	T
		261-069-38	有机氰化物生产过程中产生的废水处理污泥	T
		261-140-38	废腈纶高温高压水解生产聚丙烯腈-铵盐过程中产生的过滤残渣	T
HW39 含酚废物	基础化学 原料制造	261-070-39	酚及酚类化合物生产过程中产生的废母液和反应残余物	T
		261-071-39	酚及酚类化合物生产过程中产生的废过滤吸附介质、废催化剂、精馏残余物	T
HW40 含醚废物	基础化学 原料制造	261-072-40	醚及醚类化合物生产过程中产生的醚类残液、反应残余物、废水处理污泥(不包括废水生化处理污泥)	T
HW45 含有机卤化 物废物	基础化学 原料制造	261-078-45	乙烯溴化法生产二溴乙烯过程中废气净化产生的废液	T
		261-079-45	乙烯溴化法生产二溴乙烯过程中产品精制产生的废吸附剂	T
		261-080-45	芳烃及其衍生物氯代反应过程中氯气和盐酸回收工艺产生的废液和废吸附剂	T
		261-081-45	芳烃及其衍生物氯代反应过程中产生的废水处理污泥	T
		261-082-45	氯乙烷生产过程中的塔底残余物	T
		261-084-45	其他有机卤化物的生产过程(不包括卤化前的生产工段)中产生的残液、废过滤吸附介质、反应残余物、废水处理污泥、废催化剂(不包括上述HW04、HW06、HW11、HW12、HW13、HW39类别的废物)	T
		261-085-45	其他有机卤化物的生产过程中产生的不合格、淘汰、废弃的产品(不包括上述HW06、HW39类别的废物)	T
		261-086-45	石墨作阳极隔膜法生产氯气和烧碱过程中产生的废水处理污泥	T
HW46 含镍废物	基础化学 原料制造	261-087-46	镍化合物生产过程中产生的反应残余物及不合格、淘汰、废弃的产品	T
	电池制造	384-005-46	镍氢电池生产过程中产生的废渣和废水处理污泥	T
	非特定行业	900-037-46	废弃的镍催化剂	T,I

续上表

废物类别	行业来源	废物代码	危 险 废 物	危险特性
HW47 含钡废物	基础化学 原料制造	261-088-47	钡化合物(不包括硫酸钡)生产过程中产生的熔渣、集(除)尘装置收集的粉尘、反应残余物、废水处理污泥	T
	金属表面 处理及 热处理加工	336-106-47	热处理工艺中产生的含钡盐浴渣	T
HW48 有色金属 采选和 冶炼废物	常用有色 金属矿采选	091-001-48	硫化铜矿、氧化铜矿等铜矿物采选过程中集(除)尘装置收集的粉尘	T
		091-002-48	硫砷化合物(雌黄、雄黄及硫砷铁矿)或其他含砷化合物的金属矿石采选过程中集(除)尘装置收集的粉尘	T
	常用有色 金属冶炼	321-002-48	铜火法冶炼过程中烟气处理集(除)尘装置收集的粉尘	T
		321-031-48	铜火法冶炼烟气净化产生的酸泥(铅滤饼)	T
		321-032-48	铜火法冶炼烟气净化产生的污酸处理过程产生的砷渣	T
		321-003-48	粗锌精炼加工过程中湿法除尘产生的废水处理污泥	T
		321-004-48	铅锌冶炼过程中,锌焙烧矿、锌氧化矿常规浸出法产生的浸出渣	T
		321-005-48	铅锌冶炼过程中,锌焙烧矿热酸浸出黄钾铁矾法产生的铁矾渣	T
		321-006-48	硫化锌矿常压氧浸或加压氧浸产生的硫渣(浸出渣)	T
		321-007-48	铅锌冶炼过程中,锌焙烧矿热酸浸出针铁矿法产生的针铁矿渣	T
		321-008-48	铅锌冶炼过程中,锌浸出液净化产生的净化渣,包括锌粉-黄药法、砷盐法、反向锑盐法、铅锑合金锌粉法等工艺除铜、锑、镉、钴、镍等杂质过程中产生的废渣	T
		321-009-48	铅锌冶炼过程中,阴极锌熔铸产生的熔铸浮渣	T
		321-010-48	铅锌冶炼过程中,氧化锌浸出处理产生的氧化锌浸出渣	T
		321-011-48	铅锌冶炼过程中,鼓风炉炼锌锌蒸气冷凝分离系统产生的鼓风炉浮渣	T
		321-012-48	铅锌冶炼过程中,锌精馏炉产生的锌渣	T
		321-013-48	铅锌冶炼过程中,提取金、银、铋、镉、钴、铟、锗、铊、碲等金属过程中产生的废渣	T
		321-014-48	铅锌冶炼过程中,集(除)尘装置收集的粉尘	T
		321-016-48	粗铅精炼过程中产生的浮渣和底渣	T
		321-017-48	铅锌冶炼过程中,炼铅鼓风炉产生的黄渣	T

续上表

废物类别	行业来源	废物代码	危 险 废 物	危险特性
HW48 有色金属 采选和 冶炼废物	常用有色 金属冶炼	321-018-48	铅锌冶炼过程中,粗铅火法精炼产生的精炼渣	T
		321-019-48	铅锌冶炼过程中,铅电解产生的阳极泥及阳极泥处理后产生的含铅废渣和废水处理污泥	T
		321-020-48	铅锌冶炼过程中,阴极铅精炼产生的氧化铅渣及碱渣	T
		321-021-48	铅锌冶炼过程中,锌焙烧矿热酸浸出黄钾铁矾法、热酸浸出针铁矿法产生的铅银渣	T
		321-022-48	铅锌冶炼烟气净化产生的污酸除砷处理过程产生的砷渣	T
		321-023-48	电解铝生产过程电解槽阴极内衬维修、更换产生的废渣(大修渣)	T
		321-024-48	电解铝铝液转移、精炼、合金化、铸造过程熔体表面产生的铝灰渣,以及回收铝过程产生的盐渣和二次铝灰	R,T
		321-025-48	电解铝生产过程产生的炭渣	T
		321-026-48	再生铝和铝材加工过程中,废铝及铝锭重熔、精炼、合金化、铸造熔体表面产生的铝灰渣,及其回收过程产生的盐渣和二次铝灰	R
		321-034-48	铝灰热回收铝过程烟气处理集(除)尘装置收集的粉尘,铝冶炼和再生过程烟气(包括:再生铝熔炼烟气、铝液熔体净化、除杂、合金化、铸造烟气)处理集(除)尘装置收集的粉尘	T,R
		321-027-48	铜再生过程中集(除)尘装置收集的粉尘和湿法除尘产生的废水处理污泥	T
		321-028-48	锌再生过程中集(除)尘装置收集的粉尘和湿法除尘产生的废水处理污泥	T
		321-029-48	铅再生过程中集(除)尘装置收集的粉尘和湿法除尘产生的废水处理污泥	T
	稀有稀土 金属冶炼	323-001-48	仲钨酸铵生产过程中碱分解产生的碱煮渣(钨渣)、除钼过程中产生的除钼渣和废水处理污泥	T
HW49 其他废物	石墨及其他 非金属矿物 制品制造	309-001-49	多晶硅生产过程中废弃的三氯化硅及四氯化硅	R,C
	环境治理	772-006-49	采用物理、化学、物理化学或生物方法处理或处置毒性或感染性危险废物过程中产生的废水处理污泥、残渣(液)	T/In

续上表

废物类别	行业来源	废物代码	危 险 废 物	危险特性
HW49 其他废物	非特定行业	900-039-49	烟气、VOCs治理过程(不包括餐饮行业油烟治理过程)产生的废活性炭,化学原料和化学制品脱色(不包括有机合成食品添加剂脱色)、除杂、净化过程产生的废活性炭(不包括900-405-06、772-005-18、261-053-29、265-002-29、384-003-29、387-001-29类废物)	T
		900-041-49	含有或沾染毒性、感染性危险废物的废弃包装物、容器、过滤吸附介质	T/In
		900-042-49	环境事件及其处理过程中产生的沾染危险化学品、危险废物的废物	T/C/I/R/In
		900-044-49	废弃的镉镍电池、荧光粉和阴极射线管	T
		900-045-49	废电路板(包括已拆除或未拆除元器件的废弃电路板),及废电路板拆解过程产生的废弃CPU、显卡、声卡、内存、含电解液的电容器、含金等贵金属的连接件	T
		900-046-49	离子交换装置(不包括饮用水、工业纯水和锅炉软化水制备装置)再生过程中产生的废水处理污泥	T
		900-047-49	生产、研究、开发、教学、环境检测(监测)活动中,化学和生物实验室(不包含感染性医学实验室及医疗机构化验室)产生的含氰、氟、重金属无机废液及无机废液处理产生的残渣、残液,含矿物油、有机溶剂、甲醛有机废液,废酸、废碱,具有危险特性的残留样品,以及沾染上述物质的一次性实验用品(不包括按实验室管理要求进行清洗后的废弃的烧杯、量器、漏斗等实验室用品)、包装物(不包括按实验室管理要求进行清洗后的试剂包装物、容器)、过滤吸附介质等	T/C/I/R
		900-053-49	已禁止使用的《关于持久性有机污染物的斯德哥尔摩公约》受控化学物质;已禁止使用的《关于汞的水俣公约》中氯碱设施退役过程中产生的汞;所有者申报废弃的,以及有关部门依法收缴或接收且需要销毁的《关于持久性有机污染物的斯德哥尔摩公约》《关于汞的水俣公约》受控化学物质	T
		900-999-49	被所有者申报废弃的,或未申报废弃但被非法排放、倾倒、利用、处置的,以及有关部门依法收缴或接收且需要销毁的列入《危险化学品目录》的危险化学品(不含该目录中仅具有"加压气体"物理危险性的危险化学品)	T/C/I/R
HW50 废催化剂	精炼石油产品制造	251-016-50	石油产品加氢精制过程中产生的废催化剂	T
		251-017-50	石油炼制中采用钝镍剂进行催化裂化产生的废催化剂	T
		251-018-50	石油产品加氢裂化过程中产生的废催化剂	T
		251-019-50	石油产品催化重整过程中产生的废催化剂	T

续上表

废物类别	行业来源	废物代码	危 险 废 物	危险特性
HW50 废催化剂	基础化学 原料制造	261－151－50	树脂、乳胶、增塑剂、胶水/胶合剂生产过程中合成、酯化、缩合等工序产生的废催化剂	T
		261－152－50	有机溶剂生产过程中产生的废催化剂	T
		261－153－50	丙烯腈合成过程中产生的废催化剂	T
		261－154－50	聚乙烯合成过程中产生的废催化剂	T
		261－155－50	聚丙烯合成过程中产生的废催化剂	T
		261－156－50	烷烃脱氢过程中产生的废催化剂	T
		261－157－50	乙苯脱氢生产苯乙烯过程中产生的废催化剂	T
		261－158－50	采用烷基化反应(歧化)生产苯、二甲苯过程中产生的废催化剂	T
		261－159－50	二甲苯临氢异构化反应过程中产生的废催化剂	T
		261－160－50	乙烯氧化生产环氧乙烷过程中产生的废催化剂	T
		261－161－50	硝基苯催化加氢法制备苯胺过程中产生的废催化剂	T
		261－162－50	以乙烯和丙烯为原料,采用茂金属催化体系生产乙丙橡胶过程中产生的废催化剂	T
		261－163－50	乙炔法生产醋酸乙烯酯过程中产生的废催化剂	T
		261－164－50	甲醇和氨气催化合成、蒸馏制备甲胺过程中产生的废催化剂	T
		261－165－50	催化重整生产高辛烷值汽油和轻芳烃过程中产生的废催化剂	T
		261－166－50	采用碳酸二甲酯法生产甲苯二异氰酸酯过程中产生的废催化剂	T
		261－167－50	合成气合成、甲烷氧化和液化石油气氧化生产甲醇过程中产生的废催化剂	T
		261－168－50	甲苯氯化水解生产邻甲酚过程中产生的废催化剂	T
		261－169－50	异丙苯催化脱氢生产α-甲基苯乙烯过程中产生的废催化剂	T
		261－170－50	异丁烯和甲醇催化生产甲基叔丁基醚过程中产生的废催化剂	T
		261－171－50	以甲醇为原料采用铁钼法生产甲醛过程中产生的废铁钼催化剂	T
		261－172－50	邻二甲苯氧化法生产邻苯二甲酸酐过程中产生的废催化剂	T
		261－173－50	二氧化硫氧化生产硫酸过程中产生的废催化剂	T
		261－174－50	四氯乙烷催化脱氯化氢生产三氯乙烯过程中产生的废催化剂	T

《港口危险货物安全管理规定》所称危险货物目录(2022年版)

续上表

废物类别	行业来源	废物代码	危 险 废 物	危险特性
HW50 废催化剂	基础化学 原料制造	261-175-50	苯氧化法生产顺丁烯二酸酐过程中产生的废催化剂	T
		261-176-50	甲苯空气氧化生产苯甲酸过程中产生的废催化剂	T
		261-177-50	羟丙腈氨化、加氢生产3-氨基-1-丙醇过程中产生的废催化剂	T
		261-178-50	β-羟基丙腈催化加氢生产3-氨基-1-丙醇过程中产生的废催化剂	T
		261-179-50	甲乙酮与氨催化加氢生产2-氨基丁烷过程中产生的废催化剂	T
		261-180-50	苯酚和甲醇合成2,6-二甲基苯酚过程中产生的废催化剂	T
		261-181-50	糠醛脱羰制备呋喃过程中产生的废催化剂	T
		261-182-50	过氧化法生产环氧丙烷过程中产生的废催化剂	T
		261-183-50	除农药以外其他有机磷化合物生产过程中产生的废催化剂	T
	农药制造	263-013-50	化学合成农药生产过程中产生的废催化剂	T
	化学药品 原料药制造	271-006-50	化学合成原料药生产过程中产生的废催化剂	T
	兽用药品制造	275-009-50	兽药生产过程中产生的废催化剂	T
	生物药品 制品制造	276-006-50	生物药品生产过程中产生的废催化剂	T
	环境治理业	772-007-50	烟气脱硝过程中产生的废钒钛系催化剂	T
	非特定行业	900-048-50	废液体催化剂	T
		900-049-50	机动车和非道路移动机械尾气净化废催化剂	T

注:①所列危险特性为该种危险废物的主要危险特性,不排除可能具有其他危险特性;","分隔的多个危险特性代码,表示该种废物具有列在第一位代码所代表的危险特性,且可能具有所列其他代码代表的危险特性;"/"分隔的多个危险特性代码,表示该种危险废物具有所列代码所代表的一种或多种危险特性。
②医疗废物分类按照《医疗废物分类目录》执行。

危险废物豁免管理清单

本清单各栏目说明:

1."序号"指列入本目录危险废物的顺序编号;

2."废物类别/代码"指列入本目录危险废物的类别或代码;

3."危险废物"指列入本目录危险废物的名称;

4."豁免环节"指可不按危险废物管理的环节;

5."豁免条件"指可不按危险废物管理应具备的条件;

6."豁免内容"指可不按危险废物管理的内容;

7.《医疗废物分类目录》对医疗废物有其他豁免管理内容的,按照该目录有关规定执行;

8.本清单引用文件中,凡是未注明日期的引用文件,其最新版本适用于本清单。

危险废物豁免管理清单

序号	废物类别/代码	危险废物	豁免环节	豁免条件	豁免内容
1	生活垃圾中的危险废物	家庭日常生活或者为日常生活提供服务的活动中产生的废药品、废杀虫剂和消毒剂及其包装物、废油漆和溶剂及其包装物、废矿物油及其包装物、废胶片及废像纸、废荧光灯管、废含汞温度计、废含汞血压计、废铅蓄电池、废镍镉电池和氧化汞电池以及电子类危险废物等	全部环节	未集中收集的家庭日常生活中产生的生活垃圾中的危险废物	全过程不按危险废物管理
			收集	按照各市、县生活垃圾分类要求,纳入生活垃圾分类收集体系进行分类收集,且运输工具和暂存场所满足分类收集体系要求	从分类投放点收集转移到所设定的集中贮存点的收集过程不按危险废物管理
2	HW01	床位总数在19张以下(含19张)的医疗机构产生的医疗废物(重大传染病疫情期间产生的医疗废物除外)	收集	按《医疗卫生机构医疗废物管理办法》等规定进行消毒和收集	收集过程不按危险废物管理
			运输	转运车辆符合《医疗废物转运车技术要求(试行)》(GB 19217)要求	不按危险废物进行运输
		重大传染病疫情期间产生的医疗废物	运输	按事发地的县级以上人民政府确定的处置方案进行运输	不按危险废物进行运输
			处置	按事发地的县级以上人民政府确定的处置方案进行处置	处置过程不按危险废物管理
3	841-001-01	感染性废物	运输	按照《医疗废物高温蒸汽集中处理工程技术规范(试行)》(HJ/T 276)或《医疗废物化学消毒集中处理工程技术规范(试行)》(HJ/T 228)或《医疗废物微波消毒集中处理工程技术规范(试行)》(HJ/T 229)进行处理后按生活垃圾运输	不按危险废物进行运输
			处置	按照《医疗废物高温蒸汽集中处理工程技术规范(试行)》(HJ/T 276)或《医疗废物化学消毒集中处理工程技术规范(试行)》(HJ/T 228)或《医疗废物微波消毒集中处理工程技术规范(试行)》(HJ/T 229)进行处理后进入生活垃圾填埋场填埋或进入生活垃圾焚烧厂焚烧	处置过程不按危险废物管理

续上表

序号	废物类别/代码	危险废物	豁免环节	豁免条件	豁免内容
4	841-002-01	损伤性废物	运输	按照《医疗废物高温蒸汽集中处理工程技术规范(试行)》(HJ/T 276)或《医疗废物化学消毒集中处理工程技术规范(试行)》(HJ/T 228)或《医疗废物微波消毒集中处理工程技术规范(试行)》(HJ/T 229)进行处理后按生活垃圾运输	不按危险废物进行运输
			处置	按照《医疗废物高温蒸汽集中处理工程技术规范(试行)》(HJ/T 276)或《医疗废物化学消毒集中处理工程技术规范(试行)》(HJ/T 228)或《医疗废物微波消毒集中处理工程技术规范(试行)》(HJ/T 229)进行处理后进入生活垃圾填埋场填埋或进入生活垃圾焚烧厂焚烧	处置过程不按危险废物管理
5	841-003-01	病理性废物(人体器官除外)	运输	按照《医疗废物化学消毒集中处理工程技术规范(试行)》(HJ/T 228)或《医疗废物微波消毒集中处理工程技术规范(试行)》(HJ/T 229)进行处理后按生活垃圾运输	不按危险废物进行运输
			处置	按照《医疗废物化学消毒集中处理工程技术规范(试行)》(HJ/T 228)或《医疗废物微波消毒集中处理工程技术规范(试行)》(HJ/T 229)进行处理后进入生活垃圾焚烧厂焚烧	处置过程不按危险废物管理
6	900-003-04	农药使用后被废弃的与农药直接接触或含有农药残余物的包装物	收集	依据《农药包装废弃物回收处理管理办法》收集农药包装废弃物并转移到所设定的集中贮存点	收集过程不按危险废物管理
			运输	满足《农药包装废弃物回收处理管理办法》中的运输要求	不按危险废物进行运输
			利用	进入依据《农药包装废弃物回收处理管理办法》确定的资源化利用单位进行资源化利用	利用过程不按危险废物管理
			处置	进入生活垃圾填埋场填埋或进入生活垃圾焚烧厂焚烧	处置过程不按危险废物管理

续上表

序号	废物类别/代码	危险废物	豁免环节	豁免条件	豁免内容
7	900-210-08	船舶含油污水及残油经船上或港口配套设施预处理后产生的需通过船舶转移的废矿物油与含矿物油废物	运输	按照水运污染危害性货物实施管理	不按危险废物进行运输
8	900-249-08	废铁质油桶（不包括900-041-49类）	利用	封口处于打开状态、静置无滴漏且经打包压块后用于金属冶炼	利用过程不按危险废物管理
9	900-200-08 900-006-09	金属制品机械加工行业珩磨、研磨、打磨过程，以及使用切削油或切削液进行机械加工过程中产生的属于危险废物的含油金属屑	利用	经压榨、压滤、过滤除油达到静置无滴漏后打包压块用于金属冶炼	利用过程不按危险废物管理
10	252-002-11 252-017-11 451-003-11	煤炭焦化、气化及生产燃气过程中产生的满足《煤焦油》（YB/T 5075）技术要求的高温煤焦油	利用	作为原料深加工制取萘、洗油、蒽油	利用过程不按危险废物管理
		煤炭焦化、气化及生产燃气过程中产生的高温煤焦油	利用	作为粘合剂生产煤质活性炭、活性焦、碳块衬层、自焙阴极、预焙阳极、石墨碳块、石墨电极、电极糊、冷捣糊	利用过程不按危险废物管理
		煤炭焦化、气化及生产燃气过程中产生的中低温煤焦油	利用	作为煤焦油加氢装置原料生产煤基氢化油，且生产的煤基氢化油符合《煤基氢化油》（HG/T 5146）技术要求	利用过程不按危险废物管理
		煤炭焦化、气化及生产燃气过程中产生的煤焦油	利用	作为原料生产炭黑	利用过程不按危险废物管理
11	900-451-13	采用破碎分选方式回收废覆铜板、线路板、电路板中金属后的废树脂粉	运输	运输工具满足防雨、防渗漏、防遗撒要求	不按危险废物进行运输
			处置	满足《生活垃圾填埋场污染控制标准》（GB 16889）要求进入生活垃圾填埋场填埋，或满足《一般工业固体废物贮存、处置场污染控制标准》（GB 18599）要求进入一般工业固体废物处置场处置	填埋处置过程不按危险废物管理

续上表

序号	废物类别/代码	危险废物	豁免环节	豁免条件	豁免内容
12	772-002-18	生活垃圾焚烧飞灰	运输	经处理后满足《生活垃圾填埋场污染控制标准》(GB 16889)要求,且运输工具满足防雨、防渗漏、防遗撒要求	不按危险废物进行运输
			处置	满足《生活垃圾填埋场污染控制标准》(GB 16889)要求进入生活垃圾填埋场填埋	填埋处置过程不按危险废物管理
			处置	满足《水泥窑协同处置固体废物污染控制标准》(GB 30485)和《水泥窑协同处置固体废物环境保护技术规范》(HJ 662)要求进入水泥窑协同处置	水泥窑协同处置过程不按危险废物管理
13	772-003-18	医疗废物焚烧飞灰	处置	满足《生活垃圾填埋场污染控制标准》(GB 16889)要求进入生活垃圾填埋场填埋	填埋处置过程不按危险废物管理
		医疗废物焚烧处置产生的底渣	全部环节	满足《生活垃圾填埋场污染控制标准》(GB 16889)要求进入生活垃圾填埋场填埋	全过程不按危险废物管理
14	772-003-18	危险废物焚烧处置过程产生的废金属	利用	用于金属冶炼	利用过程不按危险废物管理
15	772-003-18	生物制药产生的培养基废物经生活垃圾焚烧厂焚烧处置产生的焚烧炉底渣、经水煤浆气化炉协同处置产生的气化炉渣、经燃煤电厂燃煤锅炉和生物质发电厂焚烧炉协同处置以及培养基废物专用焚烧炉焚烧处置产生的炉渣和飞灰	全部环节	生物制药产生的培养基废物焚烧处置或协同处置过程不应混入其他危险废物	全过程不按危险废物管理
16	193-002-21	含铬皮革废碎料(不包括鞣制工段修边、削匀过程产生的革屑和边角料)	运输	运输工具满足防雨、防渗漏、防遗撒要求	不按危险废物进行运输
			处置	满足《生活垃圾填埋场污染控制标准》(GB 16889)要求进入生活垃圾填埋场填埋,或满足《一般工业固体废物贮存、处置场污染控制标准》(GB 18599)要求进入一般工业固体废物处置场处置	填埋处置过程不按危险废物管理
		含铬皮革废碎料	利用	用于生产皮件、再生革或静电植绒	利用过程不按危险废物管理

续上表

序号	废物类别/代码	危险废物	豁免环节	豁免条件	豁免内容
17	261-041-21	铬渣	利用	满足《铬渣污染治理环境保护技术规范(暂行)》(HJ/T 301)要求用于烧结炼铁	利用过程不按危险废物管理
18	900-052-31	未破损的废铅蓄电池	运输	运输工具满足防雨、防渗漏、防遗撒要求	不按危险废物进行运输
19	092-003-33	采用氰化物进行黄金选矿过程中产生的氰化尾渣	处置	满足《黄金行业氰渣污染控制技术规范》(HJ 943)要求进入尾矿库处置或进入水泥窑协同处置	处置过程不按危险废物管理
20	HW34	仅具有腐蚀性危险特性的废酸	利用	作为生产原料综合利用	利用过程不按危险废物管理
			利用	作为工业污水处理厂污水处理中和剂利用,且满足以下条件:废酸中第一类污染物含量低于该污水处理厂排放标准,其他《危险废物鉴别标准 浸出毒性鉴别》(GB 5085.3)所列特征污染物含量低于 GB 5085.3 限值的1/10	利用过程不按危险废物管理
21	HW35	仅具有腐蚀性危险特性的废碱	利用	作为生产原料综合利用	利用过程不按危险废物管理
			利用	作为工业污水处理厂污水处理中和剂利用,且满足以下条件:液态碱或固态碱按《固体废物 浸出毒性浸出方法 硫酸硝酸法》(HJ/T 299)方法制取的浸出液中第一类污染物含量低于该污水处理厂排放标准,其他《危险废物鉴别标准 浸出毒性鉴别》(GB 5085.3)所列特征污染物低于 GB 5085.3 限值的1/10	利用过程不按危险废物管理
22	321-024-48 321-026-48	铝灰渣和二次铝灰	利用	回收金属铝	利用过程不按危险废物管理
23	323-001-48	仲钨酸铵生产过程中碱分解产生的碱煮渣(钨渣)和废水处理污泥	处置	满足《水泥窑协同处置固体废物污染控制标准》(GB 30485)和《水泥窑协同处置固体废物环境保护技术规范》(HJ 662)要求进入水泥窑协同处置	处置过程不按危险废物管理

续上表

序号	废物类别/代码	危险废物	豁免环节	豁免条件	豁免内容
24	900-041-49	废弃的含油抹布、劳保用品	全部环节	未分类收集	全过程不按危险废物管理
25	突发环境事件产生的危险废物	突发环境事件及其处理过程中产生的HW900-042-49类危险废物和其他需要按危险废物进行处理处置的固体废物，以及事件现场遗留的其他危险废物和废弃危险化学品	运输	按事发地的县级以上人民政府确定的处置方案进行运输	不按危险废物进行运输
			利用、处置	按事发地的县级以上人民政府确定的处置方案进行利用或处置	利用或处置过程不按危险废物管理
26	历史遗留危险废物	历史填埋场地清理，以及水体环境治理过程产生的需要按危险废物进行处理处置的固体废物	运输	按事发地的设区市级以上生态环境部门同意的处置方案进行运输	不按危险废物进行运输
			利用、处置	按事发地的设区市级以上生态环境部门同意的处置方案进行利用或处置	利用或处置过程不按危险废物管理
		实施土壤污染风险管控、修复活动中，属于危险废物的污染土壤	运输	修复施工单位制定转运计划，依法提前报所在地和接收地的设区市级以上生态环境部门	不按危险废物进行运输
			处置	满足《水泥窑协同处置固体废物污染控制标准》(GB 30485)和《水泥窑处置固体废物环境保护技术规范》(HJ 662)要求进入水泥窑协同处置	处置过程不按危险废物管理
27	900-044-49	阴极射线管含铅玻璃	运输	运输工具满足防雨、防渗漏、防遗撒要求	不按危险废物进行运输
28	900-045-49	废弃电路板	运输	运输工具满足防雨、防渗漏、防遗撒要求	不按危险废物进行运输
29	772-007-50	烟气脱硝过程中产生的废钒钛系催化剂	运输	运输工具满足防雨、防渗漏、防遗撒要求	不按危险废物进行运输
30	251-017-50	催化裂化废催化剂	运输	采用密闭罐车运输	不按危险废物进行运输
31	900-049-50	机动车和非道路移动机械尾气净化废催化剂	运输	运输工具满足防雨、防渗漏、防遗撒要求	不按危险废物进行运输

续上表

序号	废物类别/代码	危 险 废 物	豁免环节	豁 免 条 件	豁 免 内 容
32	-	未列入本《危险废物豁免管理清单》中的危险废物或利用过程不满足本《危险废物豁免管理清单》所列豁免条件的危险废物	利用	在环境风险可控的前提下，根据省级生态环境部门确定的方案，实行危险废物"点对点"定向利用，即：一家单位产生的一种危险废物，可作为另外一家单位环境治理或工业原料生产的替代原料进行使用	利用过程不按危险废物管理

第七部分

《危险化学品目录》中列明的危险化学品

依据《危险化学品目录》(2015版),具体品名见下表。

序号	品 名	别 名	CAS号	备注
1	阿片	鸦片	8008-60-4	
2	氨	液氨;氨气	7664-41-7	
3	5-氨基-1,3,3-三甲基环己甲胺	异佛尔酮二胺;3,3,5-三甲基-4,6-二氨基-2-烯环己酮;1-氨基-3-氨基甲基-3,5,5-三甲基环己烷	2855-13-2	
4	5-氨基-3-苯基-1-[双(N,N-二甲基氨基氧膦基)]-1,2,4-三唑[含量>20%]	威菌磷	1031-47-6	剧毒
5	4-[3-氨基-5-(1-甲基胍基)戊酰氨基]-1-[4-氨基-2-氧代-1(2H)-嘧啶基]-1,2,3,4-四脱氧-β,D赤己-2-烯吡喃糖醛酸	灰瘟素	2079-00-7	
6	4-氨基-N,N-二甲基苯胺	N,N-二甲基对苯二胺;对氨基-N,N-二甲基苯胺	99-98-9	
7	2-氨基苯酚	邻氨基苯酚	95-55-6	
8	3-氨基苯酚	间氨基苯酚	591-27-5	
9	4-氨基苯酚	对氨基苯酚	123-30-8	
10	3-氨基苯甲腈	间氨基苯甲腈;氰化氨基苯	2237-30-1	
11	2-氨基苯胂酸	邻氨基苯胂酸	2045-00-3	
12	3-氨基苯胂酸	间氨基苯胂酸	2038-72-4	
13	4-氨基苯胂酸	对氨基苯胂酸	98-50-0	
14	4-氨基苯胂酸钠	对氨基苯胂酸钠	127-85-5	
15	2-氨基吡啶	邻氨基吡啶	504-29-0	
16	3-氨基吡啶	间氨基吡啶	462-08-8	
17	4-氨基吡啶	对氨基吡啶;4-氨基氮杂苯;对氨基氮苯;γ-吡啶胺	504-24-5	
18	1-氨基丙烷	正丙胺	107-10-8	
19	2-氨基丙烷	异丙胺	75-31-0	
20	3-氨基丙烯	烯丙胺	107-11-9	剧毒
21	4-氨基二苯胺	对氨基二苯胺	101-54-2	
22	氨基胍重碳酸盐		2582-30-1	
23	氨基化钙	氨基钙	23321-74-6	
24	氨基化锂	氨基锂	7782-89-0	
25	氨基磺酸		5329-14-6	
26	5-(氨基甲基)-3-异噁唑醇	3-羟基-5-氨基甲基异噁唑;蝇蕈醇	2763-96-4	

续上表

序号	品　　名	别　　名	CAS 号	备注
27	氨基甲酸胺		1111-78-0	
28	(2-氨基甲酰氧乙基)三甲基氯化铵	氯化氨甲酰胆碱;卡巴考	51-83-2	
29	3-氨基喹啉		580-17-6	
30	2-氨基联苯	邻氨基联苯;邻苯基苯胺	90-41-5	
31	4-氨基联苯	对氨基联苯;对苯基苯胺	92-67-1	
32	1-氨基乙醇	乙醛合氨	75-39-8	
33	2-氨基乙醇	乙醇胺;2-羟基乙胺	141-43-5	
34	2-(2-氨基乙氧基)乙醇		929-06-6	
35	氨溶液[含氨>10%]	氨水	1336-21-6	
36	N-氨基乙基哌嗪	1-哌嗪乙胺;N-(2-氨基乙基)哌嗪;2-(1-哌嗪基)乙胺	140-31-8	
37	八氟-2-丁烯	全氟-2-丁烯	360-89-4	
38	八氟丙烷	全氟丙烷	76-19-7	
39	八氟环丁烷	RC318	115-25-3	
40	八氟异丁烯	全氟异丁烯;1,1,3,3,3-五氟-2-(三氟甲基)-1-丙烯	382-21-8	剧毒
41	八甲基焦磷酰胺	八甲磷	152-16-9	剧毒
42	1,3,4,5,6,7,8,8-八氯-1,3,3a,4,7,7a-六氢-4,7-甲撑异苯并呋喃[含量>1%]	八氯六氢亚甲基苯并呋喃;碳氯灵	297-78-9	剧毒
43	1,2,4,5,6,7,8,8-八氯-2,3,3a,4,7,7a-六氢-4,7-亚甲基茚	氯丹	57-74-9	
44	八氯莰烯	毒杀芬	8001-35-2	
45	八溴联苯		27858-07-7	
46	白磷	黄磷	12185-10-3	
47	钡	金属钡	7440-39-3	
48	钡合金			
49	苯	纯苯	71-43-2	
50	苯-1,3-二磺酰肼[糊状,浓度52%]		4547-70-0	
51	苯胺	氨基苯	62-53-3	
52	苯并呋喃	氧茚;香豆酮;古马隆	271-89-6	
53	1,2-苯二胺	邻苯二胺;1,2-二氨基苯	95-54-5	
54	1,3-苯二胺	间苯二胺;1,3-二氨基苯	108-45-2	
55	1,4-苯二胺	对苯二胺;1,4-二氨基苯;乌尔丝 D	106-50-3	
56	1,2-苯二酚	邻苯二酚	120-80-9	

续上表

序号	品 名	别 名	CAS 号	备注
57	1,3-苯二酚	间苯二酚;雷琐酚	108-46-3	
58	1,4-苯二酚	对苯二酚;氢醌	123-31-9	
59	1,3-苯二磺酸溶液		98-48-6	
60	苯酚 苯酚溶液	酚;石炭酸	108-95-2	
61	苯酚二磺酸硫酸溶液			
62	苯酚磺酸		1333-39-7	
63	苯酚钠	苯氧基钠	139-02-6	
64	苯磺酰肼	发泡剂 BSH	80-17-1	
65	苯磺酰氯	氯化苯磺酰	98-09-9	
66	4-苯基-1-丁烯		768-56-9	
67	N-苯基-2-萘胺	防老剂 D	135-88-6	
68	2-苯基丙烯	异丙烯基苯;α-甲基苯乙烯	98-83-9	
69	2-苯基苯酚	邻苯基苯酚	90-43-7	
70	苯基二氯硅烷	二氯苯基硅烷	1631-84-1	
71	苯基硫醇	苯硫酚;巯基苯;硫代苯酚	108-98-5	剧毒
72	苯基氢氧化汞	氢氧化苯汞	100-57-2	
73	苯基三氯硅烷	苯代三氯硅烷	98-13-5	
74	苯基溴化镁[浸在乙醚中的]		100-58-3	
75	苯基氧氯化膦	苯磷酰二氯	824-72-6	
76	N-苯基乙酰胺	乙酰苯胺;退热冰	103-84-4	
77	N-苯甲基-N-(3,4-二氯基本)-DL-丙氨酸乙酯	新燕灵	22212-55-1	
78	苯甲腈	氰化苯;苯基氰;氰基苯;苄腈	100-47-0	
79	苯甲醚	茴香醚;甲氧基苯	100-66-3	
80	苯甲酸汞	安息香酸汞	583-15-3	
81	苯甲酸甲酯	尼哦油	93-58-3	
82	苯甲酰氯	氯化苯甲酰	98-88-4	
83	苯甲氧基磺酰氯			
84	苯肼	苯基联胺	100-63-0	
85	苯胼化二氯	苯胼氯;二氯化苯胼	622-44-6	
86	苯醌		106-51-4	
87	苯硫代二氯化膦	苯硫代磷酰二氯;硫代二氯化膦苯	3497-00-5	
88	苯胂化二氯	二氯化苯胂;二氯苯胂	696-28-6	剧毒

续上表

序号	品名	别名	CAS号	备注
89	苯胂酸		98-05-5	
90	苯四甲酸酐	均苯四甲酸酐	89-32-7	
91	苯乙醇腈	苯甲氰醇;扁桃腈	532-28-5	
92	N-(苯乙基-4-哌啶基)丙酰胺柠檬酸盐	枸橼酸芬太尼	990-73-8	
93	2-苯乙基异氰酸酯		1943-82-4	
94	苯乙腈	氰化苄;苄基氰	140-29-4	
95	苯乙炔	乙炔苯	536-74-3	
96	苯乙烯[稳定的]	乙烯苯	100-42-5	
97	苯乙酰氯		103-80-0	
98	吡啶	氮杂苯	110-86-1	
99	1-(3-吡啶甲基)-3-(4-硝基苯基)脲	1-(4-硝基苯基)-3-(3-吡啶基甲基)脲;灭鼠优	53558-25-1	剧毒
100	吡咯	一氮二烯五环;氮杂茂	109-97-7	
101	2-吡咯酮		616-45-5	
102	4-[苄基(乙基)氨基]-3-乙氧基苯重氮氯化锌盐			
103	N-苄基-N-乙基苯胺	N-乙基-N-苄基苯胺;苄乙基苯胺	92-59-1	
104	2-苄基吡啶	2-苯甲基吡啶	101-82-6	
105	4-苄基吡啶	4-苯甲基吡啶	2116-65-6	
106	苄硫醇	α-甲苯硫醇	100-53-8	
107	变性乙醇	变性酒精		
108	(1R,2R,4R)-冰片-2-硫氰基醋酸酯	敌稻瘟	115-31-1	
109	丙胺氟磷	N,N′-氟磷酰二异丙胺;双(二异丙氨基)磷酰氟	371-86-8	
110	1-丙醇	正丙醇	71-23-8	
111	2-丙醇	异丙醇	67-63-0	
112	1,2-丙二胺	1,2-二氨基丙烷;丙邻二胺	78-90-0	
113	1,3-丙二胺	1,3-二氨基丙烷	109-76-2	
114	丙二醇乙醚	1-乙氧基-2-丙醇	1569-02-4	
115	丙二腈	二氰甲烷;氰化亚甲基;缩苹果腈	109-77-3	
116	丙二酸铊	丙二酸亚铊	2757-18-8	
117	丙二烯[稳定的]		463-49-0	
118	丙二酰氯	缩苹果酰氯	1663-67-8	
119	丙基三氯硅烷		141-57-1	

续上表

序号	品　名	别　名	CAS 号	备注
120	丙基胂酸	丙胂酸	107-34-6	
121	丙腈	乙基氰	107-12-0	剧毒
122	丙醛		123-38-6	
123	2-丙炔-1-醇	丙炔醇;炔丙醇	107-19-7	剧毒
124	丙炔和丙二烯混合物[稳定的]	甲基乙炔和丙二烯混合物	59355-75-8	
125	丙炔酸		471-25-0	
126	丙酸		79-09-4	
127	丙酸酐	丙酐	123-62-6	
128	丙酸甲酯		554-12-1	
129	丙酸烯丙酯		2408-20-0	
130	丙酸乙酯		105-37-3	
131	丙酸异丙酯	丙酸-1-甲基乙基酯	637-78-5	
132	丙酸异丁酯	丙酸-2-甲基丙酯	540-42-1	
133	丙酸异戊酯		105-68-0	
134	丙酸正丁酯		590-01-2	
135	丙酸正戊酯		624-54-4	
136	丙酸仲丁酯		591-34-4	
137	丙酮	二甲基酮	67-64-1	
138	丙酮氰醇	丙酮合氰化氢;2-羟基异丁腈;氰丙醇	75-86-5	剧毒
139	丙烷		74-98-6	
140	丙烯		115-07-1	
141	2-丙烯-1-醇	烯丙醇;蒜醇;乙烯甲醇	107-18-6	剧毒
142	2-丙烯-1-硫醇	烯丙基硫醇	870-23-5	
143	2-丙烯腈[稳定的]	丙烯腈;乙烯基氰;氰基乙烯	107-13-1	
144	丙烯醛[稳定的]	烯丙醛;败脂醛	107-02-8	
145	丙烯酸[稳定的]		79-10-7	
146	丙烯酸-2-硝基丁酯		5390-54-5	
147	丙烯酸甲酯[稳定的]		96-33-3	
148	丙烯酸羟丙酯		2918-23-2	
149	2-丙烯酸-1,1-二甲基乙基酯	丙烯酸叔丁酯	1663-39-4	
150	丙烯酸乙酯[稳定的]		140-88-5	
151	丙烯酸异丁酯[稳定的]		106-63-8	
152	2-丙烯酸异辛酯		29590-42-9	
153	丙烯酸正丁酯[稳定的]		141-32-2	

续上表

序号	品　名	别　名	CAS 号	备注
154	丙烯酰胺		79-06-1	
155	丙烯亚胺	2-甲基氮丙啶;2-甲基乙撑亚胺;丙撑亚胺	75-55-8	剧毒
156	丙酰氯	氯化丙酰	79-03-8	
157	草酸-4-氨基-N,N-二甲基苯胺	N,N-二甲基对苯二胺草酸;对氨基-N,N-二甲基苯胺草酸	24631-29-6	
158	草酸汞		3444-13-1	
159	超氧化钾		12030-88-5	
160	超氧化钠		12034-12-7	
161	次磷酸		6303-21-5	
162	次氯酸钡[含有效氯＞22%]		13477-10-6	
163	次氯酸钙		7778-54-3	
164	次氯酸钾溶液[含有效氯＞5%]		7778-66-7	
165	次氯酸锂		13840-33-0	
166	次氯酸钠溶液[含有效氯＞5%]		7681-52-9	
167	粗苯	动力苯;混合苯		
168	粗蒽			
169	醋酸三丁基锡		56-36-0	
170	代森锰		12427-38-2	
171	单过氧马来酸叔丁酯[含量＞52%]		1931-62-0	
	单过氧马来酸叔丁酯[含量≤52%,惰性固体含量≥48%]			
	单过氧马来酸叔丁酯[含量≤52%,含 A 型稀释剂≥48%]			
	单过氧马来酸叔丁酯[含量≤52%,糊状物]			
172	氮[压缩的或液化的]		7727-37-9	
173	氮化锂		26134-62-3	
174	氮化镁		12057-71-5	
175	10-氮杂蒽	吖啶	260-94-6	
176	氘	重氢	7782-39-0	
177	地高辛	地戈辛;毛地黄叶毒苷	20830-75-5	
178	碲化镉		1306-25-8	
179	3-碘-1-丙烯	3-碘丙烯;烯丙基碘;碘代烯丙基	556-56-9	
180	1-碘-2-甲基丙烷	异丁基碘;碘代异丁烷	513-38-2	

续上表

序号	品　名	别　名	CAS 号	备注
181	2-碘-2-甲基丙烷	叔丁基碘;碘代叔丁烷	558－17－8	
182	1-碘-3-甲基丁烷	异戊基碘;碘代异戊烷	541－28－6	
183	4-碘苯酚	4-碘酚;对碘苯酚	540－38－5	
184	1-碘丙烷	正丙基碘;碘代正丙烷	107－08－4	
185	2-碘丙烷	异丙基碘;碘代异丙烷	75－30－9	
186	1-碘丁烷	正丁基碘;碘代正丁烷	542－69－8	
187	2-碘丁烷	仲丁基碘;碘代仲丁烷	513－48－4	
188	碘化钾汞	碘化汞钾	7783－33－7	
189	碘化氢[无水]		10034－85－2	
190	碘化亚汞	一碘化汞	15385－57－6	
191	碘化亚铊	一碘化铊	7790－30－9	
192	碘化乙酰	碘乙酰;乙酰碘	507－02－8	
193	碘甲烷	甲基碘	74－88－4	
194	碘酸		7782－68－5	
195	碘酸铵		13446－09－8	
196	碘酸钡		10567－69－8	
197	碘酸钙	碘钙石	7789－80－2	
198	碘酸镉		7790－81－0	
199	碘酸钾		7758－05－6	
200	碘酸钾合一碘酸	碘酸氢钾;重碘酸钾	13455－24－8	
201	碘酸钾合二碘酸			
202	碘酸锂		13765－03－2	
203	碘酸锰		25659－29－4	
204	碘酸钠		7681－55－2	
205	碘酸铅		25659－31－8	
206	碘酸锶		13470－01－4	
207	碘酸铁		29515－61－5	
208	碘酸锌		7790－37－6	
209	碘酸银		7783－97－3	
210	1-碘戊烷	正戊基碘;碘代正戊烷	628－17－1	
211	碘乙酸	碘醋酸	64－69－7	
212	碘乙酸乙酯		623－48－3	
213	碘乙烷	乙基碘	75－03－6	
214	电池液[酸性的]			

续上表

序号	品 名	别 名	CAS 号	备注
215	电池液[碱性的]			
216	叠氮化钡	叠氮钡	18810-58-7	
217	叠氮化钠	三氮化钠	26628-22-8	剧毒
218	叠氮化铅[含水或水加乙醇≥20%]		13424-46-9	
219	2-丁醇	仲丁醇	78-92-2	
220	丁醇钠	丁氧基钠	2372-45-4	
221	1,4-丁二胺	1,4-二氨基丁烷;四亚甲基二胺;腐肉碱	110-60-1	
222	丁二腈	1,2-二氰基乙烷;琥珀腈	110-61-2	
223	1,3-丁二烯[稳定的]	联乙烯	106-99-0	
224	丁二酰氯	氯化丁二酰;琥珀酰氯	543-20-4	
225	丁基甲苯			
226	丁基磷酸	酸式磷酸丁酯	12788-93-1	
227	2-丁基硫醇	仲丁硫醇	513-53-1	
228	丁基三氯硅烷		7521-80-4	
229	丁醛肟		110-69-0	
230	1-丁炔[稳定的]	乙基乙炔	107-00-6	
231	2-丁炔	巴豆炔;二甲基乙炔	503-17-3	
232	1-丁炔-3-醇		2028-63-9	
233	丁酸丙烯酯	丁酸烯丙酯;丁酸-2-丙烯酯	2051-78-7	
234	丁酸酐		106-31-0	
235	丁酸正戊酯	丁酸戊酯	540-18-1	
236	2-丁酮	丁酮;乙基甲基酮;甲乙酮	78-93-3	
237	2-丁酮肟		96-29-7	
238	1-丁烯		106-98-9	
239	2-丁烯		107-01-7	
240	2-丁烯-1-醇	巴豆醇;丁烯醇	6117-91-5	
241	3-丁烯-2-酮	甲基乙烯基酮;丁烯酮	78-94-4	剧毒
242	丁烯二酰氯[反式]	富马酰氯	627-63-4	
243	3-丁烯腈	烯丙基氰	109-75-1	
244	2-丁烯腈[反式]	巴豆腈;丙烯基氰	4786-20-3	
245	2-丁烯醛	巴豆醛;β-甲基丙烯醛	4170-30-3	
246	2-丁烯酸	巴豆酸	3724-65-0	
247	丁烯酸甲酯	巴豆酸甲酯	623-43-8	
248	丁烯酸乙酯	巴豆酸乙酯	623-70-1	

续上表

序号	品　名	别　名	CAS 号	备注
249	2-丁氧基乙醇	乙二醇丁醚;丁基溶纤剂	111 – 76 – 2	
250	毒毛旋花苷 G	羊角拗质	630 – 60 – 4	
251	毒毛旋花苷 K		11005 – 63 – 3	
252	杜廷	羟基马桑毒内酯;马桑苷	2571 – 22 – 4	
253	短链氯化石蜡（C_{10-13}）	C_{10-13}氯代烃	85535 – 84 – 8	
254	对氨基苯磺酸	4-氨基苯磺酸	121 – 57 – 3	
255	对苯二甲酰氯		100 – 20 – 9	
256	对甲苯磺酰氯		98 – 59 – 9	
257	对硫氰酸苯胺	对硫氰基苯胺;硫氰酸对氨基苯酯	15191 – 25 – 0	
258	1-(对氯苯基)-2,8,9-三氧-5-氮-1-硅双环(3,3,3)十二烷	毒鼠硅;氯硅宁;硅灭鼠	29025 – 67 – 0	剧毒
259	对氯苯硫醇	4-氯硫酚;对氯硫酚	106 – 54 – 7	
260	对蓋基化过氧氢［72% < 含量 ≤100%］	对蓋基过氧化氢	39811 – 34 – 2	
	对蓋基化过氧氢［含量≤72%，含 A 型稀释剂≥28%］			
261	对壬基酚		104 – 40 – 5	
262	对硝基苯酚钾	对硝基酚钾	1124 – 31 – 8	
263	对硝基苯酚钠	对硝基酚钠	824 – 78 – 2	
264	对硝基苯磺酸		138 – 42 – 1	
265	对硝基苯甲酰肼		636 – 97 – 5	
266	对硝基乙苯		100 – 12 – 9	
267	对异丙基苯酚	对异丙基酚	99 – 89 – 8	
268	多钒酸铵	聚钒酸铵	12207 – 63 – 5	
269	多聚甲醛	聚蚁醛;聚合甲醛	30525 – 89 – 4	
270	多聚磷酸	四磷酸	8017 – 16 – 1	
271	多硫化铵溶液		9080 – 17 – 5	
272	多氯二苯并对二噁英	PCDDs		
273	多氯二苯并呋喃	PCDFs		
274	多氯联苯	PCBs		
275	多氯三联苯		61788 – 33 – 8	
276	多溴二苯醚混合物			
277	苊	萘乙环	83 – 32 – 9	
278	蒽醌-1-肼酸	蒽醌-α-肼酸		

续上表

序号	品 名	别 名	CAS 号	备注
279	蒽油乳膏 蒽油乳剂			
280	二-(1-羟基环己基)过氧化物[含量≤100%]		2407-94-5	
281	二-(2-苯氧乙基)过氧重碳酸酯[85%＜含量≤100%] 二-(2-苯氧乙基)过氧重碳酸酯[含量≤85%,含水≥15%]		41935-39-1	
282	二(2-环氧丙基)醚	二缩水甘油醚;双环氧稀释剂;2,2′-[氧双(亚甲基)]双环氧乙烷;二环氧甘油醚	2238-07-5	
283	二-(2-甲基苯甲酰)过氧化物[含量≤87%]	过氧化二-(2-甲基苯甲酰)	3034-79-5	
284	二-(2-羟基-3,5,6-三氯苯基)甲烷	2,2′-亚甲基-双(3,4,6-三氯苯酚);毒菌酚	70-30-4	
285	二-(2-新癸酰过氧异丙基)苯[含量≤52%,含 A 型稀释剂≥48%]			
286	二-(2-乙基己基)磷酸酯	2-乙基己基-2′-乙基己基磷酸酯	298-07-7	
287	二-(3,5,5-三甲基己酰)过氧化物[52%＜含量≤82%,含 A 型稀释剂≥18%] 二-(3,5,5-三甲基己酰)过氧化物[含量≤38%,含 A 型稀释剂≥62%] 二-(3,5,5-三甲基己酰)过氧化物[38%＜含量≤52%,含 A 型稀释剂≥48%] 二-(3,5,5-三甲基己酰)过氧化物[含量≤52%,在水中稳定弥散]		3851-87-4	
288	2,2-二-[4,4-二(叔丁基过氧环己基)]丙烷[含量≤22%,含 B 型稀释剂≥78%] 2,2-二-[4,4-二(叔丁基过氧环己基)]丙烷[含量≤42%,含惰性固体≥58%]		1705-60-8	
289	二-(4-甲基苯甲酰)过氧化物[硅油糊状物,含量≤52%]		895-85-2	

续上表

序号	品 名	别 名	CAS 号	备注
290	二-(4-叔丁基环己基)过氧重碳酸酯[含量≤100%]	过氧化二碳酸-二-(4-叔丁基环己基)酯	15520-11-3	
	二-(4-叔丁基环己基)过氧重碳酸酯[含量≤42%,在水中稳定弥散]			
291	二(苯磺酰肼)醚	4,4′-氧代双苯磺酰肼	80-51-3	
292	1,6-二-(过氧化叔丁基-羰基氧)己烷[含量≤72%,含A型稀释剂≥28%]		36536-42-2	
293	二(氯甲基)醚	二氯二甲醚;对称二氯二甲醚;氧代二氯甲烷	542-88-1	
294	二(三氯甲基)碳酸酯	三光气	32315-10-9	
295	1,1-二-(叔丁基过氧)-3,3,5-三甲基环己烷[90%＜含量≤100%]		6731-36-8	
	1,1-二-(叔丁基过氧)-3,3,5-三甲基环己烷[57%＜含量≤90%,含A型稀释剂≥10%]			
	1,1-二-(叔丁基过氧)-3,3,5-三甲基环己烷[含量≤32%,含A型稀释剂≥26%,含B型稀释剂≥42%]			
	1,1-二-(叔丁基过氧)-3,3,5-三甲基环己烷[含量≤57%,含A型稀释剂≥43%]			
	1,1-二-(叔丁基过氧)-3,3,5-三甲基环己烷[含量≤57%,含惰性固体≥43%]			
	1,1-二-(叔丁基过氧)-3,3,5-三甲基环己烷[含量≤77%,含B型稀释剂≥23%]			
	1,1-二-(叔丁基过氧)-3,3,5-三甲基环己烷[含量≤90%,含A型稀释剂≥10%]			
296	2,2-二-(叔丁基过氧)丙烷[含量≤42%,含A型稀释剂≥13%,惰性固体含量≥45%]		4262-61-7	
	2,2-二-(叔丁基过氧)丙烷[含量≤52%,含A型稀释剂≥48%]			

序号	品　名	别　名	CAS号	备注
297	3,3-二-(叔丁基过氧)丁酸乙酯[77%＜含量≤100%]	3,3-双-(过氧化叔丁基)丁酸乙酯	55794－20－2	
	3,3-二-(叔丁基过氧)丁酸乙酯[含量≤52%]			
	3,3-二-(叔丁基过氧)丁酸乙酯[含量≤77%,含A型稀释剂≥23%]			
298	2,2-二-(叔丁基过氧)丁烷[含量≤52%,含A型稀释剂≥48%]		2167－23－9	
299	1,1-二-(叔丁基过氧)环己烷[80%＜含量≤100%]	1,1-双-(过氧化叔丁基)环己烷	3006－86－8	
	1,1-二-(叔丁基过氧)环己烷[52%＜含量≤80%,含A型稀释剂≥20%]			
	1,1-二-(叔丁基过氧)环己烷[42%＜含量≤52%,含A型稀释剂≥48%]			
	1,1-二-(叔丁基过氧)环己烷[含量≤13%,含A型稀释剂≥13%,含B型稀释剂≥74%]			
	1,1-二-(叔丁基过氧)环己烷[含量≤27%,含A型稀释剂≥25%]			
	1,1-二-(叔丁基过氧)环己烷[含量≤42%,含A型稀释剂≥13%,惰性固体含量≥45%]			
	1,1-二-(叔丁基过氧)环己烷[含量≤42%,含A型稀释剂≥58%]			
	1,1-二-(叔丁基过氧)环己烷[含量≤72%,含B型稀释剂≥28%]			
300	1,1-二-(叔丁基过氧)环己烷和过氧化(2-乙基己酸)叔丁酯的混合物[1,1-二-(叔丁基过氧)环己烷含量≤43%,过氧化(2-乙基己酸)叔丁酯含量≤16%,含A型稀释剂≥41%]			
301	二-(叔丁基过氧)邻苯二甲酸酯[糊状,含量≤52%]			
	二-(叔丁基过氧)邻苯二甲酸酯[42%＜含量≤52%,含A型稀释剂≥48%]			
	二-(叔丁基过氧)邻苯二甲酸酯[含量≤42%,含A型稀释剂≥58%]			

续上表

序号	品 名	别 名	CAS 号	备注
302	3,3-二-(叔戊基过氧)丁酸乙酯[含量≤67%,含A型稀释剂≥33%]		67567-23-1	
303	2,2-二-(叔戊基过氧)丁烷[含量≤57%,含A型稀释剂≥43%]		13653-62-8	
304	4,4′-二氨基-3,3′-二氯二苯基甲烷		101-14-4	
305	3,3′-二氨基二丙胺	二丙三胺;3,3′-亚氨基二丙胺;三丙撑三胺	56-18-8	
306	2,4-二氨基甲苯	甲苯-2,4-二胺;2,4-甲苯二胺	95-80-7	
307	2,5-二氨基甲苯	甲苯-2,5-二胺;2,5-甲苯二胺	95-70-5	
308	2,6-二氨基甲苯	甲苯-2,6-二胺;2,6-甲苯二胺	823-40-5	
309	4,4′-二氨基联苯	联苯胺;二氨基联苯	92-87-5	
310	二氨基镁		7803-54-5	
311	二苯胺		122-39-4	
312	二苯胺硫酸溶液			
313	二苯基胺氯胂	吩吡嗪化氯;亚当氏气	578-94-9	
314	二苯基二氯硅烷	二苯二氯硅烷	80-10-4	
315	二苯基二硒		1666-13-3	
316	二苯基汞	二苯汞	587-85-9	
317	二苯基甲烷二异氰酸酯	MDI	26447-40-5	
318	二苯基甲烷-4,4′-二异氰酸酯	亚甲基双(4,1-亚苯基)二异氰酸酯;4,4′-二异氰酸二苯甲烷	101-68-8	
319	二苯基氯胂	氯化二苯胂	712-48-1	
320	二苯基镁		555-54-4	
321	2-(二苯基乙酰基)-2,3-二氢-1,3-茚二酮	2-(2,2-二苯基乙酰基)-1,3-茚满二酮;敌鼠	82-66-6	剧毒
322	二苯甲基溴	溴二苯甲烷;二苯溴甲烷	776-74-9	
323	1,1-二苯肼	不对称二苯肼	530-50-7	
324	1,2-二苯肼	对称二苯肼	122-66-7	
325	二苄基二氯硅烷		18414-36-3	
326	二丙硫醚	正丙硫醚;二丙基硫;硫化二正丙基	111-47-7	
327	二碘化苯胂	苯基二碘胂	6380-34-3	
328	二碘化汞	碘化汞;碘化高汞;红色碘化汞	7774-29-0	
329	二碘甲烷		75-11-6	
330	N,N-二丁基苯胺		613-29-6	

续上表

序号	品　名	别　名	CAS 号	备注
331	二丁基二(十二酸)锡	二丁基二月桂酸锡;月桂酸二丁基锡	77-58-7	
332	二丁基二氯化锡		683-18-1	
333	二丁基氧化锡	氧化二丁基锡	818-08-6	
334	S,S′-(1,4-二噁烷 2,3-二基)O,O,O′,O′-四乙基双(二硫代磷酸酯)	敌噁磷	78-34-2	
335	1,3-二氟-2-丙醇		453-13-4	
336	1,2-二氟苯	邻二氟苯	367-11-3	
337	1,3-二氟苯	间二氟苯	372-18-9	
338	1,4-二氟苯	对二氟苯	540-36-3	
339	1,3-二氟丙-2-醇(Ⅰ)与1-氯-3-氟丙-2-醇(Ⅱ)的混合物	鼠甘伏;甘氟	8065-71-2	剧毒
340	二氟化氧	一氧化二氟	7783-41-7	剧毒
341	二氟甲烷	R32	75-10-5	
342	二氟磷酸[无水]	二氟代磷酸	13779-41-4	
343	1,1-二氟乙烷	R152a	75-37-6	
344	1,1-二氟乙烯	R1132a;偏氟乙烯	75-38-7	
345	二甘醇双(碳酸烯丙酯)和过二碳酸二异丙酯的混合物[二甘醇双(碳酸烯丙酯)≥88%,过二碳酸二异丙酯≤12%]			
346	二环庚二烯	2,5-降冰片二烯	121-46-0	
347	二环己胺		101-83-7	
348	1,3-二磺酰肼苯		26747-93-3	
349	β-二甲氨基丙腈	2-(二甲胺基)乙基氰	1738-25-6	
350	O-[4-((二甲氨基)磺酰基)苯基]O,O-二甲基硫代磷酸酯	伐灭磷	52-85-7	
351	二甲氨基二氮硒杂茚			
352	二甲氨基甲酰氯		79-44-7	
353	4-二甲氨基偶氮苯-4′-胂酸	锆试剂	622-68-4	
354	二甲胺[无水]		124-40-3	
	二甲胺溶液			
355	1,2-二甲苯	邻二甲苯	95-47-6	
356	1,3-二甲苯	间二甲苯	108-38-3	
357	1,4-二甲苯	对二甲苯	106-42-3	

续上表

序号	品　　名	别　　名	CAS 号	备注
358	二甲苯异构体混合物		1330-20-7	
359	2,3-二甲苯酚	1-羟基-2,3-二甲基苯;2,3-二甲酚	526-75-0	
360	2,4-二甲苯酚	1-羟基-2,4-二甲基苯;2,4-二甲酚	105-67-9	
361	2,5-二甲苯酚	1-羟基-2,5-二甲基苯;2,5-二甲酚	95-87-4	
362	2,6-二甲苯酚	1-羟基-2,6-二甲基苯;2,6-二甲酚	576-26-1	
363	3,4-二甲苯酚	1-羟基-3,4-二甲基苯	95-65-8	
364	3,5-二甲苯酚	1-羟基-3,5-二甲基苯	108-68-9	
365	O,O-二甲基-(2,2,2-三氯-1-羟基乙基)膦酸酯	敌百虫	52-68-6	
366	O,O-二甲基-O-(2,2-二氯乙烯基)磷酸酯	敌敌畏	62-73-7	
367	O-O-二甲基-O-(2-甲氧甲酰基-1-甲基)乙烯基磷酸酯[含量>5%]	甲基-3-[(二甲氧基磷酰基)氧代]-2-丁烯酸酯;速灭磷	7786-34-7	剧毒
368	N,N-二甲基-1,3-丙二胺	3-二甲氨基-1-丙胺	109-55-7	
369	4,4-二甲基-1,3-噁烷		766-15-4	
370	2,5-二甲基-1,4-噁烷		15176-21-3	
371	2,5-二甲基-1,5-己二烯		627-58-7	
372	2,5-二甲基-2,4-己二烯		764-13-6	
373	2,3-二甲基-1-丁烯		563-78-0	
374	2,5-二甲基-2,5-二-(2-乙基己酰过氧)己烷[含量≤100%]	2,5-二甲基-2,5-双-(过氧化-2-乙基己酰)己烷	13052-09-0	
375	2,5-二甲基-2,5-二-(3,5,5-三甲基己酰过氧)己烷[含量≤77%,含A型稀释剂≥23%]	2,5-二甲基-2,5-双-(过氧化-3,5,5-三甲基己酰)己烷		
376	2,5-二甲基-2,5-二(叔丁基过氧)-3-己烷[52%<含量≤86%,含A型稀释剂≥14%]		1068-27-5	
376	2,5-二甲基-2,5-二(叔丁基过氧)-3-己烷[86%<含量≤100%]		1068-27-5	
376	2,5-二甲基-2,5-二(叔丁基过氧)-3-己烷[含量≤52%,含惰性固体≥48%]		1068-27-5	
377	2,5-二甲基-2,5-二(叔丁基过氧)己烷[90%<含量≤100%]	2,5-二甲基-2,5-双-(过氧化叔丁基)己烷	78-63-7	
377	2,5-二甲基-2,5-二(叔丁基过氧)己烷[52%<含量≤90%,含A型稀释剂≥10%]	2,5-二甲基-2,5-双-(过氧化叔丁基)己烷	78-63-7	

续上表

序号	品　名	别　名	CAS号	备注
377	2,5-二甲基-2,5-二(叔丁基过氧)己烷[含量≤52%,含A型稀释剂≥48%] 2,5-二甲基-2,5-二(叔丁基过氧)己烷[含量≤77%] 2,5-二甲基-2,5-二(叔丁基过氧)己烷[糊状物,含量≤47%]	2,5-二甲基-2,5-双-(过氧化叔丁基)己烷	78-63-7	
378	2,5-二甲基-2,5-二氢过氧化己烷[含量≤82%]	2,5-二甲基-2,5-过氧化二氢己烷	3025-88-5	
379	2,5-二甲基-2,5-双(苯甲酰过氧)己烷[82%<含量≤100%] 2,5-二甲基-2,5-双(苯甲酰过氧)己烷[含量≤82%,惰性固体含量≥18%] 2,5-二甲基-2,5-双(苯甲酰过氧)己烷[含量≤82%,含水≥18%]	2,5-二甲基-2,5-双-(过氧化苯甲酰)己烷	2618-77-1	
380	2,5-二甲基-2,5-双-(过氧化叔丁基)-3-己炔[86%<含量≤100%] 2,5-二甲基-2,5-双-(过氧化叔丁基)-3-己炔[含量≤52%,含惰性固体≥48%] 2,5-二甲基-2,5-双-(过氧化叔丁基)-3-己炔[52%<含量≤86%A型稀释剂≥14%]		1068-27-5	
381	2,3-二甲基-2-丁烯	四甲基乙烯	563-79-1	
382	3-[2-(3,5-二甲基-2-氧代环己基)-2-羟基乙基]戊二酰胺	放线菌酮	66-81-9	
383	2,6-二甲基-3-庚烯		2738-18-3	
384	2,4-二甲基-3-戊酮	二异丙基甲酮	565-80-0	
385	二甲基-4-(甲基硫代)苯基磷酸酯	甲硫磷	3254-63-5	剧毒
386	1,1′-二甲基-4,4′-联吡啶阳离子	百草枯	4685-14-7	
387	3,3′-二甲基-4,4′-二氨基联苯	邻二氨基二甲基联苯;3,3′-二甲基联苯胺	119-93-7	
388	N′,N′-二甲基-N′-苯基-N′-(氟二氯甲硫基)磺酰胺	苯氟磺胺	1085-98-9	
389	O,O-二甲基-O-(1,2-二溴-2,2-二氯乙基)磷酸酯	二溴磷	300-76-5	

续上表

序号	品　名	别　名	CAS 号	备注
390	O,O-二甲基-O-(4-甲硫基-3-甲基苯基)硫代磷酸酯	倍硫磷	55-38-9	
391	O,O-二甲基-O-(4-硝基苯基)硫代磷酸酯	甲基对硫磷	298-00-0	
392	(E)-O,O-二甲基-O-[1-甲基-2-(1-苯基-乙氧基甲酰)乙烯基]磷酸酯	巴毒磷	7700-17-6	
393	(E)-O,O-二甲基-O-[1-甲基-2-(二甲基氨基甲酰)乙烯基]磷酸酯[含量>25%]	3-二甲氧基磷氧基-N,N-二甲基异丁烯酰胺;百治磷	141-66-2	剧毒
394	O,O-二甲基-O-[1-甲基-2-(甲基氨基甲酰)乙烯基]磷酸酯[含量>0.5%]	久效磷	6923-22-4	剧毒
395	O,O-二甲基-O-[1-甲基2 氯-2-(二乙基氨基甲酰)乙烯基]磷酸酯	2-氯-3-(二乙氨基)-1-甲基-3-氧代-1-丙烯二甲基磷酸酯;磷胺	13171-21-6	
396	O,O-二甲基-S-(2,3-二氢-5-甲氧基-2-氧代-1,3,4-噻二唑-3-基甲基)二硫代磷酸酯	杀扑磷	950-37-8	
397	O,O-二甲基-S-(2-甲硫基乙基)二硫代磷酸酯(Ⅱ)	二硫代田乐磷	2587-90-8	
398	O,O-二甲基-S-(2-乙硫基乙基)二硫代磷酸酯	甲基乙拌磷	640-15-3	
399	O,O-二甲基-S-(3,4-二氢-4-氧代苯并[d]-[1,2,3]-三氮苯-3-基甲基)二硫代磷酸酯	保棉磷	86-50-0	
400	O,O-二甲基-S-(N-甲基氨基甲酰甲基)硫代磷酸酯	氧乐果	1113-02-6	
401	O,O-二甲基-S-(吗啉代甲酰甲基)二硫代磷酸酯	茂硫磷	144-41-2	
402	O,O-二甲基-S-(酞酰亚胺基甲基)二硫代磷酸酯	亚胺硫磷	732-11-6	
403	O,O-二甲基-S-(乙基氨基甲酰甲基)二硫代磷酸酯	益棉磷	2642-71-9	
404	O-O-二甲基-S-[1,2-双(乙氧基甲酰)乙基]二硫代磷酸酯	马拉硫磷	121-75-5	
405	4-N,N-二甲基氨基-3,5-二甲基苯基N-甲基氨基甲酸酯	4-二甲氨基-3,5-二甲苯基-N-甲基氨基甲酸酯;兹克威	315-18-4	

续上表

序号	品　名	别　名	CAS号	备注
406	4-N,N-二甲基氨基-3-甲基苯基 N-甲基氨基甲酸酯	灭害威	2032-59-9	
407	4-二甲基氨基-6-(2-二甲基氨乙基氧基)甲苯-2-重氮氯化锌盐		135072-82-1	
408	8-(二甲基氨基甲基)-7-甲氧基氨基-3-甲基黄酮	二甲弗林	1165-48-6	
409	3-二甲基氨基亚甲基亚氨苯基-N-甲基氨基甲酸酯(或其盐酸盐)	伐虫脒	22259-30-9；23422-53-9	
410	N,N-二甲基氨基乙腈	2-(二甲氨基)乙腈	926-64-7	剧毒
411	2,3-二甲基苯胺	1-氨基-2,3-二甲基苯	87-59-2	
412	2,4-二甲基苯胺	1-氨基-2,4-二甲基苯	95-68-1	
413	2,5-二甲基苯胺	1-氨基-2,5-二甲基苯	95-78-3	
414	2,6-二甲基苯胺	1-氨基-2,6-二甲基苯	87-62-7	
415	3,4-二甲基苯胺	1-氨基-3,4-二甲基苯	95-64-7	
416	3,5-二甲基苯胺	1-氨基-3,5-二甲基苯	108-69-0	
417	N,N-二甲基苯胺		121-69-7	
418	二甲基苯胺异构体混合物		1300-73-8	
419	3,5-二甲基苯甲酰氯		6613-44-1	
420	2,4-二甲基吡啶	2,4-二甲基氮杂苯	108-47-4	
421	2,5-二甲基吡啶	2,5-二甲基氮杂苯	589-93-5	
422	2,6-二甲基吡啶	2,6-二甲基氮杂苯	108-48-5	
423	3,4-二甲基吡啶	3,4-二甲基氮杂苯	583-58-4	
424	3,5-二甲基吡啶	3,5-二甲基氮杂苯	591-22-0	
425	N,N-二甲基苄胺	N-苄基二甲胺;苄基二甲胺	103-83-3	
426	N,N-二甲基丙胺		926-63-6	
427	N,N-二甲基丙醇胺	3-(二甲胺基)-1-丙醇	3179-63-3	
428	2,2-二甲基丙酸甲酯	三甲基乙酸甲酯	598-98-1	
429	2,2-二甲基丙烷	新戊烷	463-82-1	
430	1,3-二甲基丁胺	2-氨基-4-甲基戊烷	108-09-8	
431	1,3-二甲基丁醇乙酸酯	乙酸仲己酯;2-乙酸-4-甲基戊酯	108-84-9	
432	2,2-二甲基丁烷	新己烷	75-83-2	
433	2,3-二甲基丁烷	二异丙基	79-29-8	
434	O,O-二甲基-对硝基苯基磷酸酯	甲基对氧磷	950-35-6	剧毒
435	二甲基二噁烷		25136-55-4	

续上表

序号	品　名	别　名	CAS 号	备注
436	二甲基二氯硅烷	二氯二甲基硅烷	75-78-5	
437	二甲基二乙氧基硅烷	二乙氧基二甲基硅烷	78-62-6	
438	2,5-二甲基呋喃	2,5-二甲基氧杂茂	625-86-5	
439	2,2-二甲基庚烷		1071-26-7	
440	2,3-二甲基庚烷		3074-71-3	
441	2,4-二甲基庚烷		2213-23-2	
442	2,5-二甲基庚烷		2216-30-0	
443	3,3-二甲基庚烷		4032-86-4	
444	3,4-二甲基庚烷		922-28-1	
445	3,5-二甲基庚烷		926-82-9	
446	4,4-二甲基庚烷		1068-19-5	
447	N,N-二甲基环己胺	二甲氨基环己烷	98-94-2	
448	1,1-二甲基环己烷		590-66-9	
449	1,2-二甲基环己烷		583-57-3	
450	1,3-二甲基环己烷		591-21-9	
451	1,4-二甲基环己烷		589-90-2	
452	1,1-二甲基环戊烷		1638-26-2	
453	1,2-二甲基环戊烷		2452-99-5	
454	1,3-二甲基环戊烷		2453-00-1	
455	2,2-二甲基己烷		590-73-8	
456	2,3-二甲基己烷		584-94-1	
457	2,4-二甲基己烷		589-43-5	
458	3,3-二甲基己烷		563-16-6	
459	3,4-二甲基己烷		583-48-2	
460	N,N-二甲基甲酰胺	甲酰二甲胺	68-12-2	
461	1,1-二甲基肼	二甲基肼[不对称];N,N-二甲基肼	57-14-7	剧毒
462	1,2-二甲基肼	二甲基肼[对称]	540-73-8	剧毒
463	O,O′-二甲基硫代磷酰氯	二甲基硫代磷酰氯	2524-03-0	剧毒
464	二甲基氯乙缩醛		97-97-2	
465	2,6-二甲基吗啉		141-91-3	
466	二甲基镁		2999-74-8	
467	1,4-二甲基哌嗪		106-58-1	
468	二甲基胂酸钠	卡可酸钠	124-65-2	
469	2,3-二甲基戊醛		32749-94-3	

序号	品　　名	别　　名	CAS 号	备注
470	2,2-二甲基戊烷		590-35-2	
471	2,3-二甲基戊烷		565-59-3	
472	2,4-二甲基戊烷	二异丙基甲烷	108-08-7	
473	3,3-二甲基戊烷	2,2-二乙基丙烷	562-49-2	
474	N,N-二甲基硒脲	二甲基硒脲[不对称]	5117-16-8	
475	二甲基锌		544-97-8	
476	N,N-二甲基乙醇胺	N,N-二甲基-2-羟基乙胺;2-二甲氨基乙醇	108-01-0	
477	二甲基乙二酮	双乙酰;丁二酮	431-03-8	
478	N,N-二甲基异丙醇胺	1-(二甲胺基)-2-丙醇	108-16-7	
479	二甲醚	甲醚	115-10-6	
480	二甲胂酸	二甲次胂酸;二甲基胂酸;卡可地酸;卡可酸	75-60-5	
481	二甲双胍	双甲胍;马钱子碱	57-24-9	剧毒
482	2,6-二甲氧基苯甲酰氯		1989-53-3	
483	2,2-二甲氧基丙烷		77-76-9	
484	二甲氧基甲烷	二甲醇缩甲醛;甲缩醛;甲撑二甲醚	109-87-5	
485	3,3′-二甲氧基联苯胺	邻联二茴香胺;3,3′-二甲氧基-4,4′-二氨基联苯	119-90-4	
486	二甲氧基马钱子碱	番木鳖碱	357-57-3	剧毒
487	1,1-二甲氧基乙烷	二甲醇缩乙醛;乙醛缩二甲醇	534-15-6	
488	1,2-二甲氧基乙烷	二甲基溶纤剂;乙二醇二甲醚	110-71-4	
489	二聚丙烯醛[稳定的]		100-73-2	
490	二聚环戊二烯	双茂;双环戊二烯;4,7-亚甲基-3a,4,7,7a-四氢茚	77-73-6	
491	二硫代-4,4′-二氨基代二苯	4,4′-二氨基二苯基二硫醚二硫代对氨基苯	722-27-0	
492	二硫化二甲基	二甲二硫;二甲基二硫;甲基化二硫	624-92-0	
493	二硫化钛		12039-13-3	
494	二硫化碳		75-15-0	
495	二硫化硒		7488-56-4	
496	2,3-二氯-1,4-萘醌	二氯萘醌	117-80-6	
497	1,1-二氯-1-硝基乙烷		594-72-9	
498	1,3-二氯-2-丙醇	1,3-二氯异丙醇;1,3-二氯代甘油	96-23-1	

续上表

序号	品　名	别　名	CAS号	备注
499	1,3-二氯-2-丁烯		926-57-8	
500	1,4-二氯-2-丁烯		764-41-0	
501	1,2-二氯苯	邻二氯苯	95-50-1	
502	1,3-二氯苯	间二氯苯	541-73-1	
503	2,3-二氯苯胺		608-27-5	
504	2,4-二氯苯胺		554-00-7	
505	2,5-二氯苯胺		95-82-9	
506	2,6-二氯苯胺		608-31-1	
507	3,4-二氯苯胺		95-76-1	
508	3,5-二氯苯胺		626-43-7	
509	二氯苯胺异构体混合物		27134-27-6	
510	2,3-二氯苯酚	2,3-二氯酚	576-24-9	
511	2,4-二氯苯酚	2,4-二氯酚	120-83-2	
512	2,5-二氯苯酚	2,5-二氯酚	583-78-8	
513	2,6-二氯苯酚	2,6-二氯酚	87-65-0	
514	3,4-二氯苯酚	3,4-二氯酚	95-77-2	
515	3,4-二氯苯基偶氮硫脲	3,4-二氯苯偶氮硫代氨基甲酰胺;灭鼠肼	5836-73-7	
516	二氯苯基三氯硅烷		27137-85-5	
517	2,4-二氯苯甲酰氯	2,4-二氯代氯化苯甲酰	89-75-8	
518	2-(2,4-二氯苯氧基)丙酸	2,4-滴丙酸	120-36-5	
519	3,4-二氯苄基氯	3,4-二氯氯化苄;氯化-3,4-二氯苄	102-47-6	
520	1,1-二氯丙酮		513-88-2	
521	1,3-二氯丙酮	α,γ-二氯丙酮	534-07-6	
522	1,2-二氯丙烷	二氯化丙烯	78-87-5	
523	1,3-二氯丙烷		142-28-9	
524	1,2-二氯丙烯	2-氯丙烯基氯	563-54-2	
525	1,3-二氯丙烯		542-75-6	
526	2,3-二氯丙烯		78-88-6	
527	1,4-二氯丁烷		110-56-5	
528	二氯二氟甲烷	R12	75-71-8	
529	二氯二氟甲烷和二氟乙烷的共沸物[含二氯二氟甲烷约74%]	R500		
530	1,2-二氯二乙醚	乙基-1,2-二氯乙醚	623-46-1	
531	2,2-二氯二乙醚	对称二氯二乙醚	111-44-4	

续上表

序号	品　名	别　名	CAS 号	备注
532	二氯硅烷		4109-96-0	
533	二氯化膦苯	苯基二氯磷;苯膦化二氯	644-97-3	
534	二氯化硫		10545-99-0	
535	二氯化乙基铝	乙基二氯化铝	563-43-9	
536	2,4-二氯甲苯		95-73-8	
537	2,5-二氯甲苯		19398-61-9	
538	2,6-二氯甲苯		118-69-4	
539	3,4-二氯甲苯		95-75-0	
540	α,α-二氯甲苯	二氯化苄;二氯甲基苯;苄叉二氯;α,α-二氯甲基苯	98-87-3	
541	二氯甲烷	亚甲基氯;甲撑氯	75-09-2	
542	3,3′-二氯联苯胺		91-94-1	
543	二氯硫化碳	硫光气;硫代羰基氯	463-71-8	
544	二氯醛基丙烯酸	粘氯酸;二氯代丁烯醛酸;糠氯酸	87-56-9	
545	二氯四氟乙烷	R114	76-14-2	
546	1,5-二氯戊烷		628-76-2	
547	2,3-二氯硝基苯	1,2-二氯-3-硝基苯	3209-22-1	
548	2,4-二氯硝基苯		611-06-3	
549	2,5-二氯硝基苯	1,4-二氯-2-硝基苯	89-61-2	
550	3,4-二氯硝基苯		99-54-7	
551	二氯一氟甲烷	R21	75-43-4	
552	二氯乙腈	氰化二氯甲烷	3018-12-0	
553	二氯乙酸	二氯醋酸	79-43-6	
554	二氯乙酸甲酯	二氯醋酸甲酯	116-54-1	
555	二氯乙酸乙酯	二氯醋酸乙酯	535-15-9	
556	1,1-二氯乙烷	乙叉二氯	75-34-3	
557	1,2-二氯乙烷	乙撑二氯;亚乙基二氯;1,2-二氯化乙烯	107-06-2	
558	1,1-二氯乙烯	偏二氯乙烯;乙烯叉二氯	75-35-4	
559	1,2-二氯乙烯	二氯化乙炔	540-59-0	
560	二氯乙酰氯		79-36-7	
561	二氯异丙基醚	二氯异丙醚	108-60-1	
562	二氯异氰尿酸		2782-57-2	
563	1,4-二羟基-2-丁炔	1,4-丁炔二醇;丁炔二醇	110-65-6	

续上表

序号	品名	别名	CAS号	备注
564	1,5-二羟基-4,8-二硝基蒽醌		128-91-6	
565	3,4-二羟基-α-[(甲氨基)甲基]苄醇	肾上腺素;付肾碱;付肾素	51-43-4	
566	2,2′-二羟基二乙胺	二乙醇胺	111-42-2	
567	3,6-二羟基邻苯二甲腈	2,3-二氰基对苯二酚	4733-50-0	
568	2,3-二氢-2,2-二甲基苯并呋喃-7-基-N-甲基氨基甲酸酯	克百威	1563-66-2	剧毒
569	2,3-二氢吡喃		25512-65-6	
570	2,3-二氰-5,6-二氯氢醌		84-58-2	
571	二肉豆蔻基过氧重碳酸酯[含量≤100%]		53220-22-7	
	二肉豆蔻基过氧重碳酸酯[含量≤42%,在水中稳定弥散]			
572	2,6-二噻-1,3,5,7-四氮三环-[3,3,1,1,3,7]癸烷-2,2,6,6-四氧化物	毒鼠强	80-12-6	剧毒
573	二叔丁基过氧化物[52%＜含量≤100%]	过氧化二叔丁基	110-05-4	
	二叔丁基过氧化物[含量≤52%,含B型稀释剂≥48%]			
574	二叔丁基过氧壬二酸酯[含量≤52%,含A型稀释剂≥48%]		16580-06-6	
575	1,1-二叔戊过氧基环己烷[含量≤82%,含A型稀释剂≥18%]		15667-10-4	
576	二-叔戊基过氧化物[含量≤100%]		10508-09-5	
577	二水合三氟化硼	三氟化硼水合物	13319-75-0	
578	二戊基磷酸	酸式磷酸二戊酯	3138-42-9	
579	二烯丙基胺	二烯丙胺	124-02-7	
580	二烯丙基代氰胺	N-氰基二烯丙基胺	538-08-9	
581	二烯丙基硫醚	硫化二烯丙基;烯丙基硫醚	592-88-1	
582	二烯丙基醚	烯丙基醚	557-40-4	
583	4,6-二硝基-2-氨基苯酚	苦氨酸;二硝基氨基苯酚	96-91-3	
584	4,6-二硝基-2-氨基苯酚锆	苦氨酸锆	63868-82-6	
585	4,6-二硝基-2-氨基苯酚钠	苦氨酸钠	831-52-7	
586	1,2-二硝基苯	邻二硝基苯	528-29-0	

续上表

序号	品　名	别　名	CAS 号	备注
587	1,3-二硝基苯	间二硝基苯	99-65-0	
588	1,4-二硝基苯	对二硝基苯	100-25-4	
589	2,4-二硝基苯胺		97-02-9	
590	2,6-二硝基苯胺		606-22-4	
591	3,5-二硝基苯胺		618-87-1	
592	二硝基苯酚[干的或含水＜15%] 二硝基苯酚溶液		25550-58-7	
593	2,4-二硝基苯酚[含水≥15%]	1-羟基-2,4-二硝基苯	51-28-5	
594	2,5-二硝基苯酚[含水≥15%]		329-71-5	
595	2,6-二硝基苯酚[含水≥15%]		573-56-8	
596	二硝基苯酚碱金属盐[干的或含水＜15%]	二硝基酚碱金属盐		
597	2,4-二硝基苯酚钠		1011-73-0	
598	2,4-二硝基苯磺酰氯		1656-44-6	
599	2,4-二硝基苯甲醚	2,4-二硝基茴香醚	119-27-7	
600	3,5-二硝基苯甲酰氯	3,5-二硝基氯化苯甲酰	99-33-2	
601	2,4-二硝基苯肼		119-26-6	
602	1,3-二硝基丙烷		6125-21-9	
603	2,2-二硝基丙烷		595-49-3	
604	2,4-二硝基二苯胺		961-68-2	
605	3,4-二硝基二苯胺			
606	二硝基甘脲		55510-04-8	
607	2,4-二硝基甲苯		121-14-2	
608	2,6-二硝基甲苯		606-20-2	
609	二硝基间苯二酚		519-44-8	
610	二硝基联苯		38094-35-8	
611	二硝基邻甲酚铵			
612	二硝基邻甲酚钾		5787-96-2	
613	4,6-二硝基邻甲苯酚钠		2312-76-7	
614	二硝基邻甲苯酚钠			
615	2,4-二硝基氯化苄	2,4-二硝基苯代氯甲烷	610-57-1	
616	1,5-二硝基萘		605-71-0	
617	1,8-二硝基萘		602-38-0	
618	2,4-二硝基萘酚		605-69-6	

续上表

序号	品　名	别　名	CAS号	备注
619	2,4-二硝基萘酚钠	马汀氏黄;色淀黄	887-79-6	
620	2,7-二硝基芴		5405-53-8	
621	二硝基重氮苯酚[按质量含水或乙醇和水的混合物不低于40%]	重氮二硝基苯酚	4682-03-5	
622	1,2-二溴-3-丁酮		25109-57-3	
623	3,5-二溴-4-羟基苄腈	溴苯腈	1689-84-5	
624	1,2-二溴苯	邻二溴苯	583-53-9	
625	2,4-二溴苯胺		615-57-6	
626	2,5-二溴苯胺		3638-73-1	
627	1,2-二溴丙烷		78-75-1	
628	二溴二氟甲烷	二氟二溴甲烷	75-61-6	
629	二溴甲烷	二溴化亚甲基	74-95-3	
630	1,2-二溴乙烷	乙撑二溴;二溴化乙烯	106-93-4	
631	二溴异丙烷			
632	N,N′-二亚硝基-N,N′-二甲基对苯二酰胺		133-55-1	
633	二亚硝基苯		25550-55-4	
634	2,4-二亚硝基间苯二酚	1,3-二羟基-2,4-二亚硝基苯	118-02-5	
635	N,N′-二亚硝基五亚甲基四胺[减敏的]	发泡剂H	101-25-7	
636	二亚乙基三胺	二乙撑三胺	111-40-0	
637	二氧化氮		10102-44-0	
638	二氧化丁二烯	双环氧乙烷	298-18-0	
639	二氧化硫	亚硫酸酐	7446-09-5	
640	二氧化氯		10049-04-4	
641	二氧化铅	过氧化铅	1309-60-0	
642	二氧化碳[压缩的或液化的]	碳酸酐	124-38-9	
643	二氧化碳和环氧乙烷混合物	二氧化碳和氧化乙烯混合物		
644	二氧化碳和氧气混合物			
645	二氧化硒	亚硒酐	7446-08-4	
646	1,3-二氧戊环	二氧戊环;乙二醇缩甲醛	646-06-0	
647	1,4-二氧杂环己烷	二噁烷;1,4-二氧己环	123-91-1	
648	S-[2-(二乙氨基)乙基]-O,O-二乙基硫赶磷酸酯	胺吸磷	78-53-5	剧毒

续上表

序号	品 名	别 名	CAS 号	备注
649	N-二乙氨基乙基氯	2-氯乙基二乙胺	100-35-6	剧毒
650	二乙胺		109-89-7	
651	二乙二醇二硝酸酯[含不挥发、不溶于水的减敏剂≥25%]	二甘醇二硝酸酯	693-21-0	
652	N,N-二乙基-1,3-丙二胺	N,N-二乙基-1,3-二氨基丙烷;3-二乙氨基丙胺	104-78-9	
653	N,N-二乙基-1-萘胺	N,N-二乙基-α-萘胺	84-95-7	
654	O,O-二乙基-N-(1,3-二硫戊环-2-亚基)磷酰胺[含量>15%]	2-(二乙氧基磷酰亚氨基)-1,3-二硫戊环;硫环磷	947-02-4	剧毒
655	O,O-二乙基-N-(4-甲基-1,3-二硫戊环-2-亚基)磷酰胺[含量>5%]	二乙基(4-甲基-1,3-二硫戊环-2-叉氨基)磷酸酯;地胺磷	950-10-7	剧毒
656	O,O-二乙基-N-1,3-二噻丁环-2-亚基磷酰胺	丁硫环磷	21548-32-3	剧毒
657	O,O-二乙基-O-(2,2-二氯-1-β-氯乙氧基乙烯基)-磷酸酯	彼氧磷	67329-01-5	
658	O,O-二乙基-O-(2-硫基乙基)硫代磷酸酯与O,O-二乙基-S-(2-乙硫基乙基)硫代磷酸酯的混合物[含量>3%]	内吸磷	8065-48-3	剧毒
659	O,O-二乙基-O-(3-氯-4-甲基香豆素-7-基)硫代磷酸酯	蝇毒磷	56-72-4	
660	O,O-二乙基-O-(4-甲基香豆素基-7)硫代磷酸酯	扑杀磷	299-45-6	剧毒
661	O,O-二乙基-O-(4-硝基苯基)磷酸酯	对氧磷	311-45-5	剧毒
662	O,O-二乙基-O-(4-硝基苯基)硫代磷酸酯[含量>4%]	对硫磷	56-38-2	剧毒
663	O,O-二乙基-O-(4-溴-2,5-二氯苯基)硫代磷酸酯	乙基溴硫磷	4824-78-6	
664	O,O-二乙基-O-(6-二乙胺次甲基-2,4-二氯)苯基硫逐磷酰酯盐酸盐			
665	O,O-二乙基-O-[2-氯-1-(2,4-二氯苯基)乙烯基]磷酸酯[含量>20%]	2-氯-1-(2,4-二氯苯基)乙烯基二乙基磷酸酯;毒虫畏	470-90-6	剧毒
666	O,O-二乙基-O-2,5-二氯-4-甲硫基苯基硫代磷酸酯	O-[2,5-二氯-4-(甲硫基)苯基]-O,O-二乙基硫代磷酸酯;虫螨磷	21923-23-9; 60238-56-4	

续上表

序号	品　名	别　名	CAS号	备注
667	O,O-二乙基-O-2-吡嗪基硫代磷酸酯[含量>5%]	虫线磷	297-97-2	剧毒
668	O,O-二乙基-O-喹噁啉-2-基硫代磷酸酯	喹硫磷	13593-03-8	
669	O,O-二乙基-S-(2,5-二氯苯硫基甲基)二硫代磷酸酯	芬硫磷	2275-14-1	
670	O,O-二乙基-S-(2-氯-1-酞酰亚氨基乙基)二硫代磷酸酯	氯亚胺硫磷	10311-84-9	
671	O,O-二乙基-S-(2-乙基亚磺酰基乙基)二硫代磷酸酯	砜拌磷	2497-07-6	
672	O,O-二乙基-S-(2-乙硫基乙基)二硫代磷酸酯[含量>15%]	乙拌磷	298-04-4	剧毒
673	O,O-二乙基-S-(4-甲基亚磺酰基苯基)硫代磷酸酯[含量>4%]	丰索磷	115-90-2	剧毒
674	O,O-二乙基-S-(4-氯苯硫基甲基)二硫代磷酸酯	三硫磷	786-19-6	
675	O,O-二乙基-S-(对硝基苯基)硫代磷酸	硫代磷酸-O,O-二乙基-S-(4-硝基苯基)酯	3270-86-8	剧毒
676	O,O-二乙基-S-(乙硫基甲基)二硫代磷酸酯	甲拌磷	298-02-2	剧毒
677	O,O-二乙基-S-(异丙基氨基甲酰甲基)二硫代磷酸酯[含量>15%]	发硫磷	2275-18-5	剧毒
678	O,O-二乙基-S-[N-(1-氰基-1-甲基乙基)氨基甲酰甲基]硫代磷酸酯	S-{2-[(1-氰基-1-甲基乙基)氨基]-2-氧代乙基}-O,O-二乙基硫代磷酸酯;果虫磷	3734-95-0	
679	O,O-二乙基-S-氯甲基二硫代磷酸酯[含量>15%]	氯甲硫磷	24934-91-6	剧毒
680	O,O-二乙基-S-叔丁基硫甲基二硫代磷酸酯	特丁硫磷	13071-79-9	剧毒
681	O,O-二乙基-S-乙基亚磺酰基甲基二硫代磷酸酯	甲拌磷亚砜	2588-03-6	
682	1-二乙基氨基-4-氨基戊烷	2-氨基-5-二乙基氨基戊烷;N′,N′-二乙基-1,4-戊二胺;2-氨基-5-二乙氨基戊烷	140-80-7	
683	二乙基氨基氰	氰化二乙胺	617-83-4	
684	1,2-二乙基苯	邻二乙基苯	135-01-3	

续上表

序号	品 名	别 名	CAS 号	备注
685	1,3-二乙基苯	间二乙基苯	141-93-5	
686	1,4-二乙基苯	对二乙基苯	105-05-5	
687	N,N-二乙基苯胺	二乙氨基苯	91-66-7	
688	N-(2,6-二乙基苯基)-N-甲氧基甲基-氯乙酰胺	甲草胺	15972-60-8	
689	N,N-二乙基对甲苯胺	4-(二乙胺基)甲苯	613-48-9	
690	N,N-二乙基二硫代氨基甲酸-2-氯烯丙基酯	菜草畏	95-06-7	
691	二乙基二氯硅烷	二氯二乙基硅烷	1719-53-5	
692	二乙基汞	二乙汞	627-44-1	剧毒
693	1,2-二乙基肼	二乙基肼[不对称]	1615-80-1	
694	N,N-二乙基邻甲苯胺	2-(二乙胺基)甲苯	2728-04-3	
695	O,O′-二乙基硫代磷酰氯	二乙基硫代磷酰氯	2524-04-1	
696	二乙基镁		557-18-6	
697	二乙基硒		627-53-2	
698	二乙基锌		557-20-0	
699	N,N-二乙基乙撑二胺	N,N-二乙基乙二胺	100-36-7	
700	N,N-二乙基乙醇胺	2-(二乙胺基)乙醇	100-37-8	
701	二乙硫醚	硫代乙醚;二乙硫	352-93-2	
702	二乙烯基醚[稳定的]	乙烯基醚	109-93-3	
703	3,3-二乙氧基丙烯	丙烯醛二乙缩醛;二乙基缩醛丙烯醛	3054-95-3	
704	二乙氧基甲烷	甲醛缩二乙醇;二乙醇缩甲醛	462-95-3	
705	1,1-二乙氧基乙烷	乙叉二乙基醚;二乙醇缩乙醛;乙缩醛	105-57-7	
706	二异丙胺		108-18-9	
707	二异丙醇胺	2,2′-二羟基二丙胺	110-97-4	
708	O,O-二异丙基-S-(2-苯磺酰胺基)乙基二硫代磷酸酯	S-2-苯磺酰基氨基乙基-O,O-二异丙基二硫代磷酸酯;地散磷	741-58-2	
709	二异丙基二硫代磷酸锑			
710	N,N-二异丙基乙胺	N-乙基二异丙胺	7087-68-5	
711	N,N-二异丙基乙醇胺	N,N-二异丙氨基乙醇	96-80-0	
712	二异丁胺		110-96-3	
713	二异丁基酮	2,6-二甲基-4-庚酮	108-83-8	

续上表

序号	品　名	别　名	CAS 号	备注
714	二异戊醚		544-01-4	
715	二异辛基磷酸	酸式磷酸二异辛酯	27215-10-7	
716	二正丙胺	二丙胺	142-84-7	
717	二正丙基过氧重碳酸酯[含量≤100%] 二正丙基过氧重碳酸酯[含量≤77%,含B型稀释剂≥23%]		16066-38-9	
718	二正丁胺	二丁胺	111-92-2	
719	N,N-二正丁基氨基乙醇	N,N-二正丁基乙醇胺;2-二丁氨基乙醇	102-81-8	
720	二-正丁基过氧重碳酸酯[含量≤27%,含B型稀释剂≥73%] 二-正丁基过氧重碳酸酯[27%<含量≤52%,含B型稀释剂≥48%] 二-正丁基过氧重碳酸酯[含量≤42%,在水(冷冻)中稳定弥散]		16215-49-9	
721	二正戊胺	二戊胺	2050-92-2	
722	二仲丁胺		626-23-3	
723	发烟硫酸	硫酸和三氧化硫的混合物;焦硫酸	8014-95-7	
724	发烟硝酸		52583-42-3	
725	钒酸铵钠		12055-09-3	
726	钒酸钾	钒酸三钾	14293-78-8	
727	放线菌素		1402-38-6	
728	放线菌素 D		50-76-0	
729	呋喃	氧杂茂	110-00-9	
730	2-呋喃甲醇	糠醇	98-00-0	
731	呋喃甲酰氯	氯化呋喃甲酰	527-69-5	
732	氟		7782-41-4	剧毒
733	1-氟-2,4-二硝基苯	2,4-二硝基-1-氟苯	70-34-8	
734	2-氟苯胺	邻氟苯胺;邻氨基氟化苯	348-54-9	
735	3-氟苯胺	间氟苯胺;间氨基氟化苯	372-19-0	
736	4-氟苯胺	对氟苯胺;对氨基氟化苯	371-40-4	
737	氟代苯	氟苯	462-06-6	
738	氟代甲苯		25496-08-6	

续上表

序号	品　名	别　名	CAS 号	备注
739	氟锆酸钾	氟化锆钾	16923－95－8	
740	氟硅酸	硅氟酸	16961－83－4	
741	氟硅酸铵		1309－32－6	
742	氟硅酸钾		16871－90－2	
743	氟硅酸钠		16893－85－9	
744	氟化铵		12125－01－8	
745	氟化钡		7787－32－8	
746	氟化锆		7783－64－4	
747	氟化镉		7790－79－6	
748	氟化铬	三氟化铬	7788－97－8	
749	氟化汞	二氟化汞	7783－39－3	
750	氟化钴	三氟化钴	10026－18－3	
751	氟化钾		7789－23－3	
752	氟化镧	三氟化镧	13709－38－1	
753	氟化锂		7789－24－4	
754	氟化钠		7681－49－4	
755	氟化铅	二氟化铅	7783－46－2	
756	氟化氢[无水]		7664－39－3	
757	氟化氢铵	酸性氟化铵;二氟化氢铵	1341－49－7	
758	氟化氢钾	酸性氟化钾;二氟化氢钾	7789－29－9	
759	氟化氢钠	酸性氟化钠;二氟化氢钠	1333－83－1	
760	氟化铷		13446－74－7	
761	氟化铯		13400－13－0	
762	氟化铜	二氟化铜	7789－19－7	
763	氟化锌		7783－49－5	
764	氟化亚钴	二氟化钴	10026－17－2	
765	氟磺酸		7789－21－1	
766	2-氟甲苯	邻氟甲苯;邻甲基氟苯;2-甲基氟苯	95－52－3	
767	3-氟甲苯	间氟甲苯;间甲基氟苯;3-甲基氟苯	352－70－5	
768	4-氟甲苯	对氟甲苯;对甲基氟苯;4-甲基氟苯	352－32－9	
769	氟甲烷	R41;甲基氟	593－53－3	
770	氟磷酸[无水]		13537－32－1	
771	氟硼酸		16872－11－0	
772	氟硼酸-3-甲基-4-(吡咯烷-1-基)重氮苯		36422－95－4	

续上表

序号	品　　名	别　　名	CAS 号	备注
773	氟硼酸镉		14486－19－2	
774	氟硼酸铅		13814－96－5	
	氟硼酸铅溶液[含量＞28%]			
775	氟硼酸锌		13826－88－5	
776	氟硼酸银		14104－20－2	
777	氟铍酸铵	氟化铍铵	14874－86－3	
778	氟铍酸钠		13871－27－7	
779	氟钽酸钾	钽氟酸钾;七氟化钽钾	16924－00－8	
780	氟乙酸	氟醋酸	144－49－0	剧毒
781	氟乙酸-2-苯酰肼	法尼林	2343－36－4	
782	氟乙酸钾	氟醋酸钾	23745－86－0	
783	氟乙酸甲酯		453－18－9	剧毒
784	氟乙酸钠	氟醋酸钠	62－74－8	剧毒
785	氟乙酸乙酯	氟醋酸乙酯	459－72－3	
786	氟乙烷	R161;乙基氟	353－36－6	
787	氟乙烯[稳定的]	乙烯基氟	75－02－5	
788	氟乙酰胺		640－19－7	剧毒
789	钙	金属钙	7440－70－2	
	金属钙粉	钙粉		
790	钙合金			
791	钙锰硅合金			
792	甘露糖醇六硝酸酯[湿的,按质量含水或乙醇和水的混合物不低于40%]	六硝基甘露醇	15825－70－4	
793	高碘酸	过碘酸;仲高碘酸	10450－60－9	
794	高碘酸铵	过碘酸铵	13446－11－2	
795	高碘酸钡	过碘酸钡	13718－58－6	
796	高碘酸钾	过碘酸钾	7790－21－8	
797	高碘酸钠	过碘酸钠	7790－28－5	
798	高氯酸[浓度＞72%]	过氯酸	7601－90－3	
	高氯酸[浓度≤50%]			
	高氯酸[浓度50%～72%]			
799	高氯酸铵	过氯酸铵	7790－98－9	
800	高氯酸钡	过氯酸钡	13465－95－7	
801	高氯酸醋酐溶液	过氯酸醋酐溶液		
802	高氯酸钙	过氯酸钙	13477－36－6	

续上表

序号	品　　名	别　　名	CAS 号	备注
803	高氯酸钾	过氯酸钾	7778－74－7	
804	高氯酸锂	过氯酸锂	7791－03－9	
805	高氯酸镁	过氯酸镁	10034－81－8	
806	高氯酸钠	过氯酸钠	7601－89－0	
807	高氯酸铅	过氯酸铅	13637－76－8	
808	高氯酸锶	过氯酸锶	13450－97－0	
809	高氯酸亚铁		13520－69－9	
810	高氯酸银	过氯酸银	7783－93－9	
811	高锰酸钡	过锰酸钡	7787－36－2	
812	高锰酸钙	过锰酸钙	10118－76－0	
813	高锰酸钾	过锰酸钾；灰锰氧	7722－64－7	
814	高锰酸钠	过锰酸钠	10101－50－5	
815	高锰酸锌	过锰酸锌	23414－72－4	
816	高锰酸银	过锰酸银	7783－98－4	
817	镉[非发火的]		7440－43－9	
818	铬硫酸			
819	铬酸钾		7789－00－6	
820	铬酸钠		7775－11－3	
821	铬酸铍		14216－88－7	
822	铬酸铅		7758－97－6	
823	铬酸溶液		7738－94－5	
824	铬酸叔丁酯四氯化碳溶液		1189－85－1	
825	庚二腈	1,5-二氰基戊烷	646－20－8	
826	庚腈	氰化正己烷	629－08－3	
827	1-庚炔	正庚炔	628－71－7	
828	庚酸	正庚酸	111－14－8	
829	2-庚酮	甲基戊基甲酮	110－43－0	
830	3-庚酮	乙基正丁基甲酮	106－35－4	
831	4-庚酮	乳酮；二丙基甲酮	123－19－3	
832	1-庚烯	正庚烯；正戊基乙烯	592－76－7	
833	2-庚烯		592－77－8	
834	3-庚烯		592－78－9	
835	汞	水银	7439－97－6	
836	挂-3-氯桥-6-氰基-2-降冰片酮-O-(甲基氨基甲酰基)肟	肟杀威	15271－41－7	

续上表

序号	品　　名	别　　名	CAS 号	备注
837	硅粉[非晶形的]		7440-21-3	
838	硅钙	二硅化钙	12013-56-8	
839	硅化钙		12013-55-7	
840	硅化镁		22831-39-6；39404-03-0	
841	硅锂		68848-64-6	
842	硅铝 硅铝粉[无涂层的]		57485-31-1	
843	硅锰钙		12205-44-6	
844	硅酸铅		10099-76-0；11120-22-2	
845	硅酸四乙酯	四乙氧基硅烷；正硅酸乙酯	78-10-4	
846	硅铁锂		64082-35-5	
847	硅铁铝[粉末状的]		12003-41-7	
848	癸二酰氯	氯化癸二酰	111-19-3	
849	癸硼烷	十硼烷；十硼氢	17702-41-9	剧毒
850	1-癸烯		872-05-9	
851	过二硫酸铵	高硫酸铵；过硫酸铵	7727-54-0	
852	过二硫酸钾	高硫酸钾；过硫酸钾	7727-21-1	
853	过二碳酸二-(2-乙基己)酯[77%＜含量≤100%] 过二碳酸二-(2-乙基己)酯[含量≤52%,在水(冷冻)中稳定弥散] 过二碳酸二-(2-乙基己)酯[含量≤62%,在水中稳定弥散] 过二碳酸二-(2-乙基己)酯[含量≤77%,含 B 型稀释剂≥23%]		16111-62-9	
854	过二碳酸二-(2-乙氧乙)酯[含量≤52%,含 B 型稀释剂≥48%]			
855	过二碳酸二-(3-甲氧丁)酯[含量≤52%,含 B 型稀释剂≥48%]		52238-68-3	
856	过二碳酸钠		3313-92-6	
857	过二碳酸异丙仲丁酯、过二碳酸二仲丁酯和过二碳酸二异丙酯的混合物[过二碳酸异丙仲丁酯≤32%,15%≤过二碳酸二仲丁酯≤18%,12%≤过二碳酸二异丙酯≤15%,含 A 型稀释剂≥38%]			

序号	品　　名	别　　名	CAS 号	备注
857	过二碳酸异丙仲丁酯、过二碳酸二仲丁酯和过二碳酸二异丙酯的混合物[过二碳酸异丙仲丁酯≤52%,过二碳酸二仲丁酯≤28%,过二碳酸二异丙酯≤22%]			
858	过硫酸钠	过二硫酸钠;高硫酸钠	7775-27-1	
859	过氯酰氟	氟化过氯氧;氟化过氯酰	7616-94-6	
860	过硼酸钠	高硼酸钠	15120-21-5; 7632-04-4; 11138-47-9	
861	过新庚酸-1,1-二甲基-3-羟丁酯[含量≤52%,含 A 型稀释剂≥48%]		110972-57-1	
862	过新庚酸枯酯[含量≤77%,含 A 型稀释剂≥23%]		104852-44-0	
863	过新癸酸叔己酯[含量≤71%,含 A 型稀释剂≥29%]		26748-41-4	
864	过氧-3,5,5-三甲基己酸叔丁酯[32%＜含量≤100%] 过氧-3,5,5-三甲基己酸叔丁酯[含量≤32%,含 B 型稀释剂≥68%] 过氧-3,5,5-三甲基己酸叔丁酯[含量≤42%,惰性固体含量≥58%]	叔丁基过氧化-3,5,5-三甲基己酸酯	13122-18-4	
865	过氧苯甲酸叔丁酯[77%＜含量≤100%] 过氧苯甲酸叔丁酯[52%＜含量≤77%,含 A 型稀释剂≥23%] 过氧苯甲酸叔丁酯[含量≤52%,惰性固体含量≥48%]		614-45-9	
866	过氧丁烯酸叔丁酯[含量≤77%,含 A 型稀释剂≥23%]	过氧化叔丁基丁烯酸酯;过氧化巴豆酸叔丁酯	23474-91-1	
867	过氧化钡	二氧化钡	1304-29-6	
868	过氧化苯甲酸叔戊酯[含量≤100%]	叔戊基过氧苯甲酸酯	4511-39-1	
869	过氧化丙酰[含量≤27%,含 B 型稀释剂≥73%]	过氧化二丙酰	3248-28-0	

续上表

序号	品　　名	别　　名	CAS 号	备注
870	过氧化二-(2,4-二氯苯甲酰)[糊状物,含量≤52%]		133-14-2	
	过氧化二-(2,4-二氯苯甲酰)[含硅油糊状,含量≤52%]			
	过氧化二-(2,4-二氯苯甲酰)[含量≤77%,含水≥23%]			
871	过氧化-二-(3,5,5-三甲基-1,2-二氧戊环)[糊状物,含量≤52%]			
872	过氧化二(3-甲基苯甲酰)、过氧化(3-甲基苯甲酰)苯甲酰和过氧化二苯甲酰的混合物[过氧化二(3-甲基苯甲酰)≤20%,过氧化(3-甲基苯甲酰)苯甲酰≤18%,过氧化二苯甲酰≤4%,含 B 型稀释剂≥58%]			
873	过氧化二-(4-氯苯甲酰)[含量≤77%]		94-17-7	
	过氧化二-(4-氯苯甲酰)[糊状物,含量≤52%]			
874	过氧化二苯甲酰[51%＜含量≤100%,惰性固体含量≤48%]		94-36-0	
	过氧化二苯甲酰[35%＜含量≤52%,惰性固体含量≥48%]			
	过氧化二苯甲酰[36%＜含量≤42%,含 A 型稀释剂≥18%,含水≤40%]			
	过氧化二苯甲酰[77%＜含量≤94%,含水≥6%]			
	过氧化二苯甲酰[含量≤42%,在水中稳定弥散]			
	过氧化二苯甲酰[含量≤62%,惰性固体含量≥28%,含水≥10%]			
	过氧化二苯甲酰[含量≤77%,含水≥23%]			
	过氧化二苯甲酰[糊状物,52%＜含量≤62%]			
	过氧化二苯甲酰[糊状物,含量≤52%]			

序号	品　　名	别　　名	CAS号	备注
874	过氧化二苯甲酰[糊状物,含量≤56.5%,含水≥15%]		94-36-0	
	过氧化二苯甲酰[含量≤35%,含惰性固体≥65%]			
875	过氧化二癸酰[含量≤100%]		762-12-9	
876	过氧化二琥珀酸[72%<含量≤100%]	过氧化双丁二酸;过氧化丁二酰	123-23-9	
	过氧化二琥珀酸[含量≤72%]			
877	2,2-过氧化二氢丙烷[含量≤27%,含惰性固体≥73%]		2614-76-8	
878	过氧化二碳酸二(十八烷基)酯[含量≤87%,含有十八烷醇]	过氧化二(十八烷基)二碳酸酯;过氧化二碳酸二硬脂酰酯	52326-66-6	
879	过氧化二碳酸二苯甲酯[含量≤87%,含水]	过氧化苄基二碳酸酯	2144-45-8	
880	过氧化二碳酸二乙酯[在溶液中,含量≤27%]	过氧化二乙基二碳酸酯	14666-78-5	
881	过氧化二碳酸二异丙酯[52%<含量≤100%]	过氧重碳酸二异丙酯	105-64-6	
	过氧化二碳酸二异丙酯[含量≤52%,含B型稀释剂≥48%]			
	过氧化二碳酸二异丙酯[含量≤32%,含A型稀释剂≥68%]			
882	过氧化二乙酰[含量≤27%,含B型稀释剂≥73%]		110-22-5	
883	过氧化二异丙苯[52%<含量≤100%]	二枯基过氧化物;硫化剂DCP	80-43-3	
	过氧化二异丙苯[含量≤52%,含惰性固体≥48%]			
884	过氧化二异丁酰[含量≤32%,含B型稀释剂≥68%]		3437-84-1	
	过氧化二异丁酰[32%<含量≤52%,含B型稀释剂≥48%]			
885	过氧化二月桂酰[含量≤100%]		105-74-8	
	过氧化二月桂酰[含量≤42%,在水中稳定弥散]			

续上表

序号	品　名	别　名	CAS 号	备注
886	过氧化二正壬酰[含量≤100%]			
887	过氧化二正辛酰[含量≤100%]	过氧化正辛酰	762-16-3	
888	过氧化钙	二氧化钙	1305-79-9	
889	过氧化环己酮[含量≤72%,含A型稀释剂≥28%]		78-18-2	
	过氧化环己酮[含量≤91%,含水≥9%]			
	过氧化环己酮[糊状物,含量≤72%]			
890	过氧化甲基环己酮[含量≤67%,含B型稀释剂≤33%]		11118-65-3	
891	过氧化甲基乙基酮[10%<有效氧含量≤10.7%,含A型稀释剂≥48%]		1338-23-4	
	过氧化甲基乙基酮[有效氧含量≤10%,含A型稀释剂≥55%]			
	过氧化甲基乙基酮[有效氧含量≤8.2%,含A型稀释剂≥60%]			
892	过氧化甲基异丙酮[活性氧含量≤6.7%,含A型稀释剂≥70%]		182893-11-4	
893	过氧化甲基异丁基酮[含量≤62%,含A型稀释剂≥19%]		28056-59-9	
894	过氧化钾		17014-71-0	
895	过氧化锂		12031-80-0	
896	过氧化邻苯二甲酸叔丁酯	过氧化叔丁基邻苯二甲酸酯	15042-77-0	
897	过氧化镁	二氧化镁	1335-26-8	
898	过氧化钠	双氧化钠;二氧化钠	1313-60-6	
899	过氧化脲	过氧化氢尿素;过氧化氢脲	124-43-6	
900	过氧化氢苯甲酰	过苯甲酸	93-59-4	
901	过氧化氢对孟烷	过氧化氢孟烷	80-47-7	
902	过氧化氢二叔丁基异丙基苯[42%<含量≤100%,惰性固体含量≤57%]	二-(叔丁基过氧)异丙基苯	25155-25-3	
	过氧化氢二叔丁基异丙基苯[含量≤42%,惰性固体含量≥58%]			
903	过氧化氢溶液[含量>8%]		7722-84-1	

续上表

序号	品　名	别　名	CAS 号	备注
904	过氧化氢叔丁基[79%＜含量≤90%,含水≥10%]	过氧化叔丁醇;过氧化氢第三丁基;叔丁基过氧化氢	75-91-2	
	过氧化氢叔丁基[含量≤80%,含A型稀释剂≥20%]			
	过氧化氢叔丁基[含量≤79%,含水＞14%]			
	过氧化氢叔丁基[含量≤72%,含水≥28%]			
905	过氧化氢四氢化萘		771-29-9	
906	过氧化氢异丙苯[90%＜含量≤98%,含A型稀释剂≤10%]		80-15-9	
	过氧化氢异丙苯[含量≤90%,含A型稀释剂≥10%]			
907	过氧化十八烷酰碳酸叔丁酯	叔丁基过氧化硬脂酰碳酸酯		
908	过氧化叔丁基异丙基苯[42%＜含量≤100%]	1,1-二甲基乙基-1-甲基-1-苯基乙基过氧化物	3457-61-2	
	过氧化叔丁基异丙基苯[含量≤52%,惰性固体含量≥48%]			
909	过氧化双丙酮醇[含量≤57%,含B型稀释剂≥26%,含水≥8%]		54693-46-8	
910	过氧化锶	二氧化锶	1314-18-7	
911	过氧化碳酸钠水合物	过碳酸钠	15630-89-4	
912	过氧化锌	二氧化锌	1314-22-3	
913	过氧化新庚酸叔丁酯[含量≤42%,在水中稳定弥散]		26748-38-9	
	过氧化新庚酸叔丁酯[含量≤77%,含A型稀释剂≥23%]			
914	1-(2-过氧化乙基己醇)-1,3-二甲基丁基过氧化新戊酸酯[含量≤52%,含A型稀释剂≥45%,含B型稀释剂≥10%]		228415-62-1	
915	过氧化乙酰苯甲酰[在溶液中含量≤45%]	乙酰过氧化苯甲酰	644-31-5	
916	过氧化乙酰丙酮[糊状物,含量≤32%,含溶剂≥44%,含水≥9%,带有惰性固体≥11%]		37187-22-7	
	过氧化乙酰丙酮[在溶液中,含量≤42%,含水≥8%,含A型稀释剂≥48%,含有效氧≤4.7%]			

续上表

序号	品名	别名	CAS号	备注
917	过氧化异丁基甲基甲酮[在溶液中,含量≤62%,含A型稀释剂≥19%,含甲基异丁基酮]		37206-20-5	
918	过氧化月桂酸[含量≤100%]		2388-12-7	
919	过氧化二异壬酰[含量≤100%]	过氧化二-(3,5,5-三甲基)己酰	3851-87-4	
920	过氧新癸酸枯酯[含量≤52%,在水中稳定弥散]	过氧化新癸酸异丙基苯酯;过氧化异丙苯基新癸酸酯	26748-47-0	
	过氧新癸酸枯酯[含量≤77%,含B型稀释剂≥23%]			
	过氧新癸酸枯酯[含量≤87%,含A型稀释剂≥13%]			
921	过氧新戊酸枯酯[含量≤77%,含B型稀释剂≥23%]		23383-59-7	
922	1,1,3,3-过氧新戊酸四甲叔丁酯[含量≤77%,含A型稀释剂≥23%]		22288-41-1	
923	过氧异丙基碳酸叔丁酯[含量≤77%,含A型稀释剂≥23%]		2372-21-6	
924	过氧重碳酸二环己酯[91%<含量≤100%]	过氧化二碳酸二环己酯	1561-49-5	
	过氧重碳酸二环己酯[含量≤42%,在水中稳定弥散]			
	过氧重碳酸二环己酯[含量≤91%]			
925	过氧重碳酸二仲丁酯[52%<含量<100%]	过氧化二碳酸二仲丁酯	19910-65-7	
	过氧重碳酸二仲丁酯[含量≤52%,含B型稀释剂≥48%]			
926	过乙酸[含量≤16%,含水≥39%,含乙酸≥15%,含过氧化氢≤24%,含有稳定剂]	过醋酸;过氧乙酸;乙酰过氧化氢	79-21-0	
	过乙酸[含量≤43%,含水≥5%,含乙酸≥35%,含过氧化氢≤6%,含有稳定剂]			
927	过乙酸叔丁酯[32%<含量≤52%,含A型稀释剂≥48%]		107-71-1	
	过乙酸叔丁酯[52%<含量≤77%,含A型稀释剂≥23%]			
	过乙酸叔丁酯[含量≤32%,含B型稀释剂≥68%]			

续上表

序号	品　名	别　名	CAS 号	备注
928	海葱糖甙	红海葱甙	507-60-8	
929	氦[压缩的或液化的]		7440-59-7	
930	氨肥料[溶液,含游离氨>35%]			
931	核酸汞		12002-19-6	
932	红磷	赤磷	7723-14-0	
933	苄胺	苯甲胺	100-46-9	
934	花青甙	矢车菊甙	581-64-6	
935	环丙基甲醇		2516-33-8	
936	环丙烷		75-19-4	
937	环丁烷		287-23-0	
938	1,3,5-环庚三烯	环庚三烯	544-25-2	
939	环庚酮	软木酮	502-42-1	
940	环庚烷		291-64-5	
941	环庚烯		628-92-2	
942	环己胺	六氢苯胺;氨基环己烷	108-91-8	
943	环己二胺	1,2-二氨基环己烷	694-83-7	
944	1,3-环己二烯	1,2-二氢苯	592-57-4	
945	1,4-环己二烯	1,4-二氢苯	628-41-1	
946	2-环己基丁烷	仲丁基环己烷	7058-01-7	
947	N-环己基环己胺亚硝酸盐	二环己胺亚硝酸;亚硝酸二环己胺	3129-91-7	
948	环己基硫醇		1569-69-3	
949	环己基三氯硅烷		98-12-4	
950	环己基异丁烷	异丁基环己烷	1678-98-4	
951	1-环己基正丁烷	正丁基环己烷	1678-93-9	
952	环己酮		108-94-1	
953	环己烷	六氢化苯	110-82-7	
954	环己烯	1,2,3,4-四氢化苯	110-83-8	
955	2-环己烯-1-酮	环己烯酮	930-68-7	
956	环己烯基三氯硅烷		10137-69-6	
957	环三亚甲基三硝胺[含水≥15%]	黑索金;旋风炸药	121-82-4	
	环三亚甲基三硝胺[减敏的]			
958	环三亚甲基三硝胺与环四亚甲基四硝胺混合物[含水≥15%或含减敏剂≥10%]	黑索金与奥克托金混合物		

续上表

序号	品 名	别 名	CAS 号	备注
959	环三亚甲基三硝胺与三硝基甲苯和铝粉混合物	黑索金与梯恩梯和铝粉混合炸药;黑索托纳尔		
960	环三亚甲基三硝胺与三硝基甲苯混合物[干的或含水<15%]	黑索雷特		
961	环四亚甲基四硝胺[含水≥15%]	奥克托今(HMX)	2691-41-0	
	环四亚甲基四硝胺[减敏的]			
962	环四亚甲基四硝胺与三硝基甲苯混合物[干的或含水<15%]	奥克托金与梯恩梯混合炸药;奥克雷特		
963	环烷酸钴[粉状的]	萘酸钴	61789-51-3	
964	环烷酸锌	萘酸锌	12001-85-3	
965	环戊胺	氨基环戊烷	1003-03-8	
966	环戊醇	羟基环戊烷	96-41-3	
967	1,3-环戊二烯	环戊间二烯;环戊二烯	542-92-7	
968	环戊酮		120-92-3	
969	环戊烷		287-92-3	
970	环戊烯		142-29-0	
971	1,3-环辛二烯		3806-59-5	
972	1,5-环辛二烯		111-78-4	
973	1,3,5,7-环辛四烯	环辛四烯	629-20-9	
974	环辛烷		292-64-8	
975	环辛烯		931-87-3	
976	2,3-环氧-1-丙醛	缩水甘油醛	765-34-4	
977	1,2-环氧-3-乙氧基丙烷		4016-11-9	
978	2,3-环氧丙基苯基醚	双环氧丙基苯基醚	122-60-1	
979	1,2-环氧丙烷	氧化丙烯;甲基环氧乙烷	75-56-9	
980	1,2-环氧丁烷	氧化丁烯	106-88-7	
981	环氧乙烷	氧化乙烯	75-21-8	
982	环氧乙烷和氧化丙烯混合物[含环氧乙烷≤30%]	氧化乙烯和氧化丙烯混合物		
983	1,8-环氧对孟烷	桉叶油醇	470-82-6	
984	4,9-环氧,3-(2-羟基-2-甲基丁酸酯)15-[(S)2-甲基丁酸酯],[3β(S),4α,7α,15α®,16β]-瑟文-3,4,7,14,15,16,20-庚醇	杰莫灵	63951-45-1	

续上表

序号	品名	别名	CAS号	备注
985	黄原酸盐			
986	磺胺苯汞	磺胺汞		
987	磺化煤油			
988	混胺-02			
989	己醇钠		19779-06-7	
990	1,6-己二胺	1,6-二氨基己烷;己撑二胺	124-09-4	
991	己二腈	1,4-二氰基丁烷;氰化四亚甲基	111-69-3	
992	1,3-己二烯		592-48-3	
993	1,4-己二烯		592-45-0	
994	1,5-己二烯		592-42-7	
995	2,4-己二烯		592-46-1	
996	己二酰二氯	己二酰氯	111-50-2	
997	己基三氯硅烷		928-65-4	
998	己腈	戊基氰;氰化正戊烷	628-73-9	
999	己硫醇	巯基己烷	111-31-9	
1000	1-己炔		693-02-7	
1001	2-己炔		764-35-2	
1002	3-己炔		928-49-4	
1003	己酸		142-62-1	
1004	2-己酮	甲基丁基甲酮	591-78-6	
1005	3-己酮	乙基丙基甲酮	589-38-8	
1006	1-己烯	丁基乙烯	592-41-6	
1007	2-己烯		592-43-8	
1008	4-己烯-1-炔-3-醇		10138-60-0	剧毒
1009	5-己烯-2-酮	烯丙基丙酮	109-49-9	
1010	己酰氯	氯化己酰	142-61-0	
1011	季戊四醇四硝酸酯[含蜡≥7%]	泰安;喷梯尔;P.E.T.N.	78-11-5	
	季戊四醇四硝酸酯[含水≥25%或含减敏剂≥15%]			
1012	季戊四醇四硝酸酯与三硝基甲苯混合物[干的或含水<15%]	泰安与梯恩梯混合炸药;彭托雷特		
1013	镓	金属镓	7440-55-3	
1014	甲苯	甲基苯;苯基甲烷	108-88-3	
1015	甲苯-2,4-二异氰酸酯	2,4-二异氰酸甲苯酯;2,4-TDI	584-84-9	
1016	甲苯-2,6-二异氰酸酯	2,6-二异氰酸甲苯酯;2,6-TDI	91-08-7	

续上表

序号	品　　名	别　　名	CAS 号	备注
1017	甲苯二异氰酸酯	二异氰酸甲苯酯;TDI	26471-62-5	
1018	甲苯-3,4-二硫酚	3,4-二巯基甲苯	496-74-2	
1019	2-甲苯硫酚	邻甲苯硫酚;2-巯基甲苯	137-06-4	
1020	3-甲苯硫酚	间甲苯硫酚;3-巯基甲苯	108-40-7	
1021	4-甲苯硫酚	对甲苯硫酚;4-巯基甲苯	106-45-6	
1022	甲醇	木醇;木精	67-56-1	
1023	甲醇钾		865-33-8	
1024	甲醇钠	甲氧基钠	124-41-4	
1025	甲醇钠甲醇溶液	甲醇钠合甲醇		
1026	2-甲酚	1-羟基-2-甲苯;邻甲酚	95-48-7	
1027	3-甲酚	1-羟基-3-甲苯;间甲酚	108-39-4	
1028	4-甲酚	1-羟基-4-甲苯;对甲酚	106-44-5	
1029	甲酚	甲苯基酸;克利沙酸;甲苯酚异构体混合物	1319-77-3	
1030	甲硅烷	硅烷;四氢化硅	7803-62-5	
1031	2-甲基-1,3-丁二烯[稳定的]	异戊间二烯;异戊二烯	78-79-5	
1032	6-甲基-1,4-二氮萘基-2,3-二硫代碳酸酯	6-甲基-1,3-二硫杂环戊烯并(4,5-b)喹喔啉-2-二酮;灭螨猛	2439-01-2	
1033	2-甲基-1-丙醇	异丁醇	78-83-1	
1034	2-甲基-1-丙硫醇	异丁硫醇	513-44-0	
1035	2-甲基-1-丁醇	活性戊醇;旋性戊醇	137-32-6	
1036	3-甲基-1-丁醇	异戊醇	123-51-3	
1037	2-甲基-1-丁硫醇		1878-18-8	
1038	3-甲基-1-丁硫醇	异戊硫醇	541-31-1	
1039	2-甲基-1-丁烯		563-46-2	
1040	3-甲基-1-丁烯	α-异戊烯;异丙基乙烯	563-45-1	
1041	3-(1-甲基-2-四氢吡咯基)吡啶硫酸盐	硫酸化烟碱	65-30-5	剧毒
1042	4-甲基-1-环己烯		591-47-9	
1043	1-甲基-1-环戊烯		693-89-0	
1044	2-甲基-1-戊醇		105-30-6	
1045	3-甲基-1-戊炔-3-醇	2-乙炔-2-丁醇	77-75-8	
1046	2-甲基-1-戊烯		763-29-1	
1047	3-甲基-1-戊烯		760-20-3	

续上表

序号	品　　名	别　　名	CAS号	备注
1048	4-甲基-1-戊烯		691－37－2	
1049	2-甲基-2-丙醇	叔丁醇;三甲基甲醇;特丁醇	75－65－0	
1050	2-甲基-2-丁醇	叔戊醇	75－85－4	
1051	3-甲基-2-丁醇		598－75－4	
1052	2-甲基-2-丁硫醇	叔戊硫醇;特戊硫醇	1679－09－0	
1053	3-甲基-2-丁酮	甲基异丙基甲酮	563－80－4	
1054	2-甲基-2-丁烯	β-异戊烯	513－35－9	
1055	5-甲基-2-己酮		110－12－3	
1056	2-甲基-2-戊醇		590－36－3	
1057	4-甲基-2-戊醇	甲基异丁基甲醇	108－11－2	
1058	3-甲基-2-戊酮	甲基仲丁基甲酮	565－61－7	
1059	4-甲基-2-戊酮	甲基异丁基酮;异己酮	108－10－1	
1060	2-甲基-2-戊烯		625－27－4	
1061	3-甲基-2-戊烯		922－61－2	
1062	4-甲基-2-戊烯		4461－48－7	
1063	3-甲基-2-戊烯-4-炔醇		105－29－3	
1064	1-甲基-3-丙基苯	3-丙基甲苯	1074－43－7	
1065	2-甲基-3-丁炔-2-醇		115－19－5	
1066	2-甲基-3-戊醇		565－67－3	
1067	3-甲基-3-戊醇		77－74－7	
1068	2-甲基-3-戊酮	乙基异丙基甲酮	565－69－5	
1069	4-甲基-3-戊烯-2-酮	异丙叉丙酮;异亚丙基丙酮	141－79－7	
1070	2-甲基-3-乙基戊烷		609－26－7	
1071	2-甲基-4,6-二硝基酚	4,6-二硝基邻甲苯酚;二硝酚	534－52－1	剧毒
1072	1-甲基-4-丙基苯	4-丙基甲苯	1074－55－1	
1073	2-甲基-5-乙基吡啶		104－90－5	
1074	3-甲基-6-甲氧基苯胺	邻氨基对甲苯甲醚	120－71－8	
1075	S-甲基-N-[（甲基氨基甲酰基）-氧基]硫代乙酰胺酸酯	灭多威;O-甲基氨基甲酰酯-2-甲硫基乙醛肟	16752－77－5	
1076	O-甲基-O-(2-异丙氧基甲酰基苯基)硫代磷酰胺	水胺硫磷	24353－61－5	
1077	O-甲基-O-(4-溴-2,5-二氯苯基)苯基硫代磷酸酯	溴苯膦	21609－90－5	
1078	O-甲基-O-[（2-异丙氧基甲酰）苯基]-N-异丙基硫代磷酰胺	甲基异柳磷	99675－03－3	

续上表

序号	品名	别名	CAS号	备注
1079	O-甲基-S-甲基-硫代磷酰胺	甲胺磷	10265-92-6	剧毒
1080	O-(甲基氨基甲酰基)-1-二甲氨基甲酰-1-甲硫基甲醛肟	杀线威	23135-22-0	
1081	O-甲基氨基甲酰基-2-甲基-2-(甲硫基)丙醛肟	涕灭威	116-06-3	剧毒
1082	O-甲基氨基甲酰基-3,3-二甲基-1-(甲硫基)丁醛肟	O-甲基氨基甲酰基-3,3-二甲基-1-(甲硫基)丁醛肟;久效威	39196-18-4	剧毒
1083	2-甲基苯胺	邻甲苯胺;2-氨基甲苯;邻氨基甲苯	95-53-4	
1084	3-甲基苯胺	间甲苯胺;3-氨基甲苯;间氨基甲苯	108-44-1	
1085	4-甲基苯胺	对甲苯胺;4-氨基甲苯;对氨基甲苯	106-49-0	
1086	N-甲基苯胺		100-61-8	
1087	甲基苯基二氯硅烷		149-74-6	
1088	α-甲基苯基甲醇	苯基甲基甲醇;α-甲基苄醇	98-85-1	
1089	2-甲基苯甲腈	邻甲苯基氰;邻甲基苯甲腈	529-19-1	
1090	3-甲基苯甲腈	间甲苯基氰;间甲基苯甲腈	620-22-4	
1091	4-甲基苯甲腈	对甲苯基氰;对甲基苯甲腈	104-85-8	
1092	4-甲基苯乙烯[稳定的]	对甲基苯乙烯	622-97-9	
1093	2-甲基吡啶	α-皮考林	109-06-8	
1094	3-甲基吡啶	β-皮考林	108-99-6	
1095	4-甲基吡啶	γ-皮考林	108-89-4	
1096	3-甲基吡唑-5-二乙基磷酸酯	吡唑磷	108-34-9	
1097	(S)-3-(1-甲基吡咯烷-2-基)吡啶	烟碱;尼古丁;1-甲基-2-(3-吡啶基)吡咯烷	54-11-5	剧毒
1098	甲基苄基溴	甲基溴化苄;α-溴代二甲苯	89-92-9	
1099	甲基苄基亚硝胺	N-甲基-N-亚磷基苯甲胺	937-40-6	
1100	甲基丙基醚	甲丙醚	557-17-5	
1101	2-甲基丙烯腈[稳定的]	异丁烯腈	126-98-7	
1102	α-甲基丙烯醛	异丁烯醛	78-85-3	
1103	甲基丙烯酸[稳定的]	异丁烯酸	79-41-4	
1104	甲基丙烯酸-2-二甲氨乙酯	二甲氨基乙基异丁烯酸酯	2867-47-2	
1105	甲基丙烯酸甲酯[稳定的]	牙托水;有机玻璃单体;异丁烯酸甲酯	80-62-6	
1106	甲基丙烯酸三硝基乙酯			
1107	甲基丙烯酸烯丙酯	2-甲基-2-丙烯酸-2-丙烯基酯	96-05-9	
1108	甲基丙烯酸乙酯[稳定的]	异丁烯酸乙酯	97-63-2	

续上表

序号	品　　名	别　　名	CAS 号	备注
1109	甲基丙烯酸异丁酯[稳定的]		97-86-9	
1110	甲基丙烯酸正丁酯[稳定的]		97-88-1	
1111	甲基狄戈辛		30685-43-9	
1112	3-(1-甲基丁基)苯基-N-甲基氨基甲酸酯和 3-(1-乙基丙基)苯基-N-甲基氨基甲酸酯	合杀威	8065-36-9	
1113	3-甲基丁醛	异戊醛	590-86-3	
1114	2-甲基丁烷	异戊烷	78-78-4	
1115	甲基二氯硅烷	二氯甲基硅烷	75-54-7	
1116	2-甲基呋喃		534-22-5	
1117	2-甲基庚烷		592-27-8	
1118	3-甲基庚烷		589-81-1	
1119	4-甲基庚烷		589-53-7	
1120	甲基环己醇	六氢甲酚	25639-42-3	
1121	甲基环己酮		1331-22-2	
1122	甲基环己烷	六氢化甲苯;环己基甲烷	108-87-2	
1123	甲基环戊二烯		26519-91-5	
1124	甲基环戊烷		96-37-7	
1125	甲基磺酸		75-75-2	
1126	甲基磺酰氯	氯化硫酰甲烷;甲烷磺酰氯	124-63-0	剧毒
1127	3-甲基己烷		589-34-4	
1128	甲基肼	一甲肼;甲基联氨	60-34-4	剧毒
1129	2-甲基喹啉		91-63-4	
1130	4-甲基喹啉		491-35-0	
1131	6-甲基喹啉		91-62-3	
1132	7-甲基喹啉		612-60-2	
1133	8-甲基喹啉		611-32-5	
1134	甲基氯硅烷	氯甲基硅烷	993-00-0	
1135	N-甲基吗啉		109-02-4	
1136	1-甲基萘	α-甲基萘	90-12-0	
1137	2-甲基萘	β-甲基萘	91-57-6	
1138	2-甲基哌啶	2-甲基六氢吡啶	109-05-7	
1139	3-甲基哌啶	3-甲基六氢吡啶	626-56-2	
1140	4-甲基哌啶	4-甲基六氢吡啶	626-58-4	
1141	N-甲基哌啶	N-甲基六氢吡啶;1-甲基哌啶	626-67-5	

续上表

序号	品　名	别　名	CAS 号	备注
1142	N-甲基全氟辛基磺酰胺		31506－32－8	
1143	3-甲基噻吩	甲基硫芴	616－44－4	
1144	甲基三氯硅烷	三氯甲基硅烷	75－79－6	
1145	甲基三乙氧基硅烷	三乙氧基甲基硅烷	2031－67－6	
1146	甲基胂酸锌	稻脚青	20324－26－9	
1147	甲基叔丁基甲酮	3,3-二甲基-2-丁酮；1,1,1-三甲基丙酮；甲基特丁基酮	75－97－8	
1148	甲基叔丁基醚	2-甲氧基-2-甲基丙烷；MTBE	1634－04－4	
1149	2-甲基四氢呋喃	四氢-2-甲基呋喃	96－47－9	
1150	1-甲基戊醇	仲己醇；2-己醇	626－93－7	
1151	甲基戊二烯		54363－49－4	
1152	4-甲基戊腈	异戊基氰；氰化异戊烷；异己腈	542－54－1	
1153	2-甲基戊醛	α-甲基戊醛	123－15－9	
1154	2-甲基戊烷	异己烷	107－83－5	
1155	3-甲基戊烷		96－14－0	
1156	2-甲基烯丙醇	异丁烯醇	513－42－8	
1157	甲基溴化镁［浸在乙醚中］		75－16－1	
1158	甲基乙烯醚［稳定的］	乙烯基甲醚	107－25－5	
1159	2-甲基己烷		591－76－4	
1160	甲基异丙基苯	伞花烃	99－87－6	
1161	甲基异丙烯甲酮［稳定的］		814－78－8	
1162	1-甲基异喹啉		1721－93－3	
1163	3-甲基异喹啉		1125－80－0	
1164	4-甲基异喹啉		1196－39－0	
1165	5-甲基异喹啉		62882－01－3	
1166	6-甲基异喹啉		42398－73－2	
1167	7-甲基异喹啉		54004－38－5	
1168	8-甲基异喹啉		62882－00－2	
1169	N-甲基正丁胺	N-甲基丁胺	110－68－9	
1170	甲基正丁基醚	1-甲氧基丁烷；甲丁醚	628－28－4	
1171	甲硫醇	巯基甲烷	74－93－1	
1172	甲硫醚	二甲硫；二甲基硫醚	75－18－3	
1173	甲醛溶液	福尔马林溶液	50－00－0	
1174	甲胂酸	甲基胂酸；甲次砷酸	56960－31－7	
1175	甲酸	蚁酸	64－18－6	

续上表

序号	品　名	别　名	CAS 号	备注
1176	甲酸环己酯		4351－54－6	
1177	甲酸甲酯		107－31－3	
1178	甲酸烯丙酯		1838－59－1	
1179	甲酸亚铊	甲酸铊;蚁酸铊	992－98－3	
1180	甲酸乙酯		109－94－4	
1181	甲酸异丙酯		625－55－8	
1182	甲酸异丁酯		542－55－2	
1183	甲酸异戊酯		110－45－2	
1184	甲酸正丙酯		110－74－7	
1185	甲酸正丁酯		592－84－7	
1186	甲酸正己酯		629－33－4	
1187	甲酸正戊酯		638－49－3	
1188	甲烷		74－82－8	
1189	甲烷磺酰氟	甲磺氟酰;甲基磺酰氟	558－25－8	剧毒
1190	N-甲酰-2-硝甲基-1,3-全氢化噻嗪			
1191	4-甲氧基-4-甲基-2-戊酮		107－70－0	
1192	2-甲氧基苯胺	邻甲氧基苯胺;邻氨基苯醚;邻茴香胺	90－04－0	
1193	3-甲氧基苯胺	间甲氧基苯胺;间氨基苯醚;间茴香胺	536－90－3	
1194	4-甲氧基苯胺	对氨基苯甲醚;对甲氧基苯胺;对茴香胺	104－94－9	
1195	甲氧基苯甲酰氯	茴香酰氯	100－07－2	
1196	4-甲氧基二苯胺-4′-氯化重氮苯	凡拉明蓝盐 B;安安蓝 B 色盐	101－69－9	
1197	3-甲氧基乙酸丁酯	3-甲氧基丁基乙酸酯	4435－53－4	
1198	甲氧基乙酸甲酯		6290－49－9	
1199	2-甲氧基乙酸乙酯	乙酸甲基溶纤剂;乙二醇甲醚乙酸酯;乙酸乙二醇甲醚	110－49－6	
1200	甲氧基异氰酸甲酯	甲氧基甲基异氰酸酯	6427－21－0	
1201	甲乙醚	乙甲醚;甲氧基乙烷	540－67－0	
1202	甲藻毒素(二盐酸盐)	石房蛤毒素(盐酸盐)	35523－89－8	剧毒
1203	钾	金属钾	7440－09－7	
1204	钾汞齐		37340－23－1	
1205	钾合金			
1206	钾钠合金	钠钾合金	11135－81－2	

续上表

序号	品　名	别　名	CAS 号	备注
1207	间苯二甲酰氯	二氯化间苯二甲酰	99-63-8	
1208	间苯三酚	1,3,5-三羟基苯;均苯三酚	108-73-6	
1209	间硝基苯磺酸		98-47-5	
1210	间异丙基苯酚		618-45-1	
1211	碱土金属汞齐			
1212	焦硫酸汞		1537199-53-3	
1213	焦砷酸		13453-15-1	
1214	焦油酸			
1215	金属锆 金属锆粉[干燥的]	锆粉	7440-67-7	
1216	金属铪粉	铪粉	7440-58-6	
1217	金属镧[浸在煤油中的]		7439-91-0	
1218	金属锰粉[含水≥25%]	锰粉	7439-96-5	
1219	金属钕[浸在煤油中的]		7440-00-8	
1220	金属铷	铷	7440-17-7	
1221	金属铯	铯	7440-46-2	
1222	金属锶	锶	7440-24-6	
1223	金属钛粉[干的] 金属钛粉[含水不低于25%,机械方法生产的,粒径小于53μm;化学方法生产的,粒径小于840μm]		7440-32-6	
1224	精蒽		120-12-7	
1225	肼水溶液[含肼≤64%]			
1226	酒石酸化烟碱		65-31-6	
1227	酒石酸锑钾	吐酒石;酒石酸钾锑;酒石酸氧锑钾	28300-74-5	
1228	聚苯乙烯珠体[可发性的]			
1229	聚醚聚过氧叔丁基碳酸酯[含量≤52%,含 B 型稀释剂≥48%]			
1230	聚乙醛		9002-91-9	
1231	聚乙烯聚胺	多乙烯多胺;多乙撑多胺	29320-38-5	
1232	2-莰醇	冰片;龙脑	507-70-0	
1233	莰烯	樟脑萜;莰芬	79-92-5	
1234	糠胺	2-呋喃甲胺;麸胺	617-89-0	
1235	糠醛	呋喃甲醛	98-01-1	
1236	抗霉素 A		1397-94-0	剧毒

续上表

序号	品名	别名	CAS号	备注
1237	氚[压缩的或液化的]		7439-90-9	
1238	喹啉	苯并吡啶;氮杂萘	91-22-5	
1239	雷汞[湿的,按质量含水或乙醇和水的混合物不低于20%]	二雷酸汞;雷酸汞	628-86-4	
1240	锂	金属锂	7439-93-2	
1241	连二亚硫酸钙		15512-36-4	
1242	连二亚硫酸钾	低亚硫酸钾	14293-73-3	
1243	连二亚硫酸钠	保险粉;低亚硫酸钠	7775-14-6	
1244	连二亚硫酸锌	亚硫酸氢锌	7779-86-4	
1245	联苯		92-52-4	
1246	3-[(3-联苯-4-基)-1,2,3,4-四氢-1-萘基]-4-羟基香豆素	鼠得克	56073-07-5	
1247	联十六烷基过氧重碳酸酯[含量≤100%]	过氧化二(十六烷基)二碳酸酯	26322-14-5	
	联十六烷基过氧重碳酸酯[含量≤42%,在水中稳定弥散]			
1248	镰刀菌酮X		23255-69-8	剧毒
1249	邻氨基苯硫醇	2-氨基硫代苯酚;2-巯基胺;邻氨基苯硫酚苯	137-07-5	
1250	邻苯二甲酸苯胺		50930-79-5	
1251	邻苯二甲酸二异丁酯		84-69-5	
1252	邻苯二甲酸酐[含马来酸酐大于0.05%]	苯酐;酞酐	85-44-9	
1253	邻苯二甲酰氯	二氯化邻苯二甲酰	88-95-9	
1254	邻苯二甲酰亚胺	酞酰亚胺	85-41-6	
1255	邻甲苯磺酰氯		133-59-5	
1256	邻硝基苯酚钾	邻硝基酚钾	824-38-4	
1257	邻硝基苯磺酸		80-82-0	
1258	邻硝基乙苯		612-22-6	
1259	邻异丙基苯酚	邻异丙基酚	88-69-7	
1260	磷化钙	二磷化三钙	1305-99-3	
1261	磷化钾		20770-41-6	
1262	磷化铝		20859-73-8	
1263	磷化铝镁			
1264	磷化镁	二磷化三镁	12057-74-8	

续上表

序号	品名	别名	CAS 号	备注
1265	磷化钠		12058-85-4	
1266	磷化氢	磷化三氢;膦	7803-51-2	剧毒
1267	磷化锶		12504-13-1	
1268	磷化锡		25324-56-5	
1269	磷化锌		1314-84-7	
1270	磷酸二乙基汞	谷乐生;谷仁乐生;乌斯普龙汞制剂	2235-25-8	
1271	磷酸三甲苯酯	磷酸三甲酚酯;增塑剂 TCP	1330-78-5	
1272	磷酸亚铊		13453-41-3	
1273	9-磷杂双环壬烷	环辛二烯膦		
1274	膦酸		10294-56-1	
1275	β,β′-硫代二丙腈		111-97-7	
1276	2-硫代呋喃甲醇	糠硫醇	98-02-2	
1277	硫代甲酰胺		115-08-2	
1278	硫代磷酰氯	硫代氯化磷酰;三氯化硫磷;三氯硫磷	3982-91-0	剧毒
1279	硫代氯甲酸乙酯	氯硫代甲酸乙酯	2941-64-2	
1280	4-硫代戊醛	甲基巯基丙醛	3268-49-3	
1281	硫代乙酸	硫代醋酸	507-09-5	
1282	硫代异氰酸甲酯	异硫氰酸甲酯;甲基芥子油	556-61-6	
1283	硫化铵溶液			
1284	硫化钡		21109-95-5	
1285	硫化镉		1306-23-6	
1286	硫化汞	朱砂	1344-48-5	
1287	硫化钾	硫化二钾	1312-73-8	
1288	硫化钠	臭碱	1313-82-2	
1289	硫化氢		7783-06-4	
1290	硫磺	硫	7704-34-9	
1291	硫脲	硫代尿素	62-56-6	
1292	硫氢化钙		12133-28-7	
1293	硫氢化钠	氢硫化钠	16721-80-5	
1294	硫氰酸苄	硫氰化苄;硫氰酸苄酯	3012-37-1	
1295	硫氰酸钙	硫氰化钙	2092-16-2	
1296	硫氰酸汞		592-85-8	
1297	硫氰酸汞铵		20564-21-0	
1298	硫氰酸汞钾		14099-12-8	

序号	品　名	别　名	CAS 号	备注
1299	硫氰酸甲酯		556-64-9	
1300	硫氰酸乙酯		542-90-5	
1301	硫氰酸异丙酯		625-59-2	
1302	硫酸		7664-93-9	
1303	硫酸-2,4-二氨基甲苯	2,4-二氨基甲苯硫酸	65321-67-7	
1304	硫酸-2,5-二氨基甲苯	2,5-二氨基甲苯硫酸	615-50-9	
1305	硫酸-2,5-二乙氧基-4-(4-吗啉基)-重氮苯		32178-39-5	
1306	硫酸-4,4′-二氨基联苯	硫酸联苯胺;联苯胺硫酸	531-86-2	
1307	硫酸-4-氨基-N,N-二甲基苯胺	N,N-二甲基对苯二胺硫酸;对氨基-N,N-二甲基苯胺硫酸	536-47-0	
1308	硫酸苯胺		542-16-5	
1309	硫酸苯肼	苯肼硫酸	2545-79-1	
1310	硫酸对苯二胺	硫酸对二氨基苯	16245-77-5	
1311	硫酸二甲酯	硫酸甲酯	77-78-1	
1312	硫酸二乙酯	硫酸乙酯	64-67-5	
1313	硫酸镉		10124-36-4	
1314	硫酸汞	硫酸高汞	7783-35-9	
1315	硫酸钴		10124-43-3	
1316	硫酸间苯二胺	硫酸间二氨基苯	541-70-8	
1317	硫酸马钱子碱	二甲氧基士的宁硫酸盐	4845-99-2	
1318	硫酸镍		7786-81-4	
1319	硫酸铍		13510-49-1	
1320	硫酸铍钾		53684-48-3	
1321	硫酸铅[含游离酸＞3%]		7446-14-2	
1322	硫酸羟胺	硫酸胲	10039-54-0	
1323	硫酸氢-2-(N-乙羰基甲按基)-4-(3,4-二甲基苯磺酰)重氮苯			
1324	硫酸氢铵	酸式硫酸铵	7803-63-6	
1325	硫酸氢钾	酸式硫酸钾	7646-93-7	
1326	硫酸氢钠	酸式硫酸钠	7681-38-1	
	硫酸氢钠溶液	酸式硫酸钠溶液		
1327	硫酸三乙基锡		57-52-3	剧毒
1328	硫酸铊	硫酸亚铊	7446-18-6	剧毒
1329	硫酸亚汞		7783-36-0	

续上表

序号	品 名	别 名	CAS 号	备注
1330	硫酸氧钒	硫酸钒酰	27774-13-6	
1331	硫酰氟	氟化磺酰	2699-79-8	
1332	六氟-2,3-二氯-2-丁烯	2,3-二氯六氟-2-丁烯	303-04-8	剧毒
1333	六氟丙酮	全氟丙酮	684-16-2	
1334	六氟丙酮水合物	全氟丙酮水合物;水合六氟丙酮	13098-39-0	
1335	六氟丙烯	全氟丙烯	116-15-4	
1336	六氟硅酸镁	氟硅酸镁	16949-65-8	
1337	六氟合硅酸钡	氟硅酸钡	17125-80-3	
1338	六氟合硅酸锌	氟硅酸锌	16871-71-9	
1339	六氟合磷氢酸[无水]	六氟代磷酸	16940-81-1	
1340	六氟化碲		7783-80-4	
1341	六氟化硫		2551-62-4	
1342	六氟化钨		7783-82-6	
1343	六氟化硒		7783-79-1	
1344	六氟乙烷	R116;全氟乙烷	76-16-4	
1345	3,3,6,6,9,9-六甲基-1,2,4,5-四氧环壬烷[含量52%～100%] 3,3,6,6,9,9-六甲基-1,2,4,5-四氧环壬烷[含量≤52%,含 A 型稀释剂≥48%] 3,3,6,6,9,9-六甲基-1,2,4,5-四氧环壬烷[含量≤52%,含 B 型稀释剂≥48%]		22397-33-7	
1346	六甲基二硅醚	六甲基氧二硅烷	107-46-0	
1347	六甲基二硅烷		1450-14-2	
1348	六甲基二硅烷胺	六甲基二硅亚胺	999-97-3	
1349	六氢-3a,7a-二甲基-4,7-环氧异苯并呋喃-1,3-酮	斑蝥素	56-25-7	
1350	六氯-1,3-丁二烯	六氯丁二烯;全氯-1,3-丁二烯	87-68-3	
1351	(1R,4S,4aS,5R,6R,7S,8S,8aR)-1,2,3,4,10,10-六氯-1,4,4a,5,6,7,8,8a-八氢-6,7-环氧-1,4,5,8-二亚甲基萘[含量2%～90%]	狄氏剂	60-57-1	剧毒
1352	(1R,4S,5R,8S)-1,2,3,4,10,10-六氯-1,4,4a,5,6,7,8,8a-八氢-6,7-环氧-1,4;5,8-二亚甲基萘[含量>5%]	异狄氏剂	72-20-8	剧毒

续上表

序号	品　名	别　名	CAS 号	备注
1353	1,2,3,4,10,10-六氯-1,4,4a,5,8,8a-六氢-1,4-挂-5,8-挂二亚甲基萘[含量>10%]	异艾氏剂	465-73-6	剧毒
1354	1,2,3,4,10,10-六氯-1,4,4a,5,8,8a-六氢-1,4:5,8-桥,挂-二甲撑萘[含量>75%]	六氯-六氢-二甲撑萘;艾氏剂	309-00-2	剧毒
1355	(1,4,5,6,7,7-六氯-8,9,10-三降冰片-5-烯-2,3-亚基双亚甲基)亚硫酸酯	1,2,3,4,7,7-六氯双环[2,2,1]庚烯-(2)-双羟甲基-5,6-亚硫酸酯;硫丹	115-29-7	
1356	六氯苯	六氯代苯;过氯苯;全氯代苯	118-74-1	
1357	六氯丙酮		116-16-5	
1358	六氯环戊二烯	全氯环戊二烯	77-47-4	剧毒
1359	α-六氯环己烷		319-84-6	
1360	β-六氯环己烷		319-85-7	
1361	γ-(1,2,4,5/3,6)-六氯环己烷	林丹	58-89-9	
1362	1,2,3,4,5,6-六氯环己烷	六氯化苯;六六六	608-73-1	
1363	六氯乙烷	全氯乙烷;六氯化碳	67-72-1	
1364	六硝基-1,2-二苯乙烯	六硝基芪	20062-22-0	
1365	六硝基二苯胺	六硝炸药;二苦基胺	131-73-7	
1366	六硝基二苯胺铵盐	曙黄	2844-92-0	
1367	六硝基二苯硫	二苦基硫	28930-30-5	
1368	六溴二苯醚		36483-60-0	
1369	2,2′,4,4′,5,5′-六溴二苯醚		68631-49-2	
1370	2,2′,4,4′,5,6′-六溴二苯醚		207122-15-4	
1371	六溴环十二烷			
1372	六溴联苯		36355-01-8	
1373	六亚甲基二异氰酸酯	六甲撑二异氰酸酯;1,6-二异氰酸己烷;己撑二异氰酸酯;1,6-己二异氰酸酯	822-06-0	
1374	N,N-六亚甲基硫代氨基甲酸-S-乙酯	禾草敌	2212-67-1	
1375	六亚甲基四胺	六甲撑四胺;乌洛托品	100-97-0	
1376	六亚甲基亚胺	高哌啶	111-49-9	
1377	铝粉		7429-90-5	
1378	铝镍合金氢化催化剂			
1379	铝酸钠[固体]		1302-42-7	
	铝酸钠[溶液]			

续上表

序号	品　名	别　名	CAS号	备注
1380	铝铁熔剂			
1381	氯	液氯;氯气	7782-50-5	剧毒
1382	1-氯-1,1-二氟乙烷	R142;二氟氯乙烷	75-68-3	
1383	3-氯-1,2-丙二醇	α-氯代丙二醇;3-氯-1,2-二羟基丙烷;α-氯甘油;3-氯代丙二醇	96-24-2	
1384	2-氯-1,3-丁二烯[稳定的]	氯丁二烯	126-99-8	
1385	2-氯-1-丙醇	2-氯-1-羟基丙烷	78-89-7	
1386	3-氯-1-丙醇	三亚甲基氯醇	627-30-5	
1387	3-氯-1-丁烯		563-52-0	
1388	1-氯-1-硝基丙烷	1-硝基-1-氯丙烷	600-25-9	
1389	2-氯-1-溴丙烷	1-溴-2-氯丙烷	3017-96-7	
1390	1-氯-2,2,2-三氟乙烷	R133a	75-88-7	
1391	1-氯-2,3-环氧丙烷	环氧氯丙烷;3-氯-1,2-环氧丙烷	106-89-8	
1392	1-氯-2,4-二硝基苯	2,4-二硝基氯苯	97-00-7	
1393	4-氯-2-氨基苯酚	2-氨基-4-氯苯酚;对氯邻氨基苯酚	95-85-2	
1394	1-氯-2-丙醇	氯异丙醇;丙氯仲醇	127-00-4	
1395	1-氯-2-丁烯		591-97-9	
1396	5-氯-2-甲基苯胺	5-氯邻甲苯胺;2-氨基-4-氯甲苯	95-79-4	
1397	N-(4-氯-2-甲基苯基)-N',N'-二甲基甲脒	杀虫脒	6164-98-3	
1398	3-氯-2-甲基丙烯	2-甲基-3-氯丙烯;甲基烯丙基氯;氯化异丁烯;1-氯-2-甲基-2-丙烯	563-47-3	
1399	2-氯-2-甲基丁烷	叔戊基氯;氯代叔戊烷	594-36-5	
1400	5-氯-2-甲氧基苯胺	4-氯-2-氨基苯甲醚	95-03-4	
1401	4-氯-2-硝基苯胺	对氯邻硝基苯胺	89-63-4	
1402	4-氯-2-硝基苯酚		89-64-5	
1403	4-氯-2-硝基苯酚钠盐		52106-89-5	
1404	4-氯-2-硝基甲苯	对氯邻硝基甲苯	89-59-8	
1405	1-氯-2-溴丙烷	2-溴-1-氯丙烷	3017-95-6	
1406	1-氯-2-溴乙烷	1-溴-2-氯乙烷;氯乙基溴	107-04-0	
1407	4-氯间甲酚	2-氯-5-羟基甲苯;4-氯-3-甲酚	59-50-7	
1408	1-氯-3-甲基丁烷	异戊基氯;氯代异戊烷	107-84-6	
1409	1-氯-3-溴丙烷	3-溴-1-氯丙烷	109-70-6	
1410	2-氯-4,5-二甲基苯基-N-甲基氨基甲酸酯	氯灭杀威	671-04-5	

序号	品　名	别　名	CAS 号	备注
1411	2-氯-4-二甲氨基-6-甲基嘧啶	鼠立死	535－89－7	
1412	3-氯-4-甲氧基苯胺	2-氯-4-氨基苯甲醚;邻氯对氨基苯甲醚	5345－54－0	
1413	2-氯-4-硝基苯胺	邻氯对硝基苯胺	121－87－9	
1414	氯苯	一氯化苯	108－90－7	
1415	2-氯苯胺	邻氯苯胺;邻氨基氯苯	95－51－2	
1416	3-氯苯胺	间氨基氯苯;间氯苯胺	108－42－9	
1417	4-氯苯胺	对氯苯胺;对氨基氯苯	106－47－8	
1418	2-氯苯酚	2-羟基氯苯;2-氯-1-羟基苯;邻氯苯酚;邻羟基氯苯	95－57－8	
1419	3-氯苯酚	3-羟基氯苯;3-氯-1-羟基苯;间氯苯酚;间羟基氯苯	108－43－0	
1420	4-氯苯酚	4-羟基氯苯;4-氯-1-羟基苯;对氯苯酚;对羟基氯苯	106－48－9	
1421	3-氯苯过氧甲酸[57%＜含量≤86%,惰性固体含量≥14%]		937－14－4	
1421	3-氯苯过氧甲酸[含量≤57%,惰性固体含量≤3%,含水≥40%]			
1421	3-氯苯过氧甲酸[含量≤77%,惰性固体含量≥6%,含水≥17%]			
1422	2-[(RS)-2-(4-氯苯基)-2-苯基乙酰基]-2,3-二氢-1,3-茚二酮[含量＞4%]	2-(苯基对氯苯基乙酰)茚满-1,3-二酮;氯鼠酮	3691－35－8	剧毒
1423	N(3-氯苯基)氨基甲酸(4-氯丁炔-2-基)脂	燕麦灵	101－27－9	
1424	氯苯基三氯硅烷		26571－79－9	
1425	2-氯苯甲酰氯	邻氯苯甲酰氯;氯化邻氯苯甲酰	609－65－4	
1426	4-氯苯甲酰氯	对氯苯甲酰氯;氯化对氯苯甲酰	122－01－0	
1427	2-氯苯乙酮	氯乙酰苯;氯苯乙酮;苯基氯甲基酮;苯酰甲基氯;α-氯苯乙酮	532－27－4	
1428	2-氯吡啶		109－09－1	
1429	4-氯苄基氯	对氯苄基氯;对氯苯甲基氯	104－83－6	
1430	3-氯丙腈	β-氯丙腈;氰化-β-氯乙烷	542－76－7	
1431	2-氯丙酸	2-氯代丙酸	598－78－7	
1432	3-氯丙酸	3-氯代丙酸	107－94－8	

续上表

序号	品　　名	别　　名	CAS号	备注
1433	2-氯丙酸甲酯		17639-93-9；77287-29-7	
1434	2-氯丙酸乙酯		535-13-7	
1435	3-氯丙酸乙酯		623-71-2	
1436	2-氯丙酸异丙酯		40058-87-5；79435-04-4	
1437	1-氯丙烷	氯正丙烷;丙基氯	540-54-5	
1438	2-氯丙烷	氯异丙烷;异丙基氯	75-29-6	
1439	2-氯丙烯	异丙烯基氯	557-98-2	
1440	3-氯丙烯	α-氯丙烯;烯丙基氯	107-05-1	
1441	氯铂酸		16941-12-1	
1442	氯代膦酸二乙酯	氯化磷酸二乙酯	814-49-3	剧毒
1443	氯代叔丁烷	叔丁基氯;特丁基氯	507-20-0	
1444	氯代异丁烷	异丁基氯	513-36-0	
1445	氯代正己烷	氯代己烷;己基氯	544-10-5	
1446	1-氯丁烷	正丁基氯;氯代正丁烷	109-69-3	
1447	2-氯丁烷	仲丁基氯;氯代仲丁烷	78-86-4	
1448	氯锇酸铵	氯化锇铵	12125-08-5	
1449	氯二氟甲烷和氯五氟乙烷共沸物	R502		
1450	氯二氟溴甲烷	R12B1;二氟氯溴甲烷;溴氯二氟甲烷;哈龙-1211	353-59-3	
1451	2-氯氟苯	邻氯氟苯;2-氟氯苯;邻氟氯苯	348-51-6	
1452	3-氯氟苯	间氯氟苯;3-氟氯苯;间氟氯苯	625-98-9	
1453	4-氯氟苯	对氯氟苯;4-氟氯苯;对氟氯苯	352-33-0	
1454	2-氯汞苯酚		90-03-9	
1455	4-氯汞苯甲酸	对氯化汞苯甲酸	59-85-8	
1456	氯化铵汞	白降汞,氯化汞铵	10124-48-8	
1457	氯化钡		10361-37-2	
1458	氯化苯汞		100-56-1	
1459	氯化苄	α-氯甲苯;苄基氯	100-44-7	
1460	氯化二硫酰	二硫酰氯;焦硫酰氯	7791-27-7	
1461	氯化二烯丙托锡弗林		15180-03-7	
1462	氯化二乙基铝		96-10-6	
1463	氯化镉		10108-64-2	
1464	氯化汞	氯化高汞;二氯化汞;升汞	7487-94-7	剧毒

续上表

序号	品　名	别　名	CAS 号	备注
1465	氯化钴		7646-79-9	
1466	氯化琥珀胆碱	司克林;氯琥珀胆碱;氯化琥珀酰胆碱	71-27-2	
1467	氯化环戊烷		930-28-9	
1468	氯化甲基汞		115-09-3	
1469	氯化甲氧基乙基汞		123-88-6	
1470	氯化钾汞	氯化汞钾	20582-71-2	
1471	4-氯化联苯	对氯化联苯;联苯基氯	2051-62-9	
1472	1-氯化萘	α-氯化萘	90-13-1	
1473	氯化镍	氯化亚镍	7718-54-9	
1474	氯化铍		7787-47-5	
1475	氯化氢[无水]		7647-01-0	
1476	氯化氰	氰化氯;氯甲腈	506-77-4	剧毒
1477	氯化铜		7447-39-4	
1478	α-氯化筒箭毒碱	氯化南美防己碱;氢氧化吐巴寇拉令碱;氯化箭毒块茎碱;氯化管箭毒碱	57-94-3	
1479	氯化硒	二氯化二硒	10025-68-0	
1480	氯化锌		7646-85-7	
	氯化锌溶液			
1481	氯化锌-2-(2-羟乙氧基)-1-(吡咯烷-1-基)重氮苯			
1482	氯化锌-2-(N-氧羰基苯氨基)-3-甲氧基-4-(N-甲基环己氨基)重氮苯			
1483	氯化锌-2,5-二乙氧基-4-(4-甲苯磺酰)重氮苯			
1484	氯化锌-2,5-二乙氧基-4-苯璜酰重氮苯			
1485	氯化锌-2,5-二乙氧基-4-吗啉代重氮苯		26123-91-1	
1486	氯化锌-3-(2-羟乙氧基)-4(吡咯烷-1-基)重氮苯		105185-95-3	
1487	氯化锌-3-氯-4-二乙氨基重氮苯	晒图盐 BG	15557-00-3	
1488	氯化锌-4-苄甲氨基-3-乙氧基重氮苯		4421-50-5	
1489	氯化锌-4-苄乙氨基-3-乙氧基重氮苯		21723-86-4	
1490	氯化锌-4-二丙氨基重氮苯		33864-17-4	

续上表

序号	品　名	别　名	CAS 号	备注
1491	氯化锌-4-二甲氧基-6-(2-二甲氨乙氧基)-2-重氮甲苯			
1492	氯化溴	溴化氯	13863-41-7	
1493	氯化亚砜	亚硫酰二氯;二氯氧化硫;亚硫酰氯	7719-09-7	
1494	氯化亚汞	甘汞	10112-91-1	
1495	氯化亚铊	一氯化铊;一氧化二铊	7791-12-0	
1496	氯化乙基汞		107-27-7	
1497	氯磺酸	氯化硫酸;氯硫酸	7790-94-5	
1498	2-氯甲苯	邻氯甲苯	95-49-8	
1499	3-氯甲苯	间氯甲苯	108-41-8	
1500	4-氯甲苯	对氯甲苯	106-43-4	
1501	氯甲苯胺异构体混合物			
1502	氯甲基甲醚	甲基氯甲醚;氯二甲醚	107-30-2	剧毒
1503	氯甲基三甲基硅烷	三甲基氯甲硅烷	2344-80-1	
1504	氯甲基乙醚	氯甲基乙基醚	3188-13-4	
1505	氯甲酸-2-乙基己酯		24468-13-1	
1506	氯甲酸苯酯		1885-14-9	
1507	氯甲酸苄酯	苯甲氧基碳酰氯	501-53-1	
1508	氯甲酸环丁酯		81228-87-7	
1509	氯甲酸甲酯	氯碳酸甲酯	79-22-1	剧毒
1510	氯甲酸氯甲酯		22128-62-7	
1511	氯甲酸三氯甲酯	双光气	503-38-8	
1512	氯甲酸烯丙基酯[稳定的]		2937-50-0	
1513	氯甲酸乙酯	氯碳酸乙酯	541-41-3	剧毒
1514	氯甲酸异丙酯		108-23-6	
1515	氯甲酸异丁酯		543-27-1	
1516	氯甲酸正丙酯	氯甲酸丙酯	109-61-5	
1517	氯甲酸正丁酯	氯甲酸丁酯	592-34-7	
1518	氯甲酸仲丁酯		17462-58-7	
1519	氯甲烷	R40;甲基氯;一氯甲烷	74-87-3	
1520	氯甲烷和二氯甲烷混合物			
1521	2-氯间甲酚	2-氯-3-羟基甲苯	608-26-4	
1522	6-氯间甲酚	4-氯-5-羟基甲苯	615-74-7	
1523	4-氯邻甲苯胺盐酸盐	盐酸-4-氯-2-甲苯胺	3165-93-3	

序号	品　名	别　名	CAS 号	备注
1524	N-(4-氯邻甲苯基)-N,N-二甲基甲脒盐酸盐	杀虫脒盐酸盐	19750-95-9	
1525	2-氯三氟甲苯	邻氯三氟甲苯	88-16-4	
1526	3-氯三氟甲苯	间氯三氟甲苯	98-15-7	
1527	4-氯三氟甲苯	对氯三氟甲苯	98-56-6	
1528	氯三氟甲烷和三氟甲烷共沸物	R503		
1529	氯四氟乙烷	R124	63938-10-3	
1530	氯酸铵		10192-29-7	
1531	氯酸钡		13477-00-4	
1532	氯酸钙 氯酸钙溶液		10137-74-3	
1533	氯酸钾 氯酸钾溶液		3811-04-9	
1534	氯酸镁		10326-21-3	
1535	氯酸钠 氯酸钠溶液		7775-09-9	
1536	氯酸溶液[浓度≤10%]		7790-93-4	
1537	氯酸铯		13763-67-2	
1538	氯酸锶		7791-10-8	
1539	氯酸铊		13453-30-0	
1540	氯酸铜		26506-47-8	
1541	氯酸锌		10361-95-2	
1542	氯酸银		7783-92-8	
1543	1-氯戊烷	氯代正戊烷	543-59-9	
1544	2-氯硝基苯	邻氯硝基苯	88-73-3	
1545	3-氯硝基苯	间氯硝基苯	121-73-3	
1546	4-氯硝基苯	对氯硝基苯;1-氯-4-硝基苯	100-00-5	
1547	氯硝基苯异构体混合物	混合硝基氯化苯;冷母液	25167-93-5	
1548	氯溴甲烷	甲撑溴氯;溴氯甲烷	74-97-5	
1549	2-氯乙醇	乙撑氯醇;氯乙醇	107-07-3	剧毒
1550	氯乙腈	氰化氯甲烷;氯甲基氰	107-14-2	
1551	氯乙酸	氯醋酸;一氯醋酸	79-11-8	
1552	氯乙酸丁酯	氯醋酸丁酯	590-02-3	
1553	氯乙酸酐	氯醋酸酐	541-88-8	

续上表

序号	品名	别名	CAS号	备注
1554	氯乙酸甲酯	氯醋酸甲酯	96-34-4	
1555	氯乙酸钠		3926-62-3	
1556	氯乙酸叔丁酯	氯醋酸叔丁酯	107-59-5	
1557	氯乙酸乙烯酯	氯醋酸乙烯酯;乙烯基氯乙酸酯	2549-51-1	
1558	氯乙酸乙酯	氯醋酸乙酯	105-39-5	
1559	氯乙酸异丙酯	氯醋酸异丙酯	105-48-6	
1560	氯乙烷	乙基氯	75-00-3	
1561	氯乙烯[稳定的]	乙烯基氯	75-01-4	
1562	2-氯乙酰-N-乙酰苯胺	邻氯乙酰-N-乙酰苯胺	93-70-9	
1563	氯乙酰氯	氯化氯乙酰	79-04-9	
1564	4-氯正丁酸乙酯		3153-36-4	
1565	马来酸酐	马来酐;失水苹果酸酐;顺丁烯二酸酐	108-31-6	
1566	吗啉		110-91-8	
1567	煤焦酚	杂酚;粗酚	65996-83-0	
1568	煤焦沥青	焦油沥青;煤沥青;煤膏	65996-93-2	
1569	煤焦油		8007-45-2	
1570	煤气			
1571	煤油	火油;直馏煤油	8008-20-6	
1572	镁		7439-95-4	
1573	镁合金[片状、带状或条状,含镁>50%]			
1574	镁铝粉			
1575	锰酸钾		10294-64-1	
1576	迷迭香油		8000-25-7	
1577	米许合金[浸在煤油中的]			
1578	脒基亚硝氨基脒基叉肼[含水≥30%]			
1579	脒基亚硝氨基脒基四氮烯[湿的,按质量含水或乙醇和水的混合物不低于30%]	四氮烯;特屈拉辛	109-27-3	
1580	木防己苦毒素	苦毒浆果(木防己属)	124-87-8	
1581	木馏油	木焦油	8021-39-4	
1582	钠	金属钠	7440-23-5	
1583	钠石灰[含氢氧化钠>4%]	碱石灰	8006-28-8	

续上表

序号	品　名	别　名	CAS 号	备注
1584	氖[压缩的或液化的]		7440-01-9	
1585	萘	粗萘;精萘;萘饼	91-20-3	
1586	1-萘胺	α-萘胺;1-氨基萘	134-32-7	
1587	2-萘胺	β-萘胺;2-氨基萘	91-59-8	
1588	1,8-萘二甲酸酐	萘酐	81-84-5	
1589	萘磺汞	双苯汞亚甲基二萘磺酸酯;汞加芬;双萘磺酸苯汞	14235-86-0	
1590	1-萘基硫脲	α-萘硫脲;安妥	86-88-4	
1591	1-萘甲腈	萘甲腈;α-萘甲腈	86-53-3	
1592	1-萘氧基二氯化膦		91270-74-5	
1593	镍催化剂[干燥的]			
1594	2,2′-偶氮-二-(2,4-二甲基-4-甲氧基戊腈)		15545-97-8	
1595	2,2′-偶氮-二-(2,4-二甲基戊腈)	偶氮二异庚腈	4419-11-8	
1596	2,2′-偶氮二-(2-甲基丙酸乙脂)		3879-07-0	
1597	2,2′-偶氮二-(2-甲基丁腈)		13472-08-7	
1598	1,1′-偶氮二-(六氢苄腈)	1,1′-偶氮二(环己基甲腈)	2094-98-6	
1599	偶氮二甲酰胺	发泡剂 AC;二氮烯二甲酰胺	123-77-3	
1600	2,2′-偶氮二异丁腈	发泡剂 N;ADIN;2-甲基丙腈	78-67-1	
1601	哌啶	六氢吡啶;氮己环	110-89-4	
1602	哌嗪	对二氮己环	110-85-0	
1603	α-蒎烯	α-松油萜	80-56-8	
1604	β-蒎烯		127-91-3	
1605	硼氢化钾	氢硼化钾	13762-51-1	
1606	硼氢化锂	氢硼化锂	16949-15-8	
1607	硼氢化铝	氢硼化铝	16962-07-5	
1608	硼氢化钠	氢硼化钠	16940-66-2	
1609	硼酸		10043-35-3	
1610	硼酸三甲酯	三甲氧基硼烷	121-43-7	
1611	硼酸三乙酯	三乙氧基硼烷	150-46-9	
1612	硼酸三异丙酯	硼酸异丙酯	5419-55-6	
1613	铍粉		7440-41-7	
1614	偏钒酸铵		7803-55-6	
1615	偏钒酸钾		13769-43-2	
1616	偏高碘酸钾			

续上表

序号	品　名	别　名	CAS 号	备注
1617	偏高碘酸钠			
1618	偏硅酸钠	三氧硅酸二钠	6834-92-0	
1619	偏砷酸		10102-53-1	
1620	偏砷酸钠		15120-17-9	
1621	漂白粉			
1622	漂粉精[含有效氯>39%]	高级晒粉		
1623	葡萄糖酸汞		63937-14-4	
1624	七氟丁酸	全氟丁酸	375-22-4	
1625	七硫化四磷	七硫化磷	12037-82-0	
1626	七溴二苯醚		68928-80-3	
1627	2,2′,3,3′,4,5′,6′-七溴二苯醚		446255-22-7	
1628	2,2′,3,4,4′,5′,6-七溴二苯醚		207122-16-5	
1629	1,4,5,6,7,8,8-七氯-3a,4,7,7a-四氢-4,7-亚甲基茚	七氯	76-44-8	
1630	汽油		86290-81-5	
	乙醇汽油			
	甲醇汽油			
1631	铅汞齐			
1632	1-羟环丁-1-烯-3,4-二酮	半方形酸	31876-38-7	
1633	3-羟基-1,1-二甲基丁基过氧新癸酸[含量≤52%,含A型稀释剂≥48%]		95718-78-8	
	3-羟基-1,1-二甲基丁基过氧新癸酸[含量≤52%,在水中稳定弥散]			
	3-羟基-1,1-二甲基丁基过氧新癸酸[含量≤77%,含A型稀释剂≥23%]			
1634	N-3-[1-羟基-2-(甲氨基)乙基]苯基甲烷磺酰胺甲磺酸盐	酰胺福林-甲烷磺酸盐	1421-68-7	
1635	3-羟基-2-丁酮	乙酰甲基甲醇	513-86-0	
1636	4-羟基-4-甲基-2-戊酮	双丙酮醇	123-42-2	
1637	2-羟基丙腈	乳腈	78-97-7	剧毒
1638	2-羟基丙酸甲酯	乳酸甲酯	547-64-8	
1639	2-羟基丙酸乙酯	乳酸乙酯	97-64-3	
1640	3-羟基丁醛	3-丁醇醛;丁间醇醛	107-89-1	
1641	羟基甲基汞		1184-57-2	
1642	羟基乙腈	乙醇腈	107-16-4	剧毒

续上表

序号	品　名	别　名	CAS号	备注
1643	羟基乙硫醚	α-乙硫基乙醇	110－77－0	
1644	3-(2-羟基乙氧基)-4-吡咯烷基-1-苯重氮氯化锌盐			
1645	2-羟基异丁酸乙酯	2-羟基-2-甲基丙酸乙酯	80－55－7	
1646	羟间唑啉(盐酸盐)		2315－02－8	剧毒
1647	N-(2-羟乙基)-N-甲基全氟辛基磺酰胺		24448－09－7	
1648	氢	氢气	1333－74－0	
1649	氢碘酸	碘化氢溶液	10034－85－2	
1650	氢氟酸	氟化氢溶液	7664－39－3	
1651	氢过氧化蒎烷[56%＜含量≤100%]		28324－52－9	
	氢过氧化蒎烷[含量≤56%,含A型稀释剂≥44%]			
1652	氢化钡		13477－09－3	
1653	氢化钙		7789－78－8	
1654	氢化锆		7704－99－6	
1655	氢化钾		7693－26－7	
1656	氢化锂		7580－67－8	
1657	氢化铝		7784－21－6	
1658	氢化铝锂	四氢化铝锂	16853－85－3	
1659	氢化铝钠	四氢化铝钠	13770－96－2	
1660	氢化镁	二氢化镁	7693－27－8	
1661	氢化钠		7646－69－7	
1662	氢化钛		7704－98－5	
1663	氢气和甲烷混合物			
1664	氢氰酸[含量≤20%]		74－90－8	
	氢氰酸蒸熏剂			
1665	氢溴酸	溴化氢溶液	10035－10－6	
1666	氢氧化钡		17194－00－2	
1667	氢氧化钾	苛性钾	1310－58－3	
	氢氧化钾溶液[含量≥30%]			
1668	氢氧化锂		1310－65－2	
	氢氧化锂溶液			

续上表

序号	品　名	别　名	CAS 号	备注
1669	氢氧化钠	苛性钠;烧碱	1310-73-2	
	氢氧化钠溶液[含量≥30%]			
1670	氢氧化铍		13327-32-7	
1671	氢氧化铷		1310-82-3	
	氢氧化铷溶液			
1672	氢氧化铯		21351-79-1	
	氢氧化铯溶液			
1673	氢氧化铊		17026-06-1	
1674	柴油[闭杯闪点≤60℃]			
1675	氰	氰气	460-19-5	
1676	氰氨化钙[含碳化钙>0.1%]	石灰氮	156-62-7	
1677	氰胍甲汞	氰甲汞胍	502-39-6	剧毒
1678	氰化钡		542-62-1	
1679	氰化碘	碘化氰	506-78-5	
1680	氰化钙		592-01-8	
1681	氰化镉		542-83-6	剧毒
1682	氰化汞	氰化高汞;二氰化汞	592-04-1	
1683	氰化汞钾	汞氰化钾;氰化钾汞	591-89-9	
1684	氰化钴(Ⅱ)		542-84-7	
1685	氰化钴(Ⅲ)		14965-99-2	
1686	氰化钾	山奈钾	151-50-8	剧毒
1687	氰化金		506-65-0	
1688	氰化钠	山奈	143-33-9	剧毒
1689	氰化钠铜锌			
1690	氰化镍	氰化亚镍	557-19-7	
1691	氰化镍钾	氰化钾镍	14220-17-8	
1692	氰化铅		592-05-2	
1693	氰化氢	无水氢氰酸	74-90-8	剧毒
1694	氰化铈			
1695	氰化铜	氰化高铜	14763-77-0	
1696	氰化锌		557-21-1	
1697	氰化溴	溴化氰	506-68-3	
1698	氰化金钾		14263-59-3	
1699	氰化亚金钾		13967-50-5	

序号	品　　名	别　　名	CAS 号	备注
1700	氰化亚铜		544-92-3	
1701	氰化亚铜三钾	氰化亚铜钾	13682-73-0	
1702	氰化亚铜三钠	紫铜盐;紫铜矾;氰化铜钠	14264-31-4	
	氰化亚铜三钠溶液			
1703	氰化银		506-64-9	
1704	氰化银钾	银氰化钾	506-61-6	剧毒
1705	(RS)-α-氰基-3-苯氧基苄基(SR)-3-(2,2-二氯乙烯基)-2,2-二甲基环丙烷羧酸酯	氯氰菊酯	52315-07-8	
1706	4-氰基苯甲酸	对氰基苯甲酸	619-65-8	
1707	氰基乙酸	氰基醋酸	372-09-8	
1708	氰基乙酸乙酯	氰基醋酸乙酯;乙基氰基乙酸酯	105-56-6	
1709	氰尿酰氯	三聚氰酰氯;三聚氯化氰	108-77-0	
1710	氰熔体			
1711	2-巯基丙酸	硫代乳酸	79-42-5	
1712	5-巯基四唑并-1-乙酸			
1713	2-巯基乙醇	硫代乙二醇;2-羟基-1-乙硫醇	60-24-2	
1714	巯基乙酸	氢硫基乙酸;硫代乙醇酸	68-11-1	
1715	全氟辛基磺酸		1763-23-1	
1716	全氟辛基磺酸铵		29081-56-9	
1717	全氟辛基磺酸二癸二甲基铵		251099-16-8	
1718	全氟辛基磺酸二乙醇铵		70225-14-8	
1719	全氟辛基磺酸钾		2795-39-3	
1720	全氟辛基磺酸锂		29457-72-5	
1721	全氟辛基磺酸四乙基铵		56773-42-3	
1722	全氟辛基磺酰氟		307-35-7	
1723	全氯甲硫醇	三氯硫氯甲烷;过氯甲硫醇;四氯硫代碳酰	594-42-3	剧毒
1724	全氯五环癸烷	灭蚁灵	2385-85-5	
1725	壬基酚	壬基苯酚	25154-52-3	
1726	壬基酚聚氧乙烯醚		9016-45-9	
1727	壬基三氯硅烷		5283-67-0	
1728	壬烷及其异构体			
1729	1-壬烯		124-11-8	
1730	2-壬烯		2216-38-8	

续上表

序号	品名	别名	CAS号	备注
1731	3-壬烯		20063-92-7	
1732	4-壬烯		2198-23-4	
1733	溶剂苯			
1734	溶剂油[闭杯闪点≤60℃]			
1735	乳酸苯汞三乙醇铵		23319-66-6	剧毒
1736	乳酸锑		58164-88-8	
1737	乳香油		8016-36-2	
1738	噻吩	硫杂茂;硫代呋喃	110-02-1	
1739	三-(1-吖丙啶基)氧化膦	三吖啶基氧化膦	545-55-1	
1740	三(2,3-二溴丙磷酸脂)磷酸盐		126-72-7	
1741	三(2-甲基氮丙啶)氧化磷	三(2-甲基氮杂环丙烯)氧化膦	57-39-6	
1742	三(环己基)-(1,2,4-三唑-1-基)锡	三唑锡	41083-11-8	
1743	三苯基磷		603-35-0	
1744	三苯基氯硅烷		76-86-8	
1745	三苯基氢氧化锡	三苯基羟基锡	76-87-9	
1746	三苯基乙酸锡		900-95-8	
1747	三丙基铝		102-67-0	
1748	三丙基氯化锡	氯丙锡;三丙锡氯	2279-76-7	
1749	三碘化砷	碘化亚砷	7784-45-4	
1750	三碘化铊		13453-37-7	
1751	三碘化锑		64013-16-7	
1752	三碘甲烷	碘仿	75-47-8	
1753	三碘乙酸	三碘醋酸	594-68-3	
1754	三丁基氟化锡		1983-10-4	
1755	三丁基铝		1116-70-7	
1756	三丁基氯化锡		1461-22-9	
1757	三丁基硼		122-56-5	
1758	三丁基氢化锡		688-73-3	
1759	S,S,S-三丁基三硫代磷酸酯	三硫代磷酸三丁酯;脱叶磷	78-48-8	
1760	三丁基锡苯甲酸		4342-36-3	
1761	三丁基锡环烷酸		85409-17-2	
1762	三丁基锡亚油酸		24124-25-2	
1763	三丁基氧化锡		56-35-9	
1764	三丁锡甲基丙烯酸		2155-70-6	

续上表

序号	品　名	别　名	CAS 号	备注
1765	三氟丙酮		421-50-1	
1766	三氟化铋		7787-61-3	
1767	三氟化氮		7783-54-2	
1768	三氟化磷		7783-55-3	
1769	三氟化氯		7790-91-2	
1770	三氟化硼	氟化硼	7637-07-2	
1771	三氟化硼丙酸络合物			
1772	三氟化硼甲醚络合物		353-42-4	
1773	三氟化硼乙胺		75-23-0	
1774	三氟化硼乙醚络合物		109-63-7	
1775	三氟化硼乙酸酐	三氟化硼醋酸酐	591-00-4	
1776	三氟化硼乙酸络合物	乙酸三氟化硼	7578-36-1	
1777	三氟化砷	氟化亚砷	7784-35-2	
1778	三氟化锑	氟化亚锑	7783-56-4	
1779	三氟化溴		7787-71-5	
1780	三氟甲苯		98-08-8	
1781	（RS)-2-[4-(5-三氟甲基-2-吡啶氧基)苯氧基]丙酸丁酯	吡氟禾草灵丁酯	69806-50-4	
1782	2-三氟甲基苯胺	2-氨基三氟甲苯	88-17-5	
1783	3-三氟甲基苯胺	3-氨基三氟甲苯;间三氟甲基苯胺	98-16-8	
1784	三氟甲烷	R23;氟仿	75-46-7	
1785	三氟氯化甲苯	三氟甲基氯苯		
1786	三氟氯乙烯[稳定的]	R1113;氯三氟乙烯	79-38-9	
1787	三氟溴乙烯	溴三氟乙烯	598-73-2	
1788	2,2,2-三氟乙醇		75-89-8	
1789	三氟乙酸	三氟醋酸	76-05-1	
1790	三氟乙酸酐	三氟醋酸酐	407-25-0	
1791	三氟乙酸铬	三氟醋酸铬	16712-29-1	
1792	三氟乙酸乙酯	三氟醋酸乙酯	383-63-1	
1793	1,1,1-三氟乙烷	R143	420-46-2	
1794	三氟乙酰氯	氯化三氟乙酰	354-32-5	
1795	三环己基氢氧化锡	三环锡	13121-70-5	
1796	三甲胺[无水]		75-50-3	
	三甲胺溶液			

续上表

序号	品　名	别　名	CAS号	备注
1797	2,4,4-三甲基-1-戊烯		107-39-1	
1798	2,4,4-三甲基-2-戊烯		107-40-4	
1799	1,2,3-三甲基苯	连三甲基苯	526-73-8	
1800	1,2,4-三甲基苯	假枯烯	95-63-6	
1801	1,3,5-三甲基苯	均三甲苯	108-67-8	
1802	2,2,3-三甲基丁烷		464-06-2	
1803	三甲基环己胺		15901-42-5	
1804	3,3,5-三甲基己撑二胺	3,3,5-三甲基六亚甲基二胺	25620-58-0；25513-64-8	
1805	三甲基己基二异氰酸酯	二异氰酸三甲基六亚甲基酯		
1806	2,2,4-三甲基己烷		16747-26-5	
1807	2,2,5-三甲基己烷		3522-94-9	
1808	三甲基铝		75-24-1	
1809	三甲基氯硅烷	氯化三甲基硅烷	75-77-4	
1810	三甲基硼	甲基硼	593-90-8	
1811	2,4,4-三甲基戊基-2-过氧化苯氧基乙酸酯［在溶液中，含量≤37%］	2,4,4-三甲基戊基-2-过氧化苯氧基醋酸酯	59382-51-3	
1812	2,2,3-三甲基戊烷		564-02-3	
1813	2,2,4-三甲基戊烷		540-84-1	
1814	2,3,4-三甲基戊烷		565-75-3	
1815	三甲基乙酰氯	三甲基氯乙酰；新戊酰氯	3282-30-2	
1816	三甲基乙氧基硅烷	乙氧基三甲基硅烷	1825-62-3	
1817	三聚丙烯	三丙烯	13987-01-4	
1818	三聚甲醛	三氧杂环己烷；三聚蚁醛；对称三噁烷	110-88-3	
1819	三聚氰酸三烯丙酯		101-37-1	
1820	三聚乙醛	仲乙醛；三聚醋醛	123-63-7	
1821	三聚异丁烯	三异丁烯	7756-94-7	
1822	三硫化二磷	三硫化磷	12165-69-4	
1823	三硫化二锑	硫化亚锑	1345-04-6	
1824	三硫化四磷		1314-85-8	
1825	1,1,2-三氯-1,2,2-三氟乙烷	R113；1,2,2-三氯三氟乙烷	76-13-1	
1826	2,3,4-三氯-1-丁烯	三氯丁烯	2431-50-7	
1827	1,1,1-三氯-2,2-双(4-氯苯基)乙烷	滴滴涕	50-29-3	

序号	品　名	别　名	CAS 号	备注
1828	2,4,5-三氯苯胺	1-氨基-2,4,5-三氯苯	636-30-6	
1829	2,4,6-三氯苯胺	1-氨基-2,4,6-三氯苯	634-93-5	
1830	2,4,5-三氯苯酚	2,4,5-三氯酚	95-95-4	
1831	2,4,6-三氯苯酚	2,4,6-三氯酚	88-06-2	
1832	2-(2,4,5-三氯苯氧基)丙酸	2,4,5-涕丙酸	93-72-1	
1833	2,4,5-三氯苯氧乙酸	2,4,5-涕	93-76-5	
1834	1,2,3-三氯丙烷		96-18-4	
1835	1,2,3-三氯代苯	1,2,3-三氯苯	87-61-6	
1836	1,2,4-三氯代苯	1,2,4-三氯苯	120-82-1	
1837	1,3,5-三氯代苯	1,3,5-三氯苯	108-70-3	
1838	三氯硅烷	硅仿;硅氯仿;三氯氢硅	10025-78-2	
1839	三氯化碘		865-44-1	
1840	三氯化钒		7718-98-1	
1841	三氯化磷	氯化磷,氯化亚磷	7719-12-2	
1842	三氯化铝[无水]	氯化铝	7446-70-0	
	三氯化铝溶液	氯化铝溶液		
1843	三氯化钼		13478-18-7	
1844	三氯化硼		10294-34-5	
1845	三氯化三甲基二铝	三氯化三甲基铝	12542-85-7	
1846	三氯化三乙基二铝	三氯三乙基络铝	12075-68-2	
1847	三氯化砷	氯化亚砷	7784-34-1	
1848	三氯化钛	氯化亚钛	7705-07-9	
	三氯化钛溶液	氯化亚钛溶液		
	三氯化钛混合物			
1849	三氯化锑		10025-91-9	
1850	三氯化铁	氯化铁	7705-08-0	
	三氯化铁溶液	氯化铁溶液		
1851	三氯甲苯	三氯化苄;苯基三氯甲烷;α,α,α-三氯甲苯	98-07-7	
1852	三氯甲烷	氯仿	67-66-3	
1853	三氯三氟丙酮	1,1,3-三氯-1,3,3-三氟丙酮	79-52-7	
1854	三氯硝基甲烷	氯化苦;硝基三氯甲烷	76-06-2	剧毒
1855	1-三氯锌酸-4-二甲氨基重氮苯			
1856	1,2-O-[(1R)-2,2,2-三氯亚乙基]-α-D-呋喃葡糖	α-氯醛糖	15879-93-3	

续上表

序号	品　　名	别　　名	CAS 号	备注
1857	三氯氧化钒	三氯化氧钒	7727-18-6	
1858	三氯氧磷	氧氯化磷;氯化磷酰;磷酰氯;三氯化磷酰;磷酰三氯	10025-87-3	
1859	三氯一氟甲烷	R11	75-69-4	
1860	三氯乙腈	氰化三氯甲烷	545-06-2	
1861	三氯乙醛[稳定的]	氯醛;氯油	75-87-6	
1862	三氯乙酸	三氯醋酸	76-03-9	
1863	三氯乙酸甲酯	三氯醋酸甲酯	598-99-2	
1864	1,1,1-三氯乙烷	甲基氯仿	71-55-6	
1865	1,1,2-三氯乙烷		79-00-5	
1866	三氯乙烯		79-01-6	
1867	三氯乙酰氯		76-02-8	
1868	三氯异氰脲酸		87-90-1	
1869	三烯丙基胺	三烯丙胺;三(2-丙烯基)胺	102-70-5	
1870	1,3,5-三硝基苯	均三硝基苯	99-35-4	
1871	2,4,6-三硝基苯胺	苦基胺	489-98-5	
1872	2,4,6-三硝基苯酚	苦味酸	88-89-1	
1873	2,4,6-三硝基苯酚铵[干的或含水<10%]	苦味酸铵	131-74-8	
	2,4,6-三硝基苯酚铵[含水≥10%]			
1874	2,4,6-三硝基苯酚钠	苦味酸钠	3324-58-1	
1875	2,4,6-三硝基苯酚银[含水≥30%]	苦味酸银	146-84-9	
1876	三硝基苯磺酸		2508-19-2	
1877	2,4,6-三硝基苯磺酸钠		5400-70-4	
1878	三硝基苯甲醚	三硝基茴香醚	28653-16-9	
1879	2,4,6-三硝基苯甲酸	三硝基安息香酸	129-66-8	
1880	2,4,6-三硝基苯甲硝胺	特屈儿	479-45-8	
1881	三硝基苯乙醚		4732-14-3	
1882	2,4,6-三硝基二甲苯	2,4,6-三硝基间二甲苯	632-92-8	
1883	2,4,6-三硝基甲苯	梯恩梯;TNT	118-96-7	
1884	三硝基甲苯与六硝基-1,2-二苯乙烯混合物	三硝基甲苯与六硝基芪混合物		
1885	2,4,6-三硝基甲苯与铝混合物	特里托纳尔		
1886	三硝基甲苯与三硝基苯和六硝基-1,2-二苯乙烯混合物	三硝基甲苯与三硝基苯和六硝基芪混合物		

序号	品　名	别　名	CAS 号	备注
1887	三硝基甲苯与三硝基苯混合物			
1888	三硝基甲苯与硝基萘混合物	梯萘炸药		
1889	2,4,6-三硝基间苯二酚	收敛酸	82-71-3	
1890	2,4,6-三硝基间苯二酚铅[湿的,按质量含水或乙醇和水的混合物不低于20%]	收敛酸铅	15245-44-0	
1891	三硝基间甲酚		602-99-3	
1892	2,4,6-三硝基氯苯	苦基氯	88-88-0	
1893	三硝基萘		55810-17-8	
1894	三硝基芴酮		129-79-3	
1895	2,4,6-三溴苯胺		147-82-0	
1896	三溴化碘		7789-58-4	
1897	三溴化磷		7789-60-8	
1898	三溴化铝[无水]	溴化铝	7727-15-3	
	三溴化铝溶液	溴化铝溶液		
1899	三溴化硼		10294-33-4	
1900	三溴化三甲基二铝	三溴化三甲基铝	12263-85-3	
1901	三溴化砷	溴化亚砷	7784-33-0	
1902	三溴化锑		7789-61-9	
1903	三溴甲烷	溴仿	75-25-2	
1904	三溴乙醛	溴醛	115-17-3	
1905	三溴乙酸	三溴醋酸	75-96-7	
1906	三溴乙烯		598-16-3	
1907	2,4,6-三亚乙基氨基-1,3,5-三嗪	曲他胺	51-18-3	
1908	三亚乙基四胺	二缩三乙二胺;三乙撑四胺	112-24-3	
1909	三氧化二氮	亚硝酐	10544-73-7	
1910	三氧化二钒		1314-34-7	
1911	三氧化二磷	亚磷酸酐	1314-24-5	
1912	三氧化二砷	白砒;砒霜;亚砷酸酐	1327-53-3	剧毒
1913	三氧化铬[无水]	铬酸酐	1333-82-0	
1914	三氧化硫[稳定的]	硫酸酐	7446-11-9	
1915	三乙胺		121-44-8	
1916	3,6,9-三乙基-3,6,9-三甲基-1,4,7-三过氧壬烷[含量≤42%,含A型稀释剂≥58%]		24748-23-0	

续上表

序号	品　　名	别　　名	CAS 号	备注
1917	三乙基铝		97-93-8	
1918	三乙基硼		97-94-9	
1919	三乙基砷酸酯		15606-95-8	
1920	三乙基锑		617-85-6	
1921	三异丁基铝		100-99-2	
1922	三正丙胺	N,N-二丙基-1-丙胺	102-69-2	
1923	三正丁胺	三丁胺	102-82-9	剧毒
1924	砷		7440-38-2	
1925	砷化汞		749262-24-6	
1926	砷化镓		1303-00-0	
1927	砷化氢	砷化三氢;胂	7784-42-1	剧毒
1928	砷化锌		12006-40-5	
1929	砷酸		7778-39-4	
1930	砷酸铵		24719-13-9	
1931	砷酸钡		13477-04-8	
1932	砷酸二氢钾			
1933	砷酸二氢钠		10103-60-3	
1934	砷酸钙	砷酸三钙	7778-44-1	
1935	砷酸汞	砷酸氢汞	7784-37-4	
1936	砷酸钾		7784-41-0	
1937	砷酸镁		10103-50-1	
1938	砷酸钠	砷酸三钠	13464-38-5	
1939	砷酸铅		7645-25-2	
1940	砷酸氢二铵		7784-44-3	
1941	砷酸氢二钠		7778-43-0	
1942	砷酸锑		28980-47-4	
1943	砷酸铁		10102-49-5	
1944	砷酸铜		10103-61-4	
1945	砷酸锌		1303-39-5	
1946	砷酸亚铁		10102-50-8	
1947	砷酸银		13510-44-6	
1948	生漆	大漆		
1949	生松香	焦油松香;松脂		
1950	十八烷基三氯硅烷		112-04-9	

续上表

序号	品 名	别 名	CAS 号	备注
1951	十八烷基乙酰胺	十八烷醋酸酰胺		
1952	十八烷酰氯	硬脂酰氯	112-76-5	
1953	十二烷基硫醇	月桂硫醇;十二硫醇	112-55-0	
1954	十二烷基三氯硅烷		4484-72-4	
1955	十二烷酰氯	月桂酰氯	112-16-3	
1956	十六烷基三氯硅烷		5894-60-0	
1957	十六烷酰氯	棕榈酰氯	112-67-4	
1958	十氯酮	十氯代八氢-亚甲基-环丁异[CD]戊搭烯-2-酮;开蓬	143-50-0	
1959	1,1,2,2,3,3,4,4,5,5,6,6,7,7,8,8,8-十七氟-1-辛烷磺酸		45298-90-6	
1960	十氢化萘	萘烷	91-17-8	
1961	十四烷酰氯	肉豆蔻酰氯	112-64-1	
1962	十溴联苯		13654-09-6	
1963	石棉[含:阳起石石棉、铁石棉、透闪石石棉、直闪石石棉、青石棉]		1332-21-4	
1964	石脑油		8030-30-6	
1965	石油醚	石油精	8032-32-4	
1966	石油气	原油气		
1967	石油原油	原油	8002-05-9	
1968	铈[粉、屑]		7440-45-1	
	金属铈[浸在煤油中的]			
1969	铈镁合金粉			
1970	叔丁胺	2-氨基-2-甲基丙烷;特丁胺	75-64-9	
1971	5-叔丁基-2,4,6-三硝基间二甲苯	二甲苯麝香;1-(1,1-二甲基乙基)-3,5-二甲基-2,4,6-三硝基苯	81-15-2	
1972	叔丁基苯	叔丁苯	98-06-6	
1973	2-叔丁基苯酚	邻叔丁基苯酚	88-18-6	
1974	4-叔丁基苯酚	对叔丁基苯酚;对特丁基酚;4-羟基-1-叔丁基苯	98-54-4	
1975	叔丁基过氧-2-甲基苯甲酸酯[含量≤100%]		22313-62-8	

续上表

序号	品　名	别　名	CAS号	备注
1976	叔丁基过氧-2-乙基己酸酯[52% < 含量≤100%]	过氧化-2-乙基己酸叔丁酯	3006-82-4	
	叔丁基过氧-2-乙基己酸酯[32% < 含量≤52%,含B型稀释剂≥48%]			
	叔丁基过氧-2-乙基己酸酯[含量≤32%,含B型稀释剂≥68%]			
	叔丁基过氧-2-乙基己酸酯[含量≤52%,惰性固体含量≥48%]			
1977	叔丁基过氧-2-乙基己酸酯和2,2-二-(叔丁基过氧)丁烷的混合物[叔丁基过氧-2-乙基己酸酯≤12%,2,2-二-(叔丁基过氧)丁烷的混合物≤14%,含A型稀释剂≥14%,含惰性固体≥60%]			
	叔丁基过氧-2-乙基己酸酯和2,2-二-(叔丁基过氧)丁烷的混合物[叔丁基过氧-2-乙基己酸酯≤31%,2,2-二-(叔丁基过氧)丁烷≤36%,含B型稀释剂≥33%]			
1978	叔丁基过氧-2-乙基己碳酸酯[含量≤100%]		34443-12-4	
1979	叔丁基过氧丁基延胡索酸酯[含量≤52%,含A型稀释剂≥48%]			
1980	叔丁基过氧二乙基乙酸酯[含量≤100%]	过氧化二乙基乙酸叔丁酯;过氧化叔丁基二乙基乙酸酯		
1981	叔丁基过氧新癸酸酯[77% < 含量≤100%]	过氧化新癸酸叔丁酯	26748-41-4	
	叔丁基过氧新癸酸酯[含量≤32%,含A型稀释剂≥68%]			
	叔丁基过氧新癸酸酯[含量≤42%,在水(冷冻)中稳定弥散]			
	叔丁基过氧新癸酸酯[含量≤52%,在水中稳定弥散]			
	叔丁基过氧新癸酸酯[含量≤77%]			

续上表

序号	品 名	别 名	CAS 号	备注
1982	叔丁基过氧新戊酸酯[27%＜含量≤67%,含 B 型稀释剂≥33%] 叔丁基过氧新戊酸酯[67%＜含量≤77%,含 A 型稀释剂≥23%] 叔丁基过氧新戊酸酯[含量≤27%,含 B 型稀释剂≥73%]		927-07-1	
1983	1-(2-叔丁基过氧异丙基)-3-异丙烯基苯[含量≤42%,惰性固体含量≥58%] 1-(2-叔丁基过氧异丙基)-3-异丙烯基苯[含量≤77%,含 A 型稀释剂≥23%]		96319-55-0	
1984	叔丁基过氧异丁酸酯[52%＜含量≤77%,含 B 型稀释剂≥23%] 叔丁基过氧异丁酸酯[含量≤52%,含 B 型稀释剂≥48%]	过氧化异丁酸叔丁酯	109-13-7	
1985	叔丁基过氧硬酯酰碳酸酯[含量≤100%]			
1986	叔丁基环己烷	环己基叔丁烷;特丁基环己烷	3178-22-1	
1987	叔丁基硫醇	叔丁硫醇	75-66-1	
1988	叔戊基过氧-2-乙基己酸酯[含量≤100%]	过氧化-2-乙基己酸叔戊酯	686-31-7	
1989	叔戊基过氧化氢[含量≤88%,含 A 型稀释剂≥6%,含水≥6%]		3425-61-4	
1990	叔戊基过氧戊酸酯[含量≤77%,含 B 型稀释剂≥23%]	过氧化叔戊基新戊酸酯	29240-17-3	
1991	叔戊基过氧新癸酸酯[含量≤77%,含 B 型稀释剂≥23%]	过氧化叔戊基新癸酸酯	68299-16-1	
1992	叔辛胺		107-45-9	
1993	树脂酸钙		9007-13-0	
1994	树脂酸钴		68956-82-1	
1995	树脂酸铝		61789-65-9	
1996	树脂酸锰		9008-34-8	
1997	树脂酸锌		9010-69-9	
1998	双(1-甲基乙基)氟磷酸酯	二异丙基氟磷酸酯;丙氟磷	55-91-4	剧毒
1999	双(2-氯乙基)甲胺	氮芥;双(氯乙基)甲胺	51-75-2	剧毒

续上表

序号	品　名	别　名	CAS 号	备注
2000	5-[双(2-氯乙基)氨基]-2,4-(1H,3H)嘧啶二酮	尿嘧啶芳芥;嘧啶苯芥	66-75-1	剧毒
2001	2,2-双-[4,4-二(叔丁基过氧化)环己基]丙烷[含量≤42%,惰性固体含量≥58%]			
	2,2-双-[4,4-二(叔丁基过氧化)环己基]丙烷[含量≤22%,含B型稀释剂≥78%]			
2002	2,2-双(4-氯苯基)-2-羟基乙酸乙酯	4,4′-二氯二苯乙醇酸乙酯;乙酯杀螨醇	510-15-6	
2003	O,O-双(4-氯苯基)N-(1-亚氨基)乙基硫代磷酸胺	毒鼠磷	4104-14-7	剧毒
2004	双(N,N-二甲基甲硫酰)二硫化物	四甲基二硫代秋兰姆;四甲基硫代过氧化二碳酸二酰胺;福美双	137-26-8	
2005	双(二甲胺基)磷酰氟[含量>2%]	甲氟磷	115-26-4	剧毒
2006	双(二甲基二硫代氨基甲酸)锌	福美锌	137-30-4	
2007	4,4-双-(过氧化叔丁基)戊酸正丁酯[52%<含量≤100%]	4,4-二(叔丁基过氧化)戊酸正丁酯	995-33-5	
	4,4-双-(过氧化叔丁基)戊酸正丁酯[含量≤52%,含惰性固体≥48%]			
2008	双过氧化壬二酸[含量≤27%,惰性固体含量≥73%]		1941-79-3	
2009	双过氧化十二烷二酸[含量≤42%,含硫酸钠≥56%]		66280-55-5	
2010	双戊烯	苧烯;二聚戊烯;1,8-萜二烯	138-86-3	
2011	2,5-双(1-吖丙啶基)-3-(2-氨甲酰氧-1-甲氧乙基)-6-甲基-1,4-苯醌	卡巴醌	24279-91-2	
2012	水合肼[含肼≤64%]	水合联氨	10217-52-4	
2013	水杨醛	2-羟基苯甲醛;邻羟基苯甲醛	90-02-8	
2014	水杨酸汞		5970-32-1	
2015	水杨酸化烟碱		29790-52-1	
2016	丝裂霉素 C	自力霉素	50-07-7	
2017	四苯基锡		595-90-4	
2018	四碘化锡		7790-47-8	
2019	四丁基氢氧化铵		2052-49-5	

续上表

序号	品　　名	别　　名	CAS 号	备注
2020	四丁基氢氧化磷		14518－69－5	
2021	四丁基锡		1461－25－2	
2022	四氟代肼	四氟肼	10036－47－2	
2023	四氟化硅	氟化硅	7783－61－1	
2024	四氟化硫		7783－60－0	
2025	四氟化铅		7783－59－7	
2026	四氟甲烷	R14	75－73－0	
2027	四氟硼酸-2,5-二乙氧基-4-吗啉代重氮苯		4979－72－0	
2028	四氟乙烯［稳定的］		116－14－3	
2029	1,2,4,5-四甲苯	均四甲苯	95－93－2	
2030	1,1,3,3-四甲基-1-丁硫醇	特辛硫醇;叔辛硫醇	141－59－3	
2031	1,1,3,3-四甲基丁基过氧-2-乙基己酸酯［含量≤100%］	过氧化-2-乙基己酸-1,1,3,3-四甲基丁酯;过氧化-1,1,3,3-四甲基丁基-2-乙基乙酸酯;过氧化-2-乙基己酸叔辛酯	22288－43－3	
2032	1,1,3,3-四甲基丁基过氧新癸酸酯［含量≤52%,在水中稳定弥散］		51240－95－0	
	1,1,3,3-四甲基丁基过氧新癸酸酯［含量≤72%,含 B 型稀释剂≥28%］			
2033	1,1,3,3-四甲基丁基氢过氧化物［含量≤100%］	过氧化氢叔辛基	5809－08－5	
2034	2,2,3′,3′-四甲基丁烷	六甲基乙烷;双叔丁基	594－82－1	
2035	四甲基硅烷	四甲基硅	75－76－3	
2036	四甲基铅		75－74－1	
2037	四甲基氢氧化铵		75－59－2	
2038	N,N,N′,N′-四甲基乙二胺	1,2-双(二甲基氨基)乙烷	110－18－9	
2039	四聚丙烯	四丙烯	6842－15－5	
2040	四磷酸六乙酯	乙基四磷酸酯	757－58－4	
2041	四磷酸六乙酯和压缩气体混合物			
2042	2,3,4,6-四氯苯酚	2,3,4,6-四氯酚	58－90－2	
2043	1,1,3,3-四氯丙酮	1,1,3,3-四氯-2-丙酮	632－21－3	
2044	1,2,3,4-四氯代苯		634－66－2	
2045	1,2,3,5-四氯代苯		634－90－2	
2046	1,2,4,5-四氯代苯		95－94－3	

续上表

序号	品　名	别　名	CAS号	备注
2047	2,3,7,8-四氯二苯并对二噁英	二噁英;2,3,7,8-TCDD;四氯二苯二噁英	1746-01-6	剧毒
2048	四氯化碲		10026-07-0	
2049	四氯化钒		7632-51-1	
2050	四氯化锆		10026-11-6	
2051	四氯化硅	氯化硅	10026-04-7	
2052	四氯化硫		13451-08-6	
2053	1,2,3,4-四氯化萘	四氯化萘	1335-88-2	
2054	四氯化铅		13463-30-4	
2055	四氯化钛		7550-45-0	
2056	四氯化碳	四氯甲烷	56-23-5	
2057	四氯化硒		10026-03-6	
2058	四氯化锡[无水]	氯化锡	7646-78-8	
2059	四氯化锡五水合物		10026-06-9	
2060	四氯化锗	氯化锗	10038-98-9	
2061	四氯邻苯二甲酸酐		117-08-8	
2062	四氯锌酸-2,5-二丁氧基-4-(4-吗啉基)-重氮苯(2:1)		14726-58-0	
2063	1,1,2,2-四氯乙烷		79-34-5	
2064	四氯乙烯	全氯乙烯	127-18-4	
2065	N-四氯乙硫基四氢酞酰亚胺	敌菌丹	2425-06-1	
2066	5,6,7,8-四氢-1-萘胺	1-氨基-5,6,7,8-四氢萘	2217-41-6	
2067	3-(1,2,3,4-四氢-1-萘基)-4-羟基香豆素	杀鼠醚	5836-29-3	剧毒
2068	1,2,5,6-四氢吡啶		694-05-3	
2069	四氢吡咯	吡咯烷;四氢氮杂茂	123-75-1	
2070	四氢吡喃	氧己环	142-68-7	
2071	四氢呋喃	氧杂环戊烷	109-99-9	
2072	1,2,3,6-四氢化苯甲醛		100-50-5	
2073	四氢糠胺		4795-29-3	
2074	四氢邻苯二甲酸酐[含马来酐>0.05%]	四氢酞酐	2426-02-0	
2075	四氢噻吩	四甲撑硫;四氢硫杂茂	110-01-0	
2076	四氰基代乙烯	四氰代乙烯	670-54-2	
2077	2,3,4,6-四硝基苯胺		3698-54-2	

续上表

序号	品　名	别　名	CAS 号	备注
2078	四硝基甲烷		509-14-8	剧毒
2079	四硝基萘		28995-89-3	
2080	四硝基萘胺			
2081	四溴二苯醚		40088-47-9	
2082	四溴化硒		7789-65-3	
2083	四溴化锡		7789-67-5	
2084	四溴甲烷	四溴化碳	558-13-4	
2085	1,1,2,2-四溴乙烷		79-27-6	
2086	四亚乙基五胺	三缩四乙二胺;四乙撑五胺	112-57-2	
2087	四氧化锇	锇酸酐	20816-12-0	剧毒
2088	四氧化二氮		10544-72-6	
2089	四氧化三铅	红丹;铅丹;铅橙	1314-41-6	
2090	O,O,O′,O′-四乙基-S,S′-亚甲基双（二硫代磷酸酯）	乙硫磷	563-12-2	
2091	O,O,O′,O′-四乙基二硫代焦磷酸酯	治螟磷	3689-24-5	剧毒
2092	四乙基焦磷酸酯	特普	107-49-3	剧毒
2093	四乙基铅	发动机燃料抗爆混合物	78-00-2	剧毒
2094	四乙基氢氧化铵		77-98-5	
2095	四乙基锡	四乙锡	597-64-8	
2096	四唑并-1-乙酸	四唑乙酸;四氮杂茂-1-乙酸	21732-17-2	
2097	松焦油		8011-48-1	
2098	松节油		8006-64-2	
2099	松节油混合萜	松脂萜;芸香烯	1335-76-8	
2100	松油		8002-09-3	
2101	松油精	松香油	8002-16-2	
2102	酸式硫酸三乙基锡		57875-67-9	
2103	铊	金属铊	7440-28-0	
2104	钛酸四乙酯	钛酸乙酯;四乙氧基钛	3087-36-3	
2105	钛酸四异丙酯	钛酸异丙酯	546-68-9	
2106	钛酸四正丙酯	钛酸正丙酯	3087-37-4	
2107	碳化钙	电石	75-20-7	
2108	碳化铝		1299-86-1	
2109	碳酸二丙酯	碳酸丙酯	623-96-1	
2110	碳酸二甲酯		616-38-6	
2111	碳酸二乙酯	碳酸乙酯	105-58-8	

续上表

序号	品　名	别　名	CAS号	备注
2112	碳酸铍		13106-47-3	
2113	碳酸亚铊	碳酸铊	6533-73-9	
2114	碳酸乙丁酯		30714-78-4	
2115	碳酰氯	光气	75-44-5	剧毒
2116	羰基氟	碳酰氟;氟化碳酰	353-50-4	
2117	羰基硫	硫化碳酰	463-58-1	
2118	羰基镍	四羰基镍;四碳酰镍	13463-39-3	剧毒
2119	2-特丁基-4,6-二硝基酚	2-(1,1-二甲基乙基)-4,6-二硝酚;特乐酚	1420-07-1	
2120	2-特戊酰-2,3-二氢-1,3-茚二酮	鼠完	83-26-1	
2121	锑粉		7440-36-0	
2122	锑化氢	三氢化锑;锑化三氢;䏲	7803-52-3	
2123	天然气[富含甲烷的]	沼气	8006-14-2	
2124	萜品油烯	异松油烯	586-62-9	
2125	萜烃		63394-00-3	
2126	铁铈齐	铈铁合金	69523-06-4	
2127	铜钙合金			
2128	铜乙二胺溶液		13426-91-0	
2129	土荆芥油	藜油;除蛔油	8006-99-3	
2130	烷基、芳基或甲苯磺酸[含游离硫酸]			
2131	烷基锂			
2132	烷基铝氢化物			
2133	乌头碱	附子精	302-27-2	剧毒
2134	无水肼[含肼>64%]	无水联胺	302-01-2	
2135	五氟化铋		7787-62-4	
2136	五氟化碘		7783-66-6	
2137	五氟化磷		7647-19-0	
2138	五氟化氯		13637-63-3	剧毒
2139	五氟化锑		7783-70-2	
2140	五氟化溴		7789-30-2	
2141	五甲基庚烷		30586-18-6	
2142	五硫化二磷	五硫化磷	1314-80-3	
2143	五氯苯		608-93-5	
2144	五氯苯酚	五氯酚	87-86-5	剧毒

续上表

序号	品　名	别　名	CAS 号	备注
2145	五氯苯酚苯基汞			
2146	五氯苯酚汞			
2147	2,3,4,7,8-五氯二苯并呋喃	2,3,4,7,8-PCDF	57117-31-4	剧毒
2148	五氯酚钠		131-52-2	
2149	五氯化磷		10026-13-8	
2150	五氯化钼		10241-05-1	
2151	五氯化铌		10026-12-7	
2152	五氯化钽		7721-01-9	
2153	五氯化锑	过氯化锑;氯化锑	7647-18-9	剧毒
2154	五氯硝基苯	硝基五氯苯	82-68-8	
2155	五氯乙烷		76-01-7	
2156	五氰金酸四钾		68133-87-9	
2157	五羰基铁	羰基铁	13463-40-6	剧毒
2158	五溴二苯醚		32534-81-9	
2159	五溴化磷		7789-69-7	
2160	五氧化二碘	碘酐	12029-98-0	
2161	五氧化二钒	钒酸酐	1314-62-1	
2162	五氧化二磷	磷酸酐	1314-56-3	
2163	五氧化二砷	砷酸酐;五氧化砷;氧化砷	1303-28-2	剧毒
2164	五氧化二锑	锑酸酐	1314-60-9	
2165	1-戊醇	正戊醇	71-41-0	
2166	2-戊醇	仲戊醇	6032-29-7	
2167	1,5-戊二胺	1,5-二氨基戊烷;五亚甲基二胺;尸毒素	462-94-2	
2168	戊二腈	1,3-二氰基丙烷	544-13-8	
2169	戊二醛	1,5-戊二醛	111-30-8	
2170	2,4-戊二酮	乙酰丙酮	123-54-6	
2171	1,3-戊二烯[稳定的]		504-60-9	
2172	1,4-戊二烯[稳定的]		591-93-5	
2173	戊基三氯硅烷		107-72-2	
2174	戊腈	丁基氰;氰化丁烷	110-59-8	
2175	1-戊硫醇	正戊硫醇	110-66-7	
2176	戊硫醇异构体混合物			
2177	戊硼烷	五硼烷	19624-22-7	剧毒

续上表

序号	品　名	别　名	CAS号	备注
2178	1-戊醛	正戊醛	110-62-3	
2179	1-戊炔	丙基乙炔	627-19-0	
2180	2-戊酮	甲基丙基甲酮	107-87-9	
2181	3-戊酮	二乙基酮	96-22-0	
2182	1-戊烯		109-67-1	
2183	2-戊烯		109-68-2	
2184	1-戊烯-3-酮	乙烯乙基甲酮	1629-58-9	
2185	戊酰氯		638-29-9	
2186	烯丙基三氯硅烷[稳定的]		107-37-9	
2187	烯丙基缩水甘油醚		106-92-3	
2188	硒		7782-49-2	
2189	硒化镉		1306-24-7	
2190	硒化铅		12069-00-0	
2191	硒化氢[无水]		7783-07-5	
2192	硒化铁		1310-32-3	
2193	硒化锌		1315-09-9	
2194	硒脲		630-10-4	
2195	硒酸		7783-08-6	
2196	硒酸钡		7787-41-9	
2197	硒酸钾		7790-59-2	
2198	硒酸钠		13410-01-0	剧毒
2199	硒酸铜	硒酸高铜	15123-69-0	
2200	氙[压缩的或液化的]		7440-63-3	
2201	硝铵炸药	铵梯炸药		
2202	硝化甘油[按质量含有不低于40%不挥发、不溶于水的减敏剂]	硝化丙三醇;甘油三硝酸酯	55-63-0	
2203	硝化甘油乙醇溶液[含硝化甘油≤10%]	硝化丙三醇乙醇溶液;甘油三硝酸酯乙醇溶液		
2204	硝化淀粉		9056-38-6	
2205	硝化二乙醇胺火药			
2206	硝化沥青			
2207	硝化酸混合物	硝化混合酸	51602-38-1	
2208	硝化纤维素[干的或含水(或乙醇)<25%]	硝化棉	9004-70-0	
	硝化纤维素[含氮≤12.6%,含乙醇≥25%]			

续上表

序号	品　名	别　名	CAS 号	备注
2208	硝化纤维素［含氮≤12.6%］	硝化棉	9004-70-0	
	硝化纤维素［含水≥25%］			
	硝化纤维素［含乙醇≥25%］			
	硝化纤维素［未改型的,或增塑的,含增塑剂＜18%］			
	硝化纤维素溶液［含氮量≤12.6%,含硝化纤维素≤55%］	硝化棉溶液		
2209	硝化纤维塑料［板、片、棒、管、卷等状,不包括碎屑］	赛璐珞	8050-88-2	
	硝化纤维塑料碎屑	赛璐珞碎屑		
2210	3-硝基-1,2-二甲苯	1,2-二甲基-3-硝基苯;3-硝基邻二甲苯	83-41-0	
2211	4-硝基-1,2-二甲苯	1,2-二甲基-4-硝基苯;4-硝基邻二甲苯;4,5-二甲基硝基苯	99-51-4	
2212	2-硝基-1,3-二甲苯	1,3-二甲基-2-硝基苯;2-硝基间二甲苯	81-20-9	
2213	4-硝基-1,3-二甲苯	1,3-二甲基-4-硝基苯;4-硝基间二甲苯;2,4-二甲基硝基苯;对硝基间二甲苯	89-87-2	
2214	5-硝基-1,3-二甲苯	1,3-二甲基-5-硝基苯;5-硝基间二甲苯;3,5-二甲基硝基苯	99-12-7	
2215	4-硝基-2-氨基苯酚	2-氨基-4-硝基苯酚;邻氨基对硝基苯酚;对硝基邻氨基苯酚	99-57-0	
2216	5-硝基-2-氨基苯酚	2-氨基-5-硝基苯酚	121-88-0	
2217	4-硝基-2-甲苯胺	对硝基邻甲苯胺	99-52-5	
2218	4-硝基-2-甲氧基苯胺	5-硝基-2-氨基苯甲醚;对硝基邻甲氧基苯胺	97-52-9	
2219	2-硝基-4-甲苯胺	邻硝基对甲苯胺	89-62-3	
2220	3-硝基-4-甲苯胺	间硝基对甲苯胺	119-32-4	
2221	2-硝基-4-甲苯酚	4-甲基-2-硝基苯酚	119-33-5	
2222	2-硝基-4-甲氧基苯胺	枣红色基 GP	96-96-8	剧毒
2223	3-硝基-4-氯三氟甲苯	2-氯-5-三氟甲基硝基苯	121-17-5	
2224	3-硝基-4-羟基苯胂酸	4-羟基-3-硝基苯胂酸	121-19-7	
2225	3-硝基-N,N-二甲基苯胺	N,N-二甲基间硝基苯胺;间硝基二甲苯胺	619-31-8	

续上表

序号	品　名	别　名	CAS号	备注
2226	4-硝基-N,N-二甲基苯胺	N,N-二甲基对硝基苯胺;对硝基二甲苯胺	100-23-2	
2227	4-硝基-N,N-二乙基苯胺	N,N-二乙基对硝基苯胺;对硝基二乙基苯胺	2216-15-1	
2228	硝基苯		98-95-3	
2229	2-硝基苯胺	邻硝基苯胺;1-氨基-2-硝基苯	88-74-4	
2230	3-硝基苯胺	间硝基苯胺;1-氨基-3-硝基苯	99-09-2	
2231	4-硝基苯胺	对硝基苯胺;1-氨基-4-硝基苯	100-01-6	
2232	5-硝基苯并三唑	硝基连三氮杂茚	2338-12-7	
2233	2-硝基苯酚	邻硝基苯酚	88-75-5	
2234	3-硝基苯酚	间硝基苯酚	554-84-7	
2235	4-硝基苯酚	对硝基苯酚	100-02-7	
2236	2-硝基苯磺酰氯	邻硝基苯磺酰氯	1694-92-4	
2237	3-硝基苯磺酰氯	间硝基苯磺酰氯	121-51-7	
2238	4-硝基苯磺酰氯	对硝基苯磺酰氯	98-74-8	
2239	2-硝基苯甲醚	邻硝基苯甲醚;邻硝基茴香醚;邻甲氧基硝基苯	91-23-6	
2240	3-硝基苯甲醚	间硝基苯甲醚;间硝基茴香醚;间甲氧基硝基苯	555-03-3	
2241	4-硝基苯甲醚	对硝基苯甲醚;对硝基茴香醚;对甲氧基硝基苯	100-17-4	
2242	4-硝基苯甲酰胺	对硝基苯甲酰胺	619-80-7	
2243	2-硝基苯甲酰氯	邻硝基苯甲酰氯	610-14-0	
2244	3-硝基苯甲酰氯	间硝基苯甲酰氯	121-90-4	
2245	4-硝基苯甲酰氯	对硝基苯甲酰氯	122-04-3	
2246	2-硝基苯肼	邻硝基苯肼	3034-19-3	
2247	4-硝基苯肼	对硝基苯肼	100-16-3	
2248	2-硝基苯胂酸	邻硝基苯胂酸	5410-29-7	
2249	3-硝基苯胂酸	间硝基苯胂酸	618-07-5	
2250	4-硝基苯胂酸	对硝基苯胂酸	98-72-6	
2251	4-硝基苯乙腈	对硝基苯乙腈;对硝基苄基氰;对硝基氰化苄	555-21-5	
2252	2-硝基苯乙醚	邻硝基苯乙醚;邻乙氧基硝基苯	610-67-3	
2253	4-硝基苯乙醚	对硝基苯乙醚;对乙氧基硝基苯	100-29-8	
2254	3-硝基吡啶		2530-26-9	

续上表

序号	品　名	别　名	CAS 号	备注
2255	1-硝基丙烷		108-03-2	
2256	2-硝基丙烷		79-46-9	
2257	2-硝基碘苯	2-碘硝基苯;邻硝基碘苯;邻碘硝基苯	609-73-4	
2258	3-硝基碘苯	3-碘硝基苯;间硝基碘苯;间碘硝基苯	645-00-1	
2259	4-硝基碘苯	4-碘硝基苯;对硝基碘苯;对碘硝基苯	636-98-6	
2260	1-硝基丁烷		627-05-4	
2261	2-硝基丁烷		600-24-8	
2262	硝基苊		602-87-9	
2263	硝基胍	橄苦岩	556-88-7	
2264	2-硝基甲苯	邻硝基甲苯	88-72-2	
2265	3-硝基甲苯	间硝基甲苯	99-08-1	
2266	4-硝基甲苯	对硝基甲苯	99-99-0	
2267	硝基甲烷		75-52-5	
2268	2-硝基联苯	邻硝基联苯	86-00-0	
2269	4-硝基联苯	对硝基联苯	92-93-3	
2270	2-硝基氯化苄	邻硝基苄基氯;邻硝基氯化苄;邻硝基苯氯甲烷	612-23-7	
2271	3-硝基氯化苄	间硝基苯氯甲烷;间硝基苄基氯;间硝基氯化苄	619-23-8	
2272	4-硝基氯化苄	对硝基氯化苄;对硝基苄基氯;对硝基苯氯甲烷	100-14-1	
2273	硝基马钱子碱	卡可西灵	561-20-6	
2274	2-硝基萘		581-89-5	
2275	1-硝基萘		86-57-7	
2276	硝基脲		556-89-8	
2277	硝基三氟甲苯			
2278	硝基三唑酮	NTO	932-64-9	
2279	2-硝基溴苯	邻硝基溴苯;邻溴硝基苯	577-19-5	
2280	3-硝基溴苯	间硝基溴苯;间溴硝基苯	585-79-5	
2281	4-硝基溴苯	对硝基溴苯;对溴硝基苯	586-78-7	
2282	4-硝基溴化苄	对硝基溴化苄;对硝基苯溴甲烷;对硝基苄基溴	100-11-8	

续上表

序号	品名	别名	CAS号	备注
2283	硝基盐酸	王水	8007-56-5	
2284	硝基乙烷		79-24-3	
2285	硝酸		7697-37-2	
2286	硝酸铵[含可燃物>0.2%,包括以碳计算的任何有机物,但不包括任何其他添加剂]		6484-52-2	
	硝酸铵[含可燃物≤0.2%]			
2287	硝酸铵肥料[比硝酸铵(含可燃物>0.2%,包括以碳计算的任何有机物,但不包括任何其他添加剂)更易爆炸]			
	硝酸铵肥料[含可燃物≤0.4%]			
2288	硝酸钡		10022-31-8	
2289	硝酸苯胺		542-15-4	
2290	硝酸苯汞		55-68-5	
2291	硝酸铋		10361-44-1	
2292	硝酸镝		10143-38-1	
2293	硝酸铒		10168-80-6	
2294	硝酸钙		10124-37-5	
2295	硝酸锆		13746-89-9	
2296	硝酸镉		10325-94-7	
2297	硝酸铬		13548-38-4	
2298	硝酸汞	硝酸高汞	10045-94-0	
2299	硝酸钴	硝酸亚钴	10141-05-6	
2300	硝酸胍	硝酸亚氨脲	506-93-4	
2301	硝酸镓		13494-90-1	
2302	硝酸甲胺		22113-87-7	
2303	硝酸钾		7757-79-1	
2304	硝酸镧		10099-59-9	
2305	硝酸铑		10139-58-9	
2306	硝酸锂		7790-69-4	
2307	硝酸镥		10099-67-9	
2308	硝酸铝		7784-27-2	
2309	硝酸镁		10377-60-3	
2310	硝酸锰	硝酸亚锰	20694-39-7	
2311	硝酸钠		7631-99-4	

续上表

序号	品　名	别　名	CAS 号	备注
2312	硝酸脲		124-47-0	
2313	硝酸镍	二硝酸镍	13138-45-9	
2314	硝酸镍铵	四氨硝酸镍		
2315	硝酸钕		16454-60-7	
2316	硝酸钕镨	硝酸镨钕	134191-62-1	
2317	硝酸铍		13597-99-4	
2318	硝酸镨		10361-80-5	
2319	硝酸铅		10099-74-8	
2320	硝酸羟胺		13465-08-2	
2321	硝酸铯		7789-18-6	
2322	硝酸钐		13759-83-6	
2323	硝酸铈	硝酸亚铈	10108-73-3	
2324	硝酸铈铵		16774-21-3	
2325	硝酸铈钾			
2326	硝酸铈钠			
2327	硝酸锶		10042-76-9	
2328	硝酸铊	硝酸亚铊	10102-45-1	
2329	硝酸铁	硝酸高铁	10421-48-4	
2330	硝酸铜		10031-43-3	
2331	硝酸锌		7779-88-6	
2332	硝酸亚汞		7782-86-7	
2333	硝酸氧锆	硝酸锆酰	13826-66-9	
2334	硝酸乙酯醇溶液			
2335	硝酸钇		13494-98-9	
2336	硝酸异丙酯		1712-64-7	
2337	硝酸异戊酯		543-87-3	
2338	硝酸镱		35725-34-9；13768-67-7	
2339	硝酸铟		13770-61-1	
2340	硝酸银		7761-88-8	
2341	硝酸正丙酯		627-13-4	
2342	硝酸正丁酯		928-45-0	
2343	硝酸正戊酯		1002-16-0	
2344	硝酸重氮苯		619-97-6	
2345	辛二腈	1,6-二氰基戊烷	629-40-3	

续上表

序号	品　名	别　名	CAS 号	备注
2346	辛二烯		3710-30-3	
2347	辛基苯酚		27193-28-8	
2348	辛基三氯硅烷		5283-66-9	
2349	1-辛炔		629-05-0	
2350	2-辛炔		2809-67-8	
2351	3-辛炔		15232-76-5	
2352	4-辛炔		1942-45-6	
2353	辛酸亚锡	含锡稳定剂	301-10-0	
2354	3-辛酮	乙基戊基酮;乙戊酮	106-68-3	
2355	1-辛烯		111-66-0	
2356	2-辛烯		111-67-1	
2357	辛酰氯		111-64-8	
2358	锌尘		7440-66-6	
	锌粉			
	锌灰			
2359	锌汞齐	锌汞合金		
2360	D 型 2-重氮-1-萘酚磺酸酯混合物			
2361	溴	溴素	7726-95-6	
	溴水[含溴≥3.5%]			
2362	3-溴-1,2-二甲基苯	间溴邻二甲苯;2,3-二甲基溴化苯	576-23-8	
2363	4-溴-1,2-二甲基苯	对溴邻二甲苯;3,4-二甲基溴	583-71-1	
2364	3-溴-1,2-环氧丙烷	环氧溴丙烷;溴甲基环氧乙烷;表溴醇	3132-64-7	
2365	3-溴-1-丙烯	3-溴丙烯;烯丙基溴	106-95-6	
2366	1-溴-2,4-二硝基苯	3,4-二硝基溴化苯;1,3-二硝基-4-溴化苯;2,4-二硝基溴化苯	584-48-5	
2367	2-溴-2-甲基丙酸乙酯	2-溴异丁酸乙酯	600-00-0	
2368	1-溴-2-甲基丙烷	异丁基溴;溴代异丁烷	78-77-3	
2369	2-溴-2-甲基丙烷	叔丁基溴;特丁基溴;溴代叔丁烷	507-19-7	
2370	4-溴-2-氯氟苯		60811-21-4	
2371	1-溴-3-甲基丁烷	异戊基溴;溴代异戊烷	107-82-4	
2372	溴苯		108-86-1	
2373	2-溴苯胺	邻溴苯胺;邻氨基溴化苯	615-36-1	
2374	3-溴苯胺	间溴苯胺;间氨基溴化苯	591-19-5	

续上表

序号	品　名	别　名	CAS 号	备注
2375	4-溴苯胺	对溴苯胺;对氨基溴化苯	106-40-1	
2376	2-溴苯酚	邻溴苯酚	95-56-7	
2377	3-溴苯酚	间溴苯酚	591-20-8	
2378	4-溴苯酚	对溴苯酚	106-41-2	
2379	4-溴苯磺酰氯		98-58-8	
2380	4-溴苯甲醚	对溴苯甲醚;对溴茴香醚	104-92-7	
2381	2-溴苯甲酰氯	邻溴苯甲酰氯	7154-66-7	
2382	4-溴苯甲酰氯	对溴苯甲酰氯;氯化对溴代苯甲酰	586-75-4	
2383	溴苯乙腈	溴苄基腈	5798-79-8	
2384	4-溴苯乙酰基溴	对溴苯乙酰基溴	99-73-0	
2385	3-溴丙腈	β-溴丙腈;溴乙基氰	2417-90-5	
2386	3-溴丙炔		106-96-7	
2387	2-溴丙酸	α-溴丙酸	598-72-1	
2388	3-溴丙酸	β-溴丙酸	590-92-1	
2389	溴丙酮		598-31-2	
2390	1-溴丙烷	正丙基溴;溴代正丙烷	106-94-5	
2391	2-溴丙烷	异丙基溴;溴代异丙烷	75-26-3	
2392	2-溴丙酰溴	溴化-2-溴丙酰	563-76-8	
2393	3-溴丙酰溴	溴化-3-溴丙酰	7623-16-7	
2394	溴代环戊烷	环戊基溴	137-43-9	
2395	溴代正戊烷	正戊基溴	110-53-2	
2396	1-溴丁烷	正丁基溴;溴代正丁烷	109-65-9	
2397	2-溴丁烷	仲丁基溴;溴代仲丁烷	78-76-2	
2398	溴化苄	α-溴甲苯;苄基溴	100-39-0	
2399	溴化丙酰	丙酰溴	598-22-1	
2400	溴化汞	二溴化汞;溴化高汞	7789-47-1	
2401	溴化氢		10035-10-6	
2402	溴化氢乙酸溶液	溴化氢醋酸溶液		
2403	溴化硒		7789-52-8	
2404	溴化亚汞	一溴化汞	10031-18-2	
2405	溴化亚铊	一溴化铊	7789-40-4	
2406	溴化乙酰	乙酰溴	506-96-7	
2407	溴己烷	己基溴	111-25-1	
2408	2-溴甲苯	邻溴甲苯;邻甲基溴苯;2-甲基溴苯	95-46-5	

续上表

序号	品　名	别　名	CAS号	备注
2409	3-溴甲苯	间溴甲苯;间甲基溴苯;3-甲基溴苯	591-17-3	
2410	4-溴甲苯	对溴甲苯;对甲基溴苯;4-甲基溴苯	106-38-7	
2411	溴甲烷	甲基溴	74-83-9	
2412	溴甲烷和二溴乙烷液体混合物			
2413	3-[3-(4′-溴联苯-4-基)-1,2,3,4-四氢-1-萘基]-4-羟基香豆素	溴鼠灵	56073-10-0	剧毒
2414	3-[3-(4-溴联苯-4-基)-3-羟基-1-苯丙基]-4-羟基香豆素	溴敌隆	28772-56-7	剧毒
2415	溴三氟甲烷	R13B1;三氟溴甲烷	75-63-8	
2416	溴酸		7789-31-3	
2417	溴酸钡		13967-90-3	
2418	溴酸镉		14518-94-6	
2419	溴酸钾		7758-01-2	
2420	溴酸镁		7789-36-8	
2421	溴酸钠		7789-38-0	
2422	溴酸铅		34018-28-5	
2423	溴酸锶		14519-18-7	
2424	溴酸锌		14519-07-4	
2425	溴酸银		7783-89-3	
2426	2-溴戊烷	仲戊基溴;溴代仲戊烷	107-81-3	
2427	2-溴乙醇		540-51-2	
2428	2-溴乙基乙醚		592-55-2	
2429	溴乙酸	溴醋酸	79-08-3	
2430	溴乙酸甲酯	溴醋酸甲酯	96-32-2	
2431	溴乙酸叔丁酯	溴醋酸叔丁酯	5292-43-3	
2432	溴乙酸乙酯	溴醋酸乙酯	105-36-2	
2433	溴乙酸异丙酯	溴醋酸异丙酯	29921-57-1	
2434	溴乙酸正丙酯	溴醋酸正丙酯	35223-80-4	
2435	溴乙烷	乙基溴;溴代乙烷	74-96-4	
2436	溴乙烯[稳定的]	乙烯基溴	593-60-2	
2437	溴乙酰苯	苯甲酰甲基溴	70-11-1	
2438	溴乙酰溴	溴化溴乙酰	598-21-0	
2439	β,β′-亚氨基二丙腈	双(β-氰基乙基)胺	111-94-4	
2440	亚氨基二亚苯	咔唑;9-氮杂芴	86-74-8	

续上表

序号	品 名	别 名	CAS 号	备注
2441	亚胺乙汞	埃米	2597-93-5	
2442	亚碲酸钠		10102-20-2	
2443	4,4′-亚甲基双苯胺	亚甲基二苯胺;4,4′-二氨基二苯基甲烷;防老剂 MDA	101-77-9	
2444	亚磷酸		13598-36-2	
2445	亚磷酸二丁酯		1809-19-4	
2446	亚磷酸二氢铅	二盐基亚磷酸铅	1344-40-7; 12141-20-7	
2447	亚磷酸三苯酯		101-02-0	
2448	亚磷酸三甲酯	三甲氧基磷	121-45-9	
2449	亚磷酸三乙酯		122-52-1	
2450	亚硫酸		7782-99-2	
2451	亚硫酸氢铵	酸式亚硫酸铵	10192-30-0	
2452	亚硫酸氢钙	酸式亚硫酸钙	13780-03-5	
2453	亚硫酸氢钾	酸式亚硫酸钾	7773-03-7	
2454	亚硫酸氢镁	酸式亚硫酸镁	13774-25-9	
2455	亚硫酸氢钠	酸式亚硫酸钠	7631-90-5	
2456	亚硫酸氢锌	酸式亚硫酸锌	15457-98-4	
2457	亚氯酸钙		14674-72-7	
2458	亚氯酸钠		7758-19-2	
	亚氯酸钠溶液[含有效氯>5%]			
2459	亚砷酸钡		125687-68-5	
2460	亚砷酸钙	亚砒酸钙	27152-57-4	剧毒
2461	亚砷酸钾	偏亚砷酸钾	10124-50-2	
2462	亚砷酸钠	偏亚砷酸钠	7784-46-5	
	亚砷酸钠水溶液			
2463	亚砷酸铅		10031-13-7	
2464	亚砷酸锶	原亚砷酸锶	91724-16-2	
2465	亚砷酸锑			
2466	亚砷酸铁		63989-69-5	
2467	亚砷酸铜	亚砷酸氢铜	10290-12-7	
2468	亚砷酸锌		10326-24-6	
2469	亚砷酸银	原亚砷酸银	7784-08-9	
2470	亚硒酸		7783-00-8	
2471	亚硒酸钡		13718-59-7	

续上表

序号	品　名	别　名	CAS 号	备注
2472	亚硒酸钙		13780-18-2	
2473	亚硒酸钾		10431-47-7	
2474	亚硒酸铝		20960-77-4	
2475	亚硒酸镁		15593-61-0	
2476	亚硒酸钠	亚硒酸二钠	10102-18-8	
2477	亚硒酸氢钠	重亚硒酸钠	7782-82-3	剧毒
2478	亚硒酸铈		15586-47-7	
2479	亚硒酸铜		15168-20-4	
2480	亚硒酸银		28041-84-1	
2481	4-亚硝基-N,N-二甲基苯胺	对亚硝基二甲基苯胺;N,N-二甲基-4-亚硝基苯胺	138-89-6	
2482	4-亚硝基-N,N-二乙基苯胺	对亚硝基二乙基苯胺;N,N-二乙基-4-亚硝基苯胺	120-22-9	
2483	4-亚硝基苯酚	对亚硝基苯酚	104-91-6	
2484	N-亚硝基二苯胺	二苯亚硝胺	86-30-6	
2485	N-亚硝基二甲胺	二甲基亚硝胺	62-75-9	
2486	亚硝基硫酸	亚硝酰硫酸	7782-78-7	
2487	亚硝酸铵		13446-48-5	
2488	亚硝酸钡		13465-94-6	
2489	亚硝酸钙		13780-06-8	
2490	亚硝酸甲酯		624-91-9	
2491	亚硝酸钾		7758-09-0	
2492	亚硝酸钠		7632-00-0	
2493	亚硝酸镍		17861-62-0	
2494	亚硝酸锌铵		63885-01-8	
2495	亚硝酸乙酯		109-95-5	
2496	亚硝酸乙酯醇溶液			
2497	亚硝酸异丙酯		541-42-4	
2498	亚硝酸异丁酯		542-56-3	
2499	亚硝酸异戊酯		110-46-3	
2500	亚硝酸正丙酯		543-67-9	
2501	亚硝酸正丁酯	亚硝酸丁酯	544-16-1	
2502	亚硝酸正戊酯	亚硝酸戊酯	463-04-7	
2503	亚硝酰氯	氯化亚硝酰	2696-92-6	

续上表

序号	品　　名	别　　名	CAS 号	备注
2504	1,2-亚乙基双二硫代氨基甲酸二钠	代森钠	142-59-6	
2505	氩[压缩的或液化的]		7440-37-1	
2506	烟碱氯化氢	烟碱盐酸盐	2820-51-1	
2507	盐酸	氢氯酸	7647-01-0	
2508	盐酸-1-萘胺	α-萘胺盐酸	552-46-5	
2509	盐酸-1-萘乙二胺	α-萘乙二胺盐酸	1465-25-4	
2510	盐酸-2-氨基酚	盐酸邻氨基酚	51-19-4	
2511	盐酸-2-萘胺	β-萘胺盐酸	612-52-2	
2512	盐酸-3,3′-二氨基联苯胺	3,3′-二氨基联苯胺盐酸;3,4,3′,4′-四氨基联苯盐酸;硒试剂	7411-49-6	
2513	盐酸-3,3′-二甲基-4,4′-二氨基联苯	邻二氨基二甲基联苯盐酸;3,3′-二甲基联苯胺盐酸	612-82-8	
2514	盐酸-3,3′-二甲氧基-4,4′-二氨基联苯	邻联二茴香胺盐酸;3,3′-二甲氧基联苯胺盐酸	20325-40-0	
2515	盐酸-3,3′-二氯联苯胺	3,3′-二氯联苯胺盐酸	612-83-9	
2516	盐酸-3-氯苯胺	盐酸间氯苯胺;橙色基 GC	141-85-5	
2517	盐酸-4,4′-二氨基联苯	盐酸联苯胺;联苯胺盐酸	531-85-1	
2518	盐酸-4-氨基-N,N-二乙基苯胺	N,N-二乙基对苯二胺盐酸;对氨基-N,N-二乙基苯胺盐酸	16713-15-8	
2519	盐酸-4-氨基酚	盐酸对氨基酚	51-78-5	
2520	盐酸-4-甲苯胺	对甲苯胺盐酸盐;盐酸-4-甲苯胺	540-23-8	
2521	盐酸苯胺	苯胺盐酸盐	142-04-1	
2522	盐酸苯肼	苯肼盐酸	27140-08-5	
2523	盐酸邻苯二胺	邻苯二胺二盐酸盐;盐酸邻二氨基苯	615-28-1	
2524	盐酸间苯二胺	间苯二胺二盐酸盐;盐酸间二氨基苯	541-69-5	
2525	盐酸对苯二胺	对苯二胺二盐酸盐;盐酸对二氨基苯	624-18-0	
2526	盐酸马钱子碱	二甲氧基士的宁盐酸盐	5786-96-9	
2527	盐酸吐根碱	盐酸依米丁	316-42-7	剧毒
2528	氧[压缩的或液化的]		7782-44-7	
2529	氧化钡	一氧化钡	1304-28-5	
2530	氧化苯乙烯	环氧乙基苯	96-09-3	

续上表

序号	品　名	别　名	CAS号	备注
2531	β,β'-氧化二丙腈	2,2'-二氰二乙基醚;3,3'-氧化二丙腈;双(2-氰乙基)醚	1656－48－0	
2532	氧化镉[非发火的]		1306－19－0	
2533	氧化汞	一氧化汞;黄降汞;红降汞	21908－53－2	剧毒
2534	氧化环己烯		286－20－4	
2535	氧化钾		12136－45－7	
2536	氧化钠		1313－59－3	
2537	氧化铍		1304－56－9	
2538	氧化铊	三氧化二铊	1314－32－5	
2539	氧化亚汞	黑降汞	15829－53－5	
2540	氧化亚铊	一氧化二铊	1314－12－1	
2541	氧化银		20667－12－3	
2542	氧氯化铬	氯化铬酰;二氯氧化铬;铬酰氯	14977－61－8	
2543	氧氯化硫	硫酰氯;二氯硫酰;磺酰氯	7791－25－5	
2544	氧氯化硒	氯化亚硒酰;二氯氧化硒	7791－23－3	
2545	氧氰化汞[减敏的]	氰氧化汞	1335－31－5	
2546	氧溴化磷	溴化磷酰;磷酰溴;三溴氧化磷	7789－59－5	
2547	腰果壳油	脱羧腰果壳液	8007－24－7	
2548	液化石油气	石油气[液化的]	68476－85－7	
2549	一氟乙酸对溴苯胺		351－05－3	剧毒
2550	一甲胺[无水]	氨基甲烷;甲胺	74－89－5	
	一甲胺溶液	氨基甲烷溶液;甲胺溶液		
2551	一氯丙酮	氯丙酮;氯化丙酮	78－95－5	
2552	一氯二氟甲烷	R22;二氟一氯甲烷;氯二氟甲烷	75－45－6	
2553	一氯化碘		7790－99－0	
2554	一氯化硫	氯化硫	10025－67－9	
2555	一氯三氟甲烷	R13	75－72－9	
2556	一氯五氟乙烷	R115	76－15－3	
2557	一氯乙醛	氯乙醛;2-氯乙醛	107－20－0	
2558	一溴化碘		7789－33－5	
2559	一氧化氮		10102－43－9	
2560	一氧化氮和四氧化二氮混合物			
2561	一氧化二氮[压缩的或液化的]	氧化亚氮;笑气	10024－97－2	
2562	一氧化铅	氧化铅;黄丹	1317－36－8	
2563	一氧化碳		630－08－0	

续上表

序号	品　名	别　名	CAS 号	备注
2564	一氧化碳和氢气混合物	水煤气		
2565	乙胺	氨基乙烷	75-04-7	
	乙胺水溶液[浓度50%~70%]	氨基乙烷水溶液		
2566	乙苯	乙基苯	100-41-4	
2567	乙撑亚胺	吖丙啶;1-氮杂环丙烷;氮丙啶	151-56-4	剧毒
	乙撑亚胺[稳定的]			
2568	乙醇[无水]	无水酒精	64-17-5	
2569	乙醇钾		917-58-8	
2570	乙醇钠	乙氧基钠	141-52-6	
2571	乙醇钠乙醇溶液	乙醇钠合乙醇		
2572	1,2-乙二胺	1,2-二氨基乙烷;乙撑二胺	107-15-3	
2573	乙二醇单甲醚	2-甲氧基乙醇;甲基溶纤剂	109-86-4	
2574	乙二醇二乙醚	1,2-二乙氧基乙烷;二乙基溶纤剂	629-14-1	
2575	乙二醇乙醚	2-乙氧基乙醇;乙基溶纤剂	110-80-5	
2576	乙二醇异丙醚	2-异丙氧基乙醇	109-59-1	
2577	乙二酸二丁酯	草酸二丁酯;草酸丁酯	2050-60-4	
2578	乙二酸二甲酯	草酸二甲酯;草酸甲酯	553-90-2	
2579	乙二酸二乙酯	草酸二乙酯;草酸乙酯	95-92-1	
2580	乙二酰氯	氯化乙二酰;草酰氯	79-37-8	
2581	乙汞硫水杨酸钠盐	硫柳汞钠	54-64-8	
2582	2-乙基-1-丁醇	2-乙基丁醇	97-95-0	
2583	2-乙基-1-丁烯		760-21-4	
2584	N-乙基-1-萘胺	N-乙基-α-萘胺	118-44-5	
2585	N-(2-乙基-6-甲基苯基)-N-乙氧基甲基-氯乙酰胺	乙草胺	34256-82-1	
2586	N-乙基-N-(2-羟乙基)全氟辛基磺酰胺		1691-99-2	
2587	O-乙基-O-(3-甲基-4-甲硫基)苯基-N-异丙氨基磷酸酯	苯线磷	22224-92-6	
2588	O-乙基-O-(4-硝基苯基)苯基硫代膦酸酯[含量>15%]	苯硫膦	2104-64-5	剧毒
2589	O-乙基-O-[(2-异丙氧基酰基)苯基]-N-异丙基硫代磷酰胺	异柳磷	25311-71-1	
2590	O-乙基-O-2,4,5-三氯苯基-乙基硫代膦酸酯	O-乙基-O-2,4,5-三氯苯基-乙基硫代膦酸酯;毒壤膦	327-98-0	

续上表

序号	品　名	别　名	CAS 号	备注
2591	O-乙基-S,S-二苯基二硫代磷酸酯	敌瘟磷	17109－49－8	
2592	O-乙基-S,S-二丙基二硫代磷酸酯	灭线磷	13194－48－4	
2593	O-乙基-S-苯基乙基二硫代膦酸酯［含量＞6％］	地虫硫膦	944－22－9	剧毒
2594	2-乙基苯胺	邻乙基苯胺;邻氨基乙苯	578－54－1	
2595	N-乙基苯胺		103－69－5	
2596	乙基苯基二氯硅烷		1125－27－5	
2597	2-乙基吡啶		100－71－0	
2598	3-乙基吡啶		536－78－7	
2599	4-乙基吡啶		536－75－4	
2600	乙基丙基醚	乙丙醚	628－32－0	
2601	1-乙基丁醇	3-己醇	623－37－0	
2602	2-乙基丁醛	二乙基乙醛	97－96－1	
2603	N-乙基对甲苯胺	乙氨基对甲苯	622－57－1	
2604	乙基二氯硅烷		1789－58－8	
2605	乙基二氯胂	二氯化乙基胂	598－14－1	
2606	乙基环己烷		1678－91－7	
2607	乙基环戊烷		1640－89－7	
2608	2-乙基己胺	3-(氨基甲基)庚烷	104－75－6	
2609	乙基己醛		123－05－7	
2610	3-乙基己烷		619－99－8	
2611	N-乙基间甲苯胺	乙氨基间甲苯	102－27－2	
2612	乙基硫酸	酸式硫酸乙酯	540－82－9	
2613	N-乙基吗啉	N-乙基四氢-1,4-噁嗪	100－74－3	
2614	N-乙基哌啶	N-乙基六氢吡啶;1-乙基哌啶	766－09－6	
2615	N-乙基全氟辛基磺酰胺		4151－50－2	
2616	乙基三氯硅烷	三氯乙基硅烷	115－21－9	
2617	乙基三乙氧基硅烷	三乙氧乙基硅烷	78－07－9	
2618	3-乙基戊烷		617－78－7	
2619	乙基烯丙基醚	烯丙基乙醚	557－31－3	
2620	S-乙基亚磺酰甲基-O,O-二异丙基二硫代磷酸酯	丰丙磷	5827－05－4	
2621	乙基正丁基醚	乙氧基丁烷;乙丁醚	628－81－9	
2622	乙腈	甲基氰	75－05－8	
2623	乙硫醇	氢硫基乙烷;巯基乙烷	75－08－1	

续上表

序号	品　名	别　名	CAS 号	备注
2624	2-乙硫基苄基 N-甲基氨基甲酸酯	乙硫苯威	29973-13-5	
2625	乙醚	二乙基醚	60-29-7	
2626	乙硼烷	二硼烷	19287-45-7	剧毒
2627	乙醛		75-07-0	
2628	乙醛肟	亚乙基羟胺;亚乙基胲	107-29-9	
2629	乙炔	电石气	74-86-2	
2630	乙酸[含量>80%]	醋酸	64-19-7	
	乙酸溶液[10%<含量≤80%]	醋酸溶液		
2631	乙酸钡	醋酸钡	543-80-6	
2632	乙酸苯胺	醋酸苯胺	542-14-3	
2633	乙酸苯汞		62-38-4	
2634	乙酸酐	醋酸酐	108-24-7	
2635	乙酸汞	乙酸高汞;醋酸汞	1600-27-7	剧毒
2636	乙酸环己酯	醋酸环己酯	622-45-7	
2637	乙酸甲氧基乙基汞	醋酸甲氧基乙基汞	151-38-2	剧毒
2638	乙酸甲酯	醋酸甲酯	79-20-9	
2639	乙酸间甲酚酯	醋酸间甲酚酯	122-46-3	
2640	乙酸铍	醋酸铍	543-81-7	
2641	乙酸铅	醋酸铅	301-04-2	
2642	乙酸三甲基锡	醋酸三甲基锡	1118-14-5	剧毒
2643	乙酸三乙基锡	三乙基乙酸锡	1907-13-7	剧毒
2644	乙酸叔丁酯	醋酸叔丁酯	540-88-5	
2645	乙酸烯丙酯	醋酸烯丙酯	591-87-7	
2646	乙酸亚汞		631-60-7	
2647	乙酸亚铊	乙酸铊;醋酸铊	563-68-8	
2648	乙酸乙二醇乙醚	乙酸乙基溶纤剂;乙二醇乙醚乙酸酯;2-乙氧基乙酸乙酯	111-15-9	
2649	乙酸乙基丁酯	醋酸乙基丁酯;乙基丁基乙酸酯	10031-87-5	
2650	乙酸乙烯酯[稳定的]	乙烯基乙酸酯;醋酸乙烯酯	108-05-4	
2651	乙酸乙酯	醋酸乙酯	141-78-6	
2652	乙酸异丙烯酯	醋酸异丙烯酯	108-22-5	
2653	乙酸异丙酯	醋酸异丙酯	108-21-4	
2654	乙酸异丁酯	醋酸异丁酯	110-19-0	
2655	乙酸异戊酯	醋酸异戊酯	123-92-2	

续上表

序号	品 名	别 名	CAS 号	备注
2656	乙酸正丙酯	醋酸正丙酯	109-60-4	
2657	乙酸正丁酯	醋酸正丁酯	123-86-4	
2658	乙酸正己酯	醋酸正己酯	142-92-7	
2659	乙酸正戊酯	醋酸正戊酯	628-63-7	
2660	乙酸仲丁酯	醋酸仲丁酯	105-46-4	
2661	乙烷		74-84-0	
2662	乙烯		74-85-1	
2663	乙烯(2-氯乙基)醚	(2-氯乙基)乙烯醚	110-75-8	
2664	4-乙烯-1-环己烯	4-乙烯基环己烯	100-40-3	
2665	乙烯砜	二乙烯砜	77-77-0	剧毒
2666	2-乙烯基吡啶		100-69-6	
2667	4-乙烯基吡啶		100-43-6	
2668	乙烯基甲苯异构体混合物[稳定的]		25013-15-4	
2669	4-乙烯基间二甲苯	2,4-二甲基苯乙烯	1195-32-0	
2670	乙烯基三氯硅烷[稳定的]	三氯乙烯硅烷	75-94-5	
2671	N-乙烯基乙撑亚胺	N-乙烯基氮丙环	5628-99-9	剧毒
2672	乙烯基乙醚[稳定的]	乙基乙烯醚;乙氧基乙烯	109-92-2	
2673	乙烯基乙酸异丁酯		24342-03-8	
2674	乙烯三乙氧基硅烷	三乙氧基乙烯硅烷	78-08-0	
2675	N-乙酰对苯二胺	对氨基苯乙酰胺;对乙酰氨基苯胺	122-80-5	
2676	乙酰过氧化磺酰环己烷[含量≤32%,含 B 型稀释剂≥68%]	过氧化乙酰磺酰环己烷	3179-56-4	
2676	乙酰过氧化磺酰环己烷[含量≤82%,含水≥12%]	过氧化乙酰磺酰环己烷	3179-56-4	
2677	乙酰基乙烯酮[稳定的]	双烯酮;二乙烯酮	674-82-8	
2678	3-(α-乙酰甲基苄基)-4-羟基香豆素	杀鼠灵	81-81-2	
2679	乙酰氯	氯化乙酰	75-36-5	
2680	乙酰替硫脲	1-乙酰硫脲	591-08-2	
2681	乙酰亚砷酸铜	巴黎绿;祖母绿;醋酸亚砷酸铜;翡翠绿;帝绿;苔绿;维也纳绿;草地绿;翠绿	12002-03-8	
2682	2-乙氧基苯胺	邻氨基苯乙醚;邻乙氧基苯胺	94-70-2	
2683	3-乙氧基苯胺	间乙氧基苯胺;间氨基苯乙醚	621-33-0	
2684	4-乙氧基苯胺	对乙氧基苯胺;对氨基苯乙醚	156-43-4	
2685	1-异丙基-3-甲基吡唑-5-基 N,N-二甲基氨基甲酸酯[含量>20%]	异索威	119-38-0	剧毒

续上表

序号	品　名	别　名	CAS 号	备注
2686	3-异丙基-5-甲基苯基 N-甲基氨基甲酸酯	猛杀威	2631－37－0	
2687	N-异丙基-N-苯基-氯乙酰胺	毒草胺	1918－16－7	
2688	异丙基苯	枯烯;异丙苯	98－82－8	
2689	3-异丙基苯基-N-氨基甲酸甲酯	间异丙威	64－00－6	
2690	异丙基异丙苯基氢过氧化物［含量≤72%,含 A 型稀释剂≥28%］	过氧化氢二异丙苯	26762－93－6	
2691	异丙硫醇	硫代异丙醇;2-巯基丙烷	75－33－2	
2692	异丙醚	二异丙基醚	108－20－3	
2693	异丙烯基乙炔		78－80－8	
2694	异丁胺	1-氨基-2-甲基丙烷	78－81－9	
2695	异丁基苯	异丁苯	538－93－2	
2696	异丁基环戊烷		3788－32－7	
2697	异丁基乙烯基醚［稳定的］	乙烯基异丁醚;异丁氧基乙烯	109－53－5	
2698	异丁腈	异丙基氰	78－82－0	
2699	异丁醛	2-甲基丙醛	78－84－2	
2700	异丁酸	2-甲基丙酸	79－31－2	
2701	异丁酸酐	异丁酐	97－72－3	
2702	异丁酸甲酯		547－63－7	
2703	异丁酸乙酯		97－62－1	
2704	异丁酸异丙酯		617－50－5	
2705	异丁酸异丁酯		97－85－8	
2706	异丁酸正丙酯		644－49－5	
2707	异丁烷	2-甲基丙烷	75－28－5	
2708	异丁烯	2-甲基丙烯	115－11－7	
2709	异丁酰氯	氯化异丁酰	79－30－1	
2710	异佛尔酮二异氰酸酯		4098－71－9	
2711	异庚烯		68975－47－3	
2712	异己烯		27236－46－0	
2713	异硫氰酸-1-萘酯		551－06－4	
2714	异硫氰酸苯酯	苯基芥子油	103－72－0	
2715	异硫氰酸烯丙酯	人造芥子油;烯丙基异硫氰酸酯;烯丙基芥子油	57－06－7	
2716	异氰基乙酸乙酯		2999－46－4	
2717	异氰酸-3-氯-4-甲苯酯	3-氯-4-甲基苯基异氰酸酯	28479－22－3	

续上表

序号	品 名	别 名	CAS 号	备注
2718	异氰酸苯酯	苯基异氰酸酯	103-71-9	剧毒
2719	异氰酸对硝基苯酯	对硝基苯异氰酸酯;异氰酸-4硝基苯酯	100-28-7	
2720	异氰酸对溴苯酯	4-溴异氰酸苯酯	2493-02-9	
2721	异氰酸二氯苯酯	3,4-二氯苯基异氰酸酯	102-36-3	
2722	异氰酸环己酯	环己基异氰酸酯	3173-53-3	
2723	异氰酸甲酯	甲基异氰酸酯	624-83-9	剧毒
2724	异氰酸三氟甲苯酯	三氟甲苯异氰酸酯	329-01-1	
2725	异氰酸十八酯	十八异氰酸酯	112-96-9	
2726	异氰酸叔丁酯		1609-86-5	
2727	异氰酸乙酯	乙基异氰酸酯	109-90-0	
2728	异氰酸异丙酯		1795-48-8	
2729	异氰酸异丁酯		1873-29-6	
2730	异氰酸正丙酯		110-78-1	
2731	异氰酸正丁酯		111-36-4	
2732	异山梨醇二硝酸酯混合物[含乳糖、淀粉或磷酸≥60%]	混合异山梨醇二硝酸酯		
2733	异戊胺	1-氨基-3-甲基丁烷	107-85-7	
2734	异戊醇钠	异戊氧基钠	19533-24-5	
2735	异戊腈	氰化异丁烷	625-28-5	
2736	异戊酸甲酯		556-24-1	
2737	异戊酸乙酯		108-64-5	
2738	异戊酸异丙酯		32665-23-9	
2739	异戊酰氯		108-12-3	
2740	异辛烷		26635-64-3	
2741	异辛烯		5026-76-6	
2742	荧蒽		206-44-0	
2743	油酸汞		1191-80-6	
2744	淤渣硫酸			
2745	原丙酸三乙酯	原丙酸乙酯;1,1,1-三乙氧基丙烷	115-80-0	
2746	原甲酸三甲酯	原甲酸甲酯;三甲氧基甲烷	149-73-5	
2747	原甲酸三乙酯	三乙氧基甲烷;原甲酸乙酯	122-51-0	
2748	原乙酸三甲酯	1,1,1-三甲氧基乙烷	1445-45-0	
2749	月桂酸三丁基锡		3090-36-6	
2750	杂戊醇	杂醇油	8013-75-0	

续上表

序号	品　名	别　名	CAS 号	备注
2751	樟脑油	樟木油	8008-51-3	
2752	锗烷	四氢化锗	7782-65-2	
2753	赭曲毒素	棕曲霉毒素	37203-43-3	
2754	赭曲毒素 A	棕曲霉毒素 A	303-47-9	
2755	正丙苯	丙苯;丙基苯	103-65-1	
2756	正丙基环戊烷		2040-96-2	
2757	正丙硫醇	1-硫基丙烷;硫代正丙醇	107-03-9	
2758	正丙醚	二正丙醚	111-43-3	
2759	正丁胺	1-氨基丁烷	109-73-9	
2760	N-(1-正丁氨基甲酰基-2-苯并咪唑基)氨基甲酸甲酯	苯菌灵	17804-35-2	
2761	正丁醇		71-36-3	
2762	正丁基苯		104-51-8	
2763	N-正丁基苯胺		1126-78-9	
2764	正丁基环戊烷		2040-95-1	
2765	N-正丁基咪唑	N-正丁基-1,3-二氮杂茂	4316-42-1	
2766	正丁基乙烯基醚[稳定的]	正丁氧基乙烯;乙烯正丁醚	111-34-2	
2767	正丁腈	丙基氰	109-74-0	
2768	正丁硫醇	1-硫代丁醇	109-79-5	
2769	正丁醚	氧化二丁烷;二丁醚	142-96-1	
2770	正丁醛		123-72-8	
2771	正丁酸	丁酸	107-92-6	
2772	正丁酸甲酯		623-42-7	
2773	正丁酸乙烯酯[稳定的]	乙烯基丁酸酯	123-20-6	
2774	正丁酸乙酯		105-54-4	
2775	正丁酸异丙酯		638-11-9	
2776	正丁酸正丙酯		105-66-8	
2777	正丁酸正丁酯	丁酸正丁酯	109-21-7	
2778	正丁烷	丁烷	106-97-8	
2779	正丁酰氯	氯化丁酰	141-75-3	
2780	正庚胺	氨基庚烷	111-68-2	
2781	正庚醛		111-71-7	
2782	正庚烷	庚烷	142-82-5	
2783	正硅酸甲酯	四甲氧基硅烷;硅酸四甲酯;原硅酸甲酯	681-84-5	

续上表

序号	品　　名	别　　名	CAS 号	备注
2784	正癸烷		124-18-5	
2785	正己胺	1-氨基己烷	111-26-2	
2786	正己醛		66-25-1	
2787	正己酸甲酯		106-70-7	
2788	正己酸乙酯		123-66-0	
2789	正己烷	己烷	110-54-3	
2790	正磷酸	磷酸	7664-38-2	
2791	正戊胺	1-氨基戊烷	110-58-7	
2792	正戊酸	戊酸	109-52-4	
2793	正戊酸甲酯		624-24-8	
2794	正戊酸乙酯		539-82-2	
2795	正戊酸正丙酯		141-06-0	
2796	正戊烷	戊烷	109-66-0	
2797	正辛腈	庚基氰	124-12-9	
2798	正辛硫醇	巯基辛烷	111-88-6	
2799	正辛烷		111-65-9	
2800	支链-4-壬基酚		84852-15-3	
2801	仲丁胺	2-氨基丁烷	13952-84-6	
2802	2-仲丁基-4,6-二硝基苯基-3-甲基丁-2-烯酸酯	乐杀螨	485-31-4	
2803	2-仲丁基-4,6-二硝基酚	二硝基仲丁基苯酚;4,6-二硝基-2-仲丁基苯酚;地乐酚	88-85-7	
2804	仲丁基苯	仲丁苯	135-98-8	
2805	仲高碘酸钾	仲过碘酸钾;一缩原高碘酸钾	14691-87-3	
2806	仲高碘酸钠	仲过碘酸钠;一缩原高碘酸钠	13940-38-0	
2807	仲戊胺	1-甲基丁胺	625-30-9	
2808	2-重氮-1-萘酚-4-磺酸钠		64173-96-2	
2809	2-重氮-1-萘酚-5-磺酸钠		2657-00-3	
2810	2-重氮-1-萘酚-4-磺酰氯		36451-09-9	
2811	2-重氮-1-萘酚-5-磺酰氯		3770-97-6	
2812	重氮氨基苯	三氮二苯;苯氨基重氮苯	136-35-6	
2813	重氮甲烷		334-88-3	
2814	重氮乙酸乙酯	重氮醋酸乙酯	623-73-4	
2815	重铬酸铵	红矾铵	7789-09-5	
2816	重铬酸钡		13477-01-5	

续上表

序号	品　名	别　名	CAS 号	备注
2817	重铬酸钾	红矾钾	7778－50－9	
2818	重铬酸锂		13843－81－7	
2819	重铬酸铝			
2820	重铬酸钠	红矾钠	10588－01－9	
2821	重铬酸铯		13530－67－1	
2822	重铬酸铜		13675－47－3	
2823	重铬酸锌		14018－95－2	
2824	重铬酸银		7784－02－3	
2825	重质苯			
2826	D-苎烯		5989－27－5	
2827	左旋溶肉瘤素	左旋苯丙氨酸氮芥;米尔法兰	148－82－3	
2828	含易燃溶剂的合成树脂、油漆、辅助材料、涂料等制品［闭杯闪点≤60℃］			

注:1. A 型稀释剂是指与有机过氧化物相容、沸点不低于150℃的有机液体。A 型稀释剂可用来对所有有机过氧化物进行退敏。

2. B 型稀释剂是指与有机过氧化物相容、沸点低于150℃但不低于60℃、闪点不低于5℃的有机液体。B 型稀释剂可用来对所有有机过氧化物进行退敏,但沸点必须至少比50kg包件的自加速分解温度高60℃。

3. 条目2828,闪点高于35℃但不超过60℃的液体,如果在持续燃烧性试验中得到否定结果,则可将其视为非易燃液体,不作为易燃液体管理。

附件1 《港口危险货物安全管理规定》

港口危险货物安全管理规定

(2017年9月4日交通运输部发布 根据2019年11月28日《交通运输部关于修改〈港口危险货物安全管理规定〉的决定》修正)

第一章 总 则

第一条 为了加强港口危险货物安全管理,预防和减少危险货物事故,保障人民生命、财产安全,保护环境,根据《港口法》《安全生产法》《危险化学品安全管理条例》等有关法律、行政法规,制定本规定。

第二条 在中华人民共和国境内,新建、改建、扩建储存、装卸危险货物的港口建设项目和进行危险货物港口作业,适用本规定。

前款所称危险货物港口作业包括在港区内装卸、过驳、仓储危险货物等行为。

第三条 港口危险货物安全管理坚持安全第一、预防为主、综合治理的方针,强化和落实危险货物港口建设项目的建设单位和港口经营人安全生产主体责任。

第四条 交通运输部主管全国港口危险货物安全行业管理工作。

省、自治区、直辖市交通运输主管部门主管本辖区的港口危险货物安全监督管理工作。

省、市、县级港口行政管理部门在职责范围内负责具体实施港口危险货物安全监督管理工作。

第二章 建设项目安全审查

第五条 新建、改建、扩建储存、装卸危险货物的港口建设项目(以下简称危险货物港口建设项目),应当由港口行政管理部门进行安全条件审查。

未通过安全条件审查,危险货物港口建设项目不得开工建设。

第六条 省级港口行政管理部门负责下列港口建设项目的安全条件审查:

(一)涉及储存或者装卸剧毒化学品的港口建设项目;

(二)沿海50000吨级以上、长江干线3000吨级以上、其他内河1000吨级以上的危险货物码头;

(三)沿海罐区总容量100000立方米以上、内河罐区总容量5000立方米以上的危险货物仓储设施。

其他危险货物港口建设项目由项目所在地设区的市级港口行政管理部门负责安全条件审查。

第七条 危险货物港口建设项目的建设单位,应当在可行性研究阶段按照国家有关规定委托有资质的安全评价机构对该建设项目进行安全评价,并编制安全预评价报告。安全预评价报告应当符合有关安全生产法律、法规、规章、国家标准、行业标准和港口建设的有关规定。

第八条 涉及危险化学品的港口建设项目,建设单位还应当进行安全条件论证,并编制安全条件论证报告。安全条件论证的内容应当包括:

(一)建设项目内在的危险和有害因素对安全生产的影响;

(二)建设项目与周边设施或者单位、人员密集区、敏感性设施和敏感环境区域在安全方面的相互影响;

(三)自然条件对建设项目的影响。

第九条 建设单位应当向危险货物建设项目所在地港口行政管理部门申请安全条件审查,并提交以下材料:

(一)建设项目安全条件审查申请书;

(二)建设项目安全预评价报告;

(三)建设项目安全条件论证报告(涉及危险化学品的提供);

(四)依法需取得的建设项目规划选址文件。

所在地港口行政管理部门应当核查文件是否齐全,不齐全的告知申请人予以补正。对材料齐全的申请应当予以受理;对不属于本级审查权限的,应当在受理后5日内将申请材料转报有审查权限的港口行政管理部门。转报时间应当计入审查期限。

第十条 负责安全条件审查的港口行政管理部门应当自受理申请之日起45日内作出审查决定。

有下列情形之一的,安全条件审查不予通过:

(一)安全预评价报告存在重大缺陷、漏项的,包括对建设项目主要危险、有害因素的辨识和评价不全面或者不准确的;

(二)对安全预评价报告中安全设施设计提出的对策与建议不符合有关安全生产法律、法规、规章和国家标准、行业标准的;

(三)建设项目与周边场所、设施的距离或者拟建场址自然条件不符合有关安全生产法律、法规、规章和国家标准、行业标准的;

(四)主要技术、工艺未确定,或者不符合有关安全生产法律、法规、规章和国家标准、行业标准的;

(五)未依法进行安全条件论证和安全评价的;

(六)隐瞒有关情况或者提供虚假文件、资料的。

港口行政管理部门在安全条件审查过程中,应当对申请材料进行审查,并对现场进行核查。必要时可以组织相关专家进行咨询论证。

第十一条 港口行政管理部门对符合安全条件的,应当予以通过,并将审查决定送达申请人。对未通过安全条件审查的,应当说明理由并告知申请人。建设单位经过整改后可以重新申请安全条件审查。

第十二条 已经通过安全条件审查的危险货物港口建设项目有下列情形之一的,建

设单位应当按照本规定的有关要求重新进行安全条件论证和安全评价,并重新申请安全条件审查:

(一)变更建设地址的;

(二)建设项目周边环境因素发生重大变化导致安全风险增加的;

(三)建设项目规模进行调整导致安全风险增加或者安全性能降低的;

(四)建设项目平面布置、作业货种、工艺、设备设施等发生重大变化导致安全风险增加或者安全性能降低的。

第十三条 建设单位应当在危险货物港口建设项目初步设计阶段按照国家有关规定委托设计单位对安全设施进行设计。

安全设施设计应当符合有关安全生产和港口建设的法律、法规、规章以及国家标准、行业标准,并包括以下主要内容:

(一)该建设项目涉及的危险、有害因素和程度及周边环境安全分析;

(二)采用的安全设施和措施,预期效果以及存在的问题与建议;

(三)对安全预评价报告中有关安全设施设计的对策与建议的采纳情况说明;

(四)可能出现的事故预防及应急救援措施。

第十四条 由港口行政管理部门负责初步设计审批的危险货物港口建设项目,在初步设计审批中对安全设施设计进行审查。

前款规定之外的其他危险货物港口建设项目,由负责安全条件审查的港口行政管理部门进行安全设施设计审查。

建设单位在申请安全设施设计审查时应当提交以下材料:

(一)安全设施设计审查申请书;

(二)设计单位的基本情况及资信情况;

(三)安全设施设计。

港口行政管理部门应当自受理申请之日起20日内对申请材料进行审查,作出审查决定,并告知申请人;20日内不能作出决定的,经本部门负责人批准,可以延长10日,并应当将延长期限的理由告知申请人。

第十五条 有下列情形之一的,安全设施设计审查不予通过:

(一)设计单位资质不符合相关规定的;

(二)未按照有关法律、法规、规章和国家标准、行业标准的规定进行设计的;

(三)对未采纳安全预评价报告中的安全对策和建议,未作充分论证说明的;

(四)隐瞒有关情况或者提供虚假文件、资料的。

安全设施设计审查未通过的,建设单位经过整改后可以重新申请安全设施设计审查。

第十六条 已经通过审查的危险货物港口建设项目安全设施设计有下列情形之一的,建设单位应当报原审查部门重新申请安全设施设计审查:

(一)改变安全设施设计且可能导致安全性能降低的;

(二)在施工期间重新设计的。

第十七条　危险货物港口建设项目的建设单位应当在施工期间组织落实经批准的安全设施设计的有关内容,并加强对施工质量的监测和管理,建立相应的台账。施工单位应当按照批准的设计施工。

第十八条　危险货物港口建设项目的安全设施应当与主体工程同时建成,并由建设单位组织验收。验收前建设单位应当按照国家有关规定委托有资质的安全评价机构对建设项目及其安全设施进行安全验收评价,并编制安全验收评价报告。安全验收评价报告应当符合国家标准、行业标准和港口建设的有关规定。

建设单位进行安全设施验收时,应当组织专业人员对该建设项目进行现场检查,并对安全设施施工报告及监理报告、安全验收评价报告等进行审查,作出是否通过验收的结论。参加验收人员的专业能力应当涵盖该建设项目涉及的所有专业内容。

安全设施验收未通过的,建设单位经过整改后可以再次组织安全设施验收。

第十九条　安全设施验收合格后,建设单位应当将验收过程中涉及的文件、资料存档,并自觉接受和配合安全生产监督管理部门依据《安全生产法》的规定对安全设施验收活动和验收结果进行的监督核查。

第二十条　安全评价机构的安全评价活动应当遵守有关法律、法规、规章和国家标准和行业标准的规定。

港口行政管理部门应当对违法违规开展港口安全评价的机构予以曝光,并通报同级安全生产监督管理部门。

第三章　经营人资质

第二十一条　从事危险货物港口作业的经营人(以下简称危险货物港口经营人)除满足《港口经营管理规定》规定的经营许可条件外,还应当具备以下条件:

(一)设有安全生产管理机构或者配备专职安全生产管理人员;

(二)具有健全的安全管理制度、岗位安全责任制度和操作规程;

(三)有符合国家规定的危险货物港口作业设施设备;

(四)有符合国家规定且经专家审查通过的事故应急预案和应急设施设备;

(五)从事危险化学品作业的,还应当具有取得从业资格证书的装卸管理人员。

第二十二条　申请危险货物港口经营人资质,除按《港口经营管理规定》的要求提交相关文件和材料外,还应当向所在地港口行政管理部门提交以下文件和材料:

(一)危险货物港口经营申请表,包括拟申请危险货物作业的具体场所、作业方式、危险货物品名(集装箱和包装货物载明到"项别");

(二)符合国家规定的应急设施、设备清单;

(三)装卸管理人员的从业资格证书(涉及危险化学品的提供);

(四)新建、改建、扩建储存、装卸危险货物港口设施的,提交安全设施验收合格证明材料(包括安全设施施工报告及监理报告、安全验收评价报告、验收结论和隐患整改报告);使用现有港口设施的,提交对现状的安全评价报告。

第二十三条　所在地港口行政管理部门应当自受理申请之日起30日内作出许可或

者不予许可的决定。符合许可条件的,应当颁发《港口经营许可证》,并对每个具体的危险货物作业场所配发《港口危险货物作业附证》(见附件)。

《港口经营许可证》应当载明危险货物港口经营人的名称与办公地址、法定代表人或者负责人、经营地域、准予从事的业务范围、附证事项、发证日期、许可证有效期和证书编号。

《港口危险货物作业附证》应当载明危险货物港口经营人、作业场所、作业方式、作业危险货物品名(集装箱和包装货物载明到"项别")、发证机关、发证日期、有效期和证书编号。

所在地港口行政管理部门应当依法向社会公开有关信息,并及时向所在地海事管理机构和同级安全生产监督管理部门、环境保护主管部门、公安机关通报。

第二十四条 《港口经营许可证》有效期为3年,《港口危险货物作业附证》有效期不得超过《港口经营许可证》的有效期。

第二十五条 危险货物港口经营人应当在《港口经营许可证》或者《港口危险货物作业附证》有效期届满之日30日以前,向发证机关申请办理延续手续。

申请办理《港口经营许可证》及《港口危险货物作业附证》延续手续,除按《港口经营管理规定》的要求提交相关文件和材料外,还应当提交下列材料:

(一)除本规定第二十二条第(一)项之外的其他证明材料;

(二)本规定第二十八条规定的安全评价报告及落实情况。

第二十六条 危险货物港口经营人发生变更或者其经营范围发生变更的,应当按照本规定第二十二条的规定重新申请《港口经营许可证》及《港口危险货物作业附证》。

第二十七条 危险货物港口经营人应当在依法取得许可的范围内从事危险货物港口作业,依法提取和使用安全生产经费,聘用注册安全工程师从事安全生产管理工作,对从业人员进行安全生产教育、培训并如实记录相关情况,推进安全生产标准化建设。相关从业人员应当按照《危险货物水路运输从业人员考核和从业资格管理规定》的要求,经考核合格或者取得相应从业资格。

第二十八条 危险货物港口经营人应当在取得经营资质后,按照国家有关规定委托有资质的安全评价机构,对本单位的安全生产条件每3年进行一次安全评价,提出安全评价报告。安全评价报告的内容应当包括对事故隐患的整改情况、遗留隐患和安全条件改进建议。

危险货物港口经营人应当将安全评价报告以及落实情况报所在地港口行政管理部门备案。

第二十九条 出现下列情形之一的,危险货物港口经营人应当重新进行安全评价,并按照本规定第二十八条的规定进行备案:

(一)增加作业的危险货物品种;

(二)作业的危险货物数量增加,构成重大危险源或者重大危险源等级提高的;

(三)发生火灾、爆炸或者危险货物泄漏,导致人员死亡、重伤或者事故等级达到较大事故以上的;

(四)周边环境因素发生重大变化,可能对港口安全生产带来重大影响的。

增加作业的危险货物品种或者数量,涉及变更经营范围的,除应当符合环保、消防、职业卫生等方面相关主管部门的要求外,还应当按照本规定第二十六条的规定重新申请《港口经营许可证》及《港口危险货物作业附证》。

现有设施需要进行改扩建的,除应当履行改扩建手续外,还应当履行本规定第二章安全审查的有关规定。

第四章 作 业 管 理

第三十条 危险货物港口经营人应当根据《港口危险货物作业附证》上载明的危险货物品名,依据其危险特性,在作业场所设置相应的监测、监控、通风、防晒、调温、防火、灭火、防爆、泄压、防毒、中和、防潮、防雷、防静电、防腐、防泄漏以及防护围堤或者隔离操作等安全设施、设备,并保持正常、正确使用。

第三十一条 危险货物港口经营人应当按照国家标准、行业标准对其危险货物作业场所的安全设施、设备进行经常性维护、保养,并定期进行检测、检验,及时更新不合格的设施、设备,保证正常运转。维护、保养、检测、检验应当做好记录,并由有关人员签字。

第三十二条 危险货物港口经营人应当在其作业场所和安全设施、设备上设置明显的安全警示标志;同时还应当在其作业场所设置通信、报警装置,并保证其处于适用状态。

第三十三条 危险货物专用库场、储罐应当符合国家标准和行业标准,设置明显标志,并依据相关标准定期安全检测维护。

第三十四条 危险货物港口作业使用特种设备的,应当符合国家特种设备管理的有关规定,并按要求进行检验。

第三十五条 危险货物港口经营人使用管道输送危险货物的,应当建立输送管道安全技术档案,具备管道分布图,并对输送管道定期进行检查、检测,设置明显标志。

在港区内进行可能危及危险货物输送管道安全的施工作业,施工单位应当在开工的7日前书面通知管道所属单位,并与管道所属单位共同制定应急预案,采取相应的安全防护措施。管道所属单位应当指派专门人员到现场进行管道安全保护指导。

第三十六条 危险货物港口作业委托人应当向危险货物港口经营人提供委托人身份信息和完整准确的危险货物品名、联合国编号、危险性分类、包装、数量、应急措施及安全技术说明书等资料;危险性质不明的危险货物,应当提供具有相应资质的专业机构出具的危险货物危险特性鉴定技术报告。法律、行政法规规定必须办理有关手续后方可进行水路运输的危险货物,还应当办理相关手续,并向港口经营人提供相关证明材料。

危险货物港口作业委托人不得在委托作业的普通货物中夹带危险货物,不得匿报、谎报危险货物。

第三十七条 危险货物港口经营人不得装卸、储存未按本规定第三十六条规定提交相关资料的危险货物。对涉嫌在普通货物中夹带危险货物,或者将危险货物匿报或者谎报为普通货物的,所在地港口行政管理部门或者海事管理机构可以依法开拆查验,危险货物港口经营人应当予以配合。港口行政管理部门和海事管理机构应当将查验情况相互通报,避免重复开拆。

第三十八条 发生下列情形之一的,危险货物港口经营人应当及时处理并报告所在地港口行政管理部门:

(一)发现未申报或者申报不实、申报有误的危险货物;

(二)在普通货物或者集装箱中发现夹带危险货物;

(三)在危险货物中发现性质相抵触的危险货物,且不满足国家标准及行业标准中有关积载、隔离、堆码要求。

对涉及船舶航行、作业安全的相关信息,港口行政管理部门应当及时通报所在地海事管理机构。

第三十九条 在港口作业的包装危险货物应当妥善包装,并在外包装上设置相应的标志。包装物、容器的材质以及包装的型式、规格、方法应当与所包装的货物性质、运输装卸要求相适应。材质、型式、规格、方法以及包装标志应当符合我国加入并已生效的有关国际条约、国家标准和相关规定的要求。

第四十条 危险货物港口经营人应当对危险货物包装和标志进行检查,发现包装和标志不符合国家有关规定的,不得予以作业,并应当及时通知或者退回作业委托人处理。

第四十一条 船舶载运危险货物进出港口,应当按照有关规定向海事管理机构办理申报手续。海事管理机构应当及时将有关申报信息通报所在地港口行政管理部门。

第四十二条 船舶危险货物装卸作业前,危险货物港口经营人应当与作业船舶按照有关规定进行安全检查,确认作业的安全状况和应急措施。

第四十三条 不得在港口装卸国家禁止通过水路运输的危险货物。

第四十四条 在港口内从事危险货物添加抑制剂或者稳定剂作业的单位,作业前应当将有关情况告知相关危险货物港口经营人和作业船舶。

第四十五条 危险货物港口经营人在危险货物港口装卸、过驳作业开始24小时前,应当将作业委托人以及危险货物品名、数量、理化性质、作业地点和时间、安全防范措施等事项向所在地港口行政管理部门报告。所在地港口行政管理部门应当在接到报告后24小时内作出是否同意作业的决定,通知报告人,并及时将有关信息通报海事管理机构。报告人在取得作业批准后72小时内未开始作业的,应当重新报告。未经所在地港口行政管理部门批准的,不得进行危险货物港口作业。

时间、内容和方式固定的危险货物港口装卸、过驳作业,经所在地港口行政管理部门同意,可以实行定期申报。

第四十六条 危险货物港口作业应当符合有关安全作业标准、规程和制度,并在具有从业资格的装卸管理人员现场指挥或者监控下进行。

第四十七条 两个以上危险货物港口经营人在同一港口作业区内进行危险货物港口作业,可能危及对方生产安全的,应当签订安全生产管理协议,明确各自的安全生产管理职责和应当采取的安全措施,并指定专职安全生产管理人员进行安全检查与协调。

第四十八条 危险货物港口经营人进行爆炸品、气体、易燃液体、易燃固体、易于自燃的物质、遇水放出易燃气体的物质、氧化性物质、有机过氧化物、毒性物质、感染性物质、放射性物质、腐蚀性物质的港口作业,应当划定作业区域,明确责任人并实行封闭式管理。作业区域应当设置明显标志,禁止无关人员进入和无关船舶停靠。

第四十九条 危险货物应当储存在港区专用的库场、储罐,并由专人负责管理;剧毒化学品以及储存数量构成重大危险源的其他危险货物,应当单独存放,并实行双人收发、双人保管制度。

危险货物的储存方式、方法以及储存数量,包括危险货物集装箱直装直取和限时限量存放,应当符合国家标准、行业标准或者国家有关规定。

第五十条 危险货物港口经营人经营仓储业务的,应当建立危险货物出入库核查、登记制度。

对储存剧毒化学品以及储存数量构成重大危险源的其他危险货物的,危险货物港口经营人应当将其储存数量、储存地点以及管理措施、管理人员等情况,依法报所在地港口行政管理部门和相关部门备案。

第五十一条 危险货物港口经营人应当建立危险货物作业信息系统,实时记录危险货物作业基础数据,包括作业的危险货物种类及数量、储存地点、理化特性、货主信息、安全和应急措施等,并在作业场所外异地备份。有关危险货物作业信息应当按要求及时准确提供相关管理部门。

第五十二条 危险货物港口经营人应当建立安全生产风险预防控制体系,开展安全生产风险辨识、评估,针对不同风险,制定具体的管控措施,落实管控责任。

第五十三条 危险货物港口经营人应当根据有关规定,进行重大危险源辨识,确定重大危险源级别,实施分级管理,并登记建档。危险货物港口经营人应当建立健全重大危险源安全管理规章制度,制定实施危险货物重大危险源安全管理与监控方案,制定应急预案,告知相关人员在紧急情况下应当采取的应急措施,定期对重大危险源进行安全评估。

第五十四条 危险货物港口经营人应当将本单位的重大危险源及有关安全措施、应急措施依法报送所在地港口行政管理部门和相关部门备案。

第五十五条 危险货物港口经营人在重大危险源出现本规定第二十九条规定的情形之一,可能影响重大危险源级别和风险程度的,应当对重大危险源重新进行辨识、分级、安全评估、修改档案,并及时报送所在地港口行政管理部门和相关部门重新备案。

第五十六条 危险货物港口经营人应当制定事故隐患排查制度,定期开展事故隐患排查,及时消除隐患,事故隐患排查治理情况应当如实记录,并向从业人员通报。

危险货物港口经营人应当将重大事故隐患的排查和处理情况及时向所在地港口行政管理部门备案。

第五章 应 急 管 理

第五十七条 所在地港口行政管理部门应当建立危险货物事故应急体系,制定港口危险货物事故应急预案。应急预案应当依法经当地人民政府批准后向社会公布。

所在地港口行政管理部门应当在当地人民政府的领导下推进专业化应急队伍建设和应急资源储备,定期组织开展应急培训和应急救援演练,提高应急能力。

第五十八条 危险货物港口经营人应当制定本单位危险货物事故专项应急预案和现场处置方案,依法配备应急救援人员和必要的应急救援器材、设备,每半年至少组织一次应急救援培训和演练并如实记录,根据演练结果对应急预案进行修订。应急预案应当具有针对性和可操作性,并与所在地港口行政管理部门公布的港口危险货物事故应急预案相衔接。

危险货物港口经营人应当将其应急预案及其修订情况报所在地港口行政管理部门备案,并向本单位从业人员公布。

第五十九条 危险货物港口作业发生险情或者事故时,港口经营人应当立即启动应急预案,采取应急行动,排除事故危害,控制事故进一步扩散,并按照有关规定向港口行政管理部门和有关部门报告。

危险货物港口作业发生事故时,所在地港口行政管理部门应当按规定向上级行政管理部门、当地人民政府及有关部门报告,并及时组织救助。

第六章 安全监督与管理

第六十条 所在地港口行政管理部门应当采取随机抽查、年度核查等方式对危险货物港口经营人的经营资质进行监督检查,发现其不再具备安全生产条件的,应当依法撤销其经营许可。

第六十一条 所在地港口行政管理部门应当依法对危险货物港口作业和装卸、储存区域实施监督检查,并明确检查内容、方式、频次以及有关要求等。实施监督检查时,可以行使下列职权:

(一)进入并检查危险货物港口作业场所,查阅、抄录、复印相关的文件或者资料,提出整改意见;

(二)发现危险货物港口作业和设施、设备、装置、器材、运输工具不符合法律、法规、规章规定和国家标准、行业标准要求的,责令立即停止使用;

(三)对危险货物包装和标志进行抽查,对不符合有关规定的,责令港口经营人停止作业,及时通知或者退回作业委托人处理;

(四)检查中发现事故隐患的,应当责令危险货物港口经营人立即消除或者限期消除;重大事故隐患排除前或者排除过程中无法保证安全的,应当责令从危险区域内撤出作业人员并暂时停产停业;重大事故隐患排除后,经其审查同意,方可恢复作业;

(五)发现违法违章作业行为,应当当场予以纠正或者责令限期改正;

(六)对应急演练进行抽查,发现不符合要求的,当场予以纠正或者要求限期改正;

(七)经本部门主要负责人批准,依法查封违法储存危险货物的场所,扣押违法储存的危险货物。

港口行政管理部门依法进行监督检查,监督检查人员不得少于 2 人,并应当出示执法证件,将执法情况书面记录。监督检查不得影响被检查单位的正常生产经营活动。

第六十二条 有关单位和个人对依法进行的监督检查应当予以配合,不得拒绝、阻碍。港口行政管理部门依法对存在重大事故隐患作出停产停业的决定,危险货物港口经营人应当依法执行,及时消除隐患。危险货物港口经营人拒不执行,有发生生产安全事故的现实危险的,在保证安全的前提下,经本部门主要负责人批准,港口行政管理部门可以依法采取通知有关单位停止供电等措施,强制危险货物港口经营人履行决定。

港口行政管理部门依照前款规定采取停止供电措施,除有危及生产安全的紧急情形外,应当提前 24 小时通知危险货物港口经营人。危险货物港口经营人履行决定、采取相应措施消除隐患的,港口行政管理部门应当及时解除停止供电措施。

第六十三条 所在地港口行政管理部门应当加强对重大危险源的监管和应急准备,建立健全本辖区内重大危险源的档案,组织开展重大危险源风险分析,建立重大危险源安全检查制度,定期对存在重大危险源的港口经营人进行安全检查,对检查中发现的事故隐患,督促港口经营人进行整改。

第六十四条 港口行政管理部门应当建立举报制度,认真落实各类违法违规从事危险货物港口作业的投诉和举报,接受社会监督,及时曝光违法违规行为。

第六十五条 港口行政管理部门应当加强监管队伍建设,建立健全安全教育培训制度,依法规范行政执法行为。

第六十六条 所在地港口行政管理部门应当配备必要的危险货物港口安全检查装备,建立危险货物港口安全监管信息系统,具备危险货物港口安全监督管理能力。

第六十七条 港口行政管理部门应当建立港口危险货物管理专家库。专家库应由熟悉港口安全相关法律法规和技术标准、危险货物港口作业、港口安全技术、港口工程、港口安全管理和港口应急救援等相关专业人员组成。

港口行政管理部门在组织安全条件审查、安全设施设计审查或者其他港口危险货物管理工作时,需要吸收专家参加或者听取专家意见的,应当从专家库中抽取。

第六十八条 所在地港口行政管理部门应当建立健全安全生产诚信管理制度,对危险货物港口经营人存在安全生产违法行为或者造成恶劣社会影响的,应当列入安全生产不良信用记录,并纳入交通运输和相关统一信用信息共享平台。

第七章 法律责任

第六十九条 未经安全条件审查,新建、改建、扩建危险货物港口建设项目的,由所在地港口行政管理部门责令停止建设,限期改正;逾期未改正的,处五十万元以上一百万元以下的罚款。

第七十条 危险货物港口建设项目有下列行为之一的,由所在地港口行政管理部门责令停止建设或者停产停业整顿,限期改正;逾期未改正的,处五十万元以上一百万元以下的罚款,对其直接负责的主管人员和其他直接责任人员处二万元以上五万元以下的罚款:

(一)未按照规定对危险货物港口建设项目进行安全评价的;

(二)没有安全设施设计或者安全设施设计未按照规定报经港口行政管理部门审查

同意的；

（三）施工单位未按照批准的安全设施设计施工的；

（四）安全设施未经验收合格，擅自从事危险货物港口作业的。

第七十一条　未依法取得相应的港口经营许可证，或者超越许可范围从事危险货物港口经营的，由所在地港口行政管理部门责令停止违法经营，没收违法所得；违法所得十万元以上的，并处违法所得二倍以上五倍以下罚款；违法所得不足十万元的，处五万元以上二十万元以下的罚款。

第七十二条　危险货物港口经营人未依法提取和使用安全生产经费导致不具备安全生产条件的，由所在地港口行政管理部门责令限期改正；逾期未改正的，责令停产停业整顿。

第七十三条　危险货物港口经营人有下列行为之一的，由所在地港口行政管理部门责令限期改正，可以处五万元以下的罚款；逾期未改正的，责令停产停业整顿，并处五万元以上十万元以下的罚款，对其直接负责的主管人员和其他直接责任人员处一万元以上二万元以下的罚款：

（一）未按照规定设置安全生产管理机构或者配备安全生产管理人员的；

（二）未依法对从业人员进行安全生产教育、培训，或者未如实记录安全生产教育、培训情况的；

（三）未将事故隐患排查治理情况如实记录或者未向从业人员通报的；

（四）未按照规定制定危险货物事故应急救援预案或者未定期组织演练的。

第七十四条　危险货物港口经营人有下列行为之一的，由所在地港口行政管理部门责令限期改正，可以处十万元以下的罚款；逾期未改正的，责令停产停业整顿，并处十万元以上二十万元以下的罚款，对其直接负责的主管人员和其他直接责任人员处二万元以上五万元以下的罚款：

（一）危险货物港口作业未建立专门安全管理制度、未采取可靠的安全措施的；

（二）对重大危险源未登记建档，或者未进行评估、监控，或者未制定应急预案的；

（三）未建立事故隐患排查治理制度的。

第七十五条　危险货物港口经营人有下列情形之一的，由所在地港口行政管理部门责令改正，可以处五万元以下的罚款；逾期未改正的，处五万元以上二十万元以下的罚款，对其直接负责的主管人员和其他直接责任人员处一万元以上二万元以下的罚款；情节严重的，责令停产停业整顿：

（一）未在生产作业场所和安全设施、设备上设置明显的安全警示标志的；

（二）未按照国家标准、行业标准或者国家有关规定安装、使用安全设施、设备并进行经常性维护、保养和定期检测的。

第七十六条　危险货物港口经营人有下列情形之一的，由所在地港口行政管理部门责令改正，可以处五万元以下的罚款；逾期未改正的，处五万元以上十万元以下的罚款；情节严重的，责令停产停业整顿：

（一）未对其铺设的危险货物管道设置明显的标志，或者未对危险货物管道定期检查、检测的；

（二）危险货物专用库场、储罐未设专人负责管理，或者对储存的剧毒化学品以及储存数量构成重大危险源的其他危险货物未实行双人收发、双人保管制度的；

（三）未建立危险货物出入库核查、登记制度的；

（四）装卸、储存没有安全技术说明书的危险货物或者外包装没有相应标志的包装危险货物的；

（五）未在作业场所设置通信、报警装置的。

在港口进行可能危及危险货物管道安全的施工作业，施工单位未按照规定书面通知管道所属单位，或者未与管道所属单位共同制定应急预案、采取相应的安全防护措施，或者管道所属单位未指派专门人员到现场进行管道安全保护指导的，由所在地港口行政管理部门按照前款规定的处罚金额进行处罚。

第七十七条 危险货物港口经营人有下列情形之一的，由所在地港口行政管理部门责令改正，处五万元以上十万元以下的罚款；逾期未改正的，责令停产停业整顿；除第（一）项情形外，情节严重的，还可以吊销其港口经营许可证件：

（一）未在取得从业资格的装卸管理人员现场指挥或者监控下进行作业的；

（二）未依照本规定对其安全生产条件定期进行安全评价的；

（三）未将危险货物储存在专用库场、储罐内，或者未将剧毒化学品以及储存数量构成重大危险源的其他危险货物在专用库场、储罐内单独存放的；

（四）危险货物的储存方式、方法或者储存数量不符合国家标准或者国家有关规定的；

（五）危险货物专用库场、储罐不符合国家标准、行业标准的要求的。

第七十八条 危险货物港口经营人有下列情形之一的，由所在地港口行政管理部门责令改正，可以处一万元以下的罚款；逾期未改正的，处一万元以上五万元以下的罚款：

（一）未将安全评价报告以及落实情况报港口行政管理部门备案的；

（二）未将剧毒化学品以及储存数量构成重大危险源的其他危险货物的储存数量、储存地点以及管理人员等情况报港口行政管理部门备案的。

第七十九条 两个以上危险货物港口经营人在同一港口作业区内从事可能危及对方生产安全的危险货物港口作业，未签订安全生产管理协议或者未指定专职安全管理人员进行安全检查和协调的，由所在地港口行政管理部门责令限期改正，可以处一万元以下的罚款，对其直接负责的主管人员和其他直接责任人员可以处三千元的罚款；情节严重的，可以处一万元以上五万元以下的罚款，对其直接负责的主管人员和其他直接责任人员可以处三千元以上一万元以下的罚款；逾期未改正的，责令停产停业整顿。

第八十条 危险货物港口经营人未采取措施消除事故隐患的，由所在地港口行政管理部门责令立即消除或者限期消除；逾期未改正的，责令停产停业整顿，并处十万元以上五十万元以下的罚款，对其直接负责的主管人员和其他直接责任人员处二万元以上五万元以下的罚款。

第八十一条 未按照本规定报告并经同意进行危险货物装卸、过驳作业的，由所在地港口行政管理部门责令改正,并处五千元以上五万元以下的罚款。

第八十二条 危险货物港口经营人有下列行为之一的,由所在地港口行政管理部门责令改正,并处三万元以下的罚款:

(一)装卸国家禁止通过该港口水域水路运输的危险货物的;

(二)未如实记录危险货物作业基础数据的;

(三)发现危险货物的包装和安全标志不符合相关规定仍进行作业的;

(四)未具备其作业使用的危险货物输送管道分布图、安全技术档案的;

(五)未将重大事故隐患的排查和处理情况、应急预案及时向所在地港口行政管理部门备案的;

(六)未按照规定实施安全生产风险预防控制的。

在港口从事危险货物添加抑制剂或者稳定剂作业前,未将有关情况告知相关危险货物港口经营人和作业船舶的,由所在地港口行政管理部门责令改正,并对相关单位处三万元以下的罚款。

第八十三条 港口作业委托人未按规定向港口经营人提供所托运的危险货物有关资料的,由所在地港口行政管理部门责令改正,处五万元以上十万元以下的罚款。港口作业委托人在托运的普通货物中夹带危险货物,或者将危险货物谎报或者匿报为普通货物托运的,由所在地港口行政管理部门责令改正,处十万元以上二十万元以下的罚款,有违法所得的,没收违法所得。

第八十四条 危险货物港口经营人拒绝、阻碍港口行政管理部门依法实施安全监督检查的,由港口行政管理部门责令改正;逾期未改正的,处二万元以上二十万元以下的罚款;对其直接负责的主管人员和其他直接责任人员处一万元以上二万元以下的罚款。

第八十五条 港口行政管理部门的工作人员有下列行为之一的,对直接负责的主管人员和其他直接责任人员给予行政处分;构成犯罪的,依法追究刑事责任:

(一)未按照规定的条件、程序和期限实施行政许可的;

(二)发现违法行为未依法予以制止、查处,情节严重的;

(三)未履行本规定设定的监督管理职责,造成严重后果的;

(四)有其他滥用职权、玩忽职守、徇私舞弊行为的。

第八十六条 违反本规定的其他规定应当进行处罚的,按照《港口法》《安全生产法》《危险化学品安全管理条例》等法律法规执行。

第八章 附 则

第八十七条 本规定所称危险货物,是指具有爆炸、易燃、毒害、腐蚀、放射性等危险特性,在港口作业过程中容易造成人身伤亡、财产毁损或者环境污染而需要特别防护的物质、材料或者物品,包括:

(一)《国际海运危险货物规则》(IMDG code)第 3 部分危险货物一览表中列明的包装危险货物,以及未列明但经评估具有安全危险的其他包装货物;

(二)《国际海运固体散装货物规则》(IMSBC code)附录一 B 组中含有联合国危险货

物编号的固体散装货物,以及经评估具有安全危险的其他固体散装货物;

(三)《经1978年议定书修订的1973年国际防止船舶造成污染公约》(MARPOL73/78公约)附则Ⅰ附录1中列明的散装油类;

(四)《国际散装危险化学品船舶构造和设备规则》(IBC code)第17章中列明的散装液体化学品,以及未列明但经评估具有安全危险的其他散装液体化学品,港口储存环节仅包含上述中具有安全危害性的散装液体化学品;

(五)《国际散装液化气体船舶构造和设备规则》(IGC code)第19章列明的散装液化气体,以及未列明但经评估具有安全危险的其他散装液化气体;

(六)我国加入或者缔结的国际条约、国家标准规定的其他危险货物;

(七)《危险化学品目录》中列明的危险化学品。

第八十八条 本规定自2017年10月15日起施行。2012年12月11日交通运输部发布的《港口危险货物安全管理规定》(交通运输部令2012年第9号)同时废止。

附件2 《港口危险货物安全管理规定》解读

《港口危险货物安全管理规定》解读

新修订的《港口危险货物安全管理规定》(交通运输部令2017年第27号,以下简称《规定》)于2017年9月4日签发,10月15日起正式施行。现将有关内容解读如下。

一、出台的背景和修订过程

2012年《港口危险货物安全管理规定》(交通运输部令2012年第9号)根据《危险化学品安全管理条例》进行了全面修订,自2013年施行以来,对指导各地做好港口危险货物安全管理起到了重要作用。但随着港口的快速发展,港口危险货物的吞吐量和仓储量越来越大、品种越来越多,安全管理压力日益加大。特别是深刻吸取重特大事故教训,经全面梳理危险品管理法规,认真查找和分析安全管理、制度建设中存在的薄弱环节和突出问题,发现在安全管理制度、企业主体责任落实等方面还有不够完善的地方。同时,2014年新修订的《安全生产法》对安全生产工作提出了新的要求。为此,我部本着实事求是、问题导向的原则,再次全面修订了《规定》。

《规定》征求了安全生产监管总局、有关交通运输(港口)管理部门、港口企业和科研院所等单位意见,部又在部网站和国务院法制办网站进行了一个月的公开征求意见,经部专题会议研究后,已于2017年8月29日第14次部务会审议通过。

二、修订的主要内容

《规定》共八章88条,分别为总则、建设项目安全审查、经营人资质、作业管理、应急管理、安全监督与管理、法律责任、附则。此次修订主要从完善管理职责、调整许可权限、落实企业主体责任、健全管理制度、强化法律责任等五个方面进行了修改,进一步完善了危险货物港口建设项目在工程建设过程中的安全保障与安全监管制度,并着重加强了安全监管责任与企业主体责任的落实。主要内容包括:

(一)完善安全管理职责体系。

为充分体现和落实分级管理、属地管理的原则,《规定》进一步明确了各级交通运输(港口)管理部门的职责,强化了省级交通运输主管部门对下级部门的指导督促。

(二)调整优化部分许可管理权限。

一是将危险货物港口建设项目的安全条件审查权限划分标准由立项层级调整为危险程度。随着国家投融资体制改革的推进,国家和省级立项项目逐步减少,考虑到设区的市级港口行政管理部门技术力量相对薄弱,对储存或者装卸剧毒化学品以及危险货物码头、仓储设施达到一定规模的港口建设项目,由省级港口行政管理部门负责审查,其他项目由设区的市级港口行政管理部门负责审查。

二是由所在地港口行政管理部门统一实施危险货物港口经营资质管理和监督检查。即将从事剧毒化学品、易制爆危险化学品或者有储存设施的港口经营人资质,由设区的市级港口行政管理部门批准调整为所在地港口行政管理部门批准。

(三)落实企业安全生产主体责任。

根据新修订的《安全生产法》以及国务院有关要求,增加了危险货物港口经营人应当健全安全生产组织机构、提取和使用安全生产经费、加强从业人员安全生产教育培训等方面的内容,强化了装卸管理人员取得从业资格、配备专职安全生产管理人员的有关要求,明确了危险货物港口经营人应当开展安全生产风险辨识、评估,针对不同风险,制定具体的管控措施,落实管控责任。

(四)建立健全安全管理制度。

新增了三个方面的管理制度。一是信息化管理制度。吸取近年来发生的事故中不能实时掌握危险货物去向和情况的教训,要求港口经营人建立危险货物作业信息系统,实时记录作业基础数据,进行异地备份,并及时准确提供管理部门,实现对危险货物全流程、全覆盖的安全管控。二是重点环节管理制度。明确了船港之间、同一作业区域企业之间同时作业等容易产生交叉环节,以及危险货物集装箱直装直取、限时限量存放等容易被忽视环节的安全管理要求。三是信用管理制度。进一步强化信用监管,对危险货物港口经营人存在安全生产违法行为或者造成恶劣社会影响的,列入安全生产不良信用记录。

(五)强化对企业违法行为的行政强制和处罚。

根据新修订的《安全生产法》,补充完善了港口行政管理部门可以依法采取停止供电措施强制危险货物港口经营人履行决定,同时对六种其他情形,在规章权限内设定了处罚条款,切实增强了《规定》的威慑力和执行效果。

三、有关要求

港口危险货物管理是保障港口安全的关键,是交通运输领域安全管理的重要环节和重大风险防控的重点领域。各级交通运输(港口)管理部门要认真贯彻新《规定》精神,举办专题培训班,加大宣贯力度,使一线监管人员、一线从业人员,做到应知应会、知法守法。要以《规定》出台为契机,结合部安全生产工作部署,深化港口安全生产领域改革,加快完善港口危险货物安全监管体制和安全生产责任体系,健全双重预防控制和联合监管机制,进一步完善相关配套规章和标准规范,全面从严从实加强港口危险货物安全管理,促进港口安全形势持续稳定向好,细化要求,强化督查,狠抓落实,为党的十九大胜利召开营造良好的安全生产环境。

附件3 关于《关于修改〈港口经营管理规定〉的决定》等13件部令的解读(节选)

关于《关于修改〈港口经营管理规定〉的决定》等13件部令的解读(节选)

日前,为落实国务院关于证明事项清理、与现行开放政策以及《外商投资法》不相符的法规文件清理等工作的要求,我部对《港口经营管理规定》等13件规章作出了相应修改。现将《港口危险货物安全管理规定》主要修订内容解读如下:

删去《港口经营管理规定》《港口工程建设管理规定》和《港口危险货物安全管理规定》有关港口工程试运行的相关规定。《建设项目环境保护管理条例》修订时已删除工程试运行相关要求,且与试运行相关的港口工程安全、消防以及职业病防治等设施按照《安全生产法》《消防法》《职业病防治法》等法律中关于单独验收合格方可使用的要求,已可保证安全需要。

附件4 《国际海运危险货物规则》目录索引

物质、材料或物品	海洋污染物	类别	联合国编号
a			
阿马图炸药,见爆破炸药,B型	-	1.1D	0082
	-	1.5D	0331
吖啶	-	6.1	2713
ai			
艾氏剂,见有机氯农药	P	-	-
an			
安果,见有机磷农药	-	-	-
安全导火索	-	1.4S	0105
安全装置,电激发的	-	9	3268
安装在货物运输组件中的锂电池组,锂离子电池组或锂金属电池组	-	9	3536
安全装置,烟火的	-	1.4G	0503
安妥,未另列明的,见	-	6.1	1651
安装在设备中的金属贮氢系统中的氢	-	2.1	3468
4-氨苯基砷酸氢钠,见	-	6.1	2473
1-氨基-3-氨甲基-3,5,5-三甲基环己烷,见	-	8	2289
氨基苯酚类(邻-,间-,对-)	-	6.1	2512
氨基苯,见	P	6.1	1547
氨基苯胂酸钠	-	6.1	2473
氨基吡啶类(邻-,间-,对-)	-	6.1	2671
1-氨基丙烷,见	-	3	1277
2-氨基丙烷,见	-	3	1221
3-氨基丙烯,见	-	6.1	2334
1-氨基丁烷,见	-	3	1125
氨基二甲基苯类,固体的,见	-	6.1	3452
氨基二甲基苯类,液体的,见	-	6.1	1711
2-氨基-4,6-二硝基苯酚,湿的,按质量计,含水不小于20%	-	4.1	3317
2-氨基-5-二乙基氨基戊烷	-	6.1	2946
氨基(化)钾,见	-	4.3	1390
氨基化锂,见	-	4.3	1390
氨基(化)钠,见	-	4.3	1390
氨基环己烷,见	-	8	2357
氨基磺酸	-	8	2967

续上表

物质、材料或物品	海洋污染物	类别	联合国编号
1-氨基-2-甲基丙烷,见	-	3	1214
氨基甲酸酯农药,固体的,有毒的	-	6.1	2757
氨基甲酸酯农药,液体的,易燃的,有毒的,闪点小于23℃	-	3	2758
氨基甲酸酯农药,液体的,有毒的	-	6.1	2992
氨基甲酸酯农药,液体的,有毒的,易燃的,闪点不小于23℃	-	6.1	2991
氨基甲烷,水溶液,见	-	3	1235
氨基甲烷,无水的,见	-	2.1	1061
氨基碱金属	-	4.3	1390
2-氨基-4-氯苯酚	-	6.1	2673
氨基铷,见	-	4.3	1390
2-氨基三氟甲苯,见	-	6.1	2912
3-氨基三氟甲苯,见	-	6.1	2948
氨基铯,见	-	4.3	1390
1-氨基-2-硝基苯,见	-	6.1	1661
1-氨基-3-硝基苯,见	-	6.1	1661
1-氨基-4-硝基苯,见	-	6.1	1661
1-氨基乙醇,见	-	9	1841
2-氨基乙醇,见	-	8	2491
N-氨基乙基哌嗪	-	8	2815
氨基乙烷,见	-	2.1	1036
氨基乙烷,水溶液,见	-	3	2270
2-(2-氨基乙氧基)乙醇	-	8	3055
3-氨甲基-3,5,5-三甲基环己胺,见	-	8	2289
氨溶液,15℃时相对密度小于0.880,含氨大于50%	P	2.3	3318
氨溶液,15℃时的相对密度为0.880至0.957,含氨大于10%,但不大于35%	P	8	2672
氨溶液,15℃时相对密度小于0.880,含氨大于35%,但不大于50%	P	2.2	2073
氨,无水的	P	2.3	1005
胺类,固体的,腐蚀的,未另列明的	-	8	3259
胺类,液体的,腐蚀的,未另列明的	-	8	2735
胺类,液体的,腐蚀的,易燃的,未另列明的	-	8	2734
胺类,易燃的,腐蚀的,未另列明的	-	3	2733
ao			
奥可托尔炸药,干的或湿的,按质量计,含水小于15%	-	1.1D	0266
奥克托金,退敏的	-	1.1D	0484

续上表

物质、材料或物品	海洋污染物	类别	联合国编号
奥克托金炸药,湿的,按质量计,含水不小于15%	-	1.1D	0226
奥克托利特炸药,干的或湿的,按质量计,含水小于15%	-	1.1D	0226
奥克托钠炸药(奥梯铝炸药)	-	1.1D	0496
b			
B型偶氮二甲酰胺配制品,控温的,浓度<100%	-	4.1	3232
B型熔柱炸药,见	-	1.1D	0118
B型有机过氧化物,固体的	-	5.2	3102
B型有机过氧化物,固体的,控温的	-	5.2	3112
B型有机过氧化物,液体的	-	5.2	3101
B型有机过氧化物,液体的,控温的	-	5.2	3111
B型自反应固体	-	4.1	3222
B型自反应固体,控温的	-	4.1	3232
B型自反应液体	-	4.1	3221
B型自反应液体,控温的	-	4.1	3231
ba			
八氟丙烷	-	2.2	2424
八氟-2-丁烯	-	2.2	2422
八氟环丁烷	-	2.2	1976
八甲磷,见有机磷农药	-	-	-
巴豆醛	-	6.1	1143
巴豆醛,稳定的	P	6.1	1143
巴豆炔	-	3	1144
巴豆酸,固体的	-	8	2823
bai			
白磷发烟弹药(白磷烟幕弹),带起爆装置、发射剂或推进剂	-	1.2H	0245
	-	1.3H	0246
白磷发烟弹药(水激活装置),见水激活装置	-	-	-
白磷(黄磷),干的,见	P	4.2	1381
白磷(黄磷),湿的,见	P	4.2	1381
白磷燃烧弹药,带起爆装置、发射剂或推进剂	-	1.2H	0243
	-	1.3H	0244
白磷,熔融的	P	4.2	2447
白千层萜烯,见	P	3	2052
百草枯,见联吡啶农药	-	-	-

续上表

物质、材料或物品	海洋污染物	类别	联合国编号
百治磷,见有机磷农药	P	-	-
bao			
包含在设备中的金属贮氢系统中的氢	-	2.1	3468
爆破筒,见地(水)雷,带有爆炸装药	-	-	-
爆破炸药	-	1.1D	0048
爆破炸药,A型	-	1.1D	0081
爆破炸药,B型	-	1.1D	0082
	-	1.5D	0331
爆破炸药,C型	-	1.1D	0083
爆破炸药,D型	-	1.1D	0084
爆破炸药,E型	-	1.5D	0332
	-	1.1D	0241
爆药导火装置系列元件,未另列明的	-	1.4B	0383
	-	1.2B	0382
	-	1.1B	0461
	-	1.4S	0384
爆(炸)胶,见	-	1.1D	0081
爆炸式铆钉	-	1.4S	0174
爆炸式脱离装置	-	1.4S	0173
爆炸式压裂装置,油井用,不带雷管	-	1.1D	0099
爆炸性电缆切割器	-	1.4S	0070
爆炸性物品,极不敏感的	-	1.6N	0486
爆炸性物品,未另列明的	-	1.4S	0349
	-	1.4B	0350
	-	1.4C	0351
	-	1.4D	0352
	-	1.4G	0353
	-	1.1L	0354
	-	1.2L	0355
	-	1.3L	0356
	-	1.1C	0462
	-	1.1D	0463
	-	1.1E	0464
	-	1.1F	0465

《港口危险货物安全管理规定》所称危险货物目录(2022年版)

续上表

物质、材料或物品	海洋污染物	类别	联合国编号
爆炸性物品,未另列明的	-	1.2C	0466
	-	1.2D	0467
	-	1.2E	0468
	-	1.2F	0469
	-	1.3C	0470
	-	1.4E	0471
	-	1.4F	0472
爆炸性物质,未另列明的	-	1.1L	0357
	-	1.2L	0358
	-	1.3L	0359
	-	1.1A	0473
	-	1.1C	0474
	-	1.1D	0475
	-	1.1G	0476
	-	1.3C	0477
	-	1.3G	0478
	-	1.4C	0479
	-	1.4D	0480
	-	1.4S	0481
	-	1.4G	0485
爆炸性物质样品,起爆药除外	-	1	0190
bei			
钡	-	4.3	1400
钡分散体,见	-	4.3	1391
钡粉,引火的,见	-	4.2	1383
钡汞齐,液体的,见	-	4.3	1392
钡汞齐,固体的,见	-	4.3	3402
钡合金,非引火的,见	-	4.3	1393
钡合金,引火的	-	4.2	1854
钡化合物,未另列明的	-	6.1	1564
倍半氧化氮,见	-	2.3	2421
倍硫磷,见有机磷农药	P	-	-
ben			
苯	-	3	1114

续上表

物质、材料或物品	海洋污染物	类别	联合国编号
苯胺	P	6.1	1547
苯胺盐,见	-	6.1	1548
苯胺油,见	P	6.1	1547
苯二胺类(邻-、间-、对-)	-	6.1	1673
1,3-苯二酚,见	-	6.1	2876
苯酚,固体的	-	6.1	1671
苯酚磺酸,液体的	-	8	1803
苯酚溶液	-	6.1	2821
苯酚,熔融的	-	6.1	2312
苯酚盐类,固体的	-	8	2905
苯酚盐类,液体的	-	8	2904
苯汞化合物,未另列明的	P	6.1	2026
苯磺酰肼,浓度100%	-	4.1	3226
苯磺酰氯	-	8	2225
2-苯基丙烯,见	-	3	2303
1-苯基丁烷,见	P	3	2709
2-苯基丁烷,见	P	3	2709
苯基二氯化磷	-	8	2798
苯基二氯化磷硫化物,见	-	8	2799
苯基氟,见	-	3	2387
苯基环己烷,见	P	9	3082
苯基硫代磷酰二氯	-	8	2799
苯基氯仿,见	-	8	2226
苯基氯甲基(甲)醇,固体或液体的,见	-	6.1	2937
苯基氯甲基(甲)酮,液体或固体的,见	-	6.1	1697
苯基氰,见	-	6.1	2224
苯基三氟甲烷,见	-	3	2338
苯基三氯硅烷	-	8	1804
苯基碳酰亚胺,见	-	6.1	2487
苯基溴,见	P	3	2514
苯基亚氨基碳酰氯(苯胩化二氯),见	-	6.1	1672
1-苯乙基过氧化氢,浓度≤38%,含稀释剂B,见	-	5.2	3109
苯基己腈,液体的	-	6.1	2470
苯基异氰基二氯,见	-	6.1	1672

续上表

物质、材料或物品	海洋污染物	类别	联合国编号
苯甲醚,见	-	3	2222
苯甲醛	-	9	1990
苯甲酸汞	P	6.1	1631
苯甲酰甲基溴	-	6.1	2645
苯甲酰氯	-	8	1736
苯肼	-	6.1	2572
苯菌灵(苯雷特),见注1	P	-	-
苯肼化二氯	-	6.1	1672
苯醌	-	6.1	2587
苯磷二氯(二氯磷苯),见	-	8	2798
苯硫酚	-	6.1	2337
苯硫磷,见有机磷农药	P	-	-
苯线磷,见有机磷农药	P	-	-
苯氧基乙酸衍生物农药,固体的,有毒的	-	6.1	3345
苯氧基乙酸衍生物农药,液体的,有毒的	-	6.1	3348
苯氧基乙酸衍生物农药,液体的,有毒的,易燃的,闪点小于23℃	-	3	3346
苯氧基乙酸衍生物农药,液体的,有毒的,易燃的,闪点不小于23℃	-	6.1	3347
苯乙烷,见	-	3	1175
苯乙烯单体,稳定的	-	3	2055
苯乙烯,见	-	3	2055
苯乙烯,稳定的,见	-	3	2055
苯乙酰氯	-	8	2577
bi			
吡啶	-	3	1282
吡咯烷	-	3	1922
吡霜,见	-	6.1	1561
吡唑磷,见有机磷农药	-	-	-
蓖麻粉	-	9	2969
蓖麻片	-	9	2969
蓖麻油渣	-	9	2969
蓖麻籽	-	9	2969
bian			
苄叉(苯烯),见	-	3	1268
苄叉二氯,见	-	6.1	1886

续上表

物质、材料或物品	海洋污染物	类别	联合国编号
苄基碘	-	6.1	2653
苄基二甲胺	-	8	2619
苄基氯	-	6.1	1738
苄基氰,见	-	6.1	2470
苄基溴	-	6.1	1737
苄腈	-	6.1	2224
biao			
表氯醇	P	6.1	2023
表溴醇	P	6.1	2558
bing			
冰醋酸	-	8	2789
丙胺	-	3	1277
丙虫磷,见有机磷农药	P	-	-
丙醇,常规的	-	3	1274
1-丙醇,见	-	3	1274
2-丙醇,见	-	3	1219
丙二腈	-	6.1	2647
丙二烯和甲基乙炔混合物,稳定的,见	-	2.1	1060
丙二烯,稳定的	-	2.1	2200
丙基碘类,见	-	3	2392
丙基甲酸,见	-	8	2820
丙基氯,见	-	3	1278
丙基氰,见	-	3	2411
丙基三氯硅烷	-	8	1816
丙基溴类,见	-	3	2344
丙腈	-	3	2404
丙硫醇,见	-	3	2402
丙硫醇类	-	3	2402
丙硫克百威,见氨基甲酸酯农药	-	-	-
丙氯醇类	-	6.1	2611
丙醚,见	-	3	2384
丙醛	-	3	1275
丙三醇-1,3-二氯乙醇(1,3-二氯丙醇),见	-	6.1	2750
丙酸,按质量计,含酸不小于10%,但小于90%	-	8	1848

续上表

物质、材料或物品	海洋污染物	类别	联合国编号
丙酸,按质量计,含酸不小于90%	-	8	3463
丙酸丁酯类	-	3	1914
丙酸酐	-	8	2496
丙酸甲酯	-	3	1248
丙酸乙酯	-	3	1195
丙酸异丙酯	-	3	2409
丙酸异丁酯	-	3	2394
丙酮	-	3	1090
丙酮合氰化氢,稳定的	P	6.1	1541
2-丙酮,见	-	3	1090
丙酮-连苯三酚共聚物 2-重氮-1-萘酚-5-磺酸盐,浓度100%	-	4.1	3228
2-丙酮溶液,见	-	3	1090
丙酮油	-	3	1091
丙烷	-	2.1	1978
丙烯	-	2.1	1077
2-丙烯胺,见	-	6.1	2334
丙烯醇,见	P	6.1	1098
丙烯腈,稳定的	-	3	1093
丙烯醛二聚物,稳定的	-	3	2607
丙烯醛缩二乙醇,见	-	3	2374
丙烯醛,稳定的	P	6.1	1092
丙烯酸丁酯类,稳定的	-	3	2348
2-丙烯酸二甲氨基乙酯,见	-	6.1	3302
丙烯酸癸酯,见	P	9	3082
丙烯酸甲基丙酯,稳定的,见	-	3	2527
丙烯酸甲酯,稳定的	-	3	1919
丙烯酸,稳定的	P	8	2218
丙烯酸乙酯,稳定的	-	3	1917
丙烯酸异丁酯,稳定的	-	3	2527
丙烯酸异癸酯,见	P	9	3082
丙烯酰胺,固体的	-	6.1	2074
丙烯酰胺溶液	-	6.1	3426
丙烯亚胺,稳定的	-	3	1921
3-(2-丙烯氧基)丙烯,见	-	3	2360

续上表

物质、材料或物品	海洋污染物	类别	联合国编号
丙烯、乙炔和乙烯混合物,冷冻液体,见	-	2.1	3138
丙酰氯	-	3	1815
1-丙氧基丙烷,见	-	3	2384
bu			
补助性爆炸装药	-	1.1D	0060
c			
C型偶氮二甲酰胺配制品,控温的,浓度<100%	-	4.1	3234
C型偶氮二甲酰胺配制品,浓度<100%	-	4.1	3224
C型有机过氧化物,固体的	-	5.2	3104
C型有机过氧化物,固体的,控温的	-	5.2	3114
C型有机过氧化物,液体的	-	5.2	3103
C型有机过氧化物,液体的,控温的	-	5.2	3113
C型自反应固体	-	4.1	3224
C型自反应固体,控温的	-	4.1	3234
C型自反应液体	-	4.1	3223
C型自反应液体,控温的	-	4.1	3233
can			
残杀威,见氨基甲酸酯农药	P	-	-
cao			
草氨酰,见氨基甲酸酯农药	P	-	-
草净津,见三嗪农药	-	-	-
草灭散,见农药,未另列明的	-	-	-
草酸二乙酯,见	-	6.1	2525
草酸乙酯	-	6.1	2525
草藻灭一钠,见农药,未另列明的	-	-	-
ce			
测试用弹药(试验用弹药)	-	1.4G	0363
chai			
柴油	-	3	1202
chao			
超氧化钙,见	-	5.1	1457
超氧化钾	-	5.1	2466
超氧化钠	-	5.1	2547

物质、材料或物品	海洋污染物	类别	联合国编号
che			
车辆,易燃气体驱动的	-	9	3166
车辆,易燃液体驱动的	-	9	3166
车用汽油	-	3	1203
chi			
赤磷(红磷),见	-	4.1	1338
chong			
虫漆,见涂料	-	-	-
chu			
除线磷,见有机磷农药	P	-	-
chuan			
船舶遇险求救信号器,水激活装置,见水激活装置	-	-	-
chun			
醇化物溶液,未另列明的,溶于乙醇中	-	3	3274
醇类,未另列明的	-	3	1987
醇类,易燃的,有毒的,未另列明的	-	3	1986
ci			
2-莰醇	-	4.1	1312
磁化材料	-	9	2807
次氯酸铵(禁止运输)	-	-	-
次氯酸钡,含有效氯大于22%	-	5.1	2741
次氯酸钙,干的,含有效氯大于39%(有效氧8.8%)	P	5.1	1748
次氯酸钙,干的,腐蚀性的,含有效氯大于39%(有效氧8.8%)	P	5.1	3485
次氯酸钙混合物,干的,含有效氯大于10%但不大于39%	P	5.1	2208
次氯酸钙混合物,干的,含有效氯大于39%(有效氧8.9%)	P	5.1	1748
次氯酸钙混合物,干的,腐蚀性的,含有效氯大于10%,但不大于39%	P	5.1	3486
次氯酸钙混合物,干的,腐蚀性的,含有效氯大于39%(有效氧8.8%)	P	5.1	3485
次氯酸钙,水合的,含水不小于5.5%,但不大于16%	P	5.1	2880
次氯酸钙,水合的,腐蚀性的,含水不小于5.5%,但不大于16%	P	5.1	3487
次氯酸钙,水合混合物,含水不小于5.5%,但不大于16%	P	5.1	2880
次氯酸钙,水合混合物,腐蚀性的,含水不小于5.5%,但不大于16%	P	5.1	3487
次氯酸钾溶液,见	-	8	1791
次氯酸锂,干的	-	5.1	1471
次氯酸锂混合物	-	5.1	1471

续上表

物质、材料或物品	海洋污染物	类别	联合国编号
次氯酸钠溶液,见	P	8	1791
次氯酸盐类,无机的,未另列明的	-	5.1	3212
次氯酸盐溶液	P	8	1791
cu			
粗粉,含油的,见	-	4.2	1386
粗石脑油,见	-	3	1268
cui			
催泪弹药(催泪弹),带起爆装置、发射剂或推进剂	-	1.2G	0018
	-	1.3G	0019
	-	1.4G	0301
催泪弹药,非爆炸性的,不带起爆装置或发射剂,无引信的	-	6.1	2017
催泪性毒气筒	-	6.1	1700
催泪性毒气物质,液体的,未另列明的	-	6.1	1693
催泪性物质,固体的,未另列明的	-	6.1	3448
萃取调味品,液体的	-	3	1197
萃取香料,液体的	-	3	1169
d			
2,4-D,见苯氧乙酸衍生物	-	-	-
DEF,见有机磷农药	P	-	-
DINGU	-	1.1D	0489
D型偶氮二甲酰胺配制品,控温的,浓度<100%	-	4.1	3236
D型偶氮二甲酰胺配制品,浓度<100%	-	4.1	3226
D型有机过氧化物,固体的	-	5.2	3106
D型有机过氧化物,固体的,控温的	-	5.2	3116
D型有机过氧化物,液体的	-	5.2	3105
D型有机过氧化物,液体的,控温的	-	5.2	3115
D型自反应固体	-	4.1	3226
D型自反应固体,控温的	-	4.1	3236
D型自反应液体	-	4.1	3225
D型自反应液体,控温的	-	4.1	3235
da			
达纳炸药,见	-	1.1D	0081
打火机,装有易燃气体	-	2.1	1057
打火机充气筒,含有易燃气体	-	2.1	1057

续上表

物质、材料或物品	海洋污染物	类别	联合国编号
打火机内易燃液体,见	-	2.1	1057
大隆,见有机氯农药	-	-	-
大麻,干的,见	-	4.1	3360
dai			
代森锰	P	4.2	2210
代森锰,稳定的	P	4.3	2968
代森锰锌(ISO),见	P	9	3077
代森锰制品,含代森锰不小于60%	P	4.2	2210
代森锰制品,稳定的,防自热的	P	4.3	2968
代森钠,见注1	P	-	-
dan			
单过氧马来酸叔丁酯,浓度≤52%,含A型稀释剂	-	5.2	3103
单过氧马来酸叔丁酯,浓度≤52%,糊状	-	5.2	3108
单过氧马来酸叔丁酯,浓度≤52%,含惰性固体	-	5.2	3108
单硝基甲苯胺类	-	6.1	2660
弹壳,见弹药壳	-	-	-
弹药,工业用,见弹药筒,油井用和弹药筒,动力装置用	-	-	-
弹药,固定,半固定或单独装载,见武器弹药筒,带有爆炸装药	-	-	-
弹药筒,爆炸性的,见	-	1.1D	0048
弹药筒,动力装置用	-	1.3C	0275
	-	1.4C	0276
	-	1.4S	0323
	-	1.2C	0381
弹药筒,启动装置,喷射发动机,见弹药筒,动力装置用	-	-	-
弹药筒,激发装置,用于灭火器或器械阀门,见弹药筒,动力装置用	-	-	-
弹药筒,油井用	-	1.3C	0277
	-	1.4C	0278
弹药,无弹头,见武器弹药筒,无弹头	-	-	-
弹药曳光剂	-	1.3G	0212
	-	1.4G	0306
弹药用雷管(军用雷管)	-	1.1B	0073
	-	1.2B	0364
	-	1.4B	0365
	-	1.4S	0366

续上表

物质、材料或物品	海洋污染物	类别	联合国编号
弹药,燃烧(水激活装置)用的起爆药,湿法,见水激活装置	-	-	-
氮丙啶,稳定的,见	-	6.1	1185
氮化锂	-	4.3	2806
氮气,冷冻液体	-	2.2	1977
氮气,压缩的	-	2.2	1066
dao			
氘,压缩的	-	2.1	1957
导爆索,柔性	-	1.1D	0065
	-	1.4D	0289
导爆索,包金属的	-	1.2D	0102
	-	1.1D	0290
导爆索,弱效应,包金属的	-	1.4D	0104
导弹弹头,见火箭弹头	-	-	-
导弹,见火箭	-	-	-
导火索,非起爆的	-	1.3G	0101
稻丰散,见有机磷农药	P	-	-
di			
低氮硝化纤维素,见硝化纤维	-	-	-
低亚硫酸钠	-	4.2	1384
滴滴涕,见有机氯农药	P	-	-
2,4-滴丁酸(2,4-DB),见苯氧基乙酸衍生物	-	-	-
狄氏剂,见有机磷农药	P	-	-
敌草快,见联吡啶农药	-	-	-
敌敌畏,见有机磷农药	P	-	-
敌菌酮,见有机氯农药,见	P	-	-
敌菌腙,见农药,未另列明的	P	-	-
敌螨通,见取代硝基苯酚农药	P	-	-
敌杀磷,见氨基甲酸酯农药	P	-	-
敌鼠,见农药,未另列明的	P	-	-
敌蚜胺,见农药,未另列明的	-	-	-
敌蝇威,见氨基甲酸酯农药	-	-	-
地虫磷,见有机磷农药	P	-	-
地可松,见农药,未另列明的	-	-	-
地乐酚,见取代硝基苯酚农药	P	-	-

物质、材料或物品	海洋污染物	类别	联合国编号
地乐消,见取代硝基苯酚农药	-	-	-
地乐酯,见取代硝基苯酚农药	P	-	-
地麦威,见氨基甲酸酯农药	-	-	-
地面照明弹	-	1.3G	0092
	-	1.1G	0418
	-	1.2G	0419
地(水)雷,带有爆炸装药	-	1.1F	0136
	-	1.1D	0137
	-	1.2D	0138
	-	1.2F	0294
地震炸药,见爆破炸药,A 型至 D 型	-	-	-
碲化合物,未另列明的	-	6.1	3284
dian			
点火剂,固体的,含有易燃液体	-	4.1	2623
点火器	-	1.1G	0121
	-	1.2G	0314
	-	1.3G	0315
	-	1.4G	0325
	-	1.4S	0454
点火器,导火索用(导火索点火器)	-	1.4S	0131
点火索	-	1.4G	0066
点火索,管状,包金属的	-	1.4G	0103
点火引信	-	1.3G	0316
	-	1.4G	0317
	-	1.4S	0368
碘	-	8	3495
碘苯腈,见农药,未另列明的	P	-	-
碘丙烷类	-	3	2392
2-碘丁烷	-	3	2390
碘化汞	P	6.1	1638
碘化汞钾	P	6.1	1643
碘化氢,见	-	8	1787
碘化氢,无水的	-	2.3	2197
α-碘甲苯,见	-	6.1	2653

续上表

物质、材料或物品	海洋污染物	类别	联合国编号
碘甲基丙烷类	-	3	2391
碘甲烷,见	-	6.1	2644
碘氢酸,无水的,见	-	2.3	2197
蓄电池电解液(碱性的),见	-	8	2797
蓄电池电解液(酸性的),见	-	8	2796
电池,含有钠	-	4.3	3292
电池驱动的车辆	-	9	3171
电池驱动的设备	-	9	3171
电池液,碱性的	-	8	2797
电池液,酸性的	-	8	2796
电池用酸,见	-	8	2796
电缆切割器,爆炸性的,见	-	1.4S	0070
电容器,不对称的(储存电能的能力大于0.3Wh)	-	9	3508
电容器,双层带电(储存电能的能力大于0.3Wh)	-	9	3499
电引爆雷管,爆破用	-	1.1B	0030
电引爆雷管,爆破用	-	1.4B	0255
电引爆雷管,爆破用	-	1.4S	0456
die			
叠氮化钡,干的或湿的,按质量计,含水小于50%	-	1.1A	0224
叠氮化钡,湿的,按质量计,含水不小于50%	-	4.1	1571
叠氮化钠	-	6.1	1687
叠氮化铅,湿的,按质量计,含水或水和酒精的混合物不小于20%	-	1.1A	0129
ding			
1-丁醇,见	-	3	1120
2-丁醇,见	-	3	1120
丁醇类	-	3	1120
3-丁醇醛,见	-	6.1	2839
丁二酮	-	3	2346
丁二烯类,稳定的,含丁二烯大于40%	-	2.1	1010
丁二烯与烃的混合物,稳定的,含丁二烯大于40%	-	2.1	1010
丁酐,见	-	8	2739
N-丁基苯胺	-	6.1	2738
丁基苯酚类,固体的,未另列明的,见	-	8	2430
丁基苯酚类,液体的,未另列明的,见	-	8	3145

物质、材料或物品	海洋污染物	类别	联合国编号
丁基苯类	P	3	2709
丁基甲苯类	-	6.1	2667
丁基-2 甲酸酯,见	-	3	2227
丁基磷酸,见	-	8	1718
丁基醚类,见	-	3	1149
丁基三氯硅烷	-	8	1747
丁基乙基醚,见	-	3	1179
丁基乙烯基醚类,稳定的	-	3	2352
丁间醇醛	-	6.1	2839
丁腈	-	3	2411
丁硫醇	-	3	2347
丁醛	-	3	1129
丁醛肟	-	3	2840
1,4-丁炔二醇	-	6.1	2716
2-丁炔-1,4-二醇,见	-	6.1	2716
2-丁炔,见	-	3	1144
1-丁炔,稳定的,见	-	2.1	2452
丁酸	-	8	2820
丁酸丁酯,见	-	3	3272
丁酸酐	-	8	2739
丁酸甲酯	-	3	1237
丁酸戊酯类	-	3	2620
丁酸乙烯酯,稳定的	-	3	2838
丁酸乙酯	-	3	1180
丁酸异丙酯	-	3	2405
丁酸异戊酯类,见	-	3	2620
丁缩醛肟,见	-	3	2840
2-丁酮,见	-	3	1193
丁酮威,见氨基甲酸酯农药	-	-	-
丁烷	-	2.1	1011
丁烯	-	2.1	1012
2-丁烯-1-醇,见	-	3	2614
丁烯磷,见有机磷农药	P	-	-
2-丁烯醛,稳定的,见	P	6.1	1143

续上表

物质、材料或物品	海洋污染物	类别	联合国编号
2-丁烯酸,固体的,见	-	8	2823
2-丁烯酸,液体的,见	-	8	3472
丁烯酸,液体的	-	8	3472
丁烯酸乙酯	-	3	1862
1-丁烯-3-酮,稳定的,见	-	6.1	1251
丁酰氯	-	3	2353
酊剂,医药用	-	3	1293
定菌磷,见有机磷农药	P	-	-
dong			
动力装置,爆炸式,见弹药筒,动力装置用	-	-	-
动物纤维,焦的	-	4.2	1372
动物纤维,潮的	-	4.2	1372
动物纤维,湿的	-	4.2	1372
动物纤维,未另列明的,含油的	-	4.2	1373
动物纤维制品,未另列明的,含油的	-	4.2	1373
du			
毒虫畏,见有机磷农药	P	-	-
毒菌锡,见有机锡农药	P	-	-
毒磷(蝇毒灵),见香豆素衍生物农药	-	-	-
毒杀芬,见氨基甲酸酯农药	-	-	-
毒死蜱,见有机磷农药	P	-	-
毒素,从生物源中提取的,固体的,未另列明的	-	6.1	3462
毒素,从生物源中提取的,液体的,未另列明的	-	6.1	3172
毒性弹药(毒性弹),带起爆装置、发射剂或推进剂	-	1.2K	0020
	-	1.3K	0021
弹药,有毒的,非爆炸性的,不带起爆装置或发射剂,无引信的	-	6.1	2016
dui			
对二甲基亚硝基苯胺,见	-	4.2	1369
对二氯苯,见	P	9	3082
对环境有害的物质,固体的,未另列明的	-	9	3077
对环境有害的物质,液体的,未另列明的	-	9	3082
对硫磷,见有机磷农药	P	-	-
对氯苯胺,见	-	6.1	2018
对氯甲苯,见	-	3	2238

续上表

物质、材料或物品	海洋污染物	类别	联合国编号
对氯邻氨基苯酚,见	-	6.1	2673
对孟基过氧化氢,浓度>72－100%	-	5.2	3105
对孟基过氧化氢,浓度≤72%,含A型稀释剂	-	5.2	3109
对亚硝基二甲基苯胺	-	4.2	1369
对氧磷,见有机磷农药	P	-	-
duo			
多钒酸铵	-	6.1	2861
多菌灵,见注1	P	-	-
多硫化铵溶液	-	8	2818
多卤联苯类,固体的	P	9	3152
多卤联苯类,液体的	P	9	3151
多卤三联苯类,固体的	P	9	3152
多卤三联苯类,液体的	P	9	3151
多氯联苯类,固体的	P	9	3432
多氯联苯类,液体的	P	9	2315
多灭磷,见有机磷农药	P	-	-
e			
EPN,见有机磷农药	P	-	-
E型有机过氧化物,固体的	-	5.2	3108
E型有机过氧化物,固体的,控温的	-	5.2	3118
E型有机过氧化物,液体的	-	5.2	3107
E型有机过氧化物,液体的,控温的	-	5.2	3117
E型自反应固体	-	4.1	3228
E型自反应固体,控温的	-	4.1	3238
E型自反应液体	-	4.1	3227
E型自反应液体,控温的	-	4.1	3237
恶虫威,见氨基甲酸酯农药	P	-	-
恶唑禾草灵,见注1	P	-	-
er			
二氨基苯类(邻-;间-;对-),见	-	6.1	1673
二氨基丙胺,见	-	8	2269
1,2-二氨基丙烷	-	8	2258
4,4'-二氨基二苯基甲烷	P	6.1	2651
1,6-二氨基己烷,固体的,见	-	8	2280

续上表

物质、材料或物品	海洋污染物	类别	联合国编号
1,6-二氨基己烷溶液,见	-	8	1783
二氨基镁	-	4.2	2004
1,2-二氨基乙烷,见	-	8	1604
二胺,水溶液,见	-	6.1	3293
p,p′-二苯氨基甲烷(二苯基二氨基甲烷),见	P	6.1	2651
二苯胺氯胂	P	6.1	1698
二苯并吡啶,见	-	6.1	2713
二苯基二氯硅烷	-	8	1769
二苯基镁,见	-	4.2	3393
二苯甲基溴	-	8	1770
二苯氯胂,固体的	P	6.1	3450
二苯氯胂,液体的	P	6.1	1699
二苯醚二磺酸十二烷基酯,见	P	9	3077
二苯溴甲烷,见	-	8	1770
二苯氧基-4,4′-二磺酰肼,浓度100%	-	4.1	3226
二-(2-苯氧乙基)过氧重碳酸酯,浓度≤85%,含水	-	5.2	3106
二-(2-苯氧乙基)过氧重碳酸酯,浓度>85－100%	-	5.2	3102
二苄基二氯硅烷	-	8	2434
二丙胺	-	3	2383
二丙撑三胺,见	-	8	2269
二丙基(甲)酮	-	3	2710
二-2-丙烯基胺,见	-	3	2359
2-二丁氨基乙醇,见	-	6.1	2873
二丁醚类	-	3	1149
2,5-二丁氧基-4-(4-吗啉基)重氮苯四氯锌酸盐(2∶1),浓度100%	-	4.1	3228
二噁烷	-	3	1165
1,2-二(二甲基氨基)乙烷	-	3	2372
2,2-二－[4,4(叔丁基过氧)环己基]丙烷,浓度≤42%,含惰性固体	-	5.2	3106
2,2-二－[4,4(叔丁基过氧)环己基]丙烷,浓度≤22%,含水	-	5.2	3107
2,4-二氟苯胺,见	-	6.1	2941
二氟二溴甲烷,见	-	9	1941
二氟化合物类,未另列明的,见	-	8	1740
二氟化钾,固体的,见	-	8	1811
二氟化钾溶液,见	-	8	3421

续上表

物质、材料或物品	海洋污染物	类别	联合国编号
二氟化氢铵,固体的	-	8	1727
二氟化氢铵溶液	-	8	2817
二氟化氢钾,固体的	-	8	1811
二氟化氢钾溶液	-	8	3421
二氟化氢钠	-	8	2439
二氟化氢溶液,未另列明的	-	8	3471
二氟化氧,压缩的	-	2.3	2190
二氟甲烷	-	2.1	3252
二氟磷酸,无水的	-	8	1768
二氟氯乙烷,见	-	2.1	2517
二氟氢化物类,固体的,未另列明的	-	8	1740
1,1-二氟乙烷	-	2.1	1030
二氟乙烷和二氯二氟甲烷的共沸物,含二氯二氟甲烷约74%,见二氯二氟甲烷和二氟乙烷共沸混合物	-	-	-
1,1-二氟乙烯	-	2.1	1959
二甘醇二硝酸酯,减敏的,按质量计,含不挥发、不溶于水的减敏剂不小于25%	-	1.1D	0075
二甘醇双(碳酸烯丙酯)+过二碳酸二异丙酯,浓度≥88%+≤12%	-	4.1	3237
二过氧化氢二异丙苯,浓度≤82%,含A型稀释剂和水	-	5.2	3106
1,6-二(过氧化叔丁基羰基氧)己烷,浓度≤72%,含A型稀释剂	-	5.2	3103
二环[2,2,1]庚-2,5-二烯,稳定的	-	3	2251
二环庚二烯,稳定的,见	-	3	2251
二环己胺	-	8	2565
二环己胺亚硝酸盐,见	-	4.1	2687
二磺酸,见	-	8	1831
1,3-二磺酰苯肼,糊状,浓度52%	-	4.1	3226
2-二甲氨基丙烯酸乙酯	-	6.1	3302
4-二甲氨基重氮苯三氯酸锌盐,浓度100%	-	4.1	3228
2-二甲氨基乙腈	-	3	2378
二甲胺,水溶液	-	3	1160
二甲胺,无水的	-	2.1	1032
二甲苯酚类,液体的	-	6.1	3430
二甲苯类	-	3	1307
二甲苯麝香	-	4.1	2956

续上表

物质、材料或物品	海洋污染物	类别	联合国编号
二甲醇缩甲醛,见	-	3	1234
二甲二硫	P	3	2381
二甲基氨基甲酰氯	-	8	2262
2-二甲基氨基乙醇	-	8	2051
N,N-二甲基苯胺	-	6.1	2253
3,4-二甲基苯胺,见	-	6.1	1711
二甲基苯胺类,固体的	-	6.1	3452
二甲基苯胺类,液体的	-	6.1	1711
二甲基苯酚类,固体的	-	6.1	2261
二甲基苯酚类,液体的,见	-	6.1	3430
二-(2-甲基苯甲酰)过氧化物,浓度≤87%,含水	-	5.2	3112
二-(4-甲基苯甲酰)过氧化物,浓度≤52%,糊状,含硅油	-	5.2	3106
二甲基苯类,见	-	3	1307
二甲基苄胺,见	-	8	2619
N,N-二甲基丙胺	-	3	2266
二甲基-n-丙胺,见	-	3	2266
1,1-二甲基丙酮,见	-	3	2397
2,2-二甲基丙烷	-	2.1	2044
二甲基次胂酸,见	-	6.1	1572
1,3-二甲基丁胺	-	3	2379
2,3-二甲基丁烷	-	3	2457
2,5-二甲基-2,5-二-(苯甲酰过氧)己烷,浓度>82-100%	-	5.2	3102
2,5-二甲基-2,5-二-(苯甲酰过氧)己烷,浓度≤82%,含惰性固体	-	5.2	3106
2,5-二甲基-2,5-二-(苯甲酰过氧)己烷,浓度≤82%,含水	-	5.2	3104
二甲基二恶烷类	-	3	2707
二甲基二氯硅烷	-	3	1162
2,5-二甲基-2,5-二氢过氧己烷,浓度≤82%,含水	-	5.2	3104
2,5-二甲基-2,5-二-(3,5,5-三甲基己酰过氧)己烷,浓度≤77%,含A型稀释剂	-	5.2	3105
2,5-二甲基-2,5-二-(叔丁基过氧)-3-己炔,浓度>52-86%,含A型稀释剂	-	5.2	3103
2,5-二甲基-2,5-二-(叔丁基过氧)-3-己炔,浓度>86-100%	-	5.2	3101
2,5-二甲基-2,5-二-(叔丁基过氧)-3-己炔,浓度≤52%,含惰性固体	-	5.2	3106
2,5-二甲基-2,5-二-(叔丁基过氧)己烷,浓度>90-100%	-	5.2	3103

续上表

物质、材料或物品	海洋污染物	类别	联合国编号
2,5-二甲基-2,5-二-(叔丁基过氧)己烷,浓度>52－90%	-	5.2	3105
2,5-二甲基-2,5-二-(叔丁基过氧)己烷,浓度≤47%,糊状	-	5.2	3108
2,5-二甲基-2,5-二-(叔丁基过氧)己烷,浓度≤77%,含惰性固体	-	5.2	3108
2,5-二甲基-2,5-二-(叔丁基过氧)己烷,浓度≤52%,含A型稀释剂	-	5.2	3109
2,5-二甲基-2,5-二-(2-乙基己酰过氧)己烷,浓度≤100%	-	5.2	3113
二甲基二乙氧基硅烷	-	3	2380
N,N-二甲基甘氨腈,见	-	3	2378
2,6-二甲基-4-庚酮,见	-	3	1157
N,N-二甲基环己胺	-	8	2264
二甲基环己烷类	-	3	2263
二甲基甲醇,见	-	3	1219
二甲基甲酮,见	-	3	1090
二甲基甲酮溶液,见	-	3	1090
N,N-二甲基甲酰胺	-	3	2265
二甲基肼,对称的	P	6.1	2382
N,N-二甲基邻溴苄胺,见	-	8	2619
二甲基硫代磷酰氯	-	6.1	2267
N,N-二甲基十二胺,见注1	P	-	-
二甲基锌,见	-	4.2	3394
N,N-二甲基-4-亚硝基苯胺,见	-	4.2	1369
二甲基乙醇胺,见	-	8	2051
二甲基乙二醛,见	-	3	2346
二甲基乙炔,见	-	3	1144
二甲基正丙基甲醇,见	-	3	2560
二甲肼,不对称	P	6.1	1163
1,1-二甲肼,见	P	6.1	1163
1,2-二甲肼,见	P	6.1	2382
二甲硫	-	3	1164
二甲醚	-	2.1	1033
二甲胂酸钠(卡可酸钠)	-	6.1	1688
二甲氧基甲烷,见	-	3	1234
二甲氧基马钱子碱,见	-	6.1	1570
1,1-二甲氧基乙烷	-	3	2377
1,2-二甲氧基乙烷	-	3	2252

续上表

物质、材料或物品	海洋污染物	类别	联合国编号
二聚环戊二烯(双茂)	-	3	2048
二聚成烯	P	3	2052
二枯基过氧化物(豁免),浓度≤52%	-	-	-
二苦胺	-	1.1D	0079
二苦硫,干的或湿的,按质量计,含水小于10%	-	1.1D	0401
二苦硫,湿的,按质量计,含水不小于10%	-	4.1	2852
二磷化三钙	-	4.3	1360
二硫代焦磷酸四乙酯	P	6.1	1704
二硫化钛	-	4.2	3174
二硫化碳	-	3	1131
二硫化硒	-	6.1	2657
二氯苯胺类,固体的	P	6.1	3442
二氯苯胺类,液体的	P	6.1	1590
二氯苯酚,固体的,见	-	6.1	2020
2,4-二氯苯酚,见	P	6.1	2020
二氯苯酚类,液体的,见	-	6.1	2021
二氯苯基三氯硅烷	P	8	1766
1,2-二氯苯,见	-	6.1	1591
1,3-二氯苯,见	P	6.1	2810
1,4-二氯苯,见	P	9	3082
1,3-二氯-2-丙醇	-	6.1	2750
α-二氯丙醇(1,3-二氯-2-丙醇),见	-	6.1	2750
α-二氯丙基醇(α-丙基二氯醇),见	-	6.1	2750
1,3-二氯丙酮	-	6.1	2649
1,3-二氯-2-丙酮,见	-	6.1	2649
1,2-二氯丙烷	-	3	1279
1,1-二氯丙烷,见	-	3	1993
1,3-二氯丙烷,见	-	3	1993
1,3-二氯丙烯,见	P	3	2047
二氯丙烯类	-	3	2047
二氯二氟甲烷	-	2.2	1028
二氯二氟甲烷和二氟乙烷共沸混合物,含二氯二氟甲烷约74%	-	2.2	2602
二氯二氟甲烷和环氧乙烷混合物,见	-	2.2	3070
二氯二甲醚,对称的	-	6.1	2249

续上表

物质、材料或物品	海洋污染物	类别	联合国编号
二氯二氧化铬(Ⅵ),见	-	8	1758
2,2'-二氯二乙醚	-	6.1	1916
二氯硅烷	-	2.3	2189
二氯化丙烯,见	-	3	1279
二氯化砜,见	-	6.1	1834
二氯化汞,见	P	6.1	1624
二氯化硫,见	-	8	1828
二氯化乙烯	-	3	1184
1,6-二氯己烷,见	P	9	3082
二氯甲基苯	-	6.1	1886
二氯甲烷	-	6.1	1593
二氯甲烷和氯甲烷混合物,见甲基氯和二氯甲烷混合物	-	-	-
二氯硫化碳,见	-	6.1	2474
二氯三嗪-2,4,6-三酮,见	-	5.1	2465
1,2-二氯-1,1,2,2-四氟乙烷	-	2.2	1958
二氯戊烷类	-	3	1152
1,1-二氯-1-硝基乙烷	-	6.1	2650
二氯氧化硒	-	8	2879
二氯一氟甲烷	-	2.2	1029
二-(2-氯乙基)醚,见	-	6.1	1916
二氯乙酸	-	8	1764
二氯乙酸甲酯	-	6.1	2299
1,1-二氯乙烷	-	3	2362
1,2-二氯乙烷,见	-	3	1184
1,1-二氯乙烯,稳定的,见	P	3	1303
1,2-二氯乙烯	-	3	1150
二氯乙烯,见	-	3	1150
二氯乙酰氯	-	8	1765
二氯异丙醇,见	-	6.1	2750
二氯异丙醚	-	6.1	2490
二氯异氰脲酸,干的	-	5.1	2465
二-(1-羟基环己基)过氧化物,浓度≤100%	-	5.2	3106
二嗪农,见有机磷农药	P	-	-
2,3-二氢吡喃	-	3	2376

续上表

物质、材料或物品	海洋污染物	类别	联合国编号
1,4-二氰基丁烷,见	-	6.1	2205
二氰铜(Ⅰ)酸钠,固体的,见	P	6.1	2316
二氰铜(Ⅰ)酸钠溶液,见	-	6.1	2317
二肉豆蔻基过氧重碳酸酯,浓度≤100%	-	5.2	3116
二噻磷,见有机磷农药	P	-	-
二-(3,5,5-三甲基己酰)过氧化物,浓度>38-52%,含A型稀释剂	-	5.2	3119
二-(3,5,5-三甲基己酰)过氧化物,浓度≤52%,水中稳定分散体	-	5.2	3119
二-(3,5,5-三甲基己酰)过氧化物,浓度>52-82%,含A型稀释剂	-	5.2	3115
二-(3,5,5-三甲基己酰)过氧化物,浓度≤38%,含A型稀释剂	-	5.2	3119
2,4-二叔丁基苯酚,见注1	-	-	-
2,6-二叔丁基苯酚,见注1	-	-	-
1,4-二叔丁基苯,见	P	9	3077
2,2-二-(叔丁基过氧)丙烷,浓度≤52%,含A型稀释剂	-	5.2	3105
2,2-二-(叔丁基过氧)丙烷,浓度≤42%,含A型稀释剂和惰性固体	-	5.2	3106
3,3-二-(叔丁基过氧)丁酸乙酯,浓度≤52%,含惰性固体	-	5.2	3106
3,3-二-(叔丁基过氧)丁酸乙酯,浓度≤77%,含A型稀释剂	-	5.2	3105
3,3-二-(叔丁基过氧)丁酸乙酯,浓度>77-100%	-	5.2	3103
2,2-二-(叔丁基过氧)丁烷,浓度≤52%,含A型稀释剂	-	5.2	3103
二叔丁基过氧化物,浓度≤52%,含B型稀释剂	-	5.2	3109
二叔丁基过氧化物,浓度>52-100%	-	5.2	3107
1,1-二-(叔丁基过氧)环己烷,浓度>80-100%	-	5.2	3101
1,1-二-(叔丁基过氧)环己烷,浓度>52-80%,含A型稀释剂	-	5.2	3103
1,1-二-(叔丁基过氧)环己烷,浓度≤72%,含B型稀释剂	-	5.2	3103
1,1-二-(叔丁基过氧)环己烷,浓度>42-52%,含A型稀释剂	-	5.2	3105
1,1-二-(叔丁基过氧)环己烷,浓度≤42%,含A型稀释剂和惰性固体	-	5.2	3106
1,1-二-(叔丁基过氧)环己烷,浓度≤13%,含A型和B型稀释剂	-	5.2	3109
1,1-二-(叔丁基过氧)环己烷,浓度≤42%,含A型稀释剂	-	5.2	3109
1,1-二-(叔丁基过氧)环己烷,浓度≤27%,含A型稀释剂	-	5.2	3107
1,1-二-(叔丁基过氧)环己烷+过氧化(2-乙基己酸)叔丁酯,浓度≤43+浓度≤16%,含A型稀释剂	-	5.2	3105
二-(叔丁基过氧)邻苯二甲酸酯,浓度≤52%,糊状,含A型稀释剂,含或不含水	-	5.2	3106
二-(叔丁基过氧)邻苯二甲酸酯,浓度>42-52%,含A型稀释剂	-	5.2	3105
二-(叔丁基过氧)邻苯二甲酸酯,浓度≤42%,含A型稀释剂	-	5.2	3107

物质、材料或物品	海洋污染物	类别	联合国编号
二叔丁基过氧壬二酸酯,浓度≤52%,含 A 型稀释剂	-	5.2	3105
1,1-二-(叔丁基过氧)-3,3,5-三甲基环己烷,浓度≤57%,含惰性固体	-	5.2	3110
1,1-二-(叔丁基过氧)-3,3,5-三甲基环己烷,浓度≤57%,含 A 型稀释剂	-	5.2	3107
1,1-二-(叔丁基过氧)-3,3,5-三甲基环己烷,浓度≤32%,含 A 型和 B 型稀释剂	-	5.2	3107
1,1-二-(叔丁基过氧)-3,3,5-三甲基环己烷,浓度≤90%,含 B 型稀释剂	-	5.2	3103
1,1-二-(叔丁基过氧)-3,3,5-三甲基环己烷,浓度>90－100%	-	5.2	3101
1,1-二-(叔丁基过氧)-3,3,5-三甲基环己烷,浓度>57－90%,含 A 型稀释剂	-	5.2	3103
1,1-二-(叔丁基过氧)-3,3,5-三甲基环己烷,浓度≤77%,含 B 型稀释剂	-	5.2	3103
4,4-二(叔丁基过氧)戊酸正丁酯,浓度≤52%,含惰性固体	-	5.2	3108
二-(2-叔丁基过氧异丙基)苯(豁免),浓度≤42%	-	-	-
二-(4-叔丁基环己基)过氧化二碳酸酯,浓度≤42%,糊状,见	-	5.2	3116
二-(4-叔丁基环己基)过氧重碳酸酯,浓度≤100%	-	5.2	3114
二-(4-叔丁基环己基)过氧重碳酸酯,浓度≤42%,水中稳定分散体	-	5.2	3119
1,1-二-(叔戊基过氧)环己烷,浓度≤82%,含 A 型稀释剂	-	5.2	3103
3,3-二-(叔戊基过氧)丁酸乙酯,浓度≤67%,含 A 型稀释剂	-	5.2	3105
2,2-二-(叔戊基过氧)丁烷,浓度≤57%,含 A 型稀释剂	-	5.2	3105
二-叔戊基过氧化物,浓度≤100%	-	5.2	3107
二烯丙基胺	-	3	2359
二烯丙基醚	-	3	2360
二硝基苯胺类	-	6.1	1596
二硝基苯酚,干的或湿的,按质量计,含水小于15%	P	1.1D	0076
二硝基苯酚溶液	P	6.1	1599
二硝基苯酚,湿的,按质量计,含水不小于15%	P	4.1	1320
二硝基苯酚盐类,碱金属,干的或湿的,按质量计,含水小于15%	P	1.3C	0077
二硝基苯酚盐类(第1类),见	P	1.3C	0077
二硝基苯酚盐类,湿的,按质量计,含水不小于15%	P	4.1	1321
二硝基苯类,固体的	-	6.1	3443
二硝基苯类,液体的	-	6.1	1597
二硝基重氮苯酚,湿的,按质量计,含水或水和酒精的混合物不小于40%	-	1.1A	0074
二硝基酚盐类,湿的,见	P	4.1	1321
二硝基甘脲	-	1.1D	0489
二硝基甲苯,混有氯酸钠,见	-	1.1D	0083

续上表

物质、材料或物品	海洋污染物	类别	联合国编号
二硝基甲苯类,固体的	P	6.1	3454
二硝基甲苯类,熔融的	P	6.1	1600
二硝基甲苯类,液体的	P	6.1	2038
二硝基间苯二酚,干的或湿的,按质量计,含水小于15%	-	1.1D	0078
二硝基间苯二酚,湿的,按质量计,含水不小于15%	-	4.1	1322
二硝基邻甲苯酚钠,湿的,按质量计,含水不小于10%	P	4.1	3369
二硝基邻甲酚	P	6.1	1598
二硝基-邻-甲酚铵,固体的	P	6.1	1843
二硝基邻甲酚铵溶液	P	6.1	3424
二硝基邻甲酚,见取代硝基苯酚农药,见	P	-	-
二硝基邻甲酚钠,干的或湿的,按质量计,含水小于15%	P	1.3C	0234
二硝基邻甲酚钠,湿的,按质量计,含水不小于15%	P	4.1	1348
二硝基氯苯类,固体的	P	6.1	3441
二硝基氯苯类,液体的,见	P	6.1	1577
二硝甲酚,见	P	6.1	1598
二-(2-新癸酰过氧异丙基)苯,浓度≤52%,含A型稀释剂	-	5.2	3115
1,3-二溴苯,见	P	9	3082
1,2-二溴-3-丁酮	-	6.1	2648
二溴二氟甲烷	-	9	1941
二溴化乙烯	-	6.1	1605
二溴化乙烯和溴甲烷混合物,液体的,见	P	6.1	1647
二溴化乙烯,见	-	6.1	2664
二溴甲烷	-	6.1	2664
二溴磷,见有机磷农药	P	-	-
1,2-二溴-3-氯丙烷,见	-	6.1	2872
二溴氯丙烷类	-	6.1	2872
1,2-二溴乙烷,见	-	6.1	1605
二亚甲基亚胺,稳定的,见	-	6.1	1185
二亚硝基苯	-	1.3C	0406
N,N'-二亚硝基-N,N'-二甲基对苯二酰胺,糊状,浓度72%	-	4.1	3224
N,N'-二亚硝基五亚甲基四胺,浓度82%	-	4.1	3224
二亚乙基三胺	-	8	2079
二氧化氮	-	2.3	1067
二氧化氮和一氧化氮混合物,见	-	2.3	1975

续上表

物质、材料或物品	海洋污染物	类别	联合国编号
二氧化硫	-	2.3	1079
二氧化硫脲	-	4.2	3341
二氧化钠,见	-	5.1	1504
二氧化铅	-	5.1	1872
二氧化锶,见	-	5.1	1509
二氧化碳	-	2.2	1013
二氧化碳,固体的	-	9	1845
二氧化碳和环氧乙烷的混合物,含环氧乙烷不大于9%	-	2.2	1952
二氧化碳和环氧乙烷混合物,见环氧乙烷和二氧化碳的混合物	-	-	-
二氧化碳,冷冻液体	-	2.2	2187
二氧威,见氨基甲酸酯农药	P	-	-
二氧戊环	-	3	1166
1-二乙氨基-4-氨基戊烷,见	-	6.1	2946
3-二乙氨基丙胺	-	3	2684
2-二乙氨基乙醇	-	8	2686
二乙氨基乙醇,见	-	8	2686
二乙胺	-	3	1154
二乙撑三胺,固体的,见	-	8	2579
二乙撑三胺,见	-	8	2579
二乙基苯类	-	3	2049
N,N-二乙基苯胺	-	6.1	2432
N,N-二乙基-1,3-丙二胺,见	-	3	2684
二乙基二氯硅烷	-	8	1767
二-(2-乙基己基)磷酸,见	-	8	1902
二乙基甲醇,见	-	3	1105
二乙基(甲)酮,见	-	3	1156
二乙基硫代磷酰氯	-	8	2751
硫代磷酸,O-[(氰苯基亚甲基)氮烷基]O,O-二乙酯,浓度82-91%(Z异构体)	-	4.1	3227
二乙基缩甲醛,见	-	3	2373
二乙基锌,见	-	4.2	3394
N,N-二乙基乙撑二胺	-	8	2685
N,N-二乙基乙醇胺,见	-	8	2686
二乙基乙醛,见	-	3	1178

续上表

物质、材料或物品	海洋污染物	类别	联合国编号
二乙硫	-	3	2375
二乙醚	-	3	1155
二乙酮	-	3	1156
1,4-二乙烯化二氧,见	-	3	1165
二乙烯化(二)氧,见	-	3	1165
二乙烯基醚,稳定的	-	3	1167
二乙酰,见	-	3	2346
3,3-二乙氧基丙烯	-	3	2374
二乙氧基甲烷	-	3	2373
2,5-二乙氧基-4-吗啉代重氮苯四氟硼酸盐,浓度100%	-	4.1	3236
2,5-二乙氧基-4-(4-吗啉基)重氮苯硫酸盐,浓度100%	-	4.1	3226
1,1-二乙氧基乙烷,见	-	3	1088
1,2-二乙氧基乙烷,见	-	3	1153
二异丙胺	-	3	1158
二异丙基苯类,见	P	9	3082
二异丙基,见	-	3	2457
二异丙基醚	-	3	1159
二异丙基萘,混合异构体,见	P	9	3082
二异丁胺	-	3	2361
二异丁基(甲)酮	-	3	1157
二异丁烯类,异构化合物	-	3	2050
二异丁酰基过氧化物,见	-	5.2	3119
二异氰脲酸盐类	-	5.1	2465
二异氰酸异佛尔酮酯	-	6.1	2290
二正丙胺,见	-	3	2383
二正丙过氧重碳酸酯,浓度≤100%	-	5.2	3113
二正丙过氧重碳酸酯,浓度≤77%,含B型稀释剂	-	5.2	3113
二正丙醚	-	3	2384
二正丁氨基乙醇	-	6.1	2873
二正丁胺	-	8	2248
二-正丁基过氧重碳酸酯,浓度>27-52%,含B型稀释剂	-	5.2	3115
二-正丁基过氧重碳酸酯,浓度≤27%,含B型稀释剂	-	5.2	3117
二-正丁基过氧重碳酸酯,浓度≤42%,水中稳定分散体(冷冻)	-	5.2	3118
二正丁基(甲)酮,见	P	3	1224

续上表

物质、材料或物品	海洋污染物	类别	联合国编号
二正戊胺	-	3	2841
f			
F型有机过氧化物,固体的	-	5.2	3110
F型有机过氧化物,固体的,控温的	-	5.2	3120
F型有机过氧化物,液体的	-	5.2	3109
F型有机过氧化物,液体的,控温的	-	5.2	3119
F型自反应固体	-	4.1	3230
F型自反应固体,控温的	-	4.1	3240
F型自反应液体	-	4.1	3229
F型自反应液体,控温的	-	4.1	3239
fa			
发动机燃料抗爆混合物	P	6.1	1649
发果,见有机磷农药	P	-	-
发酵戊醇,见	-	3	1201
发烟弹药(烟幕弹),带或不带起爆装置、发射剂或推进剂	-	1.2G	0015
	-	1.3G	0016
	-	1.4G	0303
发烟硫酸,见	-	8	1831
伐虫脒,见氨基甲酸酯农药	P	-	-
发烟弹药(烟幕弹),带或不带起爆装置、发射剂或推进剂	-	1.2G	0015
fan			
番木鳖碱	-	6.1	1570
钒化合物,未另列明的	-	6.1	3285
钒酸铵,见	-	6.1	2859
钒酸铵钠	-	6.1	2863
钒酸钾,见	-	6.1	2864
反丁烯二酰氯	-	8	1780
fang			
芳基磺酸,固体的,含游离硫酸不大于5%	-	8	2585
芳基磺酸,固体的,含游离硫酸大于5%	-	8	2583
芳基磺酸,液体的,含游离硫酸大于5%	-	8	2584
芳基磺酸,液体的,含游离硫酸不大于5%	-	8	2586
芳基金属卤化物,遇水反应,未另列明的,见	-	4.2	3394
芳基金属氢化物,遇水反应,未另列明的,见	-	4.2	3394

续上表

物质、材料或物品	海洋污染物	类别	联合国编号
芳基金属,遇水反应,未另列明的,见	—	4.2	3394
芳基卤化铝类,液体的,见	—	4.2	3394
芳香族硝基衍生物的爆燃金属盐类,未另列明的	—	1.3C	0132
放射性材料,按照特殊安排运输的,可裂变的	—	7	3331
放射性材料,表面污染物(SCO-Ⅰ或SCO-Ⅱ),可裂变的	—	7	3326
放射性材料,低比活度(LSA-Ⅱ),非裂变或例外裂变的	—	7	3321
放射性材料,低比活度(LSA-Ⅲ),非裂变或例外裂变的	—	7	3322
放射性材料,低比活度(LSA-Ⅱ),可裂变的	—	7	3324
放射性材料,低比活度(LSA-Ⅲ),可裂变的	—	7	3325
放射性材料,C型包件,非裂变或例外裂变的	—	7	3323
放射性材料,A型包件,非特殊形式	—	7	3327
放射性材料,B(M)型包件,可裂变的	—	7	3329
放射性材料,B(U)型包件,可裂变的	—	7	3328
放射性材料,C型包件,可裂变的	—	7	3330
放射性材料,A型包件,特殊形式,非裂变或例外裂变的	—	7	3332
放射性材料,A型包件,特殊形式,可裂变的	—	7	3333
放射性核素(A1和A2),见2.7.2.2	—	—	—
放射性物质,按特殊安排运输,非裂变或例外裂变的	—	7	2919
放射性物质,表面污染物体(SCO-Ⅰ或SCO-Ⅱ),非裂变或例外裂变的	—	7	2913
放射性物质,低比活度(LSA-Ⅰ),非裂变或例外裂变的	—	7	2912
放射性物质,例外包件—空包件	—	7	2908
放射性物质,例外包件—物品	—	7	2911
放射性物质,例外包件—仪器	—	7	2911
放射性物质,例外包件—由贫化铀制成的物品	—	7	2909
放射性物质,例外包件—由天然钍制成的物品	—	7	2909
放射性物质,例外包件—由天然铀制成的物品	—	7	2909
放射性物质,例外包件—限量物质	—	7	2910
放射性物质,六氟化铀,非裂变或例外裂变的	—	7	2978
放射性物质,六氟化铀,可裂变的	—	7	2977
放射性物质,A型包件,非特殊形式,非裂变或例外裂变的	—	7	2915
放射性物质,B(M)型包件,非裂变或例外裂变的	—	7	2917
放射性物质,B(U)型包件,非裂变或例外裂变的	—	7	2916
放线酮,见农药,未另列明的	—	—	—

续上表

物质、材料或物品	海洋污染物	类别	联合国编号
fei			
飞行器液压动力装置燃料箱(装有无水肼和甲基肼的混合液)(M86燃料)	-	3	3165
非电引爆雷管,爆破用	-	1.1B	0029
	-	1.4B	0267
	-	1.4S	0455
非电引爆雷管组件,爆破用	-	1.1B	0360
	-	1.4B	0361
	-	1.4S	0500
非活性炭,见	-	4.2	1361
废纺织品,湿的	-	4.2	1857
废棉,含油的	-	4.2	1364
废弃包装,空的,未清洁的	-	9	3509
废橡胶,粉状或颗粒状,不大于840μm,橡胶含量大于45%	-	4.1	1345
废羊毛,湿的	-	4.2	1387
fen			
吩吡嗪化氯,见	P	6.1	1698
芬硫磷,见有机磷农药	-	-	-
fu			
呋喃	-	3	2389
2-呋喃基甲醇,见	-	6.1	2874
2-呋喃甲胺,见	-	3	2526
呋线威,见氨基甲酸酯农药	P	-	-
伏杀磷,见有机磷农药	P	-	-
氟苯	-	3	2387
氟苯胺类	-	6.1	2941
氟代甲苯类	-	3	2388
氟代甲烷,见	-	2.1	2454
氟代乙烷,见	-	2.1	2453
氟仿,见	-	2.2	1984
氟硅菊酯,见注1	P	-	-
氟硅酸	-	8	1778
氟硅酸铵	-	6.1	2854
氟硅酸钾	-	6.1	2655
氟硅酸镁	-	6.1	2853

续上表

物质、材料或物品	海洋污染物	类别	联合国编号
氟硅酸钠	-	6.1	2674
氟硅酸锌	-	6.1	2855
氟硅酸盐(酯)类,未另列明的	-	6.1	2856
氟化铵	-	6.1	2505
氟化高氯酰(高氯酰氟)	-	2.3	3083
氟化铬(Ⅲ),固体的,见	-	8	1756
氟化铬,固体的	-	8	1756
氟化铬溶液	-	8	1757
氟化硅,见	-	8	1818
氟化合物(农药),见农药,未另列明的	-	-	-
氟化钾,固体的	-	6.1	1812
氟化钾溶液	-	6.1	3422
氟化钠,固体的	-	6.1	1690
氟化钠溶液	-	6.1	3415
氟化硼,压缩的,见	-	2.3	1008
氟化氢铵,固体,见	-	8	1727
氟化氢铵溶液,见	-	8	2817
氟化氢钾,固体的,见	-	8	1811
氟化氢钾溶液,见	-	8	3421
氟化氢,见	-	8	1790
氟化氢,无水的	-	8	1052
氟化氧,压缩的,见	-	2.3	2190
氟化乙烯,见	-	2.1	1030
氟磺酸	-	8	1777
氟甲酰氟(氟化氟甲酰),压缩的,见	-	2.3	2417
氟磷酸,无水的	-	8	1776
氟硼酸	-	8	1775
氟硼酸-3-甲基-4-(吡咯烷-1-基)重氮苯,浓度95%	-	4.1	3234
氟氢化钠,见	-	8	2439
氟酸钾,固体的,见	-	8	1811
氟酸钾溶液,见	-	8	3421
氟酸,见	-	8	1790
氟,压缩的	-	2.3	1045
氟氧化硫,见	-	2.3	2191

续上表

物质、材料或物品	海洋污染物	类别	联合国编号
氟氧化碳,见	-	2.3	2417
氟氧化碳,压缩的,见	-	2.3	2417
氟乙酸	-	6.1	2642
氟乙酸钾	-	6.1	2628
氟乙酸钠	-	6.1	2629
福尔马林溶液,含甲醛不小于25%,见	-	8	2209
福尔马林溶液,易燃的,见	-	3	1198
腐蚀性固体,碱性的,无机的,未另列明的	-	8	3262
腐蚀性固体,碱性的,有机的,未另列明的	-	8	3263
腐蚀性固体,酸性的,无机的,未另列明的	-	8	3260
腐蚀性固体,酸性的,有机的,未另列明的	-	8	3261
腐蚀性固体,未另列明的	-	8	1759
腐蚀性固体,氧化性,未另列明的	-	8	3084
腐蚀性固体,易燃的,未另列明的	-	8	2921
腐蚀性固体,有毒的,未另列明的	-	8	2923
腐蚀性固体,遇水反应,未另列明的	-	8	3096
腐蚀性固体,自热的,未另列明的	-	8	3095
腐蚀性液体,碱性的,无机的,未另列明的	-	8	3266
腐蚀性液体,碱性的,有机的,未另列明的	-	8	3267
腐蚀性液体,酸性的,无机的,未另列明的	-	8	3264
腐蚀性液体,酸性的,有机的,未另列明的	-	8	3265
腐蚀性液体,未另列明的	-	8	1760
腐蚀性液体,氧化性,未另列明的	-	8	3093
腐蚀性液体,易燃的,未另列明的	-	8	2920
腐蚀性液体,有毒的,未另列明的	-	8	2922
腐蚀性液体,遇水反应,未另列明的	-	8	3094
腐蚀性液体,自热的,未另列明的	-	8	3301
复写纸,见	-	4.2	1379
富马酰二氯,见	-	8	1780
gai			
钙	-	4.3	1401
钙分散体,见	-	4.3	1391
钙汞齐,固体的,见	-	4.3	3402
钙汞齐,液体的,见	-	4.3	1389

续上表

物质、材料或物品	海洋污染物	类别	联合国编号
钙合金,非引火的,固体的,见	-	4.3	1393
钙合金,引火的	-	4.2	1855
钙锰硅合金	-	4.3	2844
钙,引火的	-	4.2	1855
gan			
干冰	-	9	1845
干草	-	4.1	1327
干椰子肉	-	4.2	1363
甘露糖醇六硝酸酯,湿的,按质量计,含水或水和酒精的混合物不小于40%	-	1.1D	0133
甘油醛,见	-	3	2622
甘油三硝酸酯,见	-	3	1204
甘油三硝酸酯(1类),见硝化甘油(1类)	-	-	-
感染性物质,对人感染	-	6.2	2814
感染性物质,只对动物感染	-	6.2	2900
橄苦岩,干的或湿的,按质量计,含水小于20%	-	1.1D	0282
橄苦岩,湿的,按质量计,含水不小于20%	-	4.1	1336
gang			
钢屑,见	-	4.2	2793
gao			
高硫原油,易燃的,有毒的	-	3	3494
高氯化磷,见	-	8	1806
高氯化锑溶液,见	-	8	1731
高氯化锑,液体的,见	-	8	1730
氯化高铁溶液,见	-	8	2582
氯化高铁,无水的,见	-	8	1773
高氯酸,按质量计,含酸不大于50%	-	8	1802
高氯酸,按质量计,含酸大于50%,但不大于72%	-	5.1	1873
高氯酸铵	-	1.1D	0402
高氯酸铵	-	5.1	1442
高氯酸,按质量计,含酸大于72%(禁止运输)	-	-	-
高氯酸钡,固体的	-	5.1	1447
高氯酸钡溶液	-	5.1	3406
高氯酸钙	-	5.1	1455
高氯酸钾	-	5.1	1489

续上表

物质、材料或物品	海洋污染物	类别	联合国编号
高氯酸镁	–	5.1	1475
高氯酸钠	–	5.1	1502
高氯酸铅(Ⅱ),固体的,见	–	5.1	1470
高氯酸铅,固体的	P	5.1	1470
高氯酸铅溶液	P	5.1	3408
高氯酸锶	–	5.1	1508
高氯酸盐类,无机的,水溶液,未另列明的	–	5.1	3211
高氯酸盐类,无机的,未另列明的	–	5.1	1481
高锰酸铵(禁止运输)	–	–	–
高锰酸铵溶液(禁止运输)	–	–	–
高锰酸钡	–	5.1	1448
高锰酸钙	–	5.1	1456
高锰酸钾	–	5.1	1490
高锰酸钠	–	5.1	1503
高锰酸锌	–	5.1	1515
高锰酸盐类,无机的,水溶液,未另列明的	–	5.1	3214
高锰酸盐类,无机的,未另列明的	–	5.1	1482
高氰戊菊酯,见注1	P	–	–
锆粉,干的	–	4.2	2008
锆粉,湿的,含水不小于25%(所含过量的水必须看得出来):(a)机械方法生产的,粒径小于53μm	–	4.1	1358
锆粉,湿的,含水不小于25%(所含过量的水必须看得出来):(b)化学方法生产的,粒径小于840μm	–	4.1	1358
锆,碎屑	–	4.2	1932
ge			
格利雅溶液,见	–	4.3	1928
镉化合物	–	6.1	2570
铬硫酸	–	8	2240
铬酸,固体的,见	–	5.1	1463
铬酸溶液	–	8	1755
铬酰氯,见	–	8	1758
gei			
给小型装置补充烃类气体的充气罐,带有释放装置	–	2.1	3150

续上表

物质、材料或物品	海洋污染物	类别	联合国编号
geng			
庚基氯,见	P	3	1993
庚醛,见	-	3	3056
2-庚酮,见	-	3	1110
4-庚酮,见	-	3	2710
庚烷类	P	3	1206
gong			
工具用弹药,无弹头	-	1.4S	0014
汞	-	8	2809
汞化合物,固体的,未另列明的	P	6.1	2025
汞化合物(Ⅰ),见汞基农药	P	-	-
汞化合物(Ⅱ),见汞基农药	P	-	-
汞化合物,液体的,未另列明的	P	6.1	2024
汞基农药,固体的,有毒的	P	6.1	2777
汞基农药,液体的,易燃的,有毒的,闪点小于23℃	P	3	2778
汞基农药,液体的,有毒的	P	6.1	3012
汞基农药,液体的,有毒的,易燃的,闪点不小于23℃	P	6.1	3011
gu			
谷硫磷(保棉磷),见有机磷农药	P	-	-
guan			
管制下的医疗废物,未另列明的	-	6.2	3291
guang			
光气	-	2.3	1076
光泽剂,见涂料	-	-	-
gui			
硅粉,无定形的	-	4.1	1346
硅氟化钾,见	-	6.1	2655
硅氟化钠,见	-	6.1	2674
硅氟酸,见	-	8	1778
硅钙合金,见	-	4.3	1405
硅化钙	-	4.3	1405
硅化锂,见	-	4.3	1417
硅化镁	-	4.3	2624
硅化氢,压缩的,见	-	2.1	2203

续上表

物质、材料或物品	海洋污染物	类别	联合国编号
硅锂	-	4.3	1417
硅铝粉,未经涂层的	-	4.3	1398
硅酸镁,见	-	4.3	2624
硅酸四乙酯	-	3	1292
硅酸乙酯,见	-	3	1292
硅铁,含硅不小于30%,但小于90%	-	4.3	1408
硅铁铝粉	-	4.3	1395
硅烷	-	2.1	2203
癸硼烷	-	4.1	1868
癸醛,见	P	9	3082
癸氧基四羟基噻吩二氧化物,见注1	P	-	-
guo			
过二碳酸二-(2-乙基己基)酯,浓度>77-100%	-	5.2	3113
过二碳酸二-(2-乙基己基)酯,浓度≤52%,水中稳定分散体(冷冻)	-	5.2	3120
过二碳酸二-(2-乙基己基)酯,浓度≤62%,水中稳定分散体	-	5.2	3119
过二碳酸二-(2-乙基己基)酯,浓度≤77%,含B型稀释剂	-	5.2	3115
过硫酸铵	-	5.1	1444
过硫酸钾	-	5.1	1492
过硫酸钠	-	5.1	1505
过硫酸盐类,无机的,水溶液,未另列明的	-	5.1	3216
过硫酸盐类,无机的,未另列明的	-	5.1	3215
过硼酸钠一水合物	-	5.1	3377
过硼酸钠,无水的,见	-	5.1	3247
过碳酸二-(3-甲氧基丁基)酯,浓度≤52%,含B型稀释剂	-	5.2	3115
过碳酸二-(2-乙氧基乙基)酯,浓度≤52%,含B型稀释剂	-	5.2	3115
过碳酸钠,见	-	5.1	3378
过碳酸异丙仲丁酯+过二碳酸二仲丁酯+过二碳酸二异丙酯,浓度≤52%+浓度≤28%+浓度≤22%	-	5.2	3111
过碳酸异丙仲丁酯+过二碳酸二仲丁酯+过二碳酸二异丙酯,浓度≤32%+浓度≤15-18%+浓度≤12-15%,含A型稀释剂	-	5.2	3115
过新庚酸枯酯,浓度≤77%,含A型稀释剂	-	5.2	3115
过新癸酸叔己酯,浓度≤71%,含A型稀释剂	-	5.2	3115
过氧苯甲酸叔丁酯,浓度>77-100%,含A型稀释剂	-	5.2	3103
过氧苯甲酸叔丁酯,浓度≤52%,含惰性固体	-	5.2	3106

续上表

物质、材料或物品	海洋污染物	类别	联合国编号
过氧苯甲酸叔丁酯,浓度>52-77%,含A型稀释剂	-	5.2	3105
过氧苯甲酸叔戊酯,浓度≤100%	-	5.2	3103
过氧重碳酸二环己酯,浓度>91-100%	-	5.2	3112
过氧重碳酸二环己酯,浓度≤91%	-	5.2	3114
过氧重碳酸二仲丁酯,浓度>52-100%	-	5.2	3113
过氧重碳酸二仲丁酯,浓度≤52%,含B型稀释剂	-	5.2	3115
过氧丁烯酸叔丁酯,浓度≤77%,含A型稀释剂	-	5.2	3105
过氧二碳酸二环己酯,浓度≤42%,水中稳定分散体	-	5.2	3119
过氧二乙基乙酸叔丁酯,浓度≤100%	-	5.2	3113
过氧化钡	-	5.1	1449
过氧化丙酰,浓度≤27%,含B型稀释剂	-	5.2	3117
过氧化氮,见	-	2.3	1067
过氧化二苯甲酰,浓度>77-94%,含水	-	5.2	3102
过氧化二苯甲酰,浓度>52-100%,含惰性固体	-	5.2	3102
过氧化二苯甲酰,浓度>35-52%,含惰性固体	-	5.2	3106
过氧化二苯甲酰,浓度≤77%,含水	-	5.2	3104
过氧化二苯甲酰,浓度≤42%,水中稳定分散体	-	5.2	3109
过氧化二苯甲酰,浓度≤56.5%,糊状,含水	-	5.2	3108
过氧化二苯甲酰,浓度≤52%,糊状	-	5.2	3108
过氧化二苯甲酰,浓度>36-42%,含A型稀释剂和水	-	5.2	3107
过氧化二苯甲酰,浓度≤62%,含惰性固体和水	-	5.2	3106
过氧化二苯甲酰,浓度>52-62%,糊状,含A型稀释剂,含或不含水	-	5.2	3106
过氧化二苯甲酰(豁免),浓度≤35%	-	-	-
过氧化二丙酮醇,浓度≤57%,含B型稀释剂和水,过氧化氢≤9%,有效氧≤10%	-	5.2	3115
过氧化二-2,4-二氯苯甲酰,浓度≤52%,糊状,含硅油	-	5.2	3106
过氧化二-2,4-二氯苯甲酰,浓度≤52%,糊状	-	5.2	3118
过氧化二-2,4-二氯苯甲酰,浓度≤77%,含水	-	5.2	3102
过氧化二癸酰,浓度≤100%	-	5.2	3114
过氧化二琥珀酸,浓度>72-100%	-	5.2	3102
过氧化二琥珀酸,浓度≤72%,含水	-	5.2	3116
过氧化二-(3-甲基苯甲酰)+过氧化苯甲酰(3-甲基苯甲酰)+过氧化二苯甲酰,浓度≤20%+浓度≤18%+浓度≤4%,含B型稀释剂	-	5.2	3115

续上表

物质、材料或物品	海洋污染物	类别	联合国编号
过氧化二-4-氯苯甲酰,浓度≤77%,含水	-	5.2	3102
过氧化二-4-氯苯甲酰,浓度≤52%,糊状,含硅油	-	5.2	3106
过氧化二-4-氯苯甲酰(豁免),浓度≤32%	-	-	-
2,2-过氧化二氢丙烷,浓度≤27%,含惰性固体	-	5.2	3102
过氧化二碳酸二异丙酯,浓度≤52%,含B型稀释剂	-	5.2	3115
过氧化二碳酸二异丙酯,浓度>52-100%	-	5.2	3112
过氧化二碳酸二异丙酯,浓度≤32%,含A型稀释剂	-	5.2	3115
过氧化二乙酰,浓度≤27%,含B型稀释剂	-	5.2	3115
过氧化二异丙苯,浓度>52-100%	-	5.2	3110
过氧化二异丁酰,浓度>32-52%	-	5.2	3111
过氧化二异丁酰,浓度≤32%,含B型稀释剂	-	5.2	3115
过氧化二异丁酰,浓度≤42%,水中稳定分散体	-	5.2	3119
过氧化二月桂酰,浓度≤100%	-	5.2	3106
过氧化二月桂酰,浓度≤42%,水中稳定分散体	-	5.2	3109
过氧化二正壬酰,浓度≤100%	-	5.2	3116
过氧化二正辛酰,浓度≤100%	-	5.2	3114
过氧化钙	-	5.1	1457
过氧化环己酮,浓度≤72%,糊状,含A型稀释剂,含或不含水,有效氧≤9%	-	5.2	3106
过氧化环己酮,浓度≤72%,含A型稀释剂,有效氧≤9%	-	5.2	3105
过氧化环己酮,浓度≤91%,含水	-	5.2	3104
过氧化环己酮(豁免),浓度≤32%	-	-	-
过氧化甲基环己酮,浓度≤67%,含B型稀释剂	-	5.2	3115
过氧化甲基乙基酮,浓度≤45%,含A型稀释剂,有效氧≤10%	-	5.2	3105
过氧化甲基乙基酮,浓度≤40%,含A型稀释剂,有效氧≤8.2%	-	5.2	3107
过氧化甲基乙基酮,浓度≤52%,含A型稀释剂,有效氧>10%和≤10.7%	-	5.2	3101
过氧化甲基异丙酮,含A型稀释剂,有效氧≤6.7%	-	5.2	3109
过氧化甲基异丁基酮,浓度≥19-62%,含A型稀释剂和甲基异丁基酮	-	5.2	3105
过氧化钾	-	5.1	1491
过氧化锂	-	5.1	1472
过氧化邻苯二甲酸叔丁酯,浓度>52-100%	-	5.2	3102
过氧化镁	-	5.1	1476
过氧化钠	-	5.1	1504
过氧化铅,见	-	5.1	1872

续上表

物质、材料或物品	海洋污染物	类别	联合国编号
过氧化氢,固体的,见	-	5.1	1511
过氧化氢和过氧乙酸混合物,稳定的,含酸类、水及不大于5%的过氧乙酸	-	5.1	3149
过氧化氢脲	-	5.1	1511
过氧化氢蒎烷,浓度≤56%,含A型稀释剂	-	5.2	3109
过氧化氢蒎烷,浓度>56-100%	-	5.2	3105
过氧化氢叔丁基异丙苯,浓度>42-100%,含惰性固体	-	5.2	3106
过氧化氢水溶液,含过氧化氢不小于20%,但不大于60%(必要时加稳定剂)	-	5.1	2014
过氧化氢水溶液,含过氧化氢不小于8%,但小于20%(必要时加稳定剂)	-	5.1	2984
过氧化氢水溶液,稳定的,含过氧化氢大于60%	-	5.1	2015
过氧化氢,稳定的	-	5.1	2015
过氧化氢异丙苯,浓度≤90%,含A型稀释剂	-	5.2	3109
过氧化氢异丙苯,浓度>90-98%,含A型稀释剂	-	5.2	3107
过氧化叔丁基异丙基苯,浓度≤52%,含惰性固体	-	5.2	3108
过氧化叔丁基异丙基苯,浓度>42-100%	-	5.2	3109
过氧化锶	-	5.1	1509
过氧化物,无机的,未另列明的	-	5.1	1483
过氧化锌	-	5.1	1516
过氧化乙酰丙酮,浓度≤42%,含A型稀释剂和水,有效氧≤4.7%	-	5.2	3105
过氧化乙酰丙酮,浓度≤32%,糊状	-	5.2	3106
过氧化乙酰磺酰环己烷,浓度≤82%	-	5.2	3112
过氧硼酸钠,无水的	-	5.1	3247
过氧-3,5,5-三甲基己酸叔丁酯,浓度≤37%,含B型稀释剂	-	5.2	3109
过氧-3,5,5-三甲基己酸叔丁酯,浓度≤42%,含惰性固体	-	5.2	3106
过氧-3,5,5-三甲基己酸叔丁酯,浓度>37-100%	-	5.2	3105
过氧-3,5,5-三甲基乙酸叔戊酯,浓度≤100%	-	5.2	3105
过氧叔戊基碳酸异丙酯,浓度≤77%,含A型稀释剂	-	5.2	3103
过氧碳酸钠水合物	-	5.1	3378
1,1,3,3-过氧新成酸四甲叔丁酯,浓度≤77%,含A型稀释剂	-	5.2	3115
过氧新庚酸-1,1-二甲基-3-羟基丁基酯,浓度≤52%,含A型稀释剂	-	5.2	3117
过氧新庚酸叔丁酯,浓度≤42%,水中稳定分散体	-	5.2	3117
过氧新庚酸叔丁酯,浓度≤77%,含A型稀释剂	-	5.2	3115
过氧新癸酸枯酯,浓度≤52%,水中稳定分散体	-	5.2	3119
过氧新癸酸枯酯,浓度≤87%,含A型稀释剂	-	5.2	3115

续上表

物质、材料或物品	海洋污染物	类别	联合国编号
过氧新癸酸枯酯,浓度≤77%,含 B 型稀释剂	-	5.2	3115
过氧新癸酸新戊酯,浓度≤47%,含 A 型稀释剂	-	5.2	3119
过氧新戊酸枯酯,浓度≤77%,含 B 型稀释剂	-	5.2	3115
过氧新戊酸叔己酯,浓度≤72%,含 B 型稀释剂	-	5.2	3115
1-(2-过氧乙基己醇)-1,3-二甲基丁基过氧新戊酸酯,浓度≤52%,含 A 型和 B 型稀释剂	-	5.2	3115
过氧-2-乙基己基碳酸叔戊酯,浓度≤100%	-	5.2	3105
过氧-2-乙基己酸叔戊酯,浓度≤100%	-	5.2	3115
过氧乙酸和过氧化氢混合物,见	-	5.1	3149
过氧乙酸叔丁酯,浓度>32-52%,含 A 型稀释剂	-	5.2	3103
过氧乙酸叔丁酯,浓度≤32%,含 B 型稀释剂	-	5.2	3109
过氧乙酸叔丁酯,浓度>52-77%,含 A 型稀释剂	-	5.2	3101
过氧乙酸,D 型,稳定的,浓度≤43%	-	5.2	3105
过氧乙酸,E 型,稳定的,浓度≤43%	-	5.2	3107
过氧乙酸,F 型,稳定的,浓度≤43%	-	5.2	3109
过氧异丙基碳酸叔丁酯,浓度≤77%,含 A 型稀释剂	-	5.2	3103
过氧月桂酸,浓度≤100%	-	5.2	3118
过乙酸叔戊酯,浓度≤62%,含 A 型稀释剂	-	5.2	3105
h			
HMX,湿的,按质量计,含水不小于15%	-	1.1D	0226
HMX,退敏的	-	1.1D	0484
HMX 和 RDX 的混合物,湿的,按质量计,含水不小于15%	-	1.1D	0391
HMX 和 RDX 的混合物,退敏的,按质量计,含退敏剂不小于10%	-	1.1D	0391
ha			
铪粉,干的	-	4.2	2545
铪粉,湿的,含水不小于25%(所含过量的水必须看得出来):(a)机械方式生产的,粒径小于53毫米	-	4.1	1326
铪粉,湿的,含水不小于25%(所含过量的水必须看得出来):(b)化学方式生产的,粒径小于840毫米	-	4.1	1326
hai			
海绵粉末状钛	-	4.1	2878
海绵颗粒状钛	-	4.1	2878
海绵状铁,废的,从提纯煤气中取得	-	4.2	1376
氦,冷冻液体	-	2.2	1963

续上表

物质、材料或物品	海洋污染物	类别	联合国编号
氨,压缩的	-	2.2	1046
han			
含氨肥料溶液,含有游离氨	-	2.2	1043
含腐蚀性液体的固体,未另列明的	-	8	3244
含三硝基苯和六硝基芪的TNT混合物	-	1.1D	0389
含三硝基苯和六硝基芪的三硝基甲苯混合物	-	1.1D	0389
含砷农药,固体的,有毒的	-	6.1	2759
含砷农药,液体的,易燃的,有毒的,闪点小于23℃	-	3	2760
含砷农药,液体的,有毒的	-	6.1	2994
含砷农药,液体的,有毒的,易燃的,闪点不小于23℃	-	6.1	2993
含铈的稀土元素合金,见	-	4.1	1323
	-	4.1	1333
含水的胶棉,见	-	4.1	2555
含水的硝化棉,见	-	4.1	2555
含水的硝化纤维素,按质量计,含水不小于25%	-	4.1	2555
含乙醇的胶棉,见	-	4.1	2556
含乙醇的硝化棉,见	-	4.1	2556
含乙醇的硝化纤维素,按质量计,含乙醇不小于25%,且按干重计,含氮不大于12.6%	-	4.1	2556
含易燃液体的固体,未另列明的	-	4.1	3175
含有毒液体的固体,未另列明的	-	6.1	3243
含有非易燃、无毒气体的物品,未另列明的	-	2.2	3538
含有腐蚀性物质的物品,未另列明的	-	8	3547
含有硝酸铵化肥,见硝酸铵基化肥,见	-	-	-
含有氧化性物质的物品,未另列明的	-	5.1	3544
含有易燃固体的物品,未另列明的	-	4.1	3541
含有易燃气体的物品,未另列明的	-	2.1	3537
含有易燃液体的物品,未另列明的	-	3	3540
含有易自燃物质的物品,未另列明的	-	4.2	3542
含有有毒气体的物品,未另列明的	-	2.3	3539
含有有毒物质的物品,未另列明的	-	6.1	3546
含有有机过氧化物的物品,未另列明的	-	5.2	3545
含有有遇水放出易燃气体的物质的物品,未另列明的	-	4.3	3543
含有杂类危险货物的物品,未另列明的	-	9	3548

续上表

物质、材料或物品	海洋污染物	类别	联合国编号
含增塑剂的胶棉,见	-	4.1	2557
含增塑剂的硝化棉,见	-	4.1	2557
含增塑剂的硝酸纤维素,见	-	4.1	2557
hang			
航空燃料,涡轮发动机用	-	3	1863
he			
禾草灵,见注1	P	-	-
合成纤维,未另列明的,含油的	-	4.2	1373
合成纤维制品,未另列明的,含油的	-	4.2	1373
核酸汞	P	6.1	1639
hei			
黑火药,颗粒状或粗粉状	-	1.1D	0027
黑火药,压缩的	-	1.1D	0028
黑克索利特炸药,干的或湿的,按质量计,含水小于15%	-	1.1D	0118
黑沙托纳炸药铸件,见	-	1.1D	0393
黑沙托纳炸药	-	1.1D	0393
黑索金,退敏的	-	1.1D	0483
黑索金和奥克托金的混合物,退敏的,按质量计,含退敏剂不小于10%	-	1.1D	0391
黑索金和奥克托金的混合物,湿的,按质量计,含水不小于15%	-	1.1D	0391
黑索金和HMX的混合物,退敏的,按质量计,含退敏剂不小于10%	-	1.1D	0391
黑索金和HMX的混合物,湿的,按质量计,含水不小于15%	-	1.1D	0391
黑索金和环四亚甲基四硝胺的混合物,湿的,按质量计,含水不小于15%	-	1.1D	0391
黑索金和环四亚甲基四硝胺的混合物,退敏的,按质量计,含退敏剂不小于10%	-	1.1D	0391
黑索金,湿的,按质量计,含水不小于15%	-	1.1D	0072
黑梯炸药,干的或湿的,按质量计,含水小于15%	-	1.1D	0118
hong			
红磷,见	-	4.1	1338
hu			
糊状火药,湿的,按质量计,含水不小于25%	-	1.3C	0159
糊状火药,湿的,按质量计,含酒精不小于17%	-	1.1C	0433
hua			
华法林(及盐类),见香豆素衍生物农药	P	-	-
滑石,含有透闪石和或阳起石,见	-	9	2212

续上表

物质、材料或物品	海洋污染物	类别	联合国编号
化学品箱	-	9	3316
化学氧气发生器	-	5.1	3356
化学样品,有毒的	-	6.1	3315
化妆品类,见	-	3	1266
huan			
环丙烷	-	2.1	1027
环丁烷	-	2.1	2601
环庚(间)三烯,见	-	3	2603
环庚三烯	-	3	2603
1,3,5-环庚三烯,见	-	3	2603
环庚烷	P	3	2241
环庚烯	-	3	2242
环己胺	-	8	2357
1,4-环己二烯二酮,见	-	6.1	2587
环己基硫醇,见	-	3	3054
环己基三氯硅烷	-	8	1763
环己硫醇	-	3	3054
环己酮	-	3	1915
环己烷	-	3	1145
环己烯	-	3	2256
环己烯基三氯硅烷	-	8	1762
环己锡,见有机锡农药	P	-	-
环六亚甲基四胺	-	4.1	1328
环三亚甲基三硝胺和奥克托金的混合物,湿的,按质量计,含水不小于15%	-	1.1D	0391
环三亚甲基三硝胺和奥克托金的混合物,退敏的,按质量计,含退敏剂不小于10%	-	1.1D	0391
环三亚甲基三硝胺和HMX的混合物,退敏的,按质量计,含退敏剂不小于10%	-	1.1D	0391
环三亚甲基三硝胺和HMX的混合物,湿的,按质量计,含水不小于15%	-	1.1D	0391
环三亚甲基三硝胺和环四亚甲基四硝胺的混合物,湿的,按质量计,含水不小于15%	-	1.1D	0391
环三亚甲基三硝胺和环四亚甲基四硝胺的混合物,退敏的,按质量计,含退敏剂不小于10%	-	1.1D	0391
环三亚甲基三硝胺,湿的,按质量计,含水不小于15%	-	1.1D	0072

续上表

物质、材料或物品	海洋污染物	类别	联合国编号
环三亚甲基三硝胺,退敏的	-	1.1D	0483
1,5,9-环十二碳三烯	P	6.1	2518
环四亚甲基四硝胺,湿的,按质量计,含水不小于15%	-	1.1D	0226
环四亚甲基四硝胺,退敏的	-	1.1D	0484
环烷酸钙溶液,见	P	9	3082
环烷酸钴,粉状	-	4.1	2001
环戊醇	-	3	2244
环戊酮	-	3	2245
环戊烷	-	3	1146
环戊烯	-	3	2246
环辛二烯类	-	3	2520
环辛二烯磷类	-	4.2	2940
环辛四烯	-	3	2358
2,3-环氧丙基乙醚,见	-	3	2752
2,3-环氧丙醛,见	-	3	2622
2,3-环氧-1-丙醛,见	-	3	2622
环氧丙烷	-	3	1280
1,2-环氧丙烷,见	-	3	1280
1,2-环氧丁烷,稳定的	-	3	3022
环氧乙烷,在50℃时最高总压力为1MPa(10bar)	-	2.3	1040
环氧乙烷,含氮的,在50℃时最高总压力为1MPa(10bar)	-	2.3	1040
环氧乙烷,含氮的,在50℃时最高总压力为1MPa(10bar),见	-	2.3	1040
1,2-环氧乙烷,含氮的,在50℃时最高总压力为1MPa(10bar),见	-	2.3	1040
环氧乙烷和二氧化碳的混合物,含有环氧乙烷大于9%,但不大于87%	-	2.1	1041
1,2-环氧乙烷,见	-	2.3	1040
环氧乙烷,见	-	2.3	1040
环氧乙烷(氧化乙烯)和二氯二氟甲烷混合物,含环氧乙烷(氧化乙烯)不大于12.5%	-	2.2	3070
环氧乙烷(氧化乙烯)和二氧化碳混合物,含环氧乙烷(氧化乙烯)大于87%	-	2.3	3300
环氧乙烷(氧化乙烯)和氯四氟乙烷混合物,含环氧乙烷(氧化乙烯)不大于8.8%	-	2.2	3297
环氧乙烷(氧化乙烯)和四氟乙烷混合物,含环氧乙烷不大于5.6%	-	2.2	3299
环氧乙烷(氧化乙烯)和五氯乙烷混合物,含环氧乙烷不大于7.9%	-	2.2	3298

续上表

物质、材料或物品	海洋污染物	类别	联合国编号
环氧乙烷(氧化乙烯)和氧化丙烯混合物,环氧乙烷(氧化乙烯)不大于30%	-	3	2983
1,2-环氧-3-乙氧基丙烷	-	3	2752
huang			
黄磷,干的,见	P	4.2	1381
黄磷,湿的,见	P	4.2	1381
黄麻,干的,见	-	4.1	3360
黄原酸盐类	-	4.2	3342
磺菌威,见氨基甲酸酯农药	-	-	-
磺酰氯,见	-	6.1	1834
hui			
茴香胺类	-	6.1	2431
茴香醚	-	3	2222
茴香酰氯	-	8	1729
hun			
混合二甲苯类,见	-	3	1307
混合酸,氢氟酸和硫酸,见	-	8	1786
混酸,见	-	8	1796
混酸,用过的,见	-	8	1826
huo			
活性炭,见	-	4.2	1362
火柴,安全型的(纸板式,卡式或盒式的)	-	4.1	1944
火柴,耐风的,见	-	4.1	2254
火柴,"随处划燃的"	-	4.1	1331
火柴,涂蜡的	-	4.1	1945
火箭,带发射剂	-	1.2C	0436
	-	1.3C	0437
	-	1.4C	0438
火箭,带有爆炸装药	-	1.1F	0180
	-	1.1E	0181
	-	1.2E	0182
	-	1.2F	0295
火箭,带惰性弹头	-	1.3C	0183
	-	1.2C	0502

续上表

物质、材料或物品	海洋污染物	类别	联合国编号
火箭弹头,带起爆装置或发射剂	-	1.4D	0370
	-	1.4F	0371
火箭弹头,带有爆炸装药	-	1.1D	0286
	-	1.2D	0287
	-	1.1F	0369
火箭发动机	-	1.3C	0186
	-	1.1C	0280
	-	1.2C	0281
	-	1.4C	0510
火箭发动机,带有双组分液体燃料,带或不带发射剂	-	1.3L	0250
	-	1.2L	0322
火箭发动机,见火箭发动机,带有双组分液体燃料	-	-	-
火箭发动机,液体燃料	-	1.2J	0395
	-	1.3J	0396
火箭,抛绳用	-	1.2G	0238
	-	1.3G	0240
	-	1.4G	0453
火箭,液体燃料,带有爆炸装药	-	1.1J	0397
	-	1.2J	0398
火棉胶溶液,见	-	3	2059
火炮推进剂	-	1.3C	0242
	-	1.1C	0279
	-	1.2C	0414
火药,颗粒状或粗粉状	-	1.1D	0027
火药包,见火炮推进剂	-	-	-
火药,无烟的	-	1.1C	0160
	-	1.3C	0161
	-	1.4C	0509
火药,压缩的	-	1.1D	0028
ji			
机器中的危险货物	-	9	3363
基因改变的生物	-	9	3245
基因改变的微生物	-	9	3245
急救箱	-	9	3316

续上表

物质、材料或物品	海洋污染物	类别	联合国编号
己醇类	-	3	2282
1,6-己二胺,固体的,见	-	8	2280
1,6-己二胺溶液,见	-	8	1783
己二腈	-	6.1	2205
1,3-己二烯,见	-	3	2458
1,4-己二烯,见	-	3	2458
1,5-己二烯,见	-	3	2458
2,4-己二烯,见	-	3	2458
己二烯类	-	3	2458
1,6-己二异氰酸酯	-	6.1	2281
己基氯,见	P	3	1993
己基三氯硅烷	-	8	1784
己醛	-	3	1207
己酸	-	8	2829
己烷,见	P	3	1208
己烷类	P	3	1208
1-己烯	-	3	2370
α-己烯,见	-	3	2370
季戊四醇四硝酸酯,按质量计,含蜡不小于7%	-	1.1D	0411
季戊四醇四硝酸酯混合物,退敏的,固体的,未另列明的,按质量计,含季戊四醇四硝酸酯大于10%,但不大于20%	-	4.1	3344
季戊四醇四硝酸酯,湿的,按质量计,含水不小于25%	-	1.1D	0150
季戊四醇四硝酸酯,退敏的,按质量计,含减敏剂不小于15%	-	1.1D	0150
季戊炸药,按质量计,含蜡不小于7%	-	1.1D	0411
季戊炸药混合物,退敏的,固体的,未另列明的,按质量计,含季戊炸药大于10%,但不大于20%	-	4.1	3344
季戊炸药,湿的,按质量计,含水不小于25%	-	1.1D	0150
季戊炸药(泰安炸药)/梯恩梯,见	-	1.1D	0151
季戊炸药,退敏的,按质量计,含减敏剂不小于15%	-	1.1D	0150
jia			
加温固体,未另列明的,等于或高于240℃	-	9	3258
加温液体,未另列明的,等于或高于100℃并小于其闪点(包括熔融金属,熔融盐类等)	-	9	3257
加温液体,易燃的,未另列明的,闪点高于60℃,等于或高于其闪点	-	3	3256

续上表

物质、材料或物品	海洋污染物	类别	联合国编号
加压化学品,腐蚀性的,未另列明的	-	2.2	3503
加压化学品,未另列明的	-	2.2	3500
加压化学品,易燃的,未另列明的	-	2.1	3501
加压化学品,易燃的,有毒的,未另列明的	-	2.1	3504
加压化学品,易燃的,腐蚀性的,未另列明的	-	2.1	3505
加压化学品,有毒的,未另列明的	-	2.2	3502
镓	-	8	2803
2-(N,N-甲氨基乙羰基)-4-(3,4-二甲苯磺酰)重氮苯硫酸氢盐,浓度96%	-	4.1	3236
甲胺,水溶液	-	3	1235
甲胺,无水的	-	2.1	1061
甲拌磷,见有机磷农药	P	-	-
甲苯	-	3	1294
甲苯胺类,固体的	P	6.1	3451
甲苯胺类,液体的	P	6.1	1708
2,4-甲苯二胺,固体的	-	6.1	1709
2,4-甲苯二胺溶液	-	6.1	3418
甲苯二异氰酸酯	-	6.1	2078
甲苯基酸	-	6.1	2022
甲苯乙烯,稳定的,见	-	3	2618
甲苄基溴,固体的	-	6.1	3417
甲苄基溴,液体的	-	6.1	1701
甲叉二溴,见	-	6.1	2664
甲醇	-	3	1230
甲醇钠	-	4.2	1431
甲醇钠的酒精溶液	-	3	1289
甲代烯丙基醇	-	3	2614
甲酚类,固体的	-	6.1	3455
甲酚类,液体的	-	6.1	2076
甲氟磷,见有机磷农药	-	-	-
甲磺酰氯	-	6.1	3246
N-甲基苯胺	P	6.1	2294
4-甲基苯碱磺酰肼,浓度100%	-	4.1	3226
2-甲基-2-苯基丙烷,见	P	3	2709
甲基苯基二氯硅烷	-	8	2437

续上表

物质、材料或物品	海洋污染物	类别	联合国编号
甲基苯基醚,见	-	3	2222
α-甲基苯乙烯,见	-	3	2303
甲基苯乙烯类,稳定的,见	-	3	2618
α-甲基苄基醇,固体的	-	6.1	3438
α-甲基苄基醇,液体的	-	6.1	2937
2-甲基-1-丙醇,见	-	3	1212
2-甲基-2-丙醇,见	-	3	1120
甲基丙基苯类,见	P	3	2046
甲基丙基(甲)酮	-	3	1249
甲基丙基醚	-	3	2612
2-甲基丙酸,见	-	3	2529
2-甲基丙酸乙酯,见	-	3	2385
2-甲基-2-丙烯 1-醇,见	-	3	2614
甲基丙烯醇,见	-	3	2614
甲基丙烯腈,稳定的	-	6.1	3079
β-甲基丙烯醛,见	P	6.1	1143
甲基丙烯醛,稳定的	-	3	2396
2-甲基丙烯醛,稳定的,见	-	3	2396
3-甲基丙烯醛,稳定的,见	P	6.1	1143
2-甲基丙烯酸丁酯,稳定的,见	-	3	2227
2-甲基丙烯酸二甲氨基乙酯,乙酰乙烯酮,稳定的,见	-	6.1	2522
3-甲基丙烯酸,固体的,见	-	8	2823
甲基丙烯酸甲酯,单体,稳定的	-	3	1247
甲基丙烯酸,稳定的	-	8	2531
3-甲基丙烯酸,液体的,见	-	8	3472
甲基丙烯酸乙酯,稳定的	-	3	2277
甲基丙烯酸异丁酯,稳定的	-	3	2283
甲基丙烯酸正丁酯,稳定的	-	3	2227
2-甲基丙酰氯,见	-	3	2395
甲基次硫酸内吸磷,见有机磷农药	-	-	-
甲基碘	-	6.1	2644
N-甲基丁胺	-	3	2945
甲基丁醇类,见	-	3	1105
2-甲基-1,3-丁二烯,稳定的,见	-	3	1218

续上表

物质、材料或物品	海洋污染物	类别	联合国编号
2-甲基丁醛	-	3	3371
3-甲基-2-丁酮	-	3	2397
3-甲基-2-丁酮,见	-	3	2397
2-甲基丁烷,见	-	3	1265
2-甲基-1-丁烯	-	3	2459
2-甲基-2-丁烯	-	3	2460
3-甲基-1-丁烯	-	3	2561
甲基对硫磷,见有机磷农药	P	-	-
甲基二硫代甲烷,见	P	3	2381
甲基二氯硅烷	-	4.3	1242
甲基二硝基苯酚,见取代硝基苯酚农药	-	-	-
甲基二硝基苯类,固体的,见	P	6.1	3454
甲基二硝基苯类,液体的,见	P	6.1	2038
2-甲基呋喃	-	3	2301
甲基氟	-	2.1	2454
甲基氟苯类(邻-;间-;对-),见	-	3	2388
2-甲基-2-庚硫醇	-	6.1	3023
2-甲基庚烷,见	P	3	1262
甲基化二硫,见	P	3	2381
甲基化酒精,见	-	3	1986
	-	3	1987
甲基环己醇类,易燃的	-	3	2617
甲基环己酮	-	3	2297
甲基环己烷	P	3	2296
甲基环戊烷	-	3	2298
甲基环乙醇(四基苯酚),见	-	3	2617
5-甲基-2-己酮	-	3	2302
甲基肼	-	6.1	1244
甲基氯	-	2.1	1063
甲基氯苯类,见	-	3	2238
甲基氯仿,见	-	6.1	2831
甲基氯硅烷	-	2.3	2534
甲基氯和二氯甲烷混合物	-	2.1	1912
甲基氯和三氯硝基甲烷混合物,见	-	2.3	1582

续上表

物质、材料或物品	海洋污染物	类别	联合国编号
甲基氯甲基醚	-	6.1	1239
N-甲基吗啉	-	3	2535
4-甲基吗啉	-	3	2535
甲基醚,见	-	2.1	1033
甲基内吸磷,见有机磷农药	-	-	-
甲基内吸磷,硫羰异物体,见有机磷农药	-	-	-
1-甲基哌啶	-	3	2399
N-甲基哌啶,见	-	3	2399
甲基哌啶类(2-;3-;4-),见	-	3	2313
甲基氢硫基丙炔醛,见	-	6.1	2785
甲基氰,见	-	3	1648
亚甲基氰,见	-	6.1	2647
甲基三硫磷,见有机磷农药	P	-	-
甲基三氯硅烷	-	3	1250
甲基叔丁基醚	-	3	2398
甲基四氢呋喃	-	3	2536
2-甲基-2-戊醇	-	3	2560
4-甲基-2-戊醇,见	-	3	2053
甲基戊二烯类	-	3	2461
甲基戊基醇,见	-	3	2053
甲基戊基(甲)酮	-	3	1110
α-甲基戊醛	-	3	2367
4-甲基-2-戊酮,见	-	3	1245
2-甲基戊烷,见	P	3	1208
3-甲基戊烷,见	-	3	1208
3-甲基-2-戊烯-4-炔–醇,见	-	8	2705
4-甲基-3-戊烯-2-酮,见	-	3	1229
甲基烯丙基氯	-	3	2554
甲基硝基苯酚类,见	-	6.1	2446
甲基溴,含三氯硝基甲烷不大于2.0%	-	2.3	1062
甲基溴和三氯硝基甲烷混合物,见	-	2.3	1581
甲基乙拌磷,见有机磷农药	-	-	-
甲基乙二醇,见	-	3	1188
甲基乙二醇乙酸酯,见	-	3	1189

续上表

物质、材料或物品	海洋污染物	类别	联合国编号
2-甲基-5-乙基吡啶	-	6.1	2300
甲基乙基甲醇,见	-	3	1120
甲基乙基醚,见	-	2.1	1039
甲基乙基酮	-	3	1193
甲基乙炔和丙二烯混合物,稳定的	-	2.1	1060
甲基乙烯基苯类,稳定的,见	-	3	2618
甲基乙烯基甲酮,稳定的	-	6.1	1251
甲基异丙基苯,见	P	3	2046
甲基异丙基(甲)酮,见	-	3	2397
甲基异丙烯基(甲)酮,稳定的	-	3	1246
甲基异丁基甲醇	-	3	2053
甲基异丁基甲醇乙酸酯,见	-	3	1233
甲基异丁基(甲)酮	-	3	1245
甲基异丁烯基(甲)酮,见	-	3	1229
甲基正丁基醚	-	3	2350
甲基正戊基(甲)酮,见	-	3	1110
甲硫醇	P	2.3	1064
甲脒亚磺酸,见	-	4.2	3341
甲萘威,见氨基甲酸酯农药	P	-	-
甲氰菊酯,见农药,未另列明的	P	-	-
甲醛,见	-	3	1198
甲醛溶液,含甲醛不小于25%	-	8	2209
甲醛溶液,易燃的	-	3	1198
甲醛缩二甲醇	-	3	1234
甲酸,按质量计,含酸大于85%	-	8	1779
甲酸,按质量计,含酸不小于10%,但小于85%	-	8	3412
甲酸,按质量计,含酸不小于5%,但小于10%	-	8	3412
甲酸丙酯类	-	3	1281
甲酸甲酯	-	3	1243
甲酸戊酯类	-	3	1109
甲酸烯丙酯	-	3	2336
甲酸乙酯	-	3	1190
甲酸异丙酯,见	-	3	1281
甲酸异丁酯	-	3	2393

续上表

物质、材料或物品	海洋污染物	类别	联合国编号
甲酸异戊酯,见	-	3	1109
甲酸正丁酯	-	3	1128
甲烷和氢气混合物,压缩的,见	-	2.1	2034
甲烷,冷冻液体	-	2.1	1972
甲烷,压缩的	-	2.1	1971
甲烷磺酰氯,见	-	6.1	3246
2-甲酰-3,4-二氢-2H-吡喃,稳定的,见	-	3	2607
N-甲酰基-2-(硝亚甲基)-1,3-氢化噻嗪,浓度100%	-	4.1	3236
甲氧基苯,见	-	3	2222
1-甲氧基-2-丙醇	-	3	3092
1-甲氧基丙烷,见	-	3	2612
1-甲氧基丁烷,见	-	3	2350
4-甲氧基-4-甲基-2-戊酮	-	3	2293
甲氧基钠的酒精溶液,见	-	3	1289
甲氧基钠,见	-	4.2	1431
甲氧基硝基苯类,固体,见	-	6.1	3458
甲氧基硝基苯类,液体,见	-	6.1	2730
2-甲氧基乙醇,见	-	3	1188
甲氧基乙烷,见	-	2.1	1039
甲氧去草净,见三嗪农药	-	-	-
钾	-	4.3	2257
钾分散体,见	-	4.3	1391
钾汞齐,固体的,见	-	4.3	3401
钾汞齐,液体的,见	-	4.3	1389
钾合金,金属的,见	-	4.3	1420
钾金属合金类,固体的	-	4.3	3403
钾金属合金类,液体的	-	4.3	1420
钾钠合金,固体的	-	4.3	3404
钾钠合金,液体的	-	4.3	1422
jian			
间苯二酚	-	6.1	2876
3-间苯二酚,见	-	6.1	2876
间二氯苯,见	P	6.1	2810
间二羟基苯(间苯二酚),见	-	6.1	2876

续上表

物质、材料或物品	海洋污染物	类别	联合国编号
间氯苯胺,见	-	6.1	2019
间氯甲苯,见	-	3	2238
碱金属醇化物,自热的,腐蚀性的,未另列明的	-	4.2	3206
碱金属分散体	-	4.3	1391
碱金属分散体,易燃的	-	4.3	3482
碱金属汞齐,固体的	-	4.3	3401
碱金属汞齐,液体的	-	4.3	1389
碱金属合金,液体的,未另列明的	-	4.3	1421
碱石灰,含氢氧化钠大于4%	-	8	1907
碱土金属醇化物,未另列明的	-	4.2	3205
碱土金属分散体	-	4.3	1391
碱土金属分散体,易燃的	-	4.3	3482
碱土金属汞齐,固体的	-	4.3	3402
碱土金属汞齐,液体的	-	4.3	1392
碱土金属合金,未另列明的	-	4.3	1393
碱液,见	-	8	1823
剑麻,干的,见	-	4.1	3360
jiang			
浆状炸药,见爆破炸药,E型	-	-	-
2,5-降冰片二烯,稳定的	-	3	2251
jiao			
胶合剂,液体的,见	-	3	1133
胶片,以硝化纤维素为基料,涂有明胶的,碎胶片除外	-	4.1	1324
胶片,以硝化纤维素为基料,除去明胶的;碎胶片,见	-	4.2	2002
胶粘剂,含有易燃液体	-	3	1133
胶质炸药,见	-	1.1D	0081
焦硫酸,见	-	8	1831
焦硫酰氯	-	8	1817
焦油类,液体的,包括筑路柏油和稀释沥青	-	3	1999
jin			
金属催化剂,干的	-	4.2	2881
金属催化剂,湿的,含有可见的过量液体	-	4.2	1378
金属粉,易燃的,未另列明的	-	4.1	3089
金属粉,自热的,未另列明的	-	4.2	3189

续上表

物质、材料或物品	海洋污染物	类别	联合国编号
金属锆,干的,精制的薄片、条或盘丝	–	4.2	2009
金属锆,干的,精制的薄片、条或盘丝(厚度小于254μm,但大于18μm)	–	4.1	2858
金属锆,悬浮在易燃液体中	–	3	1308
金属氢化物,易燃的,未另列明的	–	4.1	3182
金属氢化物,遇水反应的,未另列明的	–	4.3	1409
金属物质,遇水反应的,未另列明的	–	4.3	3208
金属物质,遇水反应的,自热的,未另列明的	–	4.3	3209
金属贮氢系统中的氢	–	2.1	3468
腈类,固体的,有毒的,未另列明的	–	6.1	3439
腈类,液体的,有毒的,未另列明的	–	6.1	3276
腈类,易燃的,有毒的,未另列明的	–	3	3273
腈类,有毒的,易燃的,未另列明的	–	6.1	3275
精恶唑禾草灵,见注1	P	–	–
精喹禾灵,见注1	P	–	–
肼碱,水溶液,见	–	6.1	3293
肼水合溶液,易燃的,按质量计,含肼大于37%	–	8	3484
肼,水溶液,按质量计,含肼大于37%	–	8	2030
肼,水溶液,按质量计,含肼不大于37%	–	6.1	3293
肼,无水的	–	8	2029
jiu			
久效磷,见氨基甲酸酯农药	–	–	–
久效磷,见有机磷农药	P	–	–
酒精	–	3	1170
酒精溶液	–	3	1170
酒精饮料,按体积计,含酒精大于70%	–	3	3065
酒精饮料,按体积计,含酒精大于24%,但不大于70%	–	3	3065
酒石酸锑钾	–	6.1	1551
酒石酸烟碱	–	6.1	1659
救生设备,非自动膨胀式,装备中含有危险物品	–	9	3072
救生设备,自动膨胀式	–	9	2990
ju			
聚胺类,固体的,腐蚀的,未另列明的	–	8	3259
聚胺类,液体的,腐蚀的,未另列明的	–	8	2735
聚胺类,液体的,腐蚀的,易燃的,未另列明的	–	8	2734

续上表

物质、材料或物品	海洋污染物	类别	联合国编号
聚胺类,易燃的,腐蚀的,未另列明的	—	3	2733
聚苯乙烯珠粒,可发的,放出易燃蒸气,见	—	9	2211
聚苯乙烯珠粒,可发的,见	—	9	2211
聚合物质,固体的,控温的,未另列明的	—	4.1	3533
聚合物质,固体的,稳定的,未另列明的	—	4.1	3531
聚合物质,液体的,控温的,未另列明的	—	4.1	3534
聚合物质,液体的,稳定的,未另列明的	—	4.1	3532
聚合物珠体,可发的,放出易燃蒸气	—	9	2211
聚醚聚过氧叔丁基碳酸酯,浓度≤52%,含B型稀释剂	—	5.2	3107
聚能装药,不带雷管	—	1.1D	0059
聚能装药,不带雷管	—	1.2D	0439
聚能装药,不带雷管	—	1.4D	0440
聚能装药,不带雷管	—	1.4S	0441
聚能装药,柔性,线型	—	1.4D	0237
聚能装药,柔性,线型	—	1.1D	0288
聚乙醛	—	4.1	1332
聚(1-6)乙氧基(C12-C16)醇,见	P	9	3082
聚(3-6)乙氧基(C6-C17)(仲)醇,见	P	9	3082
聚酯树脂器材,液体基本材料	—	3	3269
聚酯树脂器材,固体基本材料	—	4.1	3527
jun			
均三甲苯,见	P	3	2325
ka			
咖啡因,见	—	6.1	1544
卡可基酸	—	6.1	1572
kan			
2-莰烷醇,见	—	4.1	1312
2-莰烷酮,见	—	4.1	2717
kang			
糠胺	—	3	2526
α-糠胺,见	—	3	2526
糠醇	—	6.1	2874
糠醛	—	6.1	1199
抗蚜威,见氨基甲酸酯农药	P	—	—

续上表

物质、材料或物品	海洋污染物	类别	联合国编号
ke			
可编程电引爆雷管,爆破用	-	1.1B	0511
可编程电引爆雷管,爆破用	-	1.1B	0512
可编程电引爆雷管,爆破用	-	1.4S	0513
苛性钾,固体,见	-	8	1813
苛性钾,液体,见	-	8	1814
苛性碱液体,未另列明的	-	8	1719
苛性钠,固体,见	-	8	1823
苛性钠,溶液,见	-	8	1824
可可腈,见	P	9	3082
可燃空药筒,不带起爆器	-	1.4C	0446
可燃空药筒,不带起爆器	-	1.3C	0447
克百威,见氨基甲酸酯农药	P	-	-
克瘟散,见有机磷农药,见	P	-	-
氪,冷冻液体	-	2.2	1970
氪,压缩的	-	2.2	1056
kong			
空弹药筒壳,带起爆器	-	1.4S	0055
空弹药筒壳,带起爆器	-	1.4C	0379
空气,冷冻液体	-	2.2	1003
空气,压缩的	-	2.2	1002
空投照明弹	-	1.3G	0093
空投照明弹	-	1.4G	0403
空投照明弹	-	1.4S	0404
空投照明弹	-	1.1G	0420
空投照明弹	-	1.2G	0421
空运受管制的固体,未另列明的	-	9	3335
空运受管制的液体,未另列明的	-	9	3334
ku			
枯烯(异丙基苯),见	-	3	1918
苦氨酸锆,干的或湿的,按质量计,含水小于20%	-	1.3C	0236
苦氨酸锆,湿的,按质量计,含水不小于20%	-	4.1	1517
苦氨酸钠,干的或湿的,按质量计,含水小于20%	-	1.3C	0235
苦氨酸钠,湿的,按质量计,含水不小于20%	-	4.1	1349

续上表

物质、材料或物品	海洋污染物	类别	联合国编号
苦氨酸,湿的,按质量计,含水不小于20%,见	-	4.1	3317
苦基胺	-	1.1D	0153
苦基氯	-	1.1D	0155
苦基氯,湿的,按质量计,含水不小于10%	-	4.1	3365
苦味酸,干的或湿的,按质量计,含水小于30%	-	1.1D	0154
苦味酸铵,干的或湿的,按质量计,含水小于10%	-	1.1D	0004
苦味酸铵,湿的,按质量计,含水不小于10%	-	4.1	1310
苦味酸,湿的,按质量计,含水不小于30%	-	4.1	1344
苦味酸,湿的,按质量计,含水不小于10%	-	4.1	3364
苦味酸银,干的或湿的按质量计,含水小于30%(禁止运输)	-	-	-
苦味酸银,湿的,按质量计,含水不小于30%	-	4.1	1347
kuai			
块状火药,湿的,按质量计,含酒精不小于17%	-	1.1C	0433
块状火药,湿的,按质量计,含水不小于25%	-	1.3C	0159
kui			
喹禾灵,见注1	P	-	-
喹啉	-	6.1	2656
喹硫磷,见有机磷农药	P	-	-
kun			
醌,见	-	6.1	2587
l			
LNG,见	-	2.1	1972
LPG,见	-	2.1	1075
lao			
酪酸,见	-	8	2820
le			
乐果,见有机磷农药	P	-	-
乐杀螨,见取代硝基苯酚农药	P	-	-
乐松,见有机磷农药	-	-	-
lei			
雷酸汞,湿的,按质量计,含水或水和酒精的混合物不小于20%	-	1.1A	0135
雷琐酚,见	-	6.1	2876
A类医疗废物,仅对动物感染,固体的	-	6.2	3549
A类医疗废物,对人感染,固体的	-	6.2	3549

续上表

物质、材料或物品	海洋污染物	类别	联合国编号
li			
锂	-	4.3	1415
锂,弹药筒用,见	-	4.3	1415
锂金属蓄电池,见	-	9	3090
锂分散体,见	-	4.3	1391
锂汞齐,固体的,见	-	4.3	3401
锂汞齐,液体的,见	-	4.3	1389
锂硅铁	-	4.3	2830
锂合金,液体的,见	-	2.1	1001
锂离子蓄电池(包括锂离子聚合物蓄电池)	-	9	3480
锂金属蓄电池,包含锂合金蓄电池	-	9	3090
利谷隆,见注1	P	-	-
沥青(柏油),见	-	3	1999
沥青,见	-	3	1999
lian			
连二亚硫酸钙	-	4.2	1923
连二亚硫酸钾	-	4.2	1929
连二亚硫酸钠	-	4.2	1384
连二亚硫酸锌	-	9	1931
联氨基苯,见	-	6.1	2572
联苯胺	-	6.1	1885
联苯杀鼠萘,见香豆素衍生物农药	-	-	-
联吡啶农药,固体的,有毒的	-	6.1	2781
联吡啶农药,液体的,易燃的,有毒的,闪点小于23℃	-	3	2782
联吡啶农药,液体的,有毒的	-	6.1	3016
联吡啶农药,液体的,有毒的,易燃的,闪点不小于23℃	-	6.1	3015
联(二)苯,见	P	9	3077
联十六烷基过氧重碳酸酯,浓度≤42%,水中稳定分散体	-	5.2	3119
联十六烷基过氧重碳酸酯,浓度≤100%	-	5.2	3120
联乙烯(丁二烯),稳定的,见	-	2.1	1010
练习用弹药	-	1.4G	0362
	-	1.3G	0488
lie			
劣质橡胶,粉状或颗粒状,不大于840μm,橡胶含量大于45%	-	4.1	1345

续上表

物质、材料或物品	海洋污染物	类别	联合国编号
lin			
邻氨基茴香醚(邻氨基苯甲醚),见	-	6.1	2431
邻苯二甲酸丁(基)苄(基)酯,见	P	9	3082
邻苯二甲酸二正丁酯,见	P	9	3082
邻苯二甲酸酐,含马来酐大于0.05%	-	8	2214
邻二氯苯	-	6.1	1591
邻甲氧基苯胺(邻-茴香胺),见	-	6.1	2431
邻氯苯胺,见	-	6.1	2019
邻氯甲苯,见	P	3	2238
邻乙基苯胺,见	-	6.1	2273
林丹,见有机氯农药	P	-	-
磷胺,见有机磷农药	P	-	-
磷,白色的,干的	P	4.2	1381
磷,白色的,浸在溶液中	P	4.2	1381
磷,白色的,浸在水中	P	4.2	1381
磷的氢化物,见	-	2.3	2199
磷化钾	-	4.3	2012
磷化铝	-	4.3	1397
磷化铝镁	-	4.3	1419
磷化铝农药	-	6.1	3048
磷化镁	-	4.3	2011
磷化钠	-	4.3	1432
磷化氢	-	2.3	2199
磷化氢,吸附性的	-	2.3	3525
磷化锶	-	4.3	2013
磷化锡	-	4.3	1433
磷化锌	-	4.3	1714
磷,黄色的,干的	P	4.2	1381
磷,黄色的,浸在溶液中	P	4.2	1381
磷,黄色的,浸在水中	P	4.2	1381
磷酸酐,见	-	8	1807
磷酸,固体的	-	8	3453
磷酸甲苯·联苯酯,见	P	9	3082
磷酸溶液	-	8	1805

续上表

物质、材料或物品	海洋污染物	类别	联合国编号
磷酸三苯酯,见	P	9	3077
磷酸三苯酯/叔丁基苯基磷酸酯混合物,含有 5%－10% 的磷酸三苯酯,见注1	P	-	-
磷酸三苯酯/叔丁基苯基磷酸酯混合物,含有 10%－48% 的磷酸三苯酯,见注1	P	-	-
磷酸三(-二甲苯)酯,见	P	9	3082
磷酸三芳基酯类,未另列明的,见	P	9	3082
磷酸三芳基酯类,异丙基化的,见	P	9	3082
磷酸三甲苯酯(含邻位异构体大于3%)	P	6.1	2574
磷酸三甲苯酯,邻位异构体 1%－3%,见	P	9	3082
磷酸三甲苯酯,邻位异构体小于 1%,见	P	9	3082
磷酸三甲酚酯,见	P	6.1	2574
磷酸三异丙基化苯酯,见	P	9	3077
磷,无定形的	-	4.1	1338
磷虾粉	-	4.2	3497
磷酰氯,见	-	6.1	1810
磷酰溴,固体的,见	-	8	1939
磷酰溴,熔融的,见	-	8	2576
9-磷杂二环壬烷类	-	4.2	2940
liu			
硫	-	4.1	1350
硫醇混合物,液体的,易燃的,未另列明的	-	3	3336
硫醇混合物,液体的,有毒的,易燃的,未另列明的	-	6.1	3071
硫醇类混合物,液体的,易燃的,有毒的,未另列明的	-	3	1228
硫醇类,液体的,易燃的,未另列明的	-	3	3336
硫醇类,液体的,易燃的,有毒的,未另列明的	-	3	1228
硫醇类,液体的,有毒的,易燃的,未另列明的	-	6.1	3071
硫代氨基甲酸酯农药,固体的,有毒的	-	6.1	2771
硫代氨基甲酸酯农药,液体的,易燃的,有毒的,闪点小于23℃	-	3	2772
硫代氨基甲酸酯农药,液体的,有毒的	-	6.1	3006
硫代氨基甲酸酯农药,液体的,有毒的,易燃的,闪点不小于23℃	-	6.1	3005
硫代丙醇类,见	-	3	2402
硫代二氯磷苯,见	-	8	2799
硫代磷酰氯	-	8	1837

续上表

物质、材料或物品	海洋污染物	类别	联合国编号
硫代乙酸	-	3	2436
硫丹,见有机氯农药	P	-	-
硫甘醇	-	6.1	2966
硫光气	-	6.1	2474
硫华,见	-	4.1	1350
硫化铵溶液	-	8	2683
硫化镉,见	-	6.1	2570
硫化钾,含结晶水小于30%	-	4.2	1382
硫化钾,水合的,含结晶水不小于30%	-	8	1847
硫化钾,无水的,含结晶水小于30%	-	4.2	1382
硫化磷(V),不含黄磷或白磷,见	-	4.3	1340
硫化钠,含结晶水小于30%	-	4.2	1385
硫化钠,水合的,含水不小于30%	-	8	1849
硫化钠,无水的	-	4.2	1385
硫化氢	-	2.3	1053
硫化氢,见	-	2.3	1053
硫化砷类,固体的,未另列明的,无机的,见	-	6.1	1557
硫化砷类,液体的,未另列明的,无机的,见	-	6.1	1556
硫化碳酰	-	2.3	2204
硫基碳酸硫酸复合物,见爆破炸药,B型	-	-	-
硫灭克磷,见有机磷农药	P	-	-
硫羟乳酸	-	6.1	2936
硫氢乙烷,见	P	3	2363
硫氰酸汞	P	6.1	1646
硫,熔融的	-	4.1	2448
硫酸,含酸大于51%	-	8	1830
硫酸,含酸不大于51%	-	8	2796
硫酸二甲酯	-	6.1	1595
硫酸二乙酯	-	6.1	1594
硫酸,发烟的	-	8	1831
硫酸酐,稳定的,见	-	8	1829
硫酸汞	P	6.1	1645
硫酸胲	-	8	2865
硫酸和氢氟酸混合物,见	-	8	1786

续上表

物质、材料或物品	海洋污染物	类别	联合国编号
硫酸甲酯,见	-	6.1	1595
硫酸铅,含游离酸大于3%	-	8	1794
硫酸羟铵,见	-	8	2865
硫酸氢铵	-	8	2506
硫酸氢钾	-	8	2509
硫酸氢亚汞,见	P	6.1	1645
硫酸氢盐水溶液	-	8	2837
硫酸铊,见	P	6.1	1707
硫酸铜,见注1	P	-	-
硫酸铜,无水的,水合物和溶液,见注1	P	-	-
硫酸烟碱溶液	-	6.1	1658
硫酸烟碱盐,固体的	-	6.1	3445
硫酸氧钒	-	6.1	2931
硫酸乙酯,见	-	6.1	1594
硫酸,用过的	-	8	1832
硫酰氟	-	2.3	2191
硫酰氯	-	6.1	1834
硫酰氯化三氯甲烷,见	P	6.1	1670
4-硫杂戊醛	-	6.1	2785
硫杂-4-戊醛,见	-	6.1	2785
六胺,见	-	4.1	1328
六苯丁锡氧,见注1	P	-	-
六氟丙酮	-	2.3	2420
六氟丙酮水合物,固体的	-	6.1	3436
六氟丙酮水合物,液体的	-	6.1	2552
六氟-2-丙酮,见	-	2.3	2420
六氟丙烯	-	2.2	1858
六氟硅酸铵,见	-	6.1	2854
六氟硅酸钾,见	-	6.1	2655
六氟硅酸镁,见	-	6.1	2853
六氟硅酸钠,见	-	6.1	2674
六氟硅酸锌,见	-	6.1	2855
六氟化碲	-	2.3	2195
六氟化硫	-	2.2	1080

续上表

物质、材料或物品	海洋污染物	类别	联合国编号
六氟化钨	-	2.3	2196
六氟化硒	-	2.3	2194
六氟化铀,放射性物质,例外包件,每个包装小于0.1kg,非裂变的或例外裂变的	-	8	3507
六氟化铀,非裂变或例外裂变的,见	-	7	2978
六氟磷酸	-	8	1782
六氟乙烷	-	2.2	2193
六甲撑,见	-	3	1145
六六六,见有机氯农药	P	-	-
六氯苯	-	6.1	2729
六氯丙酮	-	6.1	2661
六氯-2-丙酮,见	-	6.1	2661
六氯丁二烯	P	6.1	2279
六氯-1,3-丁二烯,见	P	6.1	2279
1,3-六氯丁二烯,见	P	6.1	2279
六氯酚	-	6.1	2875
六氯环戊二烯	-	6.1	2646
六氯双酚甲烷,见	-	6.1	2875
六氢苯硫酚,见	-	3	3054
六氢吡啶,见	-	8	2401
六氢化苯,见	-	3	1145
六氢化吡嗪,固体的,见	-	8	2579
六氢化甲苯,见	-	3	2296
六氢化甲酚,见	-	3	2617
六硝基苯二胺	-	1.1D	0079
六硝基二苯硫,湿的,见	-	4.1	2852
六硝基芪	-	1.1D	0392
六硝炸药	-	1.1D	0079
六亚甲基二胺,固体的	-	8	2280
六亚甲基二胺溶液	-	8	1783
六亚甲基二胺,熔融的	-	8	2280
六亚甲基二异氰酸酯,见	-	6.1	2281
六亚甲基亚胺	-	3	2493

续上表

物质、材料或物品	海洋污染物	类别	联合国编号
long			
龙脑(冰片),见	-	4.1	1312
lu			
卤代甲基苯烷类,固体的	P	9	3152
卤代甲基苯烷类,液体的	P	9	3151
卤化烷基铝,固体的,见	-	4.2	3393
lun			
伦敦紫	P	6.1	1621
lü			
铝残渣,见	-	4.3	3170
铝粉,经涂层的	-	4.1	1309
铝粉,未经涂层的	-	4.3	1396
铝粉,引火性的,见	-	4.2	1383
铝浮渣,见	-	4.3	3170
铝熔炼副产品	-	4.3	3170
铝酸钠,固体的	-	8	2812
铝酸钠溶液	-	8	1819
铝再熔副产品	-	4.3	3170
铝渣,见	-	4.3	3170
氯苯	-	3	1134
2-氯苯胺,见	-	6.1	2019
3-氯苯胺,见	-	6.1	2019
4-氯苯胺,见	-	6.1	2018
氯苯胺类,固体的	-	6.1	2018
氯苯胺类,液体的	-	6.1	2019
氯苯酚类,固体的	-	6.1	2020
氯苯酚类,液体的	-	6.1	2021
氯苯酚盐类,固体的	-	8	2905
氯苯酚盐类,液体的	-	8	2904
氯苯基三氯硅烷	P	8	1753
氯苯甲基氯类,固体的	P	6.1	3427
氯苯甲基氯,液体的	P	6.1	2235
2-氯吡啶	-	6.1	2822
3-氯-1-丙醇	-	6.1	2849

续上表

物质、材料或物品	海洋污染物	类别	联合国编号
1-氯-2-丙醇,见	-	6.1	2611
3-氯-1,2-丙二醇,见	-	6.1	2689
2-氯丙酸	-	8	2511
2-氯丙酸甲酯	-	3	2933
α-氯丙酸 α-甲酯,见	-	3	2933
α-氯丙酸,见	-	8	2511
2-氯丙酸乙酯	-	3	2935
2-氯丙酸异丙酯	-	3	2934
α-氯丙酸 α-异丙酯,见	-	3	2934
氯丙酮,稳定的	P	6.1	1695
1-氯丙烷	-	3	1278
2-氯丙烷	-	3	2356
2-氯丙烯	-	3	2456
3-氯丙烯,见	-	3	1100
3-氯-1-丙烯,见	-	3	1100
α-氯丙烯,见	-	3	1100
氯铂酸,固体的	-	8	2507
α-氯代丙三醇	-	6.1	2689
氯代茴香胺类	-	6.1	2233
氯丹,见有机氯农药	P	-	-
氯丁二烯,稳定的	-	3	1991
2-氯丁二烯-1,3,稳定的,见	-	3	1991
1-氯丁烷,见	-	3	1127
2-氯丁烷,见	-	3	1127
氯丁烷类	-	3	1127
氯二氟溴甲烷	-	2.2	1974
氯二氟甲烷	-	2.2	1018
氯二氟甲烷和氯五氟乙烷的混合物,具有固定沸点,含氯二氟甲烷约49%	-	2.2	1973
1-氯-1,1-二氟乙烷	-	2.1	2517
氯二甲基醚,见	-	6.1	1239
3-氯-1,2-二羟基丙烷,见	-	6.1	2689
氯二硝基苯类,液体的	P	6.1	1577
氯仿	-	6.1	1888
氯硅烷类,腐蚀的,未另列明的	-	8	2987

续上表

物质、材料或物品	海洋污染物	类别	联合国编号
氯硅烷类,腐蚀的,易燃的,未另列明的	-	8	2986
氯硅烷类,易燃的,腐蚀性的,未另列明的	-	3	2985
氯硅烷类,有毒的,腐蚀性的,未另列明的	-	6.1	3361
氯硅烷类,有毒的,腐蚀性的,易燃的,未另列明的	-	6.1	3362
氯硅烷类,遇水反应,易燃的,腐蚀的,未另列明的	-	4.3	2988
3-氯过氧苯甲酸,浓度≤77%,含惰性固体和水	-	5.2	3106
3-氯过氧苯甲酸,浓度≤57%,含惰性固体和水	-	5.2	3106
3-氯过氧苯甲酸,浓度>57－86%,含惰性固体	-	5.2	3102
氯化苯胺,见	-	6.1	1548
氯化铂,固体的,见	-	8	2507
氯化汞	P	6.1	1624
氯化汞铵	P	6.1	1630
氯化苦	P	6.1	1580
氯化磷,见	-	8	1806
氯化硫代磷酸二甲酯,见	-	6.1	2267
氯化硫类	-	8	1828
氯化铝溶液	-	8	2581
氯化铝,无水的	-	8	1726
氯化镁和氯酸盐的混合物,见	-	5.1	1459
氯化铅,固体的,见	P	6.1	2291
氯化氢,见	-	8	1789
氯化氢,冷冻液体	-	2.3	2186
氯化氢,无水的	-	2.3	1050
氯化氰,稳定的	P	2.3	1589
氯化石蜡(C14－C17),短链的大于1%,见	P	9	3082
氯化石蜡(C10－C13),见	P	9	3082
氯化钛,见	-	6.1	1838
氯化锑	-	8	1733
氯化锑,固体的,见	-	8	1733
氯化铁溶液	-	8	2582
氯化铁,无水的	-	8	1773
氯化铜	P	8	2802
氯化锡(Ⅳ),发烟的,见	-	8	1827
氯化锡(Ⅳ),无水的,见	-	8	1827

物质、材料或物品	海洋污染物	类别	联合国编号
氯化锌-4-苄甲氨基-3-乙氧基重氮苯,浓度100%	-	4.1	3236
氯化锌-4-苄乙氨基-3-乙氧基重氮苯,浓度100%	-	4.1	3226
氯化锌-4-二丙氨基重氮苯,浓度100%	-	4.1	3226
氯化锌-4-二甲氨基-6-(2-二甲氨基乙氧基)-2-重氮甲苯,浓度100%	-	4.1.	3236
氯化锌-2,5-二甲氧基-4-(4-甲苯磺酰)重氮苯,浓度79%	-	4.1	3236
氯化锌-2,5-二乙氧基-4-苯磺酰重氮苯,浓度67%	-	4.1	3236
氯化锌-2,5-二乙氧基-4-吗啉代重氮苯,浓度67-100%	-	4.1	3236
氯化锌-2,5-二乙氧基-4-吗啉代重氮苯,浓度66%	-	4.1	3236
氯化锌-3-氯-4-二乙氨基重氮苯,浓度100%	-	4.1	3226
氯化锌-3-(2-羟乙氧基)-4-(1-吡咯烷基)重氮苯,浓度100%	-	4.1	3236
氯化锌-2-(2-羟乙氧基)-1-(1-吡咯烷基)-4-重氮苯,浓度100%	-	4.1	3236
氯化锌溶液	P	8	1840
氯化锌,无水的	P	8	2331
氯化锌-2-(N,N-乙氧基羰基苯氨基)-3-甲氧基-4-(N-甲基-N-环己基氨基)重氮苯,浓度63-92%	-	4.1	3236
氯化锌-2-(N,N-乙氧基羰基苯氨基)-3-甲氧基-4-(N-甲基-N-环己基氨基)重氮苯,浓度62%	-	4.1	3236
氯化溴	-	2.3	2901
氯化亚汞,见	P	6.1	2025
氯化亚砷,见	-	6.1	1560
氯化亚钛,引火的,见	-	4.2	2441
氯化亚铜,见	P	8	2802
氯化亚硝酰		2.3	1069
氯磺酸(含或不含三氧化硫)		8	1754
氯磺酸,见		6.1	1834
氯甲苯胺类,固体的	-	6.1	2239
氯甲苯胺类,液体的	-	6.1	3429
氯甲苯类	-	3	2238
氯甲酚类,固体的	-	6.1	3437
氯甲酚类溶液	-	6.1	2669
1-氯-3-甲基丙烷,见	-	3	1107
2-氯-2-甲基丙烷,见	-	3	1107
氯甲基丙烷类,见	-	3	1127
3-氯-2-甲基丙烯,见	-	3	2554

续上表

物质、材料或物品	海洋污染物	类别	联合国编号
氯甲(基)酚类,液体的,见	-	6.1	2669
氯甲基甲基醚,见	-	6.1	1239
氯甲基氰,见	-	6.1	2668
氯甲基乙基醚	-	3	2354
3-氯-4-甲基异氰酸苯酯,固体的	-	6.1	3428
氯甲磷,见有机农药	P	-	-
氯甲硫磷,见有机磷农药	P	-	-
氯甲酸苯酯	-	6.1	2746
氯甲酸丙酯,见	-	6.1	2740
氯甲酸环丁酯	-	6.1	2744
氯甲酸甲酯	-	6.1	1238
氯甲酸氯甲酯	-	6.1	2745
氯甲酸叔丁基环己酯	-	6.1	2747
氯甲酸烯丙酯	-	6.1	1722
氯甲酸盐类,有毒的,腐蚀的,未另列明的,见	-	6.1	3277
氯甲酸盐类,有毒的,腐蚀的,易燃的,未另列明的,见	-	6.1	2742
氯甲酸-2-乙基己酯	-	6.1	2748
氯甲酸乙酯	-	6.1	1182
氯甲酸异丙酯	-	6.1	2407
氯甲酸正丙酯	-	6.1	2740
氯甲酸正丁酯	-	6.1	2743
氯甲酸酯类,有毒的,腐蚀的,未另列明的	-	6.1	3277
氯甲酸酯类,有毒的,腐蚀的,易燃的,未另列明的	-	6.1	2742
氯甲烷(甲基氯),见	-	2.1	1063
4-氯邻甲苯胺盐酸盐,固体的	-	6.1	1579
4-氯邻甲苯胺盐酸盐溶液	-	6.1	3410
氯硫代甲酸乙酯	P	8	2826
氯气	P	2.3	1017
氯氰菊酯,见拟除虫菊酯农药	P	-	-
氯醛,无水的,稳定的	-	6.1	2075
2-氯-5-三氟甲基-硝基苯,见	P	6.1	2307
氯三氟甲烷	-	2.2	1022
氯三氟甲烷和三氟甲烷共沸混合物,含氯三氟甲烷约60%	-	2.2	2599
1-氯-2,2,2-三氟乙烷	-	2.2	1983

续上表

物质、材料或物品	海洋污染物	类别	联合国编号
氯三氟乙烯,稳定的,见	-	2.3	1082
氯杀鼠灵,见香豆素衍生物农药	P	-	-
氯鼠酮,见有机氯农药	-	-	-
1-氯-1,2,2,2-四氟乙烷	-	2.2	1021
氯酸铵(禁止运输)	-	-	-
氯酸铵溶液(禁止运输)	-	-	-
氯酸钡,固体的	-	5.1	1445
氯酸钡溶液	-	5.1	3405
氯酸钙	-	5.1	1452
氯酸钙,水溶液	-	5.1	2429
氯酸甲苄酯	P	8	1739
氯酸钾	-	5.1	1485
氯酸钾混合物,含矿物油,见	-	1.1D	0083
氯酸钾,水溶液	-	5.1	2427
氯酸镁	-	5.1	2723
氯酸钠	-	5.1	1495
氯酸钠混合物,含二硝基甲苯,见	-	1.1D	0083
氯酸钠,水溶液	-	5.1	2428
氯酸水溶液,含氯酸不大于10%	-	5.1	2626
氯酸水溶液,浓度大于10%(禁止运输)	-	-	-
氯酸锶	-	5.1	1506
氯酸铊	P	5.1	2573
氯酸铜	-	5.1	2721
氯酸锌	-	5.1	1513
氯酸盐和氯化镁的混合物,固体的	-	5.1	1459
氯酸盐和氯化镁混合物溶液	-	5.1	3407
氯酸盐和硼酸盐的混合物	-	5.1	1458
氯酸盐类,无机的,水溶液,未另列明的	-	5.1	3210
氯酸盐类,无机的,未另列明的	-	5.1	1461
氯碳酸甲酯,见	-	6.1	1238
氯五氟乙烷	-	2.2	1020
氯戊环,见有机氯农药	-	-	-
氯戊烷类,见	-	3	1107
氯,吸附性的	-	2.3	3520

续上表

物质、材料或物品	海洋污染物	类别	联合国编号
氯硝基苯胺类	P	6.1	2237
氯硝基苯类,固体的	-	6.1	1578
氯硝基苯类,液体的	-	6.1	3409
2-氯-6-硝基甲苯,见注1	P	-	-
氯硝基甲苯类,固体的	P	6.1	3457
氯硝基甲苯类,液体的	P	6.1	2433
1-氯辛烷,见	P	9	3082
1-氯-3-溴丙烷,见	-	6.1	2688
3-氯-1-溴丙烷,见	-	6.1	2688
氯亚胺硫磷,见有机磷农药	P	-	-
氯氧化铬	-	8	1758
氯化亚硫酰,见	-	8	1836
氯化硫酰,见	-	6.1	1834
氯化亚砜,见	-	8	1836
氯氧化亚硫,见	-	8	1836
氯乙醇	-	6.1	1135
2-氯乙醇,见	-	6.1	1135
氯乙腈	-	6.1	2668
2-氯乙醛	-	6.1	2232
氯乙醛,见	-	6.1	2232
氯乙酸,固体的	-	6.1	1751
氯乙酸甲酯	-	6.1	2295
氯乙酸钠	-	6.1	2659
氯乙酸溶液	-	6.1	1750
氯乙酸,熔融的	-	6.1	3250
氯乙酸乙烯酯	-	6.1	2589
氯乙酸乙酯	-	6.1	1181
氯乙酸异丙酯	-	3	2947
氯乙烷,见	-	2.1	1037
氯乙烷腈,见	-	6.1	2668
氯乙酰苯,固体的	-	6.1	1697
氯乙酰苯,液体的	-	6.1	3416
氯乙酰氯	-	6.1	1752

续上表

物质、材料或物品	海洋污染物	类别	联合国编号
m			
M86 燃料,见	-	3	3165
ma			
马拉硫磷,见	P	9	3082
马来酐	-	8	2215
马来酐,熔融的	-	8	2215
马钱子碱	P	6.1	1692
马钱子碱盐类	P	6.1	1692
吗啉	-	8	2054
mai			
迈索赖特石棉,见	-	9	2212
mei			
煤焦油,见	-	3	1136
	P	9	3082
煤焦油馏出物,易燃的	-	3	1136
煤焦油石脑油,见	-	3	1268
煤气,压缩的	-	2.3	1023
煤油	-	3	1223
镁	-	4.1	1869
镁分散体,见	-	4.3	1391
镁粉	-	4.3	1418
镁汞齐,固体的,见	-	4.3	3402
镁汞齐,液体的,见	-	4.3	1392
镁合金粉	-	4.3	1418
镁合金,含镁大于50%,丸状,车削片或条状的	-	4.1	1869
镁合金,见	-	4.3	1393
镁粒,经涂层的,粒径不小于149μm	-	4.3	2950
镁屑,见	-	4.1	1869
meng			
猛杀威,见氨基甲酸酯农药	P	-	-
mi			
醚类,未另列明的	-	3	3271
脒基·亚硝氨基脒基肼,湿的,按质量计,含水不小于30%	-	1.1A	0113

续上表

物质、材料或物品	海洋污染物	类别	联合国编号
mian			
棉安磷,见有机磷农药	-	-	-
棉花,干的,见	-	4.1	3360
棉花,湿的	-	4.2	1365
棉隆,见农药,未另列明的	-	-	-
mie			
灭虫威,见氨基甲酸酯农药	P	-	-
灭多虫,见氨基甲酸酯农药	P	-	-
灭害威,见氨基甲酸酯农药	P	-	-
灭火器,含有压缩或液化气体	-	2.2	1044
灭火器起动剂,腐蚀性液体	-	8	1774
灭火器起动剂,推进的,爆炸性的,见弹药筒,动力装置用	-	-	-
灭螨猛,见农药,未另列明的	-	-	-
灭扑威,见氨基甲酸酯农药	P	-	-
灭鼠迷,见香豆素衍生物农药	-	-	-
灭鼠宁,见农药,未另列明的	-	-	-
灭鼠舟,见氨基甲酸酯农药	-	-	-
灭瘟素-S-3,见农药,未另列明的	-	-	-
灭线磷,见有机磷农药	P	-	-
灭蚜磷,见有机磷农药	P	-	-
灭蚁灵,见有机氯农药	P	-	-
mu			
木材防腐剂,液体的	-	3	1306
木防己属,见	P	6.1	3172
木焦油,见	P	9	3082
木棉,干的,见	-	4.1	3360
n			
NTO	-	1.1D	0490
na			
钠	-	4.3	1428
钠分散体,见	-	4.3	1391
钠汞齐,固体的,见	-	4.3	3401
钠汞齐,液体的,见	-	4.3	1389
钠钾合金,见	-	4.3	1422

续上表

物质、材料或物品	海洋污染物	类别	联合国编号
nai			
氖,冰冻液体	-	2.2	1913
氖,压缩的	-	2.2	1065
β-萘胺,固体的	-	6.1	1650
α-萘胺	-	6.1	2077
β-萘胺溶液	-	6.1	3411
萘,粗制的	P	4.1	1334
萘,精制的	P	4.1	1334
萘硫脲	-	6.1	1651
1-萘硫脲,见	-	6.1	1651
α-萘硫脲,见	-	6.1	1651
萘脲	-	6.1	1652
萘,熔融的	P	4.1	2304
萘烷,见	-	3	1147
nei			
内燃发动机	P	9	3530
内燃发动机,易燃气体驱动的	-	2.1	3529
内燃发动机,易燃液体驱动的	-	3	3528
内燃机器	P	9	3530
内燃机器,易燃气体驱动的	-	2.1	3529
内燃机器,易燃液体驱动的	-	3	3528
内吸磷-O,见有机磷农药	-	-	-
内吸磷,见有机磷农药	-	-	-
ni			
拟除虫菊酯农药,固体的,有毒的	-	6.1	3349
拟除虫菊酯农药,液体的,易燃的,有毒的,闪点小于23℃	-	3	3350
拟除虫菊酯农药,液体的,有的	-	6.1	3352
拟除虫菊酯农药,液体的,有毒的,易燃的,闪点不小于23℃	-	6.1	3351
nie			
镍金属氢电池	-	9	3496
nong			
农药,固体的,有毒的,未另列明的	-	6.1	2588
农药,液体的,易燃的,有毒的,未另列明的,闪点小于23℃	-	3	3021
农药,液体的,有毒的,未另列明的	-	6.1	2902

续上表

物质、材料或物品	海洋污染物	类别	联合国编号
农药,液体的,有毒的,易燃的,未另列明的,闪点不小于23℃	-	6.1	2903
ou			
2,2′-偶氮-二-(2,4-二甲基-4-甲氧基戊腈),浓度100%	-	4.1	3236
2,2′-偶氮-二-(2,4-二甲基戊腈),浓度100%	-	4.1	3236
2,2′-偶氮-二-(2-甲基丙酸乙酯),浓度100%	-	4.1	3235
2,2′-偶氮-二-(2-甲基丁腈),浓度100%	-	4.1	3236
偶氮(二)甲酰胺	-	4.1	3242
1,1′-偶氮-二-六氢苄腈,浓度100%	-	4.1	3226
2,2′-偶氮二异丁腈,浓度100%	-	4.1	3234
2,2′-偶氮二异丁腈,水基糊状,浓度≤50%	-	4.1	3234
p			
PCBs,固体的,见	P	9	3432
PCBs,液体的,见	P	9	2315
PETN,湿的,按质量计,含水不小于25%	-	1.1D	0150
PETN,退敏的,按质量计,含减敏剂不小于15%	-	1.1D	1050
PETN 混合物,退敏的,固体的,未另列明的,按质量计,含 PETN 大于10%,但不大于20%	-	4.1	3344
pai			
哌啶	-	8	2401
哌嗪	-	8	2579
α-蒎烯	P	3	2368
pen			
喷射式钻孔器,不带雷管,见聚能装药	-	-	-
peng			
硼氢化锂	-	4.3	1413
硼氢化钠和氢氧化钠溶液,按质量计,含硼氢化钠不大于12%,含氢氧化钠不大于40%	-	8	3320
硼酸甲酯,见	-	3	2416
硼酸三甲酯	-	3	2416
硼酸三烯丙酯	-	6.1	2609
硼酸三乙酯,见	-	3	1176
硼酸三异丙酯	-	3	2616
硼酸盐和氯酸盐的混合物,见	-	5.1	1458
硼酸乙酯	-	3	1176

续上表

物质、材料或物品	海洋污染物	类别	联合国编号
pi			
铍粉	-	6.1	1567
铍化合物,未另列明的	-	6.1	1566
皮考吡类	-	3	2313
pian			
偏二氟乙烯,见	-	2.1	1959
偏钒酸铵	-	6.1	2859
偏钒酸钾	-	6.1	2864
偏硅酸钠,见	-	8	3253
偏硅酸钠五水合物,见	-	8	3253
偏砷酸,见	-	6.1	1554
偏亚砷酸钠,见	-	6.1	2027
piao			
漂白粉,见	P	5.1	2208
漂白液,见	-	8	1791
ping			
乒乓球,见	-	4.1	2000
po			
破布,粘渍油的	-	4.2	1856
pu			
扑草胺,见注1	P	-	-
葡萄糖酸汞	P	6.1	1637
qi			
七氟丙烷	-	2.2	3296
七硫化四磷,不含黄磷或白磷	-	4.1	1339
七氯,见有机氯农药	P	-	-
七碳醛,见	-	3	3056
漆(喷漆)基料溶液,见	-	3	2059
漆器,见涂料	-	-	-
起爆器,管状	-	1.3G	0319
	-	1.4G	0320
	-	1.4S	0376
起爆器,帽状	-	1.4S	0044
	-	1.1B	0377
	-	1.4B	0378

续上表

物质、材料或物品	海洋污染物	类别	联合国编号
起爆器,轻武器,见	–	1.4S	0044
起爆引信	–	1.1B	0106
	–	1.2B	0107
	–	1.4B	0257
	–	1.4S	0367
起爆引信,带有保险装置	–	1.1D	0408
	–	1.2D	0409
	–	1.4D	0410
起爆装置,爆炸性	–	1.1D	0043
气袋打气筒,见	–	1.4G	0503
	–	9	3268
气袋元件,见	–	1.4G	0503
	–	9	3268
气体,冷冻液体,未另列明的	–	2.2	3158
气体,冷冻液体,氧化性的,未另列明的	–	2.2	3311
气体,冷冻液体,易燃的,未另列明的	–	2.1	3312
气体杀虫剂,未另列明的	–	2.2	1968
气体杀虫剂,易燃的,未另列明的	–	2.1	3354
气体杀虫剂,有毒的,未另列明的	–	2.3	1967
气体杀虫剂,有毒的,易燃的,未另列明的	–	2.3	3355
气体样品,不加压的,易燃的,未另列明的,非冷冻液体	–	2.1	3167
气体样品,不加压的,有毒的,未另列明的,非冷冻液体	–	2.3	3169
气体样品,不加压的,有毒的,易燃的,未另列明的,非冷冻液体	–	2.3	3168
气筒,不带释放装置,不能再充气的	–	2	2037
气压物品(含非易燃气体)	–	2.2	3164
气雾剂	–	2	1950
汽油	–	3	1203
汽油抗震混合物,易燃的	P	6.1	3483
汽油,套管头的,见	–	3	1203
qian			
铅和锌煅烧物,见	P	6.1	2291
铅化合物,可溶的,未另列明的	P	6.1	2291
铅渣,见	–	8	1794

续上表

物质、材料或物品	海洋污染物	类别	联合国编号
qiang			
1-羟基苯并三唑,无水的,干的或湿的,按质量计,含水小于20%	-	1.3C	0508
1-羟基苯并三唑一水合物	-	4.1	3474
3-羟基丁醛,见	-	6.1	2839
3-羟基-2-丁酮,见	-	3	2621
羟基二甲基苯类,固体的,见	-	6.1	2261
羟基二甲基苯类,液体的,见	-	6.1	3430
3-羟基-1,1-二甲基丁基过氧新癸酸,浓度≤52%,水中稳定分散体	-	5.2	3119
3-羟基-1,1-二甲基丁基过氧新癸酸,浓度≤77%,含A型稀释剂	-	5.2	3115
3-羟基-1,1-二甲基丁基过氧新癸酸,浓度≤52%,含A型稀释剂	-	5.2	3117
1-羟基-3-甲基-2-戊烯-4-炔,见	-	8	2705
2-羟基芪烷,见	-	4.1	1312
2-羟基乙胺,见	-	8	2491
qing			
青石棉,见	-	9	2212
氢碘酸	-	8	1787
氢氟硅酸,见	-	8	1778
氢氟硼酸,见	-	8	1775
氢氟酸,溶液,含氟化氢大于60%	-	8	1790
氢氟酸,溶液,含氟化氢不大于60%	-	8	1790
氢氟酸和硫酸混合物	-	8	1786
氢氟酸,无水的,见	-	8	1052
氢化钙	-	4.3	1404
氢化锆	-	4.1	1437
氢化锂	-	4.3	1414
氢化锂,熔凝固态	-	4.3	2805
氢化铝	-	4.3	2463
氢化铝锂	-	4.3	1410
氢化铝锂的醚溶液	-	4.3	1411
氢化铝钠	-	4.3	2835
氢化镁	-	4.3	2010
氢化钠	-	4.3	1427
氢化钛	-	4.1	1871
氢化锑,见	-	2.3	2676

续上表

物质、材料或物品	海洋污染物	类别	联合国编号
氢化物,金属的,遇水反应的,未另列明的,见	-	4.3	1409
氢化硒,见	-	2.3	2202
氢化锗,见	-	2.3	2192
氢基苯乙醚类	-	6.1	2311
氢硫化钠,含结晶水小于25%	-	4.2	2318
氢硫化钠,含结晶水不小于25%	-	8	2949
氢氯酸	-	8	1789
氢硼化钾	-	4.3	1870
氢硼化铝	-	4.2	2870
氢硼化钠	-	4.3	1426
氢气和甲烷混合物,压缩的	-	2.1	2034
氢气,冷冻液体	-	2.1	1966
氢气,压缩的	-	2.1	1049
氢氰酸,水溶液,含氰化氢不大于20%,见	P	6.1	1613
氢氰酸,水溶液,见	P	6.1	1613
氢氰酸水溶液(氰化氢水溶液),按质量计,含酸大于20%(禁止运输)	-	-	-
氢氰酸,无水的,稳定的,含水小于3%,见	P	6.1	1051
氢氰酸,无水的,稳定的,含水小于3%,且被多孔惰性材料吸收,见	P	6.1	1614
氢氰酸,无水的,稳定的,含水量小于3%,且被多孔惰性材料吸收,见	P	6.1	1614
氢羧酸,见	-	8	1779
氢硒酸,无水的,见	-	2.3	2202
氢溴酸	-	8	1788
氢氧化苯汞	P	6.1	1894
氢氧化钾,固体的	-	8	1813
氢氧化钾,见	-	8	1814
氢氧化钾溶液	-	8	1814
氢氧化锂	-	8	2680
氢氧化锂,固体的,见	-	8	2680
氢氧化锂溶液	-	8	2679
氢氧化钠,固体的	-	8	1823
氢氧化钠,见	-	8	1824
氢氧化钠溶液	-	8	1824
氢氧化铷	-	8	2678
氢氧化铷溶液	-	8	2677

续上表

物质、材料或物品	海洋污染物	类别	联合国编号
氢氧化铯	-	8	2682
氢氧化铯溶液	-	8	2681
氢氧化四甲铵,固体的	-	8	3423
氢氧化四甲铵溶液	-	8	1835
轻石油,见石油馏出物,未另列明的或石油产品,未另列明的	-	-	-
轻武器弹药筒	-	1.4S	0012
轻武器弹药筒	-	1.4C	0339
轻武器弹药筒	-	1.3C	0417
轻武器弹药筒,无弹头	-	1.4S	0014
轻武器弹药筒,无弹头	-	1.3C	0327
轻武器弹药筒,无弹头	-	1.4C	0338
清漆,见涂料	-	-	-
氰	-	2.3	1026
氰氨化钙,含碳化钙大于0.1%	-	4.3	1403
氰汞化钾,见	P	6.1	1626
氰汞酸钾,见	P	6.1	1626
氰化钡	P	6.1	1565
氰化钙	P	6.1	1575
氰化汞	P	6.1	1636
氰化汞钾	P	6.1	1626
氰化钾,固体的	P	6.1	1680
氰化钾溶液	P	6.1	3413
氰化钠,固体的	P	6.1	1689
氰化钠溶液	P	6.1	3414
氰化镍	P	6.1	1653
氰化铅	P	6.1	1620
氰化氢酒精溶液,含氰化氢不大于45%	P	6.1	3294
氰化氢溶液,在醇中,含氰化氢大于45%(禁止运输)	-	-	-
氰化氢水溶液,含氰化氢不大于20%	P	6.1	1613
氰化氢,稳定的,含水量小于3%,且被多孔惰性材料吸收	P	6.1	1614
氰化氢,稳定的,含水小于3%	P	6.1	1051
氰化铜	P	6.1	1587
氰化物混合物,无机的,固体的,未另列明的,见	P	6.1	1588
氰化物溶液,未另列明的	P	6.1	1935

续上表

物质、材料或物品	海洋污染物	类别	联合国编号
氰化物,无机的,固体的,未另列明的	P	6.1	1588
氰化物,有机的,易燃的,有毒的,未另列明的,见	-	3	3273
氰化物,有机的,有毒的,未另列明的,见	-	6.1	3276
氰化物,有机的,有毒的,易燃的,未另列明的,见	-	6.1	3275
氰化锌	P	6.1	1713
氰化亚铜钠,固体的,见	P	6.1	2316
氰化亚铜钠溶液,见	P	6.1	2317
氰化银	P	6.1	1684
氰基乙腈,见	-	6.1	2647
氰脲酰氯	-	8	2670
氰氢酸,水溶液,含氰化氢不大于20%	P	6.1	1613
氰铜酸钾(Ⅰ),见	P	6.1	1679
氰亚铜酸钾	P	6.1	1679
氰亚铜酸钠,固体的	P	6.1	2316
氰亚铜酸钠溶液	P	6.1	2317
氰氧化汞,纯的(禁止运输)	-	-	-
氰氧化汞,退敏的	P	6.1	1642
qiu			
巯基苯,见	-	6.1	2337
2-巯基丙酸,见	-	6.1	2936
2-巯基乙醇,见	-	6.1	2966
巯基乙酸	-	8	1940
qu			
取代硝基苯酚农药,固体的,有毒的	-	6.1	2779
取代硝基苯酚农药,液体的,易燃的,有毒的,闪点小于23℃	-	3	2780
取代硝基苯酚农药,液体的,有毒的	-	6.1	3014
取代硝基苯酚农药,液体的,有毒的,易燃的,闪点不小于23℃	-	6.1	3013
quan			
全氟丙烷,见	-	2.2	2424
全氟-2-丁烯,见	-	2.2	2422
全氟(甲基乙烯基醚)	-	2.1	3153
全氟(乙基乙烯基醚)	-	2.1	3154
全氟乙酰氯,见	-	2.3	3057
全氯苯,见	-	6.1	2729

物质、材料或物品	海洋污染物	类别	联合国编号
全氯环戊二烯,见	-	6.1	2646
全氯甲硫醇	P	6.1	1670
全氯乙烯,见	P	6.1	1897
醛类,未另列明的	-	3	1989
醛类,易燃的,有毒的,未另列明的	-	3	1988
que			
炔丙基溴,见	-	3	2345
r			
RDX,湿的,按质量计,含水不小于15%	-	1.1D	0072
RDX,退敏的	-	1.1D	0483
RDX 和奥克托金的混合物,湿的,按质量计,含水不小于15%	-	1.1D	0391
RDX 和奥克托金的混合物,退敏的,按质量计,含退敏剂不小于10%	-	1.1D	0391
RDX 和 HMX 的混合物,湿的,按质量计,含水不小于15%	-	1.1D	0391
RDX 和 HMX 的混合物,退敏的,按质量计,含退敏剂不小于10%	-	1.1D	0391
RDX 和环四亚甲基四硝胺的混合物,湿的,按质量计,含水不小于15%	-	1.1D	0391
RDX 和环四亚甲基四硝胺的混合物,退敏的,按质量计,含退敏剂不小于10%	-	1.1D	0391
RDX/TNT,见	-	1.1D	0118
RDX/TNT/铝,见	-	1.1D	0393
ran			
1 号燃料油,见	-	3	1223
燃料电池车辆,易燃气体驱动的	-	9	3166
燃料电池车辆,易燃液体驱动的	-	9	3166
燃料电池发动机,易燃气体驱动的	-	2.1	3529
燃料电池发动机,易燃液体驱动的	-	3	3528
燃料电池机器,易燃气体驱动的	-	2.1	3529
燃料电池机器,易燃液体驱动的	-	3	3528
燃料电池筒,含有易燃液体	-	3	3473
燃料电筒,在金属氢化物内含有氢	-	2.1	3479
燃料电筒,含有液化的易燃气体	-	2.1	3478
燃料电筒,含有腐蚀性物质	-	8	3477
燃料电筒,含有遇水反应物质	-	4.3	3476
燃料油,轻的	-	3	1202

续上表

物质、材料或物品	海洋污染物	类别	联合国编号
燃烧弹药,带或不带起爆装置、发射剂或推进剂	-	1.2G	0009
	-	1.3G	0010
	-	1.4G	0300
燃烧弹药,液态或胶质,带起爆装置、发射剂或推进剂	-	1.3J	0247
染料,固体的,腐蚀的,未另列明的	-	8	3147
染料,固体的,有毒的,未另列明的	-	6.1	3143
染料,液体的,腐蚀性的,未另列明的	-	8	2801
染料,液体的,有毒的,未另列明的	-	6.1	1602
染料中间体,固体的,腐蚀的,未另列明的	-	8	3147
染料中间体,固体的,有毒的,未另列明的	-	6.1	3143
染料中间体,液体的,腐蚀性的,未另列明的	-	8	2801
染料中间体,液体的,有毒的,未另列明的	-	6.1	1602
rang			
壤虫磷,见有机磷农药	P	-	-
ren			
人造物品中包含的汞	-	8	3506
壬基酚,见	P	8	3145
壬基三氯硅烷	-	8	1799
壬烷类	P	3	1920
rong			
容器,小型的,装有气体的,不带释放装置,不能再充气的	-	2	2037
溶剂,易燃的,未另列明的,见	-	3	1993
溶剂,有毒的,易燃的,未另列明的,见	-	3	1992
rou			
肉桂烯,见	-	3	2055
ru			
铷	-	4.3	1423
铷分散体,见	-	4.3	1391
铷汞齐,固体的,见	-	4.3	3401
铷汞齐,液体的,见	-	4.3	1389
铷合金,液体的,见	-	4.3	1421
乳胶炸药,见爆破炸药,E型	-	-	-
乳酸锑	-	6.1	1550
乳酸乙酯	-	3	1192

续上表

物质、材料或物品	海洋污染物	类别	联合国编号
sai			
噻吩	-	3	2414
赛璐珞,块、棒、卷、片、管等,碎屑除外	-	4.1	2000
赛璐珞,碎屑的	-	4.1	2002
san			
三苯基锡化合物(除了薯瘟锡和毒菌锡),见有机锡农药	P	-	-
三丙胺	-	3	2260
三丁胺	-	6.1	2542
三丁基磷烷	-	4.2	3254
三丁基锡化合物,见有机锡农药	P	-	-
三氟化氮	-	2.2	2451
三氟化氯	-	2.3	1749
三氟化硼	-	2.3	1008
三氟化硼丙酸络合物,固体的	-	8	3420
三氟化硼丙酸络合物,液体的	-	8	1743
三氟化硼合二甲醚	-	4.3	2965
三氟化硼合二水	-	8	2851
三氟化硼合二乙醚	-	8	2604
三氟化硼,吸附性的	-	2.3	3519
三氟化硼乙酸络合物,固体的	-	8	3419
三氟化硼乙酸络合物,液体的	-	8	1742
三氟化溴	-	5.1	1746
三氟甲苯	-	3	2338
2-三氟甲基苯胺	-	6.1	2942
3-三氟甲基苯胺	-	6.1	2948
三氟甲基氯苯类	-	3	2234
三氟甲基三氟乙烯醚,见	-	2.1	3153
三氟甲烷	-	2.2	1984
三氟甲烷和氯三氟甲烷的共沸混合物,见氯三氟甲烷和三氟甲烷共沸混合物	-	-	-
三氟甲烷,冷冻液体	-	2.2	3136
三氟甲氧基三氟乙烯,见	-	2.1	3153
三氟氯甲烷,见	-	2.2	1022
三氟氯乙烷,见	-	2.2	1983

续上表

物质、材料或物品	海洋污染物	类别	联合国编号
三氟氯乙烯,稳定的	-	2.3	1082
三氟溴甲烷,见	-	2.2	1009
三氟一氯乙烯,稳定的,见	-	2.3	1082
三氟乙酸	-	8	2699
1,1,1-三氟乙烷	-	2.1	2035
三氟乙酰氯	-	2.3	3057
三甲胺,水溶液,按质量计,含三甲胺不大于50%	-	3	1297
三甲胺,无水的	-	2.1	1083
1,3,5-三甲苯	P	3	2325
三甲基环己胺	-	8	2326
三甲基镓,见	-	4.2	3394
三甲基甲醇,见	-	3	1120
三甲基六亚甲基二胺类	-	8	2327
三甲基六亚甲基二异氰酸酯	-	6.1	2328
三甲基氯硅烷	-	3	1298
2,4,6-三甲基-1,3,5-三噁烷,见	-	3	1264
2,2,4-三甲基戊烷,见	P	3	1262
2,4,4-三甲基-1-戊烯,见	-	3	2050
2,4,4-三甲基-2-戊烯,见	-	3	2050
三甲基乙酰氯	-	6.1	2438
三甲烯二氯,见	-	3	1993
三聚丙烯	P	3	2057
三聚氯化氰,见	-	8	2670
三聚乙醛,见	-	3	1264
三聚异丁烯	-	3	2324
三硫化二磷,不含黄磷或白磷	-	4.1	1343
三硫化四磷,不含黄磷或白磷	-	4.1	1341
三硫磷,见有机磷药	P	-	-
三氯苯类,液体的	P	6.1	2321
1,2,3-三氯(代)苯,见注1	P	-	-
三氯丁烯	P	6.1	2322
1,3,5-三氯-对-三嗪-2,4,6-三酮,见	-	5.1	2468
三氯硅烷	-	4.3	1295
三氯化钒	-	8	2475

续上表

物质、材料或物品	海洋污染物	类别	联合国编号
三氯化磷	-	6.1	1809
三氯化硼	-	2.3	1741
三氯化砷	-	6.1	1560
三氯化钛混合物	-	8	2869
三氯化钛混合物,引火的	-	4.2	2441
三氯化钛,引火的	-	4.2	2441
三氯化锑	-	8	1733
三氯化铁溶液,见	-	8	2582
三氯化铁,无水的,见	-	8	1773
三氯茴香酸,见农药,未另列明的	-	-	-
三氯甲苯	-	8	2226
三氯甲基磺酰氯,见	P	6.1	1670
三氯甲烷,见	-	6.1	1888
三氯磷酸酯,见有机磷农药	P	-	-
三氯硫化磷,见	-	8	1837
2,4,6-三氯-1,3,5-三嗪,见	-	8	2670
三氯硝基甲烷和甲基氯混合物	-	2.3	1582
三氯硝基甲烷和甲基溴混合物,含三氯硝基甲烷大于2%	-	2.3	1581
三氯硝基甲烷混合物,未另列明的	-	6.1	1583
三氯硝基甲烷,见	-	6.1	1580
三氯氧化钒	-	8	2443
三氯氧化磷	-	6.1	1810
三氯乙醛,见	-	6.1	2075
三氯乙醛,无水的,稳定的,见	-	6.1	2075
三氯乙酸,固体的	-	8	1839
三氯乙酸甲酯	-	6.1	2533
三氯乙酸溶液	-	8	2564
1,1,1-三氯乙烷	-	6.1	2831
1,1,2-三氯乙烷,见	-	9	3082
三氯乙烯	-	6.1	1710
三氯乙酰氯	-	8	2442
三氯异氰脲酸,干的	-	5.1	2468
三嗪农药,固体的,有毒的	-	6.1	2763
三嗪农药,液体的,易燃的,有毒的,闪点小于23℃	-	3	2764

续上表

物质、材料或物品	海洋污染物	类别	联合国编号
三嗪农药,液体的,有毒的	-	6.1	2998
三嗪农药,液体的,有毒的,易燃的,闪点不小于23℃	-	6.1	2997
三氢化锑,见	-	2.3	2676
三烯丙基胺	-	3	2610
三硝基苯,干的或湿的,按质量计,含水小于30%	-	1.1D	0214
三硝基苯胺	-	1.1D	0153
三硝基苯酚,按质量计,含水不小于10%	-	4.1	3364
三硝基苯酚,干的或湿的,按质量计,含水小于30%	-	1.1D	0154
三硝基苯酚,湿的,按质量计,含水不小于30%	-	4.1	1344
三硝基苯磺酸	-	1.1D	0386
三硝基苯基甲硝胺	-	1.1D	0208
三硝基苯甲醚	-	1.1D	0213
三硝基苯甲酸,干的或湿的,按质量计,含水小于30%	-	1.1D	0215
三硝基苯甲酸,湿的,按质量计,含水不小于30%	-	4.1	1355
三硝基苯甲酸,湿的,按质量计,含水不小于10%	-	4.1	3368
三硝基苯,湿的,按质量计,含水不小于30%	-	4.1	1354
三硝基苯,湿的,按质量计,含水不小于10%	-	4.1	3367
三硝基苯乙醚	-	1.1D	0218
三硝基甲苯,干的或湿的,按质量计,含水小于30%	-	1.1D	0209
三硝基甲苯和六硝基芪的混合物	-	1.1D	0388
三硝基甲苯和三硝基苯的混合物	-	1.1D	0388
三硝基甲苯,湿的,按质量计,含水不小于30%	-	4.1	1356
三硝基甲苯,湿的,按质量计,含水不小于10%	-	4.1	3366
三硝基甲苯,湿的,见	-	4.1	1356
三硝基间苯二酚,干的或湿的,按质量计,含水或水和酒精的混合物小于20%	-	1.1D	0219
三硝基间苯二酚,湿的,按质量计,含水或水和酒精的混合物不小于20%	-	1.1D	0394
三硝基间苯二酚铅,湿的,按质量计,含水或水和酒精的混合物不小于20%	-	1.1A	0130
三硝基间甲苯酚	-	1.1D	0216
三硝基氯苯	-	1.1D	0155
三硝基氯苯,湿的,按质量计,含水不小于10%	-	4.1	3365
三硝基萘	-	1.1D	0217
三硝基芴酮	-	1.1D	0387
三硝酸甘油(1类),见硝化甘油(1类)	-	-	-

续上表

物质、材料或物品	海洋污染物	类别	联合国编号
三溴化磷	-	8	1808
三溴化硼	-	8	2692
三溴化砷	-	6.1	1555
三溴化砷(Ⅲ),见	-	6.1	1555
三溴甲硼烷,见	-	8	2692
三溴甲烷,见	P	6.1	2515
三溴氧化磷	-	8	1939
三溴氧化磷,熔融的	-	8	2576
三-(1-丫丙啶基)氧化膦溶液	-	6.1	2501
三亚甲基氯醇,见	-	6.1	2849
三亚乙基磷酰胺溶液,见	-	6.1	2501
三亚乙基四胺	-	8	2259
三氧代硅酸二钠	-	8	3253
三氧代硅酸二钠,五水合物,见	-	8	3253
三氧化二氮	-	2.3	2421
三氧化二磷	-	8	2578
三氧化二砷	-	6.1	1561
三氧化铬(铬酐),见	-	5.1	1463
三氧化铬,无水的	-	5.1	1463
三氧化硫,稳定的	-	8	1829
三乙胺	-	3	1296
三乙基苯,见	P	9	3082
3,6,9-三乙基-3,6,9-三甲基-1,4,7-三过氧壬烷,浓度≤17%,含A型稀释剂和惰性固体	-	5.2	3110
3,6,9-三乙基-3,6,9-三甲基-1,4,7-三过氧壬烷,浓度≤42%,含A型稀释剂,有效氧≤7.6%	-	5.2	3105
三乙氧基甲烷,见	-	3	2524
三乙氧基硼,见	-	3	1176
三唑磷胺,见有机磷农药	-	-	-
三唑磷,见有机磷农药	P	-	-
三唑酮,见苯氧基乙酸衍生物农药	-	-	-
伞花烃类	P	3	2046
se			
铯	-	4.3	1407

续上表

物质、材料或物品	海洋污染物	类别	联合国编号
铯分散体,见	–	4.3	1391
铯粉,引火的,见	–	4.2	1383
铯汞齐,固体的,见	–	4.3	3401
铯汞齐,液体的,见	–	4.3	1389
铯合金,液体的,见	–	4.3	1421
铯,见铯	–	–	–
sha			
杀虫脒,见有机氯农药	–	–	–
杀虫脒盐酸盐,见有机氯农药	–	–	–
杀虫畏,见注1	P	–	–
杀螟丹,见氨基甲酸酯农药	P	–	–
杀螟腈,见有机磷农药	P	–	–
杀螟松,见有机磷农药	P	–	–
杀扑磷,见有机磷农药	P	–	–
杀鼠迷,见香豆素衍生物农药	–	–	–
砂氟酸,见	–	8	1778
砂酸,见	–	8	1778
shan			
闪光弹药筒	–	1.1G	0049
	–	1.3G	0050
闪光粉	–	1.1G	0094
	–	1.3G	0305
闪石,石棉,见	–	9	2212
shang			
商业爆炸装药,不带雷管	–	1.1D	0442
	–	1.2D	0443
	–	1.4D	0444
	–	1.4S	0445
she			
射弹,惰性的,带曳光剂	–	1.4S	0345
	–	1.3G	0424
	–	1.4G	0425
射弹,带有爆炸装药	–	1.1D	0168
	–	1.2D	0169

续上表

物质、材料或物品	海洋污染物	类别	联合国编号
射弹,带有爆炸装药	–	1.2F	0324
	–	1.4D	0344
	–	1.1F	0167
射弹,带起爆装置或发射剂	–	1.2D	0346
	–	1.4D	0347
	–	1.2F	0426
	–	1.4F	0427
	–	1.2G	0434
	–	1.4G	0435
摄影闪光弹	–	1.1F	0037
	–	1.1D	0038
	–	1.2G	0039
	–	1.3G	0299
shen			
砷	–	6.1	1558
砷粉尘	–	6.1	1562
砷化合物,固体的,未另明的,无机的,包括:砷酸盐类、未另列明的;亚砷酸盐类,未另列明的;硫化砷类,未另列明的	–	6.1	1557
砷化合物(农药),见砷农药	–	–	–
砷化合物,液体的,未另列明的,无机的,包括:砷酸盐类、未另列明的;亚砷酸盐类,未另列明的;硫化砷类,未另列明的	–	6.1	1556
砷化氢,见	–	2.3	2188
砷化三氢,见	–	2.3	2188
砷酸铵	–	6.1	1546
砷酸二氢钾,见	–	6.1	1677
砷酸钙	P	6.1	1573
砷酸钙和亚砷酸钙的混合物,固体的	P	6.1	1574
砷酸汞	P	6.1	1623
砷酸,固体的	–	6.1	1554
砷酸钾	–	6.1	1677
砷酸镁	P	6.1	1622
砷酸钠	–	6.1	1685
砷酸铅	P	6.1	1617
砷酸铁	P	6.1	1606

续上表

物质、材料或物品	海洋污染物	类别	联合国编号
砷酸铜,见	-	6.1	1557
砷酸锌	-	6.1	1712
砷酸锌和亚砷酸锌的混合物	-	6.1	1712
砷酸亚铁	P	6.1	1608
砷酸盐类,固体的,未另列明的,无机的,见	-	6.1	1557
砷酸盐类,液体的,未另列明的,无机的,见	-	6.1	1556
砷酸,液体的	-	6.1	1553
砷烟道灰,见	-	6.1	1562
深水炸弹	-	1.1D	0056
胂	-	2.3	2188
胂,吸附性的	-	2.3	3522
sheng			
生物碱类,固体的,未另列明的	-	6.1	1544
生物碱类,液体的,未另列明的	-	6.1	3140
生物碱盐类,固体的,未另列明的	-	6.1	1544
生物碱盐类,液体的,未另列明的	-	6.1	3140
生物学物质,B类	-	6.2	3373
生物医学废物,未另列明的	-	6.2	3291
(生物)医学废物,未另列明的	-	6.2	3291
声测装置,爆炸性的	-	1.2F	0204
	-	1.1F	0296
	-	1.1D	0374
	-	1.2D	0375
shi			
十八烷基三氯硅烷	-	8	1800
十二氢化二苯胺,见	-	8	2565
十二碳烯,见	P	3	2850
十二烷苯酚,见	P	8	3145
1-十二烷基胺,见注1	P	-	-
十二烷基羟丙基硫化物,见注1	P	-	-
十二烷基三氯硅烷	-	8	1771
1-十二烯,见	-	3	2850
十六烷基三氯硅烷	-	8	1781
十氢化萘	-	3	1147

续上表

物质、材料或物品	海洋污染物	类别	联合国编号
[3R-(3R,5aS,6S,8aS,9R,10R,12S,12aR＊＊)]-十氢-10-甲氧基-3,6,9-三甲基-3,12-环氧-12H-吡喃酮[4,3-j]-1,2-苯并二氧杂环庚三烯,浓度≤100%	-	5.2	3106
十一烷	-	3	2330
石棉,闪石	-	9	2212
石棉,温石棉	-	9	2590
石脑油,见	-	3	1268
石脑油,溶剂,见	-	3	1268
石脑油,石油,见	-	3	1268
石碳酸(苯酚),固体的,见	-	6.1	1671
石碳酸(苯酚)溶液,见	-	6.1	2821
石碳酸,熔融的,见	-	6.1	2312
石油残液(石油提余液),见	-	3	1268
石油产品,未另列明的	-	3	1268
石油,见	-	3	1268
石油精,见石油馏出物,未另列明的或石油产品,未另列明的	-	-	-
石油馏出物,未另列明的	-	3	1268
石油醚,见	-	3	1268
石油气,液化的	-	2.1	1075
石油溶剂(白节油),低芳烃(15% – 20%),见	P	3	1300
石油溶剂(白节油),见	P	3	1300
石油原油	-	3	1267
士的宁农药,见农药,未另列明的	P	-	-
铈,粗粉状	-	4.3	3078
铈,切屑	-	4.3	3078
铈,锭状	-	4.1	1333
铈,棒状	-	4.1	1333
铈,板状	-	4.1	1333
铈粉,引火的,见	-	4.2	1383
shou			
收敛酸,湿的,按质量计,含水或酒精与水的混合物不小于20%	-	1.1D	0394
收敛酸,干的或湿的,按质量计,含水或水和酒精的混合物小于20%	-	1.1D	0219
收敛酸铅,湿的,按质量计,含水或水和酒精的混合物不小于20%	-	1.1A	0130

续上表

物质、材料或物品	海洋污染物	类别	联合国编号
手榴弹或枪榴弹,练习用	-	1.4S	0110
	-	1.3G	0318
	-	1.2G	0372
	-	1.4G	0452
手榴弹或枪榴弹,带有爆炸装药	-	1.1D	0284
	-	1.2D	0285
	-	1.1F	0292
	-	1.2F	0293
shu			
叔丁醇,见	-	3	1120
叔丁基碘,见	-	3	2391
叔丁基过氧丁基延胡索酸酯,浓度≤52%,含A型稀释剂	-	5.2	3105
叔丁基过氧化氢,浓度≤72%,含水	-	5.2	3109
叔丁基过氧化氢,浓度≤79%,含水	-	5.2	3107
叔丁基过氧化氢,浓度≤80%,含A型稀释剂	-	5.2	3105
叔丁基过氧化氢,浓度>79-90%,含水	-	5.2	3103
叔丁基过氧化氢+二叔丁基过氧化物,浓度<82%+浓度>9%,含水	-	5.2	3103
叔丁基过氧-2-甲基苯甲酸酯,浓度≤100%	-	5.2	3103
叔丁基过氧新癸酸酯,浓度≤32%,含A型稀释剂	-	5.2	3119
叔丁基过氧新癸酸酯,浓度≤42%,水中稳定分散体(冷冻)	-	5.2	3118
叔丁基过氧新癸酸酯,浓度≤77%,含B型稀释剂	-	5.2	3115
叔丁基过氧新癸酸酯,浓度≤52%,水中稳定分散体	-	5.2	3119
叔丁基过氧新癸酸酯,浓度>77-100%	-	5.2	3115
叔丁基过氧新戊酸酯,浓度>67-77%,含A型稀释剂	-	5.2	3113
叔丁基过氧新戊酸酯,浓度≤27%,在B型稀释剂中	-	5.2	3119
叔丁基过氧新戊酸酯,浓度>27-67%,含B型稀释剂	-	5.2	3115
叔丁基过氧-2-乙基己基碳酸酯,浓度≤100%	-	5.2	3105
叔丁基过氧-2-乙基己酸酯,浓度>32-52%,含B型稀释剂	-	5.2	3117
叔丁基过氧-2-乙基己酸酯,浓度≤52%,含惰性固体	-	5.2	3118
叔丁基过氧-2-乙基己酸酯,浓度≤32%,含B型稀释剂	-	5.2	3119
叔丁基过氧-2-乙基己酸酯,浓度>52-100%	-	5.2	3113
叔丁基过氧-2-乙基己酸酯+2,2-二-(叔丁基过氧)丁烷,浓度≤12%+浓度≤14%,含A型稀释剂和惰性固体	-	5.2	3106
叔丁基过氧-2-乙基己酸酯+2,2-二-(叔丁基过氧)丁烷,浓度≤31%+浓度≤36%,含B型稀释剂	-	5.2	3115

续上表

物质、材料或物品	海洋污染物	类别	联合国编号
1-(2-叔丁基过氧异丙基)-3-异丙烯基苯,浓度≤77%,含A型稀释剂	-	5.2	3105
1-(2-叔丁基过氧异丙基)-3-异丙烯基苯,浓度≤42%,含惰性固体	-	5.2	3108
叔丁基过氧异丁酸酯,浓度>52-77%,含B型稀释剂	-	5.2	3111
叔丁基过氧异丁酸酯,浓度≤52%,含B型稀释剂	-	5.2	3115
叔丁基过氧硬脂酰碳酸酯,浓度≤100%	-	5.2	3106
N2-叔丁基-N4-环丙基-6-甲硫基-1,3,5-三嗪-2,4-二胺,见	P	9	3077
叔丁基氯,见	-	3	1127
5-叔丁基-2,4,6-三硝基间二甲苯	-	4.1	2956
叔丁基溴,见	-	3	2342
叔戊基过氧化氢,浓度≤88%,含A型稀释剂和水	-	5.2	3107
叔戊基过氧新癸酸酯,浓度≤77%,含B型稀释剂	-	5.2	3115
叔戊基过氧新戊酸酯,浓度≤77%,含B型稀释剂	-	5.2	3113
叔戊硫醇,见	-	3	1111
叔辛基硫醇,见	-	6.1	3023
5-巯基四唑-1-乙酸	-	1.4C	0448
蔬果磷,见有机磷农药	P	-	-
鼠立死,见有机氯农药	-	-	-
鼠硫脲,见氨基甲酸酯农药	-	-	-
薯瘟锡,见有机锡农药	P	-	-
树脂溶液,易燃的	-	3	1866
树脂酸钙	-	4.1	1313
树脂酸钙,熔凝的	-	4.1	1314
树脂酸钴,沉淀的	-	4.1	1318
树脂酸铝	-	4.1	2715
树脂酸锰	-	4.1	1330
树脂酸锌	-	4.1	2714
shuang			
双丙酮醇	-	3	1148
双丙酮(乙酰丙酮),见	-	3	1148
双硫磷,见有机磷农药	P	-	-
双硫酰氯,见	-	8	1817
4,4-双-(叔丁基过氧)戊酸正丁酯,浓度>52-100%	-	5.2	3103
双烯酮,稳定的	-	6.1	2521
双香豆素,见香豆素衍生物农药	-	-	-

续上表

物质、材料或物品	海洋污染物	类别	联合国编号
双乙烯酮,稳定的,见	-	6.1	2521
shui			
水合肼,见	-	8	2030
水激活装置,带起爆装置、发射剂或推进剂	-	1.2L	0248
	-	1.3L	0249
水激活装置,见水激活装置	-	-	-
水胶炸药,见爆破炸药,E型	-	-	-
水芹醛,见	-	3	3056
水杨酸汞	P	6.1	1644
水杨酸亚汞,见	P	6.1	1644
水杨酸烟碱	-	6.1	1657
si			
锶分散体,见	-	4.3	1391
锶粉,见	-	4.2	1383
锶粉,引火的,见	-	4.2	1383
锶汞齐,固体的,见	-	4.3	3402
锶汞齐,液体的,见	-	4.3	1392
锶合金,非引火的,见	-	4.3	1393
锶合金,引火的,见	-	4.2	1383
四氨基硝酸钯(Ⅱ),浓度100%	-	4.1	3234
四丙烯,见	P	3	2850
四氮烯,湿的,按质量计,含水或水和酒精的混合物不小于30%	-	1.1A	0114
1,1,2,2-四氟-1,2-二氯乙烷,见	-	2.2	1958
四氟二氯乙烷,见	-	2.2	1958
四氟硅烷,压缩的,见	-	2.3	1859
四氟化硅	-	2.3	1859
四氟化硅,吸附性的	-	2.3	3521
四氟化硫	-	2.3	2418
四氟甲烷	-	2.2	1982
1,1,1,2-四氟乙烷	-	2.2	3159
四氟乙烯,稳定的	-	2.1	1081
四甲撑,见	-	2.1	2601
1,1,3,3-四甲基丁基过氧化氢,浓度≤100%	-	5.2	3105
四甲基硅烷	-	3	2749

续上表

物质、材料或物品	海洋污染物	类别	联合国编号
1,1,3,3-四甲基过氧新癸酸丁酯,浓度≤52%,水中稳定分散体	-	5.2	3119
1,1,3,3-四甲基过氧新癸酸丁酯,浓度≤72%,含B型稀释剂	-	5.2	3115
1,1,3,3-四甲基过氧-2-乙基己酸丁酯,浓度≤100%	-	5.2	3115
四甲基铅,见	P	6.1	1649
N,N,N′,N′-四甲基乙二胺,见	-	3	2372
四甲氧基硅烷,见	-	6.1	2606
四聚丙烯	P	3	2850
四磷酸六乙酯	P	6.1	1611
四磷酸六乙酯和压缩气体混合物	-	2.3	1612
四磷酸六乙酯(和压缩气体混合物),见	-	2.3	1612
四磷酸六乙酯,见	P	6.1	1611
四磷酸乙酯,见	P	6.1	1611
四氯苯酚,见	-	6.1	2020
四氯化钒	-	8	2444
四氯化锆	-	8	2503
四氯化硅	-	8	1818
四氯化钛	-	6.1	1838
四氯化碳	P	6.1	1846
四氯化锡,见	-	8	1827
四氯化锡,无水的	-	8	1827
(四)氯化锡五水合物	-	8	2440
四氯甲烷,见	P	6.1	1846
四氯硫代碳酰(硫代羰基四氯),见	P	6.1	1670
1,1,2,2-四氯乙烷	P	6.1	1702
四氯乙烷,见	P	6.1	1702
四氯乙烯	P	6.1	1897
1,2,3,6-四氢吡啶	-	3	2410
四氢呋喃	-	3	2056
1,2,3,6-四氢化苯甲醛	-	3	2498
四氢化苯,见	-	3	2256
四氢化硅,压缩的,见	-	2.1	2203
四氢化糠胺	-	3	2943
四氢化邻苯二甲酸,含马来酐大于0.05%	-	8	2698
四氢甲基呋喃,见	-	3	2536

续上表

物质、材料或物品	海洋污染物	类别	联合国编号
四氢-1,4-嗪,见	–	8	2054
四氢噻吩	–	3	2412
四氰(Ⅱ)汞酸钾,见	–	6.1	1626
四羰基镍,见	P	6.1	1259
四硝基苯胺	–	1.1D	0207
四硝基甲烷	–	6.1	1510
四溴化碳	P	6.1	2516
四溴甲烷,见	P	6.1	2516
四溴乙烷	P	6.1	2504
1,1,2,2-四溴乙烷,见	P	6.1	2504
四溴乙烷,见	P	6.1	2504
四亚甲基氰(四甲撑氰),见	–	6.1	2205
四亚乙基五胺	–	8	2320
四氧化铱	P	6.1	2471
四氧化二氮	–	2.3	1067
四氧化二氮和一氧化氮混合物,见一氧化氮和四氧化二氮混合物	–	–	–
四乙基铅,见	P	6.1	1649
四乙氧基硅烷,见	–	3	1292
1H-四唑	–	1.1D	0504
四唑-1-乙酸	–	1.4C	0407
似虫菊,见注1	P	–	–
song			
松节油	P	3	1299
松节油代用品	–	3	1300
松香油	–	3	1286
松油	P	3	1272
su			
速灭磷,见有机磷农药	P	–	–
塑料胶粘炸药	–	1.1D	0457
	–	1.2D	0458
	–	1.4D	0459
	–	1.4S	0460
塑料模料,呈柔软块团,薄片状或被挤压成丝状,放出易燃蒸气	–	9	3314
塑料,以硝化纤维为基质的,自热的,未另列明的	–	4.2	2006

续上表

物质、材料或物品	海洋污染物	类别	联合国编号
塑料炸药,见	-	1.1D	0084
suan			
酸混合物,硝化酸,见	-	8	1796
酸混合物,用过的,硝化酸,见	-	8	1826
酸式氟化铵溶液,见	-	8	2817
酸式磷酸丁酯	-	8	1718
酸式磷酸二异辛酯	-	8	1902
酸式磷酸戊酯	-	8	2819
酸式磷酸异丙酯	-	8	1793
酸式亚硫酸钙溶液,见	-	8	2693
酸式亚硫酸钠溶液,见	-	8	2693
suo			
缩水甘油醛	-	3	2622
t			
TNT,干的或湿的,按质量计,含水小于30%	-	1.1D	0209
TNT,湿的,按质量计,含水不小于30%	-	4.1	1356
TNT,湿的,按质量计,含水不小于10%	-	4.1	3366
TNT和六硝基芪的混合物	-	1.1D	0388
TNT和三硝基苯的混合物	-	1.1D	0388
TNT与铝的混合物,见	-	1.1D	0390
ta			
铊化合物,未另列明的	P	6.1	1707
tai			
太梯(喷妥)炸药,干的或湿的,按质量计,含水小于15%	-	1.1D	0151
钛粉,干的	-	4.2	2546
钛粉,湿的,含水不小于25%(所含过量的水必须看得出来):(a)机械方法生产的,粒径小于53μm	-	4.1	1352
钛粉,湿的,含水不小于25%(所含过量的水必须看得出来):(b)化学方法生产的,粒径小于840μm	-	4.1	1352
泰安炸药,按质量计,含蜡不小于7%	-	1.1D	0411
tan			
炭,来源于动物	-	4.2	1361
炭,来源于植物	-	4.2	1361
炭,非活性,见	-	4.2	1361

续上表

物质、材料或物品	海洋污染物	类别	联合国编号
炭黑,见	-	4.2	1361
炭,活性的	-	4.2	1362
碳化钙	-	4.3	1402
碳化铝	-	4.3	1394
碳氯灵,见有机氯农药	P	-	-
碳酸二甲酯	-	3	1161
碳酸二乙酯	-	3	2366
碳酸酐,固体的,见	-	9	1845
碳酸酐,见	-	2.2	1013
碳酸酐,冷冻液体,见	-	2.2	2187
碳酸甲酯,见	-	3	1161
碳酸乙酯,见	-	3	2366
碳酰氟	-	2.3	2417
碳酰氯,见	-	2.3	1076
tang			
羰基金属,固体的,未另列明的	-	6.1	3466
羰基金属,液体的,未另列明的	-	6.1	3281
羰基镍	P	6.1	1259
羰基铁,见	-	6.1	1994
搪瓷,见涂料	-	-	-
te			
特丁磷,见有机磷农药	P	-	-
特乐酚,见取代硝基苯酚农药	-	-	-
特里托钠尔炸药(梯铝炸药)	-	1.1D	0390
特普,见有机磷农药	P	-	-
特屈儿炸药	-	1.1D	0208
特塔森,湿的,按质量计,含水或水和酒精的混合物不小于30%	-	1.1A	0114
特戊酰茚二酮(和盐类),见农药,未另列明的	P	-	-
ti			
锑粉	-	6.1	2871
锑化合物,无机的,固体的,未另列明的	-	6.1	1549
锑化合物,无机的,液体的,未另列明的	-	6.1	3141
锑化氢,见	-	2.3	2676
锑化(三)氢	-	2.3	2676

续上表

物质、材料或物品	海洋污染物	类别	联合国编号
2,4,5-涕,见苯氧基酸衍生物	–	–	–
涕灭威,见氨基甲酸酯农药	P	–	–
tian			
天然气,冷冻液体,甲烷含量高的	–	2.1	1972
天然气,压缩的,甲烷含量高的	–	2.1	1971
天然汽油,见车用汽油或汽油	–	–	–
田乐磷,见有机磷农药	–	–	–
甜菜安,见注1	P	–	–
填装物,液体,见涂料	–	–	–
tie			
1,8-萜二烯,见	P	3	2052
萜品油烯	–	3	2541
萜烯烃类,未另列明的	–	3	2319
铁粉,见	–	4.2	1383
铁粉,引火的,见	–	4.2	1383
铁路用导火索,见信号装置,手持的	–	–	–
铁石棉,见	–	9	2212
铁铈齐	–	4.1	1323
铁屑,见	–	4.2	2793
ting			
烃类气体混合物,压缩的,未另列明的	–	2.1	1964
烃类气体混合物,液化的,未另列明的	–	2.1	1965
烃类,液体的,未另列明的	–	3	3295
tong			
同设备包装在一起的锂金属蓄电池,包含锂合金蓄电池	–	9	3091
同设备包装在一起的锂离子蓄电池,包括锂离子聚合物蓄电池	–	9	3481
同设备包装在一起的燃料电池筒,含有液化的易燃气体	–	2.1	3478
同设备包装在一起的燃料电池筒,含有腐蚀性物质	–	8	3477
同设备包装在一起的燃料电池筒,含有遇水反应物质	–	4.3	3476
同设备包装在一起的燃料电池筒,在金属氢化物内含有氢	–	2.1	3479
同设备包装在一起的燃料电池筒,含有易燃液体	–	3	3473
铜化合物类,见铜基农药	–	–	–
铜基农药,固体的,有毒的	–	6.1	2775
铜基农药,液体的,易燃的,有毒的,闪点小于23℃	–	3	2776

续上表

物质、材料或物品	海洋污染物	类别	联合国编号
铜基农药,液体的,有毒的	-	6.1	3010
铜基农药,液体的,有毒的,易燃的,闪点不小于23℃	-	6.1	3009
铜金属粉,见注1	P	-	-
铜乙二胺溶液	P	8	1761
tou			
透闪石,见	-	9	2212
tu			
涂料(包括油漆、真漆、瓷漆、着色漆、紫胶溶液、清漆、虫胶清漆和液体真漆基料)	-	3	1263
	-	8	3066
涂料,腐蚀的,易燃的(包括油漆、真漆、瓷漆、着色漆、紫胶溶液、清漆、虫胶清漆和液体真漆基料)	-	8	3470
涂料溶液(包括工业上使用或其他用途的表面处理涂料或油漆,例如车辆的底漆、桶或圆桶的里面漆)	-	3	1139
涂料相关材料(包括涂料稀释剂或调稀剂)	-	3	1263
	-	8	3066
涂料相关材料,腐蚀的,易燃的(包括涂料稀释剂和调稀剂)	-	8	3470
涂料相关材料,易燃的,腐蚀的(包括涂料稀释剂和调稀剂)	-	3	3469
涂料,易燃的,腐蚀的(包括油漆、真漆、瓷漆、着色漆、紫胶溶液、清漆、虫胶清漆和液体真漆基料)	-	3	3469
吐酒石,见	-	6.1	1551
tui			
推进剂	-	1.1C	0271
	-	1.3C	0272
	-	1.2C	0415
	-	1.4C	0491
推进剂,单、双或三基地,见火药,无烟的	-	-	-
推进剂,固体的	-	1.1C	0498
	-	1.3C	0499
	-	1.4C	0501
推进剂,液体的	-	1.3C	0495
	-	1.1C	0497
退敏爆炸品,固体的,未另列明的	-	4.1	3380
退敏爆炸品,液体的,未另列明的	-	3	3379

续上表

物质、材料或物品	海洋污染物	类别	联合国编号
tuo			
脱对丙烯基苯酚,见	-	8	2051
wa			
瓦斯油	-	3	1202
wan			
丸状黑火药	-	1.1D	0028
丸状火药	-	1.1D	0028
烷基苯酚类,固体的,未另列明的(包括C2至C12同系物)	-	8	2430
烷基苯酚类,液体的,未另列明的(包括C2至C12同系物)	-	8	3145
烷基苯磺酸,直链和支链的(C11-C13支链及直链同系物除外),见	P	9	3082
烷基(C12-C14)二甲胺,见注1	P	-	-
烷基磺酸,固体的,含游离硫酸大于5%	-	8	2583
烷基磺酸,固体的,含游离硫酸不大于5%	-	8	2585
烷基磺酸,液体的,含游离硫酸大于5%	-	8	2584
烷基磺酸,液体的,含游离硫酸不大于5%	-	8	2586
烷基金属卤化物,遇水反应,未另列明的,见	-	4.2	3394
烷基金属氢化物,遇水反应,未另列明的,见	-	4.2	3394
烷基金属,遇水反应,未另列明的,见	-	4.2	3394
烷基锂,固体的,见	-	4.2	3393
烷基锂,液体的,见	-	4.2	3394
烷基硫酸	-	8	2571
烷基卤化铝类,液体的,见	-	4.2	3394
烷基铝,见	-	4.2	3394
烷基镁,见	-	4.2	3394
wang			
王水	-	8	1798
wei			
威百亩,见硫代氨基甲酸酯农药	P	-	-
wen			
温石棉,见	-	9	2590
wu			
乌洛托品(六亚甲基四胺),见	-	4.1	1328
无机亚硝酸盐和铵化合物的混合物(禁止运输)	-	-	-
无机亚硝酸盐和铵盐的混合物(禁止运输)	-	-	-

续上表

物质、材料或物品	海洋污染物	类别	联合国编号
无烟火药,见	-	1.1C	0160
无烟火药,见火药,无烟的	-	-	-
无烟火药,见无烟火药	-	-	-
五氟化碘	-	5.1	2495
五氟化磷	-	2.3	2198
五氟化磷,吸附性的	-	2.3	3524
五氟化氯	-	2.3	2548
五氟化锑	-	8	1732
五氟化溴	-	5.1	1745
五氟乙基三氟乙烯基醚,见	-	2.1	3154
五氟乙烷	-	2.2	3220
五氟乙氧基三氟乙烯,见	-	2.1	3154
五甲基庚烷	-	3	2286
3,3,5,7,7-五甲基-1,2,4-环二醚,浓度≤100%	-	5.2	3107
五硫化二磷,不含黄磷或白磷	-	4.3	1340
五氯苯酚,见有机氯农药	P	-	-
五氯苯酚钠	P	6.1	2567
五氯酚	P	6.1	3155
五氯化磷	-	8	1806
五氯化钼	-	8	2508
五氯化锑溶液	-	8	1731
五氯化锑,液体的	-	8	1730
五氯乙烷	P	6.1	1669
五水合氯化锡(Ⅳ),见	-	8	2440
五羰基铁	-	6.1	1994
五溴化磷	-	8	2691
五氧化二钒,非熔凝状态的	-	6.1	2862
五氧化二磷	-	8	1807
五氧化二砷	-	6.1	1559
武器弹药筒,带有爆炸装药	-	1.1F	0005
	-	1.1E	0006
	-	1.2F	0007
	-	1.2E	0321
	-	1.4F	0348
	-	1.4E	0412

续上表

物质、材料或物品	海洋污染物	类别	联合国编号
武器弹药筒,带惰性弹头	–	1.4S	0012
	–	1.2C	0328
	–	1.4C	0339
	–	1.3C	0417
武器弹药筒,无弹头	–	1.4S	0014
	–	1.1C	0326
	–	1.3C	0327
	–	1.4C	0338
	–	1.2C	0413
戊胺类	–	3	1106
1,5-戊撑,见	–	3	1146
1-戊醇	–	8	2705
戊醇类	–	3	1105
2,4-戊二酮	–	3	2310
戊基甲醇,见	–	3	2282
戊基氯类	–	3	1107
戊基三氯硅烷	–	8	1728
戊硫醇类	–	3	1111
戊硼烷	–	4.2	1380
戊醛	–	3	2058
2-戊酮,见	–	3	1249
3-戊酮,见	–	3	1156
戊烷,见	–	3	1265
戊烷类,液体的	–	3	1265
1-戊烯	–	3	1108
戊酰氯	–	8	2502
物品,EEI	–	1.6N	0486
物品,引火的	–	1.2L	0380
物质,EVI,未另列明的	–	1.5D	0482
物质中危险货物	–	9	3363
xi			
吸附性气体,未另列明的	–	2.2	3511
吸附性气体,氧化性的,未另列明的	–	2.2	3513
吸附性气体,易燃的,未另列明的	–	2.1	3510

续上表

物质、材料或物品	海洋污染物	类别	联合国编号
吸附性气体,有毒的,腐蚀性的,未另列明的	-	2.3	3516
吸附性气体,有毒的,未另列明的	-	2.3	3512
吸附性气体,有毒的,氧化性的,腐蚀性的,未另列明的	-	2.3	3518
吸附性气体,有毒的,氧化性的,未另列明的	-	2.3	3515
吸附性气体,有毒的,易燃的,腐蚀性的,未另列明的	-	2.3	3517
吸附性气体,有毒的,易燃的,未另列明的	-	2.3	3514
吸入毒性液体,腐蚀性的,未另列明的,LC_{50}小于或等于200mL/m³,且饱和蒸气浓度大于或等于$500LC_{50}$	-	6.1	3389
吸入毒性液体,腐蚀性的,未另列明的,LC_{50}小于或等于1000mL/m³,且饱和蒸气浓度大于或等于$10LC_{50}$	-	6.1	3390
吸入毒性液体,未另列明的,LC_{50}小于或等于200mL/m³,且饱和蒸气浓度大于或等于$500LC_{50}$	-	6.1	3381
吸入毒性液体,未另列明的,LC_{50}小于或等于1000mL/m³,且饱和蒸气浓度大于或等于$10LC_{50}$	-	6.1	3382
吸入毒性液体,氧化性,未另列明的,LC_{50}小于或等于200mL/m³,且饱和蒸气浓度大于或等于$500LC_{50}$	-	6.1	3387
吸入毒性液体,氧化性,未另列明的,LC_{50}小于或等于1000mL/m³,且饱和蒸气浓度大于或等于$10LC_{50}$	-	6.1	3388
吸入毒性液体,易燃,未另列明的,LC_{50}小于或等于200mL/m³,且饱和蒸气浓度大于或等于$500LC_{50}$	-	6.1	3383
吸入毒性液体,易燃,未另列明的,LC_{50}小于或等于1000mL/m³,且饱和蒸气浓度大于或等于$10LC_{50}$	-	6.1	3384
吸入毒性液体,遇水反应,未另列明的,LC_{50}小于或等于200mL/m³,且饱和蒸气浓度大于或等于$500LC_{50}$	-	6.1	3385
吸入毒性液体,遇水反应,未另列明的,LC_{50}小于或等于1000mL/m³,且饱和蒸气浓度大于或等于$10LC_{50}$	-	6.1	3386
吸入性毒性液体,易燃的,腐蚀性的,未另列明的,LC_{50}小于或等于200mL/m³,且饱和蒸气浓度大于或等于$500LC_{50}$	-	6.1	3488
吸入性毒性液体,易燃的,腐蚀性的,未另列明的,LC_{50}小于或等于1000mL/m³,且饱和蒸气浓度大于或等于$10LC_{50}$	-	6.1	3489
吸入性毒性液体,与水反应,易燃的,未另列明的,LC_{50}小于或等于200mL/m³,且饱和蒸气浓度大于或等于$500LC_{50}$	-	6.1	3490
吸入性毒性液体,与水反应,易燃的,未另列明的,LC_{50}小于或等于1000mL/m³,且饱和蒸气浓度大于或等于$10LC_{50}$	-	6.1	3491

续上表

物质、材料或物品	海洋污染物	类别	联合国编号
烯丙胺	-	6.1	2334
烯丙醇	P	6.1	1098
烯丙基碘	-	3	1723
烯丙基芥子油,稳定的,见	-	6.1	1545
烯丙基氯	-	3	1100
烯丙基三氯硅烷,稳定的	-	8	1724
烯丙基缩水甘油醚	-	3	2219
烯丙基溴	P	3	1099
硒化镉,见	P	6.1	2570
硒化合物,固体的,未另列明的	-	6.1	3283
硒化合物,液体的,未另列明的	-	6.1	3440
硒化氢,无水的	-	2.3	2202
硒化氢,吸附性的	-	2.3	3526
硒酸	-	8	1905
硒酸盐类	-	6.1	2630
稀释沥青,见	-	3	1999
xian			
纤维,浸过轻度硝化的硝化纤维素,未另列明的	-	4.1	1353
纤维织品,浸过轻度硝化的硝化纤维素,未另列明的	-	4.1	1353
纤维,植物的,干的	-	4.1	3360
氙	-	2.2	2036
氙,冷冻液体	-	2.2	2591
xiang			
香豆素衍生物农药,固体的,有毒的	-	6.1	3027
香豆素衍生物农药,液体的,易燃的,有毒的,闪点小于23℃	-	3	3024
香豆素衍生物农药,液体的,有毒的	-	6.1	3026
香豆素衍生物农药,液体的,有毒的,易燃的,闪点小于23℃	-	6.1	3025
香料制品,含有易燃液体	-	3	1266
橡胶溶液	-	3	1287
xiao			
消毒剂(杀菌剂),固体的,有毒的,未另列明的	-	6.1	1601
消毒剂(杀菌剂),液体的,腐蚀性的,未另列明的	-	8	1903
消毒剂(杀菌剂),液体的,有毒的,未另列明的	-	6.1	3142
硝化淀粉,干的或湿的,按质量计,含水小于20%	-	1.1D	0146

续上表

物质、材料或物品	海洋污染物	类别	联合国编号
硝化淀粉,湿的,按质量计,含水不小于20%	-	4.1	1337
硝化甘露醇,湿的,按质量计,含水或水和酒精的混合物不小于40%	-	1.1D	0133
硝化甘油混合物,退敏的,固体的,未另列明的,按质量计,含硝化甘油大于2%,但不大于10%	-	4.1	3319
硝化甘油混合物,退敏的,液体的,未另列明的,按质量计,含硝化甘油不大于30%	-	3	3357
硝化甘油混合物,退敏的,液体的,易燃的,未另列明的,按质量计,含硝化甘油不大于30%	-	3	3343
硝化甘油酒精溶液,含硝化甘油大于1%,但不大于10%	-	1.1D	0144
硝化甘油酒精溶液,含硝化甘油不大于1%	-	3	1204
硝化甘油酒精溶液,含硝化甘油大于1%,但不大于5%	-	3	3064
硝化甘油,退敏的,按质量计,含不挥发、不溶于水的减敏剂不小于40%	-	1.1D	0143
硝化棉溶液,见	-	3	2059
硝化酸混合物,含硝酸不大于50%	-	8	1796
硝化酸混合物,含硝酸大于50%	-	8	1796
硝化酸混合物,用过的,含硝酸不大于50%	-	8	1826
硝化酸混合物,用过的,含硝酸大于50%	-	8	1826
硝化纤维素,不含增塑剂,不含颜料,按干重计,含氮不大于12.6%	-	4.1	2557
硝化纤维素,不含增塑剂,含颜料,按干重计,含氮不大于12.6%	-	4.1	2557
硝化纤维素,含增塑剂,不含颜料,按干重计,含氮不大于12.6%	-	4.1	2557
硝化纤维素,含增塑剂,含颜料,按干重计,含氮不大于12.6%	-	4.1	2557
硝化纤维素膜过滤器,按干重计,含氮不大于12.6%	-	4.1	3270
硝化纤维素溶液,见	-	3	2059
硝化纤维素溶液,易燃的,按干重计,含氮不大于12.6%,且含硝化纤维素不大于55%	-	3	2059
硝化纤维素(硝化棉),干的或湿的,按质量计,含水或酒精小于25%	-	1.1D	0340
硝化纤维素(硝化棉),非改性的或增塑的,按质量计,含增塑剂小于18%	-	1.1D	0341
硝化纤维素(硝化棉),增塑的,按质量计,含增塑剂不小于18%	-	1.3C	0343
硝化纤维素(硝化棉),湿的,按质量计,含酒精不小于25%	-	1.3C	0342
硝基苯	-	6.1	1662
硝基苯胺类(邻-、间-、对-)	-	6.1	1661
5-硝基苯丙三唑	-	1.1D	0385
硝基苯酚类(邻-、间-、对-)	-	6.1	1663
硝基苯磺酸	-	8	2305

续上表

物质、材料或物品	海洋污染物	类别	联合国编号
4-硝基苯肼,按质量计,含水不小于30%	-	4.1	3376
硝基丙烷类	-	3	2608
硝基二甲苯类,固体的	-	6.1	3447
硝基二甲苯类,液体的	-	6.1	1665
硝基胍,干的或湿的,按质量计,含水小于20%	-	1.1D	0282
硝基胍,湿的,按质量计,含水不小于20%	-	4.1	1336
硝基茴香醚类,固体的	-	6.1	3458
硝基甲苯胺类(MONO)	-	6.1	2660
硝基甲(苯)酚类,液体的	-	6.1	2434
硝基甲苯类,固体的	-	6.1	3446
硝基甲苯类,液体的	-	6.1	1664
硝基甲酚类,固体的	-	6.1	2446
硝基甲烷	-	3	1261
硝基氯苯类,见	-	6.1	1578
3-硝基-4-氯三氟甲苯	P	6.1	2307
硝基萘类	-	4.1	2538
硝基脲	-	1.1D	0147
硝基漆基料,液体,见涂料	-	-	-
硝基三氟甲苯,固体的	P	6.1	3431
硝基三氟甲苯类,液体的	P	6.1	2306
硝基三氯甲烷,见	-	6.1	1580
硝基三唑酮	-	1.1D	0490
硝基溴苯类,固体的	-	6.1	3459
硝基溴苯类,液体的	-	6.1	2732
硝基乙烷	-	3	2842
硝石,见	-	5.1	1486
硝酸,含硝酸大于70%,发红烟的除外	-	8	2031
硝酸,含硝酸大于65%,但不大于70%,发红烟的除外	-	8	2031
硝酸,含硝酸小于65%,发红烟的除外	-	8	2031
硝酸铵	-	1.1D	0222
硝酸铵,含有不大于0.2%的可燃物质,包括以碳计算的任何有机物,但不包括任何其他添加物质	-	5.1	1942
硝酸铵基化肥	-	5.1	2067
	-	9	2071

续上表

物质、材料或物品	海洋污染物	类别	联合国编号
硝酸铵凝胶,爆破炸药中间体	-	5.1	3375
硝酸铵乳液,爆破炸药中间体	-	5.1	3375
硝酸铵悬浮液,爆破炸药中间体	-	5.1	3375
硝酸铵,液体的(热浓溶液)	-	5.1	2426
硝酸铵,易于自热并足以引发其分解(禁止运输)	-	-	-
硝酸钡	-	5.1	1446
硝酸苯汞	P	6.1	1895
硝酸,发红烟的	-	8	2032
硝酸钙	-	5.1	1454
硝酸锆	-	5.1	2728
硝酸铬	-	5.1	2720
硝酸汞	P	6.1	1625
硝酸胍	-	5.1	1467
硝酸茴香醚类,液体的	-	6.1	2730
硝酸钾	-	5.1	1486
硝酸钾和硝酸钠的混合物,见	-	5.1	1499
硝酸钾和亚硝酸钠的混合物	-	5.1	1487
硝酸锂	-	5.1	2722
硝酸铝	-	5.1	1438
硝酸镁	-	5.1	1474
硝酸锰	-	5.1	2724
硝酸钠	-	5.1	1498
硝酸钠和硝酸钾的混合物	-	5.1	1499
硝酸脲,干的或湿的,按质量计,含水小于20%	-	1.1D	0220
硝酸脲,湿的,按质量计,含水不小于20%	-	4.1	1357
硝酸脲,湿的,按质量计,含水不小于10%	-	4.1	3370
硝酸镍	-	5.1	2725
硝酸钕和硝酸镨混合物,见	-	5.1	1465
硝酸镨和硝酸钕混合物,见	-	5.1	1465
硝酸钕镨	-	5.1	1465
硝酸铍	-	5.1	2464
硝酸铅	P	5.1	1469
硝酸铷,见	-	5.1	1477
硝酸铯	-	5.1	1451

续上表

物质、材料或物品	海洋污染物	类别	联合国编号
硝酸锶	–	5.1	1507
硝酸铊	P	6.1	2727
硝酸铁	–	5.1	1466
硝酸烷基(C7-C9)酯,见注1	P	–	–
硝酸戊酯类	–	3	1112
硝酸纤维素溶液,见	–	3	2059
硝酸锌	–	5.1	1514
硝酸亚汞	P	6.1	1627
硝酸盐类,无机的,水溶液,未另列明的	–	5.1	3218
硝酸盐类,无机的,未另列明的	–	5.1	1477
硝酸异丙酯	–	3	1222
硝酸异戊酯,见	–	3	1112
硝酸异辛酯,见	P	9	3082
2-硝酸异辛酯,见注1	P	–	–
硝酸银	–	5.1	1493
硝酸正丙酯	–	3	1865
xie			
鞋尖顶衬,以硝化纤维素为基料,见	–	4.1	1353
xin			
辛二烯	–	3	2309
辛基三氯硅烷	–	8	1801
辛醛,见	–	3	1191
辛醛类	–	3	1191
3-辛酮,见	–	3	2271
辛烷类	P	3	1262
辛酰氯,见	–	8	3265
锌粉	–	4.3	1436
锌粉尘	–	4.3	1436
锌粉,引火的,见	–	4.2	1383
锌合金,引火的,见	–	4.2	1383
锌灰	–	4.3	1435
新基(甲基丙基醚),见	–	3	2612
新己烷,见	–	3	1208
新戊烷(季戊烷),见	–	2.1	2044

续上表

物质、材料或物品	海洋污染物	类别	联合国编号
新戊酰氯,见	-	6.1	2438
信号弹药筒	-	1.3G	0054
	-	1.4G	0312
	-	1.4S	0405
信号器,发烟的	-	1.1G	0196
	-	1.4G	0197
	-	1.2G	0313
	-	1.3G	0487
	-	1.4S	0507
信号器,铁路轨道用,爆炸性的	-	1.1G	0192
	-	1.4S	0193
	-	1.3G	0492
	-	1.4G	0493
信号器,遇险呼救用,船舶的	-	1.1G	0194
	-	1.3G	0195
	-	1.4G	0505
	-	1.4S	0506
信号装置,手持的	-	1.4G	0191
	-	1.4S	0373
xiu			
溴	-	8	1744
溴苯	P	3	2514
溴苯氰,见农药,未另列明的	P	-	-
溴苄基氰,固体的	-	6.1	3449
溴苄基氰类,液体的	-	6.1	1694
3-溴丙炔	-	3	2345
3-溴-1-丙炔,见	-	3	2345
溴丙酮	P	6.1	1569
溴丙烷类	-	3	2344
3-溴丙烯,见	P	3	1099
溴(代)甲烷,见	-	2.3	1062
1-溴丁烷	-	3	1126
2-溴丁烷	-	3	2339
溴二苯甲烷,见	-	8	1770

续上表

物质、材料或物品	海洋污染物	类别	联合国编号
溴仿	P	6.1	2515
溴化汞,见	P	6.1	1634
溴化汞类	P	6.1	1634
溴化钾基镁的乙醚溶液	-	4.3	1928
溴化磷,见	-	6.1	1809
溴化铝溶液	-	8	2580
溴化铝,无水的	-	8	1725
溴化氯,见	-	2.3	2901
溴化硼,见	-	8	2692
溴化氢,见	-	8	1788
溴化氢溶液,见	-	8	1788
溴化氢,无水的	-	2.3	1048
溴化氰	P	6.1	1889
溴化硝基苯类,固体的,见	-	6.1	3459
溴化硝基苯类,液体的,见	-	6.1	2732
溴化锌,见	P	9	3077
溴化亚汞,见	P	6.1	1634
溴化亚砷,见	-	6.1	1555
1-溴-2,3-环氧丙烷,见	P	6.1	2558
α-溴甲苯,见	-	6.1	1737
溴甲基丙烷类	-	3	2342
1-溴-3-甲基丁烷	-	3	2341
溴甲烷和二溴化乙烯混合物,液体的	P	6.1	1647
1-溴-3-氯丙烷	-	6.1	2688
溴氯二氟甲烷,见	-	2.2	1974
溴氯甲烷	-	6.1	1887
溴溶液	-	8	1744
溴三氟甲烷	-	2.2	1009
溴三氟乙烯	-	2.1	2419
溴鼠灵,见香豆素生物农药	P	-	-
溴酸铵(禁止运输)	-	-	-
溴酸铵溶液(禁止运输)	-	-	-
溴酸钡	-	5.1	2719
溴酸钾	-	5.1	1484

续上表

物质、材料或物品	海洋污染物	类别	联合国编号
溴酸镁	–	5.1	1473
溴酸钠	–	5.1	1494
溴酸锌	–	5.1	2469
溴酸盐类,无机的,水溶液,未另列明的	–	5.1	3213
溴酸盐类,无机的,未另列明的	–	5.1	1450
2-溴戊烷	–	3	2343
溴硝丙二醇,见	–	4.1	3241
溴硝基苯类,固体的,见	–	6.1	3459
溴硝基苯类,液体的,见	–	6.1	2732
2-溴-2-硝基-1,3-丙二醇	–	4.1	3241
2-溴乙基乙醚	–	3	2340
溴乙酸,固体的	–	8	3425
溴乙酸甲酯	–	6.1	2643
溴乙酸溶液	–	8	1938
溴乙酸乙酯	–	6.1	1603
溴乙烷,见	–	6.1	1891
ω-溴乙酰苯(ω-溴苯乙酮),见	–	6.1	2645
溴乙酰溴	–	8	2513
xu			
蓄电池,干的,含固体氢氧化钾,储存电的	–	8	3028
蓄电池,含锂,见	–	9	3090
蓄电池,含有钠	–	4.3	3292
蓄电池,湿的,不溢出的,储存电的	–	8	2800
蓄电池,湿的,装有碱液,储存电的	–	8	2795
蓄电池,湿的,装有酸液,储存电的	–	8	2794
蓄电池组,见电池组,见	–	–	–
xuan			
旋风炸药和奥克托金的混合物,湿的,按质量计,含水不小于15%	–	1.1D	0391
旋风炸药和奥克托金的混合物,退敏的,按质量计,含退敏剂不小于10%	–	1.1D	0391
旋风炸药和HMX的混合物,湿的,按质量计,含水不小于15%	–	1.1D	0391
旋风炸药和HMX的混合物,退敏的,按质量计,含退敏剂不小于10%	–	1.1D	0391
旋风炸药和环四亚甲基四硝胺的混合物,退敏的,按质量计,含退敏剂不小于10%	–	1.1D	0391
旋风炸药和环四亚甲基四硝胺的混合物,湿的,按质量计,含水不小于15%	–	1.1D	0391

续上表

物质、材料或物品	海洋污染物	类别	联合国编号
旋风炸药,湿的,按质量计,含水不小于15%	-	1.1D	0072
旋风炸药,退敏的	-	1.1D	0483
xun			
熏蒸的货物运输组件	-	9	3359
ya			
压凝汽油,见	P	3	1203
压缩气体,未另列明的	-	2.2	1956
压缩气体,氧化性,未另列明的	-	2.2	3156
压缩气体,易燃的,未另列明的	-	2.1	1954
压缩气体,有毒的,腐蚀性的,未另列明的	-	2.3	3304
压缩气体,有毒的,未另列明的	-	2.3	1955
压缩气体,有毒的,氧化性的,腐蚀性的,未另列明的	-	2.3	3306
压缩气体,有毒的,氧化性的,未另列明的	-	2.3	3303
压缩气体,有毒的,易燃的,腐蚀性的,未另列明的	-	2.3	3305
压缩气体,有毒的,易燃的,未另列明的	-	2.3	1953
蚜减多,见有机磷农药	-	-	-
蚜螨磷,见有机磷农药	P	-	-
3,3′-亚氨基二丙胺	-	8	2269
亚胺硫磷,见有机磷农药	P	-	-
亚苄基二氯,见	-	6.1	1886
亚丙基二氯,见	-	3	1993
亚砜磷,见有机磷农药	-	-	-
亚甲基二腈,见	-	6.1	2647
亚甲基氯,见	-	6.1	1593
亚甲基氯溴,见	-	6.1	1887
2,2′-亚甲基-双-(3,4,6-三氯苯酚),见	-	6.1	2875
亚磷酸	-	8	2834
亚磷酸二氢铅(二盐基亚磷酸铅)	-	4.1	2989
亚磷酸三甲酯	-	3	2329
亚磷酸三乙酯	-	3	2323
亚硫酸	-	8	1833
亚硫酸氢铵溶液,见	-	8	2693
亚硫酸氢钙	-	4.2	1923
亚硫酸氢钙溶液,见	-	8	2693

续上表

物质、材料或物品	海洋污染物	类别	联合国编号
亚硫酸氢钾	–	4.2	1929
亚硫酸氢钾溶液,见	–	8	2693
亚硫酸氢镁溶液,见	–	8	2693
亚硫酸氢钠溶液,见	–	8	2693
亚硫酸氢锌	–	9	1931
亚硫酸氢锌溶液,见	–	8	2693
亚硫酸氢盐类,水溶液,未另列明的	–	8	2693
亚硫酰(二)氯	–	8	1836
亚氯酸铵(禁止运输)	–	–	–
亚氯酸钙	–	5.1	1453
亚氯酸钠	–	5.1	1496
亚氯酸盐类,无机的,未另列明的	–	5.1	1462
亚氯酸盐溶液	–	8	1908
亚麻,干的,见	–	4.1	3360
亚砷酸钾	–	6.1	1678
亚砷酸钠,固体的	–	6.1	2027
亚砷酸钠,见砷剂农药	–	–	–
亚砷酸钠,水溶液	–	6.1	1686
亚砷酸铅	P	6.1	1618
亚砷酸锶	–	6.1	1691
亚砷酸铁	P	6.1	1607
亚砷酸铜	P	6.1	1586
亚砷酸锌	–	6.1	1712
亚砷酸盐类,固体的,未另列明的,无机的,见	–	6.1	1557
亚砷酸盐类,液体的,未另列明的,无机的,见	–	6.1	1556
亚砷酸银	P	6.1	1683
亚硒酸钙,见	–	6.1	2630
亚硒酸盐类	–	6.1	2630
亚硒酰氯,见	–	8	2879
亚硝酐,见	–	2.3	2421
4-亚硝基苯酚,浓度100%	–	4.1	3236
亚硝基硫酸,固体的	–	8	3456
亚硝基硫酸,液体的	–	8	2308
亚硝基醚溶液,见	–	3	1194

续上表

物质、材料或物品	海洋污染物	类别	联合国编号
亚硝酸铵(禁止运输)	–	–	–
亚硝酸铵锌	–	5.1	1512
亚硝酸丁酯类	–	3	2351
亚硝酸二环己铵	–	4.1	2687
亚硝酸甲酯	–	2.2	2455
亚硝酸钾	–	5.1	1488
亚硝酸钠	–	5.1	1500
亚硝酸钠和硝酸钾的混合物,见	–	5.1	1487
亚硝酸镍	–	5.1	2726
亚硝酸戊酯	–	3	1113
亚硝酸盐类,无机的,水溶液,未另列明的	–	5.1	3219
亚硝酸盐类,无机的,未另列明的	–	5.1	2627
亚硝酸乙酯,纯的(禁止运输)	–	–	–
亚硝酸乙酯溶液	–	3	1194
亚硝酸异戊酯,见	–	3	1113
亚硝酸正戊酯,见	–	3	1113
亚乙基二氟,见	–	2.1	1030
亚乙基二甲醚,见	–	3	2377
亚乙基二氯,见	–	3	2362
亚乙基二乙醚,见	–	3	1088
亚油酸二乙醇酰胺,见注1	P	–	–
氩,冷冻液体	–	2.2	1951
氩,压缩的	–	2.2	1006
yan			
烟道灰,含砷,见	–	6.1	1562
烟花	–	1.1G	0333
	–	1.2G	0334
	–	1.3G	0335
	–	1.4G	0336
	–	1.4S	0337
烟火制品,用于产生技术效果	–	1.1G	0428
	–	1.2G	0429
	–	1.3G	0430
	–	1.4G	0431
	–	1.4S	0432

续上表

物质、材料或物品	海洋污染物	类别	联合国编号
烟碱化合物,固体的,未另列明的	-	6.1	1655
烟碱化合物,液体的,未另列明的	-	6.1	3144
烟碱(尼古丁)	-	6.1	1654
烟碱盐酸盐,固体的	-	6.1	3444
烟碱盐酸盐溶液	-	6.1	1656
烟碱盐酸盐,液体的	-	6.1	1656
烟碱制剂,固体的,未另列明的	-	6.1	1655
烟碱制剂,液体的,未另列明的	-	6.1	3144
烟幕弹,见发烟弹药	-	-	-
烟雾弹,非爆炸性的,含腐蚀性液体,无引爆装置	-	8	2028
盐酸苯胺	-	6.1	1548
盐酸,见	-	8	1789
燕麦敌,见农药,未另列明的	P	-	-
燕麦枯,见农药,未另列明的	-	-	-
yang			
阳起石,见	-	9	2212
氧化钡	-	6.1	1884
1,2-氧化丁烯,稳定的,见	-	3	3022
氧化二乙烯基,稳定的,见	-	3	1167
氧化钙	-	8	1910
氧化汞	-	6.1	1641
氧化钾	-	8	2033
氧(化)乐果,见有机磷农药	-	-	-
氧化钠	-	8	1825
氧化砷(Ⅲ),见	-	6.1	1561
氧化砷(Ⅴ),见	-	6.1	1559
氧化铁,废的,从提纯煤气中取得	-	4.2	1376
氧化性固体,腐蚀性的,未另列明的	-	5.1	3085
氧化性固体,未另列明的	-	5.1	1479
氧化性固体,易燃的,未另列明的	-	5.1	3137
氧化性固体,有毒的,未另列明的	-	5.1	3087
氧化性固体,遇水反应,未另列明的	-	5.1	3121
氧化性固体,自热的,未另列明的	-	5.1	3100
氧化性液体,腐蚀性的,未另列明的	-	5.1	3098

续上表

物质、材料或物品	海洋污染物	类别	联合国编号
氧化性液体,未另列明的	-	5.1	3139
氧化性液体,有毒的,未另列明的	-	5.1	3099
1-氧基-4-硝基苯,见	-	6.1	1662
氧硫化碳,见	-	2.3	2204
氧气,冷冻液体	-	2.2	1073
氧气,压缩的	-	2.2	1072
氧(杂)茂,见	-	3	2389
ye			
页岩油	-	3	1288
液滴汽油,碳氢化合物,见烃类,液体的,未另列明的	-	-	-
液化气体,非易燃的,充有氮气、二氧化碳或空气	-	2.2	1058
液化气体,未另列明的	-	2.2	3163
液化气体,氧化性,未另列明的	-	2.2	3157
液化气体,易燃的,未另列明的	-	2.1	3161
液化气体,有毒的,腐蚀性的,未另列明的	-	2.3	3308
	-	2.3	3310
液化气体,有毒的,未另列明的	-	2.3	3162
液化气体,有毒的,氧化性的,未另列明的	-	2.3	3307
液化气体,有毒的,易燃的,腐蚀性的,未另列明的	-	2.3	3309
液化气体,有毒的,易燃的,未另列明的	-	2.3	3160
液化石油气,见	-	2.1	1075
液化天然气,见	-	2.1	1972
液压物品(含非易燃气体)	-	2.2	3164
yi			
一丙胺,见	-	3	1277
一氟乙酸,见	-	6.1	2642
一甲胺水溶液,见	-	3	1235
一甲胺,无水的,见	-	2.1	1061
一甲基苯胺,见	-	6.1	2294
一磷化锡,见	-	4.3	1433
一氯苯,见	-	3	1134
一氯丙酮,稳定的,见	P	6.1	1695
一氯代乙酸,固体的,见	-	6.1	1751
一氯代乙酸溶液,见	-	6.1	1750

续上表

物质、材料或物品	海洋污染物	类别	联合国编号
一氯代乙酸,熔融的,见	-	6.1	3250
一氯二氟甲烷和一氯五氟乙烷的混合物,具有固定沸点,含氯二氟甲烷约49%,见	-	2.2	1973
一氯二氟甲烷,见	-	2.2	1018
一氯二氟一溴甲烷,见	-	2.2	1974
一氯化碘,固体	-	8	1792
一氯化碘,液体的	-	8	3498
一氯化硫,见	-	8	1828
一氯三氟甲烷,见	-	2.2	1022
一氯四氟乙烷,见	-	2.2	1021
一氯五氟乙烷,见	-	2.2	1020
一氯乙酸钠,见	-	6.1	2659
一溴化苯,见	P	3	2514
一氧化钡,见	-	6.1	1884
一氧化氮和二氧化氮混合物	-	2.3	1975
一氧化氮和四氧化二氮混合物	-	2.3	1975
一氧化氮,压缩的	-	2.3	1660
一氧化二氮	-	2.2	1070
一氧化二氮,冷冻液体,见	-	2.2	2201
一氧化氟,压缩的,见	-	2.3	2190
一氧化碳,压缩的	-	2.3	1016
一氧化亚氮,冷冻液体	-	2.2	2201
一乙胺,见	-	2.1	1036
一乙胺,水溶液,见	-	3	2270
一乙醇胺,见	-	8	2491
伊米萨利,见农药,未另列明的	-	-	-
医疗废物,未另列明的	-	6.2	3291
医药,固体的,有毒的,未另列明的	-	6.1	3249
医药,液体的,易燃的,有毒的,未另列明的	-	3	3248
医药,液体的,有毒的,未另列明的	-	6.1	1851
仪器中的危险货物	-	9	3363
乙胺	-	2.1	1036
乙胺,水溶液,含乙胺不小于50%,但不大于70%	-	3	2270
乙拌磷,见有机磷农药	P	-	-

续上表

物质、材料或物品	海洋污染物	类别	联合国编号
乙苯	-	3	1175
乙叉二氯,见	-	3	2362
乙撑-1,2-双二硫代氨基甲酸锰,见	P	4.2	2210
乙撑–双–二硫代氨基甲酸锰,见	P	4.2	2210
乙撑-1,2-双–二硫代氨基甲酸锰,稳定的,见	P	4.3	2968
乙撑–双–二硫代氨基甲酸锰,稳定的,见	P	4.3	2968
乙撑亚胺,稳定的	-	6.1	1185
乙醇	-	3	1170
乙醇胺	-	8	2491
乙醇胺溶液	-	8	2491
乙醇和车用汽油混合物,含乙醇10%以上	-	3	3475
乙醇和汽油混合物,含乙醇10%以上	-	3	3475
乙醇溶液	-	3	1170
乙二胺	-	8	1604
乙二醇二甲醚,见	-	3	2252
乙二醇二乙醚	-	3	1153
乙二醇一甲醚	-	3	1188
乙二醇一乙醚	-	3	1171
N-乙基苯胺	-	6.1	2272
2-乙基苯胺	-	6.1	2273
乙基苯胺,见	-	6.1	2272
乙基苯基二氯硅烷	-	8	2435
N-乙基-N-苄基苯胺	-	6.1	2274
N-乙基苄基甲苯胺类,固体的	-	6.1	3460
N-乙基苄基甲苯胺类,液体的	-	6.1	2753
乙基丙基醚	-	3	2615
乙基丙基酮,见	-	3	1249
乙基虫螨磷,见有机磷农药	P	-	-
2-乙基丁醇	-	3	2275
乙基丁基醚	-	3	1179
2-乙基丁醛	-	3	1178
乙基二氯硅烷	-	4.3	1183
乙基二氯胂	P	6.1	1892
乙基氟	-	2.1	2453

续上表

物质、材料或物品	海洋污染物	类别	联合国编号
2-乙基己胺	-	3	2276
2-乙基己醛,见	-	3	1191
3-乙基己醛,见	-	3	1191
N-乙基甲苯胺类	-	6.1	2754
1-乙基-2-甲基苯,见注1	P	-	-
5-乙基-2-甲基吡啶,见	-	6.1	2300
乙基甲基(甲)酮	-	3	1193
乙基甲基醚	-	2.1	1039
乙基氯	-	2.1	1037
1-乙基哌啶	-	3	2386
N-乙基哌啶,见	-	3	2386
乙基氰,见	-	3	2404
乙基三氯硅烷	-	3	1196
乙基戊基酮类(乙戊酮)	-	3	2271
乙基烯丙基醚	-	3	2335
乙基溴	-	6.1	1891
乙基溴硫磷,见有机磷农药	P	-	-
乙基液,见	P	6.1	1649
乙基乙二醇,见	-	3	1171
乙基乙二醇乙酸酯,见	-	3	1172
乙基乙炔,稳定的	-	2.1	2452
乙基乙酸,见	-	8	2820
乙基乙烯基醚,见	-	3	1302
乙基异丙基醚,见	-	3	2615
乙基正戊基(甲)酮,见	-	3	2271
乙基仲戊基(甲)酮,见	-	3	2271
乙腈	-	3	1648
乙硫醇	P	3	2363
乙硫磷,见有机磷农药	P	-	-
乙硫醚,见	-	3	2375
乙硫乙烷,见	-	3	2375
乙醚	-	3	1155
乙偶姻,见	-	3	2621
乙硼烷	-	2.3	1911

续上表

物质、材料或物品	海洋污染物	类别	联合国编号
乙硼烷,压缩的,见	-	2.3	1911
乙醛	-	3	1089
乙醛二乙缩醛,见	-	3	1088
乙醛合氨	-	9	1841
乙醛缩二甲醇,见	-	3	2377
乙醛肟	-	3	2332
β-乙醛肟,见	-	3	2332
乙炔,溶解的	-	2.1	1001
乙炔,无溶剂	-	2.1	3374
乙炔、乙烯和丙烯混合物,冷冻液体,见	-	2.1	3138
乙酸苯汞	P	6.1	1674
乙酸丁酯类	-	3	1123
乙酸酐	-	8	1715
乙酸汞	P	6.1	1629
乙酸环己酯	-	3	2243
乙酸己酯,见	-	3	1233
乙酸甲基戊酯	-	3	1233
乙酸-1-甲基乙烯酯,见	-	3	2403
乙酸-2-甲氧基乙酯,见	-	3	1189
乙酸甲酯	-	3	1231
乙酸铅	P	6.1	1616
乙酸溶液,按质量计,含酸大于10%,但小于50%	-	8	2790
乙酸溶液,按质量计,含酸不小于50%,但不大于80%	-	8	2790
乙酸溶液,按质量计,含酸大于80%	-	8	2789
乙酸戊酯类	-	3	1104
乙酸烯丙酯	-	3	2333
乙酸亚汞,见	P	6.1	1629
乙酸乙二醇一甲醚酯	-	3	1189
乙酸乙二醇一乙醚酯	-	3	1172
乙酸-2-乙基丁酯	-	3	1177
乙酸乙烯酯,稳定的	-	3	1301
乙酸-2-乙氧基乙酯,见	-	3	1172
乙酸乙酯	-	3	1173
乙酸异丙烯酯	-	3	2403

续上表

物质、材料或物品	海洋污染物	类别	联合国编号
乙酸异丙酯	-	3	1220
乙酸异丁醇	-	3	1213
乙酸异戊酯,见	-	3	1104
乙酸正丙酯	-	3	1276
乙酸仲丁酯,见	-	3	1123
乙缩醛	-	3	1088
乙烷	-	2.1	1035
乙烷,冷冻液体	-	2.1	1961
乙烯	-	2.1	1962
乙烯叉二氯,稳定的	P	3	1303
乙烯基苯,稳定的,见	-	3	2055
乙烯基吡啶类,稳定的	-	6.1	3073
乙烯基氟,稳定的	-	2.1	1860
乙烯基甲苯类,稳定的	-	3	2618
乙烯基甲基醚,稳定的	-	2.1	1087
乙烯基氯,见	-	3	1184
乙烯基氯,稳定的	-	2.1	1086
乙烯基醚,稳定的,见	-	3	1167
乙烯基氰,稳定的,见	-	3	1093
乙烯基三氯硅烷	-	3	1305
乙烯基溴,稳定的	-	2.1	1085
乙烯基乙基醚,稳定的	-	3	1302
乙烯基异丁基醚,稳定的	-	3	1304
乙烯基正丁醚,稳定的,见	-	3	2352
乙烯,冷冻液体	-	2.1	1038
乙烯,乙炔和丙烯混合物,冷冻液体,含乙烯至少71.5%,含乙炔不大于22.5%,含丙烯不大于6%	-	2.1	3138
乙酰丙酮,见	-	3	2310
乙酰碘	-	8	1898
乙酰过氧化磺酰己烷,浓度≤32%,含B型稀释剂	-	5.2	3115
乙酰甲基甲醇	-	3	2621
乙酰氯	-	3	1717
乙酰溴	-	8	1716
乙酰亚砷酸铜	P	6.1	1585

续上表

物质、材料或物品	海洋污染物	类别	联合国编号
1-乙氧基丙烷,见	-	3	2615
3-乙氧基-1-丙烯,见	-	3	2335
2-乙氧基乙醇,见	-	3	1171
异艾氏剂,见有机氯农药	-	-	-
异丙胺	-	3	1221
异丙胺磷,见有机磷农药	P	-	-
异丙醇	-	3	1219
异丙基苯	-	3	1918
异丙基甲醇,见	-	3	1212
异丙基枯基过氧化氢(异丙基异丙苯基过氧化氢),浓度≤72%,含A型稀释剂	-	5.2	3109
异丙基氯,见	-	3	2356
异丙基氰,见	-	3	2284
异丙基溴,见	-	3	2344
异丙基乙烯,见	-	3	2561
异丙磷,见有机磷农药	-	-	-
异丙硫醇,见	-	3	2402
异丙醚,见	-	3	1159
异丙烯基苯	-	3	2303
异丙烯基甲醇,见	-	3	2614
异丙烯基氯,见	-	3	2456
2-异丙氧基丙烷,见	-	3	1159
异狄氏剂,见有机氯农药	P	-	-
异丁胺	-	3	1214
异丁醇	-	3	1212
异丁基苯,见	P	3	2709
异丁基碘,见	-	3	2391
异丁基溴,见	-	3	2342
异丁基乙烯基醚,见	-	3	1304
异丁腈	-	3	2284
异丁硫醇,见	-	3	2347
异丁醛	-	3	2045
异丁酸	-	3	2529
异丁酸-2-甲基丙酯,见	-	3	2528

续上表

物质、材料或物品	海洋污染物	类别	联合国编号
异丁酸乙酯	-	3	2385
异丁酸异丙酯	-	3	2406
异丁酸异丁酯	-	3	2528
异丁烷	-	2.1	1969
异丁烯	-	2.1	1055
异丁烯醇,见	-	3	2614
异丁烯基氯,见	-	3	2554
异丁酰氯	-	3	2395
异噁唑磷,见有机磷农药	P	-	-
异佛尔酮二胺	-	8	2289
异庚烯类	-	3	2287
异己酮,见	-	3	1245
异己烯类	-	3	2288
异兰,见氨基甲酸酯农药	-	-	-
异硫氰酸甲酯	-	6.1	2477
异硫氰酸烯丙酯,稳定的	-	6.1	1545
异氰酸苯酯	-	6.1	2487
异氰酸二氯苯酯类	-	6.1	2250
异氰酸环己酯	-	6.1	2488
3-异氰酸甲基-3,5,5-三甲基环己基异氰酸酯,见	-	6.1	2290
异氰酸甲氧基甲酯	-	6.1	2605
异氰酸甲酯,甲胼,见	-	6.1	2480
异氰酸-3-氯-4-甲基苯酯,液体的	-	6.1	2236
异氰酸三氟甲基苯酯类	-	6.1	2285
异氰酸叔丁酯	-	6.1	2484
异氰酸乙酯	-	6.1	2481
异氰酸异丙酯	-	6.1	2483
异氰酸异丁酯	-	6.1	2486
异氰酸正丙酯	-	6.1	2482
异氰酸正丁酯	-	6.1	2485
异氰酸酯类,易燃的,有毒的,未另列明的	-	3	2478
异氰酸酯类,有毒的,未另列明的	-	6.1	2206
异氰酸酯类,有毒的,易燃的,未另列明的	-	6.1	3080
异氰酸酯溶液,易燃的,有毒的,未另列明的	-	3	2478

续上表

物质、材料或物品	海洋污染物	类别	联合国编号
异氰酸酯溶液,有毒的,未另列明的	-	6.1	2206
异氰酸酯溶液,有毒的,易燃的,未另列明的	-	6.1	3080
异山梨醇-5-单硝酸酯	-	4.1	3251
异山梨醇二硝酸酯混合物,含有不小于60%的乳糖、甘露糖、淀粉或磷酸氢钙	-	4.1	2907
异十二烷,见	-	3	2286
异四甲基苯,见	P	9	3082
异戊胺,见	-	3	1106
异戊醇,见	-	3	1105
异戊二烯,稳定的	P	3	1218
异戊基溴,见	-	3	2341
异戊硫醇,见	-	3	1111
异戊醛,见	-	3	2058
异戊酸甲酯	-	3	2400
异戊烷,见	-	3	1265
α-异戊烯,见	-	3	2561
异戊烯类	-	3	2371
异辛醛,见	-	3	1191
异辛烷,见	P	3	1262
异辛烯类	-	3	1216
异亚丙基丙酮,见	-	3	1229
异亚丙基丙酮(莱基化氧)	-	3	1229
易燃固体,腐蚀性的,无机的,未另列明的	-	4.1	3180
易燃固体,腐蚀性的,有机的,未另列明的	-	4.1	2925
易燃固体,无机的,未另列明的	-	4.1	3178
易燃固体,氧化性的,未另列明的	-	4.1	3097
易燃固体,有毒的,无机的,未另列明的	-	4.1	3179
易燃固体,有毒的,有机的,未另列明的	-	4.1	2926
易燃固体,有机的,熔融的,未另列明的	-	4.1	3176
易燃固体,有机的,未另列明的	-	4.1	1325
易燃液体,腐蚀性的,未另列明的	-	3	2924
易燃液体,未另列明的	-	3	1993
易燃液体,有毒的,腐蚀性的,未另列明的	-	3	3286
易燃液体,有毒的,未另列明的	-	3	1992

续上表

物质、材料或物品	海洋污染物	类别	联合国编号
益果,见有机磷农药	-	-	-
益棉磷,见有机磷农药	P	-	-
yin			
因毒磷,见有机磷农药	-	-	-
引爆继电器,见非电引爆雷管	-	-	-
引爆器,见点火器	-	1.4G	0325
	-	1.4S	0454
引爆药,见烟花	-	-	-
引火固体,无机的,未另列明的	-	4.2	3200
引火固体,有机的,未另列明的	-	4.2	2846
引火合金,未另列明的	-	4.2	1383
引火金属,未另列明的	-	4.2	1383
引火物品,见	-	1.2L	0380
引火液体,无机的,未另列明的	-	4.2	3194
引火液体,有机的,未另列明的	-	4.2	2845
引信,包金属的	-	1,2D	0102
	-	1.1D	0290
引信,弱效应,包金属的	-	1.4D	0104
引信,组合的,击发的,定时的,见起爆引信或点火引信	-	-	-
印刷油墨,易燃的	-	3	1210
印刷油墨相关材料(包括印刷油墨稀释剂或调稀剂),易燃的	-	3	1210
蝇毒磷,见香豆素衍生物农药	P	-	-
you			
油胺,见注1	P	-	-
油饼,见	-	4.2	1386
油气,压缩的	-	2.3	1071
油酸汞	P	6.1	1640
有毒固体,腐蚀性的,无机的,未另列明的	-	6.1	3290
有毒固体,腐蚀性的,有机的,未另列明的	-	6.1	2928
有毒固体,无机的,未另列明的	-	6.1	3288
有毒固体,氧化性,未另列明的	-	6.1	3086
有毒固体,易燃的,无机的,未另列明的	-	6.1	3535
有毒固体,易燃的,有机的,未另列明的	-	6.1	2930
有毒固体,有机的,未另列明的	-	6.1	2811

续上表

物质、材料或物品	海洋污染物	类别	联合国编号
有毒固体,遇水反应,未另列明的	-	6.1	3125
有毒固体,自燃的,未另列明的	-	6.1	3124
有毒液体,腐蚀性的,无机的,未另列明的	-	6.1	3289
有毒液体,腐蚀性的,有机的,未另列明的	-	6.1	2927
有毒液体,无机的,未另列明的	-	6.1	3287
有毒液体,氧化性,未另列明的	-	6.1	3122
有毒液体,易燃的,有机的,未另列明的	-	6.1	2929
有毒液体,有机的,未另列明的	-	6.1	2810
有毒液体,遇水反应,未另列明的	-	6.1	3123
有机过氧化物,固体的,样品,控温的	-	5.2	3114
有机过氧化物,固体,样品	-	5.2	3104
有机过氧化物,液体的,样品,控温的	-	5.2	3113
有机过氧化物,液体,样品	-	5.2	3103
有机化合物的金属盐,易燃的,未另列明的	-	4.1	3181
有机金属化合物,固体的,有毒的,未另列明的	-	6.1	3467
有机金属化合物,液体的,有毒的,未另列明的	-	6.1	3282
有机金属混合物,固体的,遇水反应,易燃的,见	-	4.3	3396
有机金属混合物溶液,遇水反应,易燃的,见	-	4.3	3399
有机金属混合物悬浮液,遇水反应,易燃的,见	-	4.3	3399
有机金属物质,固体的,引火的	-	4.2	3391
有机金属物质,固体的,引火的,遇水反应	-	4.2	3393
有机金属物质,固体的,遇水反应	-	4.3	3395
有机金属物质,固体的,遇水反应,易燃的	-	4.3	3396
有机金属物质,固体的,遇水反应,自热性	-	4.3	3397
有机金属物质,固体的,自热性的	-	4.2	3400
有机金属物质,液体的,引火的	-	4.2	3392
有机金属物质,液体的,遇水反应	-	4.3	3398
有机金属物质,遇水反应,液体的,引火的	-	4.2	3394
有机金属物质,遇水反应,易燃的	-	4.3	3399
有机磷化合物,固体的,有毒的,未另列明的	-	6.1	3464
有机磷化合物,液体的,有毒的,未另列明的	-	6.1	3278
有机磷化合物,有毒的,易燃的,未另列明的	-	6.1	3279
有机磷农药,固体的,有毒的	-	6.1	2783
有机磷农药,液体的,易燃的,有毒的,闪点小于23℃	-	3	2784

续上表

物质、材料或物品	海洋污染物	类别	联合国编号
有机磷农药,液体的,有毒的	-	6.1	3018
有机磷农药,液体的,有毒的,易燃的,闪点不小于23℃	-	6.1	3017
有机氯农药,固体的,有毒的	-	6.1	2761
有机氯农药,液体的,易燃的,有毒的,闪点小于23℃	-	3	2762
有机氯农药,液体的,有毒的	-	6.1	2996
有机氯农药,液体的,有毒的,易燃的,闪点不小于23℃	-	6.1	2995
有机砷化合物,固体的,未另列明的	-	6.1	3465
有机砷化合物,液体的,未另列明的	-	6.1	3280
有机锡化合物,固体的,未另列明的	P	6.1	3146
有机锡化合物,见有机锡农药	P	-	-
有机锡化合物,液体的,未另列明的	P	6.1	2788
有机锡农药,固体的,有毒的	P	6.1	2786
有机锡农药,液体的,易燃的,有毒的,闪点小于23℃	P	3	2787
有机锡农药,液体的,有毒的	P	6.1	3020
有机锡农药,液体的,有毒的,易燃的,闪点不小于23℃	P	6.1	3019
有机颜料,自热的	-	4.2	3313
有色金属刨屑,易自热的	-	4.2	2793
有色金属切屑,易自热的	-	4.2	2793
有色金属旋屑,易自热的	-	4.2	2793
有色金属钻屑,易自热的	-	4.2	2793
右旋苯醚菊酯,见注1	P	-	-
yu			
淤渣硫酸	-	8	1906
鱼粉,未稳定的,高度危险的,水分含量不限,按质量计,脂肪含量应大于12%;经抗氧剂处理的,按质量计,脂肪含量应大于15%	-	4.2	1374
鱼粉,未稳定的,未经抗氧剂处理的,按质量计,水分含量大于5%,但不大于12%;按质量计,脂含量不大于12%	-	4.2	1374
鱼粉,稳定的,经抗氧剂处理的,按质量计,水分含量大于5%,但不大于12%;按质量计,脂肪含量不大于15%	-	9	2216
鱼雷,带有爆炸装药	-	1.1E	0329
	-	1.1F	0330
	-	1.1D	0451
鱼雷弹头,带有爆炸装药	-	1.1D	0221
鱼雷,液体燃料,带或不带爆炸装药	-	1.1J	0449

续上表

物质、材料或物品	海洋污染物	类别	联合国编号
鱼雷,液体燃料,带惰性弹头	-	1.3J	0450
鱼藤酮,见农药,未另列明的	P	-	-
鱼渣,稳定的,经抗氧剂处理的,按质量计,水分含量大于5%,但不大于12%;按质量计,脂肪含量不大于15%	-	9	2216
鱼渣,未稳定的,未经抗氧剂处理的,按质量计,水分含量大于5%,但不大于12%;按质量计,脂肪含量不大于12%	-	4.2	1374
鱼渣,未稳定的,高度危险的,水分含量不限,按质量计,脂肪含量应大于12%;经抗氧剂处理的,按质量计,脂肪含量应大于15%	-	4.2	1374
育畜磷,见有机磷农药	-	-	-
预紧式安全带,见	-	1.4G	0503
	-	9	3268
遇水反应固体,腐蚀性的,未另列明的	-	4.3	3131
遇水反应固体,未另列明的	-	4.3	2813
遇水反应固体,氧化的,未另列明的	-	4.3	3133
遇水反应固体,易燃的,未另列明的	-	4.3	3132
遇水反应固体,有毒的,未另列明的	-	4.3	3134
遇水反应固体,自热的,未另列明的	-	4.3	3135
遇水反应液体,腐蚀性的,未另列明的	-	4.3	3129
遇水反应液体,未另列明的	-	4.3	3148
遇水反应液体,有毒的,未另列明的	-	4.3	3130
yuan			
原硅酸甲酯	-	6.1	2606
原甲酸三乙酯,见	-	3	2524
原甲酸乙酯	-	3	2524
原砷酸钠,见	-	6.1	1685
原钛酸四丙酯	-	3	2413
原亚砷酸锶,见	-	6.1	1691
原亚砷酸银,见	P	6.1	1683
yun			
运动用弹药,见武器弹药筒,带惰性弹头	-	-	-
za			
杂醇油	-	3	1201
杂酚盐类,见	P	4.1	1334
杂酚油,见	P	9	3082

续上表

物质、材料或物品	海洋污染物	类别	联合国编号
zai			
在装置中的氢硼化铝	-	4.2	2870
zha			
炸弹,带有爆炸装药	-	1.1F	0033
	-	1.1D	0034
	-	1.2D	0035
	-	1.2F	0291
炸弹,识别目标用,见照明弹药	-	-	-
炸弹,装有易燃液体,带有爆炸装药	-	1.1J	0399
	-	1.2J	0400
zhang			
樟脑,合成的	-	4.1	2717
樟脑油	-	3	1130
zhao			
照明弹,公路或铁路,见信号装置,手持的	-	-	-
照明弹,水激活的,见水激活装置	-	-	-
照明弹,小型,见信号装置,手持的	-	-	-
照明弹药,带或不带起爆装置、发射剂或推进剂	-	1.2G	0171
	-	1.3G	0254
	-	1.4G	0297
照明弹药筒,见照明弹药	-	-	-
照明射弹,见照明弹药	-	-	-
zhe			
锗烷	-	2.3	2192
锗烷,吸附性的	-	2.3	3523
zhen			
诊疗废物,未具体说明的,未另列明的	-	6.2	3291
zheng			
正丙醇	-	3	1274
正丙基苯	-	3	2364
正丁胺	-	3	1125
正丁基氯,见	-	3	1127
正丁基溴,见	-	3	1126
N-正丁基咪唑	-	6.1	2690

续上表

物质、材料或物品	海洋污染物	类别	联合国编号
正丁醛,见	-	3	1129
正庚基苯,见	P	9	3082
正庚醛	-	3	3056
正庚烯	-	3	2278
正癸烷	-	3	2247
正己基苯,见	P	9	3082
正磷酸,固体的,见	-	8	3453
正磷酸,液体的,见	-	8	1805
正砷酸,见	-	6.1	1553
正戊基苯,见注1	P	-	-
正戊烯	-	3	1108
zhi			
脂腈,见	P	9	3082
直闪石,见	-	9	2212
植物纤维,焦的	-	4.2	1372
植物纤维,潮的	-	4.2	1372
植物纤维,湿的	-	4.2	1372
植物纤维,干的,见	-	4.1	3360
植物纤维,未另列明的,含油的	-	4.2	1373
植物纤维制品,未另列明的,含油的	-	4.2	1373
纸,经不饱和油处理的,未干透的(包括复写纸)	-	4.2	1379
酯类,未另列明的	-	3	3272
制冷机,含有非易燃、无毒气体或氨类溶液(UN 2672)	-	2.2	2857
制冷机,含有易燃的、无毒的液化气体	-	2.1	3358
制冷气体,R12	-	2.2	1028
制冷气体,R13	-	2.2	1022
制冷气体,R14	-	2.2	1982
制冷气体,R21	-	2.2	1029
制冷气体,R22	-	2.2	1018
制冷气体,R23	-	2.2	1984
制冷气体,R32	-	2.1	3252
制冷气体,R40	-	2.1	1063
制冷气体,R41	-	2.1	2454
制冷气体,R114	-	2.2	1958

续上表

物质、材料或物品	海洋污染物	类别	联合国编号
制冷气体,R115	–	2.2	1020
制冷气体,R116	–	2.2	2193
制冷气体,R124	–	2.2	1021
制冷气体,R125	–	2.2	3220
制冷气体,R161	–	2.1	2453
制冷气体,R218	–	2.2	2424
制冷气体,R227	–	2.2	3296
制冷气体,R500	–	2.2	2602
制冷气体,R502	–	2.2	1973
制冷气体,R503	–	2.2	2599
制冷气体,R1113	–	2.3	1082
制冷气体,R1216	–	2.2	1858
制冷气体,R1318	–	2.2	2422
制冷气体,R133a	–	2.2	1983
制冷气体,R134a	–	2.2	3159
制冷气体,R143a	–	2.1	2035
制冷气体,R152a	–	2.1	1030
制冷气体,R404A	–	2.2	3337
制冷气体,R407A		2.2	3338
制冷气体,R1132a	–	2.1	1959
制冷气体,R12B1	–	2.2	1974
制冷气体,R13B1	–	2.2	1009
制冷气体,R142b	–	2.1	2517
制冷气体,R407B	–	2.2	3339
制冷气体,RC318	–	2.2	1976
制冷气体,R407C	–	2.2	3340
制冷气体,未另列明的	–	2.2	1078
治螟磷,见有机磷农药	P	–	–
治线磷,见有机磷农药	–	–	–
智利硝石,见	–	5.1	1498
zhong			
种子饼,含植物油的,(a)经机械压榨的种子,含油量在10%以上或油和水分含量合计大于20%	–	4.2	1386
种子饼,含植物油的,(b)经溶剂萃取和压榨的种子,含油量不大于10%且当水分含量高于10%时,油和水分含量合计不大于20%	–	4.2	1386

续上表

物质、材料或物品	海洋污染物	类别	联合国编号
种子饼,含油不大于1.5%,且水分含量不大于11%	-	4.2	2217
种子渣,含油的,见	-	4.2	1386
仲丁醇,见	-	3	1120
仲丁基碘,见	-	3	2390
仲丁基氯,见	-	3	1127
仲甲醛	-	4.1	2213
仲戊基溴,见	-	3	2343
仲溴丁烷,见	-	3	2339
仲乙醛	-	3	1264
2-重氮-1-萘酚-4-磺酸钠,浓度100%	-	4.1	3226
2-重氮-1-萘酚-5-磺酸钠,浓度100%	-	4.1	3226
2-重氮-1-萘酚磺酸酯混合物D型,浓度100%	-	4.1	3226
2-重氮-1-萘酚-4-磺酰氯,浓度100%	-	4.1	3222
2-重氮-1-萘酚-5-磺酰氯,浓度100%	-	4.1	3222
重铬酸铵	-	5.1	1439
重氢,见	-	2.1	1957
重氢,压缩的,见	-	2.1	1957
zhu			
助爆管,不带雷管	-	1.1D	0042
	-	1.2D	0283
助爆管,带雷管	-	1.1B	0225
	-	1.2B	0268
竺烯,见	P	3	2052
筑路沥青,见	-	3	1999
zhuang			
装药的喷射式钻孔枪,油井用,不带雷管	-	1.1D	0124
	-	1.4D	0494
装药,发射剂,爆炸性,灭火器用,见弹药筒,动力装置用	-	-	-
装在设备中的锂蓄电池,包含锂合金蓄电池	-	9	3091
装在设备中的锂离子蓄电池,包括锂离子聚合物蓄电池	-	9	3481
装在设备中的燃料电池筒,在金属氢化物内含有氢	-	2.1	3479
装在设备中的燃料电池筒,含有液化的易燃气体	-	2.1	3478
装在设备中的燃料电池筒,含有腐蚀性物质	-	8	3477
装在设备中的燃料电池筒,含有遇水反应物质	-	4.3	3476

续上表

物质、材料或物品	海洋污染物	类别	联合国编号
装在设备中的燃料电池筒,含有易燃液体	-	3	3473
装置,小型的,以烃类气体为动力的	-	2.1	3150
zhuo			
着色剂,见涂料	-	-	-
zi			
自反应固体,样品	-	4.1	3224
自反应固体,样品,控温的	-	4.1	3234
自反应液体,样品	-	4.1	3223
自反应液体,样品,控温的	-	4.1	3233
自克威,见氨基甲酸酯农药	P	-	-
自燃的有机金属化合物,遇水反应,液体的,见	-	4.2	3394
自热的有机金属化合物,遇水反应,固体的,见	-	4.2	3393
自热固体,腐蚀性的,无机的,未另列明的	-	4.2	3192
自热固体,腐蚀性的,有机的,未另列明的	-	4.2	3126
自热固体,无机的,未另列明的	-	4.2	3190
自热固体,有毒的,无机的,未另列明的	-	4.2	3191
自热固体,氧化性的,未另列明的	-	4.2	3127
自热固体,有毒的,有机的,未另列明的	-	4.2	3128
自热固体,有机的,未另列明的	-	4.2	3088
自热液体,腐蚀性的,无机的,未另列明的	-	4.2	3188
自热液体,腐蚀性的,有机的,未另列明的	-	4.2	3185
自热液体,无机的,未另列明的	-	4.2	3186
自热液体,有毒的,无机的,未另列明的	-	4.2	3187
自热液体,有毒的,有机的,未另列明的	-	4.2	3184
自热液体,有机的,未另列明的	-	4.2	3183

注1:某些海洋污染物仅在本索引中被确认。这些海洋污染物未被指定一个未另列明或通用条目。这些海洋污染物可能具有第1类至第8类的特性,应进行相应的分类。某一种物质如果不符合这些类的分类标准,应按第9类的相应条目提交运输。即:对环境有害的物质,固体的,未另列明的,UN 3077,或环境有害的物质,液体的,未另列明的,UN 3082。